WIRTSCHAFTSINFORMATIK

Herausgegeben von Prof. Dr. Dietrich Seibt, Köln, Prof. Dr. Hans-Georg Kemper, Stuttgart, Prof. Dr. Georg Herzwurm, Stuttgart, Prof. Dr. Dirk Stelzer, Ilmenau, und Prof. Dr. Detlef Schoder, Köln

Band 62
Heiner Lasi
Aufbau eines IT-basierten Integrationskonzepts zur Unterstützung von Produktentwicklungs- und Produktionsprozessen
Lohmar – Köln 2009 ♦ 328 S. ♦ € 62,- (D) ♦ ISBN 978-3-89936-766-9

Band 63
Ulrike Dowie
Testaufwandsschätzung in der Softwareentwicklung – Modell der Einflussfaktoren und Methode zur organisationsspezifischen Aufwandsschätzung
Lohmar – Köln 2009 ♦ 320 S. ♦ € 62,- (D) ♦ ISBN 978-3-89936-789-8

Band 64
Volker Lanninger
Prozessmodell zur Auswahl Betrieblicher Standardanwendungssoftware für KMU
Lohmar – Köln 2009 ♦ 564 S. ♦ € 76,- (D) ♦ ISBN 978-3-89936-870-3

Band 65
Stefan Winkler
Monitoring kritischer Prozess- und Projektaktivitäten mithilfe persönlicher Assistenten
Lohmar – Köln 2010 ♦ 296 S. ♦ € 59,- (D) ♦ ISBN 978-3-89936-881-9

Band 66
Stefan Scholz
Geschäftsmodelle für Grid Computing in der Medizin und der Biomedizin
Lohmar – Köln 2010 ♦ 352 S. ♦ € 64,- (D) ♦ ISBN 978-3-89936-894-9

Band 67
Sven-Carsten Hanssen
Bestimmung und Bewertung der Wirkungen von Informationssystemen
Lohmar – Köln 2010 ♦ 352 S. ♦ € 64,- (D) ♦ ISBN 978-3-89936-912-0

JOSEF EUL VERLAG

Bestimmung und Bewertung der Wirkungen von Informationssystemen

Von der Fakultät Wirtschafts- und Sozialwissenschaften der Universität Stuttgart zur Erlangung der Würde eines Doktors der Wirtschafts- und Sozialwissenschaften (Dr. rer. pol.) genehmigte Abhandlung

Vorgelegt von

Sven-Carsten Hanssen

aus Berlin

Hauptberichter:	Prof. Dr. Georg Herzwurm
Mitberichter:	Prof. Dr. Burkhard Pedell
Tag der mündlichen Prüfung:	23. März 2010

Betriebswirtschaftliches Institut der Universität Stuttgart

2010

Reihe: Wirtschaftsinformatik · Band 67

Herausgegeben von Prof. Dr. Dietrich Seibt, Köln, Prof. Dr. Hans-Georg Kemper, Stuttgart, Prof. Dr. Georg Herzwurm, Stuttgart, Prof. Dr. Dirk Stelzer, Ilmenau, und Prof. Dr. Detlef Schoder, Köln

Dr. Sven-Carsten Hanssen

Bestimmung und Bewertung der Wirkungen von Informationssystemen

Mit einem Geleitwort von Prof. Dr. Georg Herzwurm, Universität Stuttgart

Bibliografische Information der Deutschen Nationalbibliothek

Die Deutsche Nationalbibliothek verzeichnet diese Publikation in der Deutschen Nationalbibliografie; detaillierte bibliografische Daten sind im Internet über <http://dnb.d-nb.de> abrufbar.

Dissertation, Universität Stuttgart, 2010

D 93

ISBN 978-3-89936-912-0
1. Auflage April 2010

© JOSEF EUL VERLAG GmbH, Lohmar – Köln, 2010
Alle Rechte vorbehalten

JOSEF EUL VERLAG GmbH
Brandsberg 6
53797 Lohmar
Tel.: 0 22 05 / 90 10 6-6
Fax: 0 22 05 / 90 10 6-88
E-Mail: info@eul-verlag.de
http://www.eul-verlag.de

Bei der Herstellung unserer Bücher möchten wir die Umwelt schonen. Dieses Buch ist daher auf säurefreiem, 100% chlorfrei gebleichtem, alterungsbeständigem Papier nach DIN 6738 gedruckt.

Geleitwort

Wissenschaft und Praxis haben in den letzten Jahren verstärkt Ansätze für eine bessere Kostentransparenz des Einsatzes von Informationstechnik (IT) in Unternehmen geliefert. Mittlerweile verfügen die meisten IT-Abteilungen über einen umfassenden Überblick bezüglich der durch IT verursachten Kosten. Die Frage jedoch, welchen Beitrag die IT zum wirtschaftlichen Erfolg und/oder zur Erreichung von Unternehmenszielen leistet, ist nach wie vor umstritten. Es fehlen fundierte Instrumente, mit denen beispielsweise der Nutzen eines Informationssystems objektiv nachgewiesen werden kann, und das, obwohl die Forschung an der Messung des Nutzens von Informationssystemen so alt ist wie die Informationssystem-Forschung selbst.

Das Ziel der vorliegenden Arbeit ist die systematische Herleitung eines begründeten, intersubjektiv nachvollziehbaren Modells zur wertmäßigen Beschreibung der Ergebnisseite von Informationssystemen. Hierbei versucht Herr Hanssen nicht, wie viele andere Autoren der Wirtschaftsinformatik, das Rad neu zu erfinden, sondern setzt über die Identifikation der Wertschöpfungsrechnung als potenzielles Instrument zur Adressierung des dargestellten Problembereichs auf die konsequente Weiterentwicklung bewährter betriebswirtschaftlicher Konzepte und ihre Übertragung auf IT.

Herrn Hanssen entwickelt einen ausgezeichneten Ansatz zur Darstellung und Bewertung der Wirkungen von Informationssystemen in Unternehmen. Das von ihm erarbeitete Wertschöpfungsmodell kann die Leistungen eines Informationssystems umfassend beschreiben, abbilden und in eine einzelne, monetäre Kennzahl transferieren. Durch Anwendung des Modells sind fundierte Aussagen über die Wirtschaftlichkeit von Informationssystemen bzw. der IT eines Unternehmens möglich.

Eine Fallstudie demonstriert die fachliche und soziale Einsetzbarkeit des Wertschöpfungsmodells in der Praxis. Das Buch ist somit gleichermaßen für den interessierten Wissenschaftler wie für den Praktiker geeignet.

Stuttgart, im Januar 2010   Univ.-Prof. Dr. Georg Herzwurm

Danksagung

Gerade auf einer so spannenden, bisweilen aber auch schwierigen und problembehafteten Reise, die ein Dissertationsvorhaben darstellt, ist es aus Sicht des Verfassers unabdinglich, Menschen um sich zu haben, die begleiten, unterstützen, Hilfe anbieten, Kritik in positiver Weise äußern, beraten und motivieren.

Mein besonderer Dank gilt in diesem Sinne meinem Doktorvater, Herrn Professor Dr. Georg Herzwurm, welcher meine Promotion erst ermöglichte und stets tatkräftig unterstützte. Ohne seine wertvollen gedanklichen Impulse wäre die Arbeit in der vorliegenden Form nicht zustande gekommen.

Ebenso möchte ich meinen Kolleginnen und Kollegen vom Lehrstuhl für ABWL und Wirtschaftsinformatik II (Unternehmenssoftware), namentlich Herrn Michael Breidung, Frau Ulrike Dowie, Frau Nicole Gellner, Herrn Andreas Helferich, Herrn Stefan Jesse, Herrn Lars Oliver Mautsch, Herrn Heiner Merz, Herrn Martin Mikusz, Frau Marie Milcz, Frau Katharina Peine, Frau Sook Ja Schmitz sowie Herrn Sixten Schockert für die sehr gute, persönliche Zusammenarbeit und Arbeitsatmosphäre während meiner Zeit an der Universität Stuttgart danken. Die gemeinsame Zeit am Lehrstuhl wird mir stets in überaus positiver Weise in Erinnerung bleiben.

Maßgeblich für den Erfolg meiner Forschungsarbeit war ebenfalls die engagierte Unterstützung durch die Mitarbeiterinnen und Mitarbeiter meines Fallstudienpartners. Auch ihnen gebührt mein Dank.

Herrn Prof. Dr. Burkhard Pedell möchte ich für die Verfassung des Zweitgutachtens sowie Herrn Prof. Dr. Hans-Georg Kemper für die Übernahme des Vorsitzes des Promotionsausschusses danken.

Ferner danke ich Frau Dr. Margot Eul, welche als meine Ansprechpartnerin beim Joseph Eul Verlag fungierte und mich durch die verlegungstechnischen Klippen, die es bei der Erstellung einer druckreifen Ausfertigung einer Dissertationsschrift zu umschiffen gilt, lotste.

Schließlich gilt mein Dank meiner Familie, welche mich stets unterstützte, motivierte und ohne deren vorbehaltlosen Rückhalt die Verwirklichung dieses Dissertationsvorhabens nicht möglich gewesen wäre.

Stuttgart, im Januar 2010   Sven-Carsten Hanssen

I. Inhalt

I.	Inhalt	xi
II.	Abbildungsverzeichnis	xv
III.	Abkürzungsverzeichnis	xxi
IV.	Zusammenfassung	xxiii
1	Gegenstand und Methodik	1
1.1	Problemstellung	1
1.1.1	Motivation: Zum Stellenwert der IT in Unternehmen	1
1.1.2	Zum Begriff Wirtschaftlichkeit	2
1.1.3	Informationstechnik, Informationssysteme und Anwendungssysteme	5
1.2	Zielsetzung	11
1.3	Forschungskonzeption und Aufbau der Arbeit	20
2	Ein Kriterienrahmen zur Beschreibung des Einsatzbereichs von Methoden, Verfahren und Modellen zur Bestimmung und Bewertung der Wirkungen von Informationssystemen	35
2.1	Systemtheoretische Fundierung der Kriterien	35
2.2	Ein entscheidungstheoretisches Auswahlmodell	43
2.3	Analyse gängiger Übersichten über Verfahren zur Bestimmung der Ergebnisseite eines Informationssystems	48
2.3.1	Die Einteilung der Verfahren nach Schumann	48
2.3.2	Der Kriterienrahmen zur Beurteilung von Bewertungsverfahren nach Pietsch	53
2.3.3	Der IT Business Case nach Brugger	59
2.3.4	Die Analyse der Wirtschaftlichkeit von IT-Projekten nach Kesten, Müller und Schröder	67
2.3.5	Die Klassifikation der Verfahren nach Walter und Spitta	72
2.3.6	Zusammenfassende Gegenüberstellung der betrachteten Ansätze	78
3	Gegenüberstellung der Kriterien und der Methoden, Verfahren und Modelle zur Bestimmung und Bewertung der Wirkungen von Informationssystemen	83
3.1	Zur Wahl der untersuchten Methoden, Verfahren und Modelle	83
3.2	Verfahren zur Wirkungsbestimmung	87
3.2.1	Vorstellung der Verfahren im Einzelnen	87

3.2.1.1	Das Modell von Nolan, Norton und Company	87
3.2.1.2	Die kritischen Erfolgsfaktoren nach Rockart und das Prozess-Qualitäts-Management	87
3.2.1.3	Der Ansatz von McFarlan und McKenney	89
3.2.1.4	Die Einsatzfelder für die IT nach Porter und Millar	90
3.2.1.5	Die Prozess- und Wirkungskettenanalyse nach Retter und Bastian	92
3.2.1.6	Der Prozess-Innovations-Ansatz von Davenport	93
3.2.1.7	Der Customer Resource Life Cycle	94
3.2.1.8	Der Ansatz von Grosse	95
3.2.1.9	Der Verhandlungsansatz von Avgerou	96
3.2.2	Gegenüberstellung der Auswahlkriterien und der Verfahren zur Wirkungsermittlung	97
3.2.2.1	Inhaltliche Auswahlkriterien	97
3.2.2.2	Formelle Auswahlkriterien	100
3.2.2.3	Zeitliche Auswahlkriterien	101
3.3	Verfahren zur Wirkungsbewertung	103
3.3.1	Vorstellung der Verfahren im Einzelnen	103
3.3.1.1	Die Nutzwertanalyse	103
3.3.1.2	Der Analytic Hierarchy Process	104
3.3.1.3	Die Simple Multiattributive Rating Technique	106
3.3.1.4	Die Kosten-Nutzen-Analyse	107
3.3.1.5	Die Gemeinkostenwertanalyse	108
3.3.1.6	Die Arbeitssystemwertanalyse	110
3.3.1.7	Das Excess-Tangible-Cost-Verfahren	111
3.3.1.8	IT Performance Measurement	111
3.3.1.9	Die Argumentenbilanz	114
3.3.2	Gegenüberstellung der Auswahlkriterien und der Verfahren zur Wirkungsbewertung	115
3.3.2.1	Inhaltliche Auswahlkriterien	115
3.3.2.2	Formelle Auswahlkriterien	118
3.3.2.3	Zeitliche Auswahlkriterien	120
3.4	Kombinierte Verfahren	121
3.4.1.1	Der Time Savings Times Salary Ansatz	121

3.4.1.2	Das Hedonic Wage Modell	122
3.4.1.3	Das Functional Analysis of Office Requirements Organisationsanalyseverfahren	123
3.4.1.4	Der kombinierte Ansatz von Kesten, Müller und Schröder	124
3.4.1.5	Das Vier-Ebenen-Modell von Picot und Reichwald	126
3.4.2	Gegenüberstellung der Auswahlkriterien und der kombinierten Verfahren	127
3.4.2.1	Inhaltliche Auswahlkriterien	127
3.4.2.2	Formelle Auswahlkriterien	131
3.4.2.3	Zeitliche Auswahlkriterien	132
3.5	Zusammenfassende Darstellung und Analyse des Auswahlmodells	133
4	Die Wertschöpfung als konzeptioneller Rahmen zur wertmäßigen Beschreibung der Leistungen von Informationssystemen	147
4.1	Auswahl eines Konzepts zur wertmäßigen Beschreibung der Leistungen von Informationssystemen	148
4.2	Evaluierung bestehender Ansätze zur Ermittlung der Wertschöpfung auf ihre Übertragbarkeit auf Informationssysteme	160
4.2.1	Anforderungen an die Ansätze	160
4.2.2	Das Konzept der Wertschöpfungskette nach Porter	161
4.2.3	Einsatzfelder für die IT nach Porter und Millar	163
4.2.4	Wertschöpfungskettenanalyse und Prozesskettenmanagement	164
4.2.5	Prozesskostenrechnung und Activity-Based Costing (ABC)	169
4.2.6	Prozess-Erlösrechnung und Prozess-Wertschöpfungsrechnung	172
4.2.7	Prozessorientierte Ableitung von IT-Funktionen mit dem „House of IT-Functions"	178
4.2.8	Zusammenfassende Bewertung der Ansätze	183
5	Vorschlag eines Wertschöpfungsmodells für Informationssysteme	185
5.1	Theoretische Fundierung des Modells	185
5.1.1	Prinzipien der Wertschöpfungsverteilung	185
5.1.2	Organisationstheoretischer Bezugsrahmen für die Wertschöpfungsverteilung	190
5.1.3	Systemtheoretische Fundierung des Wertschöpfungsmodells für Informationssysteme	195
5.2	Qualitative Wirkungsanalyse des Ziel-, Aufgaben- und Prozesssystems	196
5.2.1	Die Ableitung des qualitativen Wirkungsmodells	196

5.2.2	Fallstudie: Das qualitative Wirkungsmodell zum Informationssystem „Software-Lizenz-Verwaltung"	210
5.3	Quantitative Analyse des Ziel-, Aufgaben- und Prozesssystems	214
5.3.1	Zur Problematik einer Quantifizierung des qualitativen Wirkungsmodells	214
5.3.2	Der Analytic Hierarchy Process (AHP) im Detail	221
5.3.3	Zur Frage der Anwendbarkeit des Analytic Hierarchy Process zur Quantifizierung des qualitativen Wirkungsmodells	231
5.3.4	Die Anwendung des Analytic Hierarchy Process zur Quantifizierung des qualitativen Wirkungsmodells	240
5.3.5	Zu beachtende Rahmenbedingungen bei der Anwendung des Analytic Hierarchy Process zur Quantifizierung des qualitativen Wirkungsmodells	252
5.3.6	Zum Bewertungsprozess / Gruppenkonsensfindung	257
5.3.7	Fallstudie: Das quantitative Wertschöpfungsmodell zum Informationssystem „Software-Lizenz-Verwaltung"	260
5.3.8	Zur Interpretation der Ergebnisse	265
5.4	Kritische Reflexion des Wertschöpfungsmodells	268
6	Ergebnis und Ausblick	275
V.	Literaturverzeichnis	283
VI.	Anhang	319

II. Abbildungsverzeichnis

Abbildung 1: Verschiedene Ausprägungen des Wirtschaftlichkeitsbegriffs 4
Abbildung 2: Aufgabenebene und Aufgabenträgerebene von Informationssystemen 7
Abbildung 3: Informationssysteme als Mensch-Maschine-Systeme 9
Abbildung 4: The interdependence between organizations and information systems 10
Abbildung 5: Aufbau der Arbeit (Überblick) 20
Abbildung 6: Forschungsmethodenspektrum der Wirtschaftsinformatik 26
Abbildung 7: Forschungsmethodenprofil der Wirtschaftsinformatik 28
Abbildung 8: Aufbau der Arbeit (1) 30
Abbildung 9: Aufbau der Arbeit (2) 31
Abbildung 10: Das Informationsversorgungssystem innerhalb des IT-Controlling-
   Systems 40
Abbildung 11: Einteilung der Verfahren zur Beurteilung der IS-Wirtschaftlichkeit 48
Abbildung 12: Auswahlkriterien aus dem Ansatz von Schumann (1993) 52
Abbildung 13: Auswahlkriterien aus dem Ansatz von Pietsch (2003) 59
Abbildung 14: Investitionsrechenverfahren - Übersicht 60
Abbildung 15: Ressourcenverbrauch und Leistungserbringung während des
   IS-Lebenszyklus 65
Abbildung 16: Auswahlkriterien aus dem Ansatz von Brugger (2005) 67
Abbildung 17: Bewertung IT-bezogener Beurteilungsverfahren nach Kesten, Müller und
   Schröder 69
Abbildung 18: Kontrollarten in den einzelnen Phasen eines IT-Projekts nach Kesten,
   Müller und Schröder 70
Abbildung 19: Auswahlkriterien aus dem Ansatz von Kesten, Müller und
   Schröder (2007) 72
Abbildung 20: Klassifikation von Verfahren zur Evaluation von IT-Investitionen 73
Abbildung 21: Überblick über die Verfahren zur Evaluation von IT-Investitionen nach
   Walter und Spitta 74
Abbildung 22: Auswahlkriterien aus dem Ansatz von Walter und Spitta (2004) 77
Abbildung 23: Zusammenfassende Darstellung der Kriterien des Auswahlmodells 80

Abbildung 24: Auflistung gängiger Verfahren in der Literatur (1) 84

Abbildung 25: Auflistung gängiger Verfahren in der Literatur (2) 85

Abbildung 26: Unternehmenstypologie nach McFarlan und McKenney 90

Abbildung 27: Hierarchiestruktur im AHP 105

Abbildung 28: Argumentenbilanz (Beispiel) 114

Abbildung 29: Gegenüberstellung der Auswahlkriterien und der Verfahren zur Wirkungsermittlung (1) 134

Abbildung 30: Gegenüberstellung der Auswahlkriterien und der Verfahren zur Wirkungsermittlung (2) 135

Abbildung 31: Gegenüberstellung der Auswahlkriterien und der Verfahren zur Wirkungsermittlung (3) 136

Abbildung 32: Gegenüberstellung der Auswahlkriterien und der Verfahren zur Wirkungsbewertung (1) 137

Abbildung 33: Gegenüberstellung der Auswahlkriterien und der Verfahren zur Wirkungsbewertung (2) 138

Abbildung 34: Gegenüberstellung der Auswahlkriterien und der Verfahren zur Wirkungsbewertung (3) 139

Abbildung 35: Gegenüberstellung der Auswahlkriterien und der kombinierten Verfahren 140

Abbildung 36: Gegenüberstellung der Auswahlkriterien und der kombinierten Verfahren (2) 141

Abbildung 37: Ermittlung der Wertschöpfung über die Entstehungs- und Verwendungsrechnung 151

Abbildung 38: Geschäftsprozess als Sequenz von Tätigkeiten 156

Abbildung 39: Beispiel für die Schrittweise Detaillierung von Geschäftsprozessen 157

Abbildung 40: Beispiel für die Wertentwicklung innerhalb von Geschäftsprozessen 158

Abbildung 41: Portersche Wertschöpfungskette 162

Abbildung 42: Informationsintensitäts-Portfolio 163

Abbildung 43: Beispiel für die Untersuchung von Kosten, Durchlaufzeiten und Wertschöpfung einzelner Lagerprozesse 168

Abbildung 44: Verbindung von Hauptprozessen und Unternehmenszielen zu einem Ursache-Wirkungs-Netz 175

Abbildung 45: Wirkungen der Teilprozesse auf den Hauptprozess 176

II. Abbildungsverzeichnis

Abbildung 46: Auflösung mehrstufiger Wirkungsketten 177

Abbildung 47: Ermittlung der Bedeutungswerte und Optimierungsprioritäten von
Teilprozessen (Beispiel) 181

Abbildung 48: Verknüpfung von Teilprozessen und IT-Funktionen (Beispiel) 182

Abbildung 49: Bewertung der Ansätze hinsichtlich der Bestimmung der Wertschöpfung
von Informationssystemen 184

Abbildung 50: Organisationstheoretischer Bezugsrahmen des Wertschöpfungsmodells:
Zusammenhang zwischen Unternehmenszielen, Unternehmensaufgabe,
Teilaufgaben, Teilprozessen und der Wertschöpfung 194

Abbildung 51: Qualitatives Prozessmodell (beispielhafte Struktur) 200

Abbildung 52: Hierarchischer Prozess der Zielableitung (Beispiel) 204

Abbildung 53: Beispiel für ein hierarchisch orientiertes Zielsystem 204

Abbildung 54: Qualitatives Zielmodell (beispielhafte Struktur) 207

Abbildung 55: Verknüpfung des Ziel- und Prozessmodells über den
Unternehmensprozess 208

Abbildung 56: Qualitatives Wirkungsmodell (beispielhafte Struktur) 209

Abbildung 57: Fallstudie: Qualitatives Wirkungsmodell (Unternehmensziel und
Hauptprozesse) 211

Abbildung 58: Fallstudie: Qualitatives Wirkungsmodell (Teilprozesse zum Prozess
„Neubeschaffung Lizenz") 213

Abbildung 59: Fallstudie: Qualitatives Wirkungsmodell (Teilprozesse zum Prozess
„Weitergabe Lizenz an Kunde") 213

Abbildung 60: Fallstudie: Informationssystem "Software-Lizenz-Verwaltung" und
zugehörige Informationsverarbeitungsprozesse 214

Abbildung 61: Die bekanntesten, in der Literatur behandelten Bewertungsverfahren 218

Abbildung 62: Kriterien zur Auswahl eines Bewertungsverfahrens zur Quantifizierung
des qualitativen Wirkungsmodells 219

Abbildung 63: Vergleich der gängigsten Bewertungsverfahren auf ihre Eignung zur
Quantifizierung des qualitativen Wirkungsmodells 220

Abbildung 64: Beispiel zur Ableitung einer Rangfolge unter Anwendung des AHP 223

Abbildung 65: The Fundamental Scale of absolute numbers 224

Abbildung 66: Hierarchiestruktur im AHP, beispielhafte Struktur 226

Abbildung 67: Tabelle der RI-Werte 228

Abbildung 68: Ablaufschema des AHP 229
Abbildung 69: Auflösung mehrfacher Teilprozesse 233
Abbildung 70: Auflösung mehrfacher Ziel-Prozess-Beziehungen 234
Abbildung 71: Verknüpfung der wertschöpfungsrelevanten Unternehmensziele mit dem Oberziel 235
Abbildung 72: Streng hierarchisches qualitatives Wirkungsmodell (beispielhafte Struktur) 236
Abbildung 73: Bestimmung der Relevanz der wertschöpfungsrelevanten Unternehmensziele unter Anwendung des AHP 242
Abbildung 74: Gewichtungen der Unternehmensziele (beispielhafte Struktur) 243
Abbildung 75: Verknüpfung von Unternehmenszielen und Hauptprozessen über Aufgabenbeitrag und Aufgabenerfüllung 244
Abbildung 76: Ableitung der Gewichtung von Aufgabenbeitrag und Aufgabenerfüllung.... 244
Abbildung 77: Bestimmung des Prozess-Aufgabenbeitrags unter Anwendung des AHP..... 245
Abbildung 78: Bestimmung der Prozess-Aufgabenerfüllung unter Anwendung des AHP... 246
Abbildung 79: Multiplikation der Gewichtungen von Unternehmenszielen und Hauptprozessen (beispielhafte Struktur) 247
Abbildung 80: Berechnung der Relevanz der Hauptprozesse (beispielhafte Struktur) 247
Abbildung 81: Verknüpfung von Prozesses und Teilprozessen 248
Abbildung 82: Bestimmung des Teilprozess-Aufgabenbeitrags unter Anwendung des AHP 249
Abbildung 83: Bestimmung der Teilprozess-Aufgabenerfüllung unter Anwendung des AHP 249
Abbildung 84: Bestimmung der Relevanz mehrfach zugeordneter Teilprozesse durch Addition 251
Abbildung 85: Vorgehensweisen zur Konfliktlösung und deren Vor- und Nachteile 259
Abbildung 86: Fallstudie: Quantitatives Wertschöpfungsmodell (Ziele und Hauptprozesse) 262
Abbildung 87: Fallstudie: Quantitatives Wertschöpfungsmodell (Teilprozesse zum Prozess „Neubeschaffung Lizenz") 262
Abbildung 88: Fallstudie: Quantitatives Wertschöpfungsmodell (Teilprozesse zum Prozess „Weitergabe Lizenz an Kunde") 263

II. Abbildungsverzeichnis

Abbildung 89: Fallstudie: Wertschöpfungsanteile des Informationssystems
"Software-Lizenz-Verwaltung" und der zugehörigen
Informationsverarbeitungsprozesse 264

Abbildung 90: Prozessportfolio der Teilprozesse eines Prozesses 266

Abbildung 91: Einordnung des Einsatzbereichs des Wertschöpfungsmodells für
Informationssysteme (1) 277

Abbildung 92: Einordnung des Einsatzbereichs des Wertschöpfungsmodells für
Informationssysteme (2) 278

Abbildung 93: Einordnung des Einsatzbereichs des Wertschöpfungsmodells für
Informationssysteme (3) 279

III. Abkürzungsverzeichnis

AB	Aufgabenbeitrag
AE	Aufgabenerfüllung
AHP	Analytic Hierarchy Process
ARIS	Architektur integrierter Informationssysteme
AS	Anwendungssystem
AWA	Arbeitssystemwertanalyse
BIFOA	Betriebswirtschaftliches Institut für Organisation und Automation an der Universität zu Köln
BSC	Balanced Scorecard
BWL	Betriebswirtschaftslehre
CAPM	Capital Asset Pricing Model
CRLC	Customer Resource Life Cycle
CSF	Critical Success Factor
DIN	Deutsche Industrienorm
ETC	Excess-Tangible-Cost
F&E	Forschung und Entwicklung
FAOR	Functional Analysis of Office Requirements
GWA	Gemeinkostenwertanalyse
HWM	Hedonic Wage Modell
IKS	Informations- und Kommunikationssysteme
IKT	Informations- und Kommunikationstechnik
IS	Informationssystem
IT	Informationstechnik

ITPM	IT Performance Measurement
IV	Informationsverarbeitung
KEF	Kritischer Erfolgsfaktor
kg	Kilogramm
KNA	Kosten-Nutzen-Analyse
KPI	Key Performance Indikator
kW	Kilowatt
m	Meter
m^3	Kubikmeter
NPV	Net Present Value
NWA	Nutzwertanalyse
PC	Personal Computer
PQM	Process Quality Management
QFD	Quality Function Deployment
ROI	Return on Investment
SLV	Software-Lizenz-Verwaltung
SMART	Simple Multiattributive Rating Technqiue
TCO	Total Cost of Ownership
TEI	Total Economic Impact
TP	Teilprozess
TSTS	Time Savings Times Salary
WS	Wertschöpfung
WSA	Wertschöpfungsanteil

IV. Zusammenfassung

Im Zuge einer wirtschaftlichen Ausgestaltung der Informationstechnologie (IT) eines Unternehmens ist es unumgänglich, sowohl die von der IT verursachten Kosten als von ihr erbrachten Leistungen zu betrachten und einander gegenüber zu stellen. Die Erfassung und Beschreibung der Leistungen der IT wird allerdings immer noch verbreitet als ungelöstes Problem angesehen. Ziel der vorliegenden Ausführungen ist die systematische Erarbeitung eines Modells, mit Hilfe dessen diese Leistungen abgebildet werden können.

Die Komplexität und die Vielfältigkeit der Wirkungen der IT innerhalb eines Unternehmens verlangen zunächst eine Reduktion des Begriffs „IT" auf kleinere, handhabbare Einheiten und führen zum Begriff des „Informationssystems": Informationssysteme sind sozio-technische Systeme, die menschliche und maschinelle Komponenten enthalten und die zum Zweck einer optimalen Bereitstellung von Information und Kommunikation nach wirtschaftlichen Kriterien eingesetzt werden. Obwohl in der wissenschaftlichen Literatur eine Vielzahl von Ansätzen zur Bestimmung und Bewertung der Wirkungen von Informationssystemen diskutiert wird, ist auf Grundlage der obigen Ausführungen zu vermuten, dass hier weiterhin methodische Defizite vorliegen. Diese gilt es zunächst zu ermitteln.

Durch Analyse der Aufgabe der Bereitstellung von Informationen hinsichtlich der Wirkungen von Informationssystemen und ihrer Zuordnung zum IT-Controlling wird mit Hilfe systemtheoretischer Überlegungen eine Grundlage für die Ableitung von Kriterien erarbeitet, durch welche sich der Einsatzbereich von Methoden, Verfahren und Modellen zur Bestimmung und/oder Bewertung der Wirkungen von Informationssystemen charakterisieren lässt. Diese Kriterien lassen sich in inhaltliche, formelle und zeitliche Kriterien untergliedern und ergeben sich aus Anforderungen derjenigen Informationsempfänger innerhalb eines Unternehmens, die Informationen hinsichtlich der Wirkungen von Informationssystemen zur Ausübung ihrer Aufgaben benötigen.

Durch Ermittlung der Einsatzbereiche der gängigen Methoden, Verfahren und Modelle zur Bestimmung und/oder Bewertung der Wirkungen von Informationssystemen anhand der so abgeleiteten Kriterien wird der bislang unzureichend gelöste Teil der Problemstellung der Bestimmung und Bewertung der Wirkungen von Informationssystemen ermittelt. Dieser ist als Ausgangspunkt bei der Konzeption neuer Instrumente aufzufassen. Defizite ergeben sich danach speziell in den Bereichen der monetären Bewertung wie auch in der gegenwartsbezogenen Betrachtung der Ist-Situation eines Unternehmens. Entsprechend wird im weiteren Verlauf der Ausführungen ein Modell erarbeitet, das diese Problembereiche adressiert.

Grundlage für das neu zu konzipierende Modell ist die Wertschöpfung eines Unternehmens. Sie ist in der Betriebswirtschaftslehre als Differenz des Werts der durch ein Unternehmen ausgebrachten Outputgüter und des Werts der durch ein Unternehmen bezogenen Inputgüter definiert. Der Wertschöpfungsbegriff lässt sich auch auf einzelne Informationssysteme übertragen und gibt dann den Wertbeitrag an der Gesamtwertschöpfung des Unternehmens, der durch ein Informationssystem erbracht wird, an. Durch Addition der von einem Informationssystem bezogenen Vorleistungen kann so auch seine Leistungsseite errechnet werden.

Zur Ermittlung der Wertschöpfung eines Informationssystems wird eine zweistufige Modellierung vorgeschlagen: Zunächst erfolgt die Ableitung eines qualitativen Wirkungsmodells, das die durch ein Informationssystem erbrachten Wirkungen im Hinblick auf die Erreichung der Ziele des Unternehmens und damit im Hinblick auf das Schöpfen von „Werten" in qualitativer Form verdeutlicht. Die Überführung der so ermittelten qualitativen Wirkungen in eine quantitative Form erfolgt durch Anwendung des Bewertungsverfahrens AHP (Analytic Hierarchy Process). Auf diese Weise lässt sich einem Informationssystem ein prozentualer Anteil an der Gesamtwertschöpfung eines Unternehmens zurechnen. Da sich die Wertschöpfung eines Unternehmens in monetärer Form (annäherungsweise) aus dessen Bilanz ableiten lässt, kann durch Multiplikation des prozentualen Wertschöpfungsanteils mit der absoluten, monetären Gesamtwertschöpfung eines Unternehmens auch die Wertschöpfung eines Informationssystems in monetärer Form berechnet werden.

Summary

The efficient implementation of information technology within an enterprise requires consideration and comparison of both costs and benefits caused by information technology. However, monitoring and specifying these benefits is still considered an unsolved problem. This thesis attempts to systematically develop a model which represents these benefits.

As the effects of information technology within an enterprise are complex and numerous, it is necessary to consider smaller, more manageable units other than information technology as a whole, which leads to the concept of "information systems": Information systems are defined as socio-technical systems containing both human and automated components. Following economic criteria, information systems are being used in order to provide information and communication in an optimal way. Although many approaches to identifying and evaluating the effects of information systems are being discussed within literature, the above statements give reason to believe that further research in this area is needed. As a start, it is necessary to identify those aspects of the problem mentioned afore which indeed require further research.

Using systems theory, and by analyzing the task of providing information with regard to the effects of information systems and with regard to their integration into information technology controlling, a fundament for deriving criteria for characterizing the scope of application of methods, techniques and models that may be used in order to identify and/or evaluate the effects of information systems, is being developed. These criteria can be divided into those with regards to content, those with regards to form, and those with regards to time. They are derived from requirements of those people within an enterprise who receive information regarding the effects of information systems in order to fulfill their tasks.

Using these criteria, the scope of application of the different methods, techniques and models that can be used in order to identify and/or evaluate the effects of information systems is defined, and thus those aspects of the problem of identifying and evaluating the effects of information systems that are currently inadequately solved only are detected. These aspects then need to serve as a point of origin for designing new instruments. Shortcomings exist especially in the area of monetary evaluation, and when the current situation of an enterprise is being considered. Thus, a theoretical model is developed that addresses these two aspects.

This new theoretical model is based on the concept of value creation. Business administration literature defines an enterprise's value creation as the difference between the value of those goods that the enterprise provides, and the value of those goods that are being obtained by the enterprise. The concept of value creation can also be applied to single information systems and then refers to the value proposition that is being provided by the information system with respect to the value creation of the whole enterprise. By adding the value of all inputs that are being consumed by an information system, it is also possible to calculate the value of all outputs provided by the information system.

In order to determine the value creation of an information system, a two-stage approach is being suggested: First, a qualitative model that depicts all effects of an information system with regards to the goals of an enterprise, and thus with regards to value creation, strictly under qualitative aspects, is being derived. Using the Advanced Hierarchy Process (AHP), these qualitative aspects are then being assessed and transformed into quantitative form. This way, it is possible to assign a percentage rate to the information system that depicts the relative portion of the enterprise's value creation that's being provided by the information system. As an enterprise's value creation in monetary form may be (approximately) gathered from the enterprise's balance sheet, it is possible to multiply the relative portion of the enterprise's value creation that's being provided by the information system with the whole enterprise's value creation and thus to determine the information system's value creation as a monetary number.

1 Gegenstand und Methodik

1.1 Problemstellung

1.1.1 Motivation: Zum Stellenwert der IT in Unternehmen

Der ursprüngliche Zweck des Einsatzes von Informationstechnik (IT) in Unternehmen[1] bestand primär in der Rationalisierung von Aufgaben und Arbeitsabläufen, insbesondere durch Automatisierung von Tätigkeiten und Verarbeitung von Massendaten[2]. Diese überwiegend operativen Systeme wurden vorrangig an Leistungszielen (z. B. Erhöhung der Produktionsmenge, Reduktion von Bearbeitungszeiten) und Kostenzielen (z. B. Personaleinsparungen, Reduktion des gebundenen Kapitals durch Verringerung der Lagerbestände) gemessen[3].

Im Lauf der Zeit entwickelten sich jedoch immer komplexere Einsatzmöglichkeiten für die IT: Einzelne Systeme wurden nun von einer Vielzahl von Benutzern mit unterschiedlichsten Bedürfnissen und Interessen gemeinsam verwendet[4]; integrierte Systeme bildeten ganze Geschäftsprozesse in Unternehmen ab und koordinierten die arbeitsteilige Abwicklung kooperativer Arbeitsprozesse[5]; Planungs- und Entscheidungssysteme richteten sich an Entscheidungsträger in Unternehmen mit dem Ziel einer bedarfsgerechten, zielführenden Informationsversorgung[6]; Kommunikationssysteme und elektronische Netzwerke erlaubten den innerbetrieblichen und unternehmensübergreifenden Austausch von Informationen in Echtzeit[7].

Die Etablierung des Internets Anfang der 90er Jahre des vergangenen Jahrhunderts brachte nachhaltige Veränderungen von Markt und Wettbewerb mit sich und führte zu einer wahren

---

[1] Den weiteren Ausführungen liegt eine *ganzheitliche* Auffassung des Unternehmensbegriffs zugrunde, wonach dieser eine *produzierende Wirtschaftseinheit* beschreibt und sich auf die *Kombination* produktiver Faktoren (Arbeitsmittel, Werkstoffe, Betriebsmittel) zur Herstellung materieller Sachgüter oder zur Bereitstellung immaterieller Dienste, die *Verwertung* der erstellten Leistungen und auf die zur Leistungserstellung und -verwertung erforderlichen *finanziellen Mittel* und *rechtlichen Erscheinungsformen*, innerhalb derer sich all dieses vollziehen kann, bezieht (vgl. Kolbeck (1980), S. 65).
[2] vgl. Kargl (1996), S. 1
[3] vgl. Kargl (1996), S. 1
[4] vgl. Herzwurm (2000), S. 196
[5] vgl. hierzu die seit 1969 erschienenen Werke von Mertens zur integrierten Informationsverarbeitung (aktuell Mertens (2007) und Mertens und Meier (2008) in der 16. bzw. 10. Auflage).
[6] vgl. hierzu etwa Kemper, Mehanna und Unger (2006) für eine anwendungsorientierte Einführung in den Bereich der IT-basierten Managementunterstützung
[7] vgl. Friedl, Hilz und Pedell (2005), S. 3f.; der Begriff der Echtzeit (englisch „real-ime") soll zum Ausdruck bringen, dass Daten bereits bei ihrer Erfassung aktualisiert und ohne Zeitverzögerung von anderen Anwendungen genutzt werden können (vgl. Friedl, Hilz und Pedell (2005), S. 3). Bei Alt und Österle (2004) findet sich eine Einführung in die Grundgedanken und Architekturen eines „Real-time Business" sowie eine Sammlung von Erfahrungsberichten hierzu.

IT-Euphorie[8]. Die IT wandelte sich zum Enabler[9] für teilweise völlig neuartige Geschäftsmodelle[10]. Der so gestiegene Stellenwert der IT in Unternehmen wird in Wissenschaft und Praxis jedoch zum Teil kontrovers diskutiert. Mit dem Platzen der „Internet-Hype-Blase" mehrte sich die Anzahl der kritischen Stimmen, die den gestiegenen Stellenwert der IT in Frage stellten: Im Jahr 2003 publizierte Carr seinen Aufsehen erregenden Artikel „IT doesn't matter", in welchem die IT als Produktionsfaktor charakterisiert wird, welcher zwar von jedem Unternehmen benötigt, jedoch prinzipiell in seiner Ausgestaltung - ähnlich wie etwa Strom - beliebig austauschbar ist[11].

Gegen Carrs Auslegung, welche in letzter Zeit immer weniger Resonanz findet, spricht auch die Tatsache, dass durch Innovationen im IT-Bereich weiterhin sehr wohl neuartige Formen von Geschäftsmodellen, Produkten, Prozessen, Unternehmen und sogar ganzen Branchen entstehen[12]. Allerdings herrscht nicht zuletzt aufgrund des beobachtbaren Produktivitätsparadoxons in der IT[13] in der wissenschaftlichen Literatur weitgehend Konsens darüber, dass im Zuge einer wirtschaftlichen Ausgestaltung der IT Transparenz sowohl hinsichtlich ihrer Eingangsseite (eingesetzte Mittel) als auch ihrer Ergebnisseite (zugehöriges Ergebnis) geschaffen werden muss[14].

In diesem Zusammenhang ist es zunächst notwendig, die Begriffe Wirtschaftlichkeit und IT zu klären.

1.1.2 Zum Begriff Wirtschaftlichkeit

Das *Prinzip rationalen Handelns* wurde bereits 1929 von E. Gutenberg im Rahmen seiner betriebswirtschaftlichen Theorie ausgeführt: „Das Prinzip ..., das dieses psychophysische Subjekt (der Mensch, Anm. d. Verf.) im betriebswirtschaftlichen Material realisiert, sei zu-

---

[8] vgl. Wirtz (2001), S. 3f.
[9] Nach Krcmar besteht zwischen der Strategie eines Unternehmens und seiner IT eine wechselseitige Beziehung: Zum einen müssen die Informationssysteme eines Unternehmens an der Unternehmensstrategie ausgerichtet sein (sog. „IT-Business Alignment"), zum anderen nimmt die IT Einfluss auf die Unternehmensstrategie, indem ihre Nutzung Potentiale für neue Geschäftsfelder ermöglicht (IT als „Enabler" von engl. „enable", im Deutschen „befähigen" oder „etwas möglich machen") (vgl. Krcmar (2005), S. 30ff.).
[10] vgl. zum Begriff des Enablers im Zusammenhang mit IT Buchta, Eul und Schulte-Croonenberg (2005), S. 85f. oder Krcmar (2005), S. 31f.; als Beispiel für ein durch die Etablierung des Internets neu entstandenes Geschäftsmodell seien die Internet Service Provider (ISP) genannt, welche den Zugang zum Internet bereit stellen.
[11] vgl. Carr (2003), S. 41ff.
[12] vgl. Österle und Winter (2003), S. 4ff.
[13] Unter der Bezeichnung „Produktivitätsparadoxon in der IT" wird die empirisch belegte Tatsache verstanden, dass Investitionen in die IT-Infrastruktur eines Unternehmens nicht zwangsläufig zu einer höheren Rentabilität des Unternehmens führen müssen; vgl. dazu Heinrich und Lehner (2005), S. 22
[14] vgl. Horváth (2006), S. 705 oder Heinrich und Lehner (2005), S. 21f.

1. Gegenstand und Methodik

nächst ohne alle definitorische Strenge als das Rationalprinzip bezeichnet"[15]. Und weiter: „Es ist für alles menschliche Schaffen und Handeln charakteristisch, dass es sich in der Zweck-Mittel-Relation vollzieht... An sich liegt nun das Denken in der Zweck-Mittel-Relation allem zu Grunde, und zwar nicht nur im wirtschaftlichen Leben, sondern im menschlichen Leben überhaupt. „Unvernünftig handeln" heißt überhaupt unzweckmäßig handeln, heißt die Mittel nicht richtig auf den Zweck, dessen Erreichung sie dienen sollen, abgestimmt haben. Welcher Art dieser Zweck sei, der zu realisieren ist, bleibt dabei ohne Belang"[16].

Rationales Handeln stellt folglich eine Regel für *zweckbezogenes*, menschliches Handeln dar[17] und fordert, bei *knappen* Mitteln[18] ein bestimmtes *Ziel* mit einem *möglichst geringen Mitteleinsatz* zu erreichen[19]. Es beschreibt damit eine optimale Zweck-Mittel-Relation[20] und wird in den Wirtschaftswissenschaften oft als „allgemeines" Rationalprinzip bezeichnet[21].

Unter einem *Ziel* ist eine normative Aussage über einen anzustrebenden, d.h. zukünftigen Zustand der Wirklichkeit zu verstehen[22]. Der *Wert* eines Gegenstands oder einer Aktion wird als Eignung zur Erreichung des oder der gesetzten Ziele verstanden[23]. Nach dem Verständnis der Wirtschaftswissenschaften ist ein Wert nicht eine den Dingen innewohnende Eigenschaft, sondern wird den Dingen nach Maßgabe der Zielwirksamkeit zugeordnet[24].

Die *Bewertung* eines Objekts, d.h. die Zuordnung eines *Werts* zu einem Objekt, ist als Einschätzung des Objekts im Hinblick auf seine *Zielwirksamkeit* zu verstehen[25]. Das Ergebnis

---

[15] Gutenberg (1929), S. 28
[16] Gutenberg (1929), S. 30
[17] vgl. Wöhe und Döring (2008), S. 1
[18] Die Knappheit der Güter ist das entscheidende Charakteristikum der Wirtschaftswissenschaften. Es besagt, dass für die meisten Güter das Bedürfnis nach ihnen ihre verfügbare Menge übersteigt. Knappe Güter erfordern somit einen Aufwand zur Bedürfniserfüllung und haben somit einen Preis (vgl. Fischbach, Wollenberg und Dorn (2007), S. 19f.).
[19] vgl. Wöhe und Döring (2008), S. 1
[20] vgl. Diefenbach (2004), S. 113
[21] vgl. ebenda; Diefenbach weist allerdings an gleicher Stelle darauf hin, dass es unzutreffend ist, von dem „einen" Rationalprinzip zu sprechen. Vielmehr existieren *verschiedene* Rationalprinzipien, etwa das *erkenntnistheoretische* Rationalprinzip nach Kant (1781), das *wissenschaftstheoretische* Rationalprinzip nach Popper (1957), das *wertorientierte* Rationalprinzip nach Weber (1956) sowie das *zweckorientierte* Rationalprinzip nach Mill (1848); letzteres liegt denn auch dem in den Wirtschaftswissenschaften verwendetem Rationalitätsbegriff zugrunde (vgl. Diefenbach (2004), S. 115).
[22] vgl. Heinrich und Lehner (2005), S. 379
[23] vgl. Kuhn (1983), S. 127
[24] vgl. Kuhn (1983), S. 127
[25] vgl. Domsch und Reinecke (1989), S. 143

eines *Bewertungsvorgangs* ist auch die Herstellung einer *Rangordnung* der Bewertungsobjekte im Hinblick auf ihre Zielwirksamkeit[26].

Wirtschaftlichkeit als formale Ausprägung des Rationalprinzips wird allgemein als optimal angestrebtes Verhältnis von eingesetzten Mitteln und zugehörigem Ergebnis angesehen[27]. Die Wirtschaftlichkeit lässt sich *mengenmäßig* durch den Quotienten aus Output und Input[28], *wertmäßig* durch den Quotienten aus Ertrag und Aufwand bzw. Leistungen und Kosten ausdrücken[29].

Die mengenmäßige Wirtschaftlichkeit entspricht der *Produktivität* einer Wirtschaftseinheit[30]. Die Überführung der mengenmäßigen Größen Input und Output in die wertmäßigen Größen Ertrag und Aufwand bzw. Leistungen und Kosten ergibt sich durch *Bewertung*, d.h. Anwendung eines *Wertmaßstabs*, auf die jeweiligen Input- und Outputmengen[31].

Allerdings lässt sich speziell bei Verlassen der rein güterwirtschaftlichen Sphäre das Ergebnis einer Wirtschaftseinheit nicht zwangsläufig unmittelbar durch Anwendung eines Wertmaßstabs auf ihren Output darstellen, vielmehr ist der bewertete Output einer Wirtschaftseinheit vieldimensional interpretierbar[32]. Horváth definiert daher die Wirtschaftlichkeit als die Gegenüberstellung von bewertetem Input (Kosten) und bewertetem Output (Nutzen), wobei der bewertete Output (Nutzen) nicht notwendigerweise eine monetäre Größe darstellt[33].

Ebene der Wirtschaftlichkeit	Eingesetzte Mittel = Eingangsseite	Zugehöriges Ergebnis = Ergebnisseite
Mengenmäßig	Input	Output
Wertmäßig	Aufwand bzw. Kosten	Ertrag bzw. Leistung, Nutzen

Abbildung 1: Verschiedene Ausprägungen des Wirtschaftlichkeitsbegriffs[34]

---

[26] vgl. Kuhn (1983), S. 127
[27] vgl. Lücke (1991), S. 414
[28] Die Begriffe Input und Output entstammen ursprünglich der realen, güterwirtschaftlichen Sphäre; der Output, d.h. die ausgebrachte Menge, wird dabei gängiger weise in Mengen wie m, m³, kg, kW etc. ausgedrückt; der Input, d.h. der zur Erstellung des Outputs benötigte Einsatz, durch den Verbrauch an menschlichen Arbeitsleistungen, Anlagen, Boden etc. (vgl. Woll (2008), S. 631).
[29] vgl. Lücke (1991), S. 414
[30] vgl. Woll (2008), S. 631
[31] vgl. Woll (2008), S. 632
[32] vgl. Biethahn, Mucksch und Ruf (2004), S. 361
[33] vgl. Horváth (2006), S. 705
[34] in Anlehnung an Woll (2008), S. 632

1. Gegenstand und Methodik

Zusammenfassend ergeben sich zwei unterschiedliche Ausprägungen des Wirtschaftlichkeitsbegriffs (vgl. Abbildung 1): Die mengenmäßige Wirtschaftlichkeit (Produktivität) sowie die wertmäßige Wirtschaftlichkeit.

1.1.3 Informationstechnik, Informationssysteme und Anwendungssysteme

Nach DIN 44300 bedeutet *Information* im Sinne der Betriebswirtschaftslehre zweckorientiertes bzw. zielorientiertes Wissen[35]. Elemente zur Darstellung von Informationen heißen *Zeichen*. Aus Zeichen zum Zweck der Übertragung, Interpretation oder Verarbeitung gebildete Informationen heißen *Daten*.

Informationsverarbeitung (IV) beinhaltet nach Hansen und Neumann alle Vorgänge, die sich auf die Erfassung, Speicherung, Übertragung oder Transformation von Daten beziehen[36]. Der Begriff der *Informationstechnik* wird in der Literatur zum Teil synonym zum Begriff der Informationsverarbeitung verwendet[37]. An anderer Stelle wird von Informationsverarbeitung gesprochen, wenn die betriebliche Informationsstruktur, d.h. die die Geschäftsprozesse und Arbeitsabläufe unterstützenden Anwendungssysteme im Vordergrund stehen, während sich Informationstechnik auf die zugehörige Infrastruktur, d.h. die zur Realisierung der betrieblichen Informationsstruktur erforderlichen Plattformen (Hardware, Software, Netze) und personellen Ressourcen bezieht[38]. Krcmar definiert *Informations- und Kommunikationstechnik* (IKT) als „die Gesamtheit der zur Speicherung, Verarbeitung und Kommunikation zur Verfügung stehenden Ressourcen sowie die Art und Weise, wie diese Ressourcen organisiert sind"[39]. Stahlknecht/Hasenkamp weisen in diesem Zusammenhang allerdings darauf hin, dass der Begriff Informationstechnik bereits die Verfahren der Kommunikationstechnik (Netze, Übertragungsverfahren, Protokolle etc.) beinhaltet[40].

Die Unterscheidung zwischen den Begriffen der Informationsverarbeitung und der Informationstechnik ist nicht immer überschneidungsfrei[41]. Ferner hat sich im allgemeinsprachlichen Gebrauch ein sehr weites Begriffsverständnis von IT durchgesetzt, wonach der Informationstechnik-Begriff mehrheitlich im Verständnis von Informationsverarbeitung verstanden wird[42].

---

[35] vgl. im Folgenden Stahlknecht und Hasenkamp (2005), S. 9f.
[36] vgl. Hansen und Neumann (2005), S. 9
[37] vgl. Hansen und Neumann (2005), S. 8
[38] vgl. Stahlknecht und Hasenkamp (2005), S. 13
[39] Krcmar (2005), S. 27
[40] vgl. Stahlknecht und Hasenkamp (2005), S. 11
[41] vgl. Stahlknecht und Hasenkamp (2005), S. 13
[42] vgl. Krcmar (2005), S. 1

In Anlehnung an die obigen Definitionen soll dieses weite Verständnis des IT-Begriffs denn auch den weiteren Ausführungen zu Grunde liegen:

> Im Verständnis der weiteren Ausführungen bezeichnen Informationsverarbeitung (IV) und synonym Informationstechnik (IT) die Gesamtheit der in einem Unternehmen zur Speicherung, Verarbeitung und Übermittlung von Informationen zur Verfügung stehenden *Ressourcen* einschließlich der Art und Weise, wie diese Ressourcen organisiert sind. Sie beinhalten ferner alle *Vorgänge*, die sich auf die Speicherung, Verarbeitung und Übertragung von Informationen beziehen.

Gemäß des allgemeinen Wirtschaftlichkeitsbegriffs aus Abschnitt 1.1.2 müssen im Zuge einer wirtschaftlichen Ausgestaltung der IT ihre Eingangsseite (eingesetzte Mittel) und ihre Ergebnisseite (zugehöriges Ergebnis) in einem geeigneten, optimalen Verhältnis zueinander stehen.

Der Umgang mit dem Konstrukt Informationstechnik als ganzes erscheint allerdings nicht zuletzt aus Gründen der Praktikabilität schwierig - die Gesamtheit *aller* solcher Vorgänge und Ressourcen innerhalb eines Unternehmens ist üblicherweise äußerst umfangreich und komplex[43]. Abhilfe kann aber der Rückgriff auf den Begriff des *Informationssystems* schaffen.

In der Wirtschaftsinformatik wird unter einem Informationssystem ein System verstanden, welches Informationen verarbeitet, d.h. diese erfasst, überträgt, transformiert, speichert und bereitstellt[44]:

> *Informationssysteme* sind soziotechnische Systeme, die menschliche und maschinelle Komponenten umfassen und zum Ziel der optimalen Bereitstellung von Information und Kommunikation nach wirtschaftlichen Kriterien eingesetzt werden[45].

Ein *betriebliches Informationssystem* kann als das gesamte informationsverarbeitende Teilsystem eines Unternehmens, Unternehmensbereiches oder einer Behörde aufgefasst werden[46]. Dieses Verständnis geht auf das Unternehmensmodell nach Grochla (1975) zurück, welches ein Unternehmen in ein betriebliches *Basissystem*, dem alle Aufgaben der betrieblichen

---

[43] vgl. Buchta, Eul und Schulte-Croonenberg (2005), S. 184, Berensmann (2005), S. 90
[44] vgl. Ferstl und Sinz (2006), S. 1
[45] vgl. WKWI (1994), S. 80f.
[46] vgl. Ferstl und Sinz (2006), S. 2

1. Gegenstand und Methodik

Leistungserstellung zugeordnet werden, und ein betriebliches *Informationssystem*, welches alle Planungs-, Steuerungs- und Kontrollaufgaben beinhaltet, unterteilt[47].

Nach Ferstl und Sinz (2006) sind die Komponenten eines Informationssystems

- eine Menge von *Aufgabenträgern* (menschliche oder maschinelle), welche die *Aufgabenträgerebene* eines Informationssystems bilden[48], sowie
- eine Menge von *Informationsverarbeitungsaufgaben* (*Lenkungsaufgaben*, bestehend aus Teilaufgaben zur Planung, Steuerung und Kontrolle, sowie *Durchführungsaufgaben*, welche Dienstleistungen in Form von Informationen erbringen). Die Informationsverarbeitungsaufgaben sind durch *Informationsbeziehungen* untereinander verbunden, sie bilden die *Aufgabenebene* eines Informationssystems[49] (vgl. Abbildung 2).

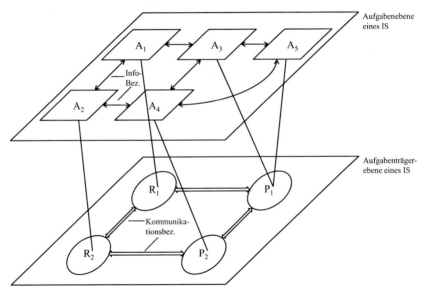

Abbildung 2: Aufgabenebene und Aufgabenträgerebene von Informationssystemen[50]

Da eine detailliertere Betrachtung der betrieblichen Abläufe eines Unternehmens auf Basis dieser recht groben Sichtweise kaum möglich ist[51], erfolgt in der Wirtschaftsinformatik oft

---

[47] vgl. Grochla (1975), S. 12f.
[48] vgl. Ferstl und Sinz (2006), S. 3
[49] vgl. Ferstl und Sinz (2006), S. 3
[50] Ferstl und Sinz (2006), S. 3
[51] vgl. Ferstl und Sinz (2006), S. 39

eine Zerlegung des Informationssystems und des Basissystems in *Teil-Informationssysteme* und *Teil-Basissysteme*[52]. Die Grenzen zwischen dem Informationssystem und dem Basissystem des Unternehmens verschwimmen dabei zusehends, da sich Teil-Informationssysteme potentiell auch in vielen bisher dem Basissystem zugeordneten Bereichen finden lassen, etwa in Form von Steuerungen rechnergestützter Werkzeug-Maschinen[53].

Das den folgenden Ausführungen zugrunde liegende Begriffsverständnis bezieht den Informationssystembegriff auf allgemeine Teil-Informationssysteme eines Unternehmens. Dabei ist es unerheblich, ob diese im Leistungserstellung-, Lenkungs-, Planungs- oder Kontrollbereich eines Unternehmens enthalten sind:

> Im Verständnis der weiteren Ausführungen ist ein *Informationssystem* durch eine Menge ihm zugeordneter *Informationsverarbeitungsaufgaben* und eine Menge ihm zugeordneter *Aufgabenträger* eindeutig charakterisiert[54].

Informationssysteme können aus einer „Außensicht" und einer „Innensicht" beschrieben werden[55]. Die *Außensicht* beschreibt die Beziehungen eines Teilsystems zu den anderen, es umgebenden Teilsystemen, und insbesondere auch das *Verhalten* des Systems, d.h. die von ihm empfangenen Input- und die von ihm abgegebenen Output-Flüsse[56]. Sie ist folglich zur Betrachtung der *Wirtschaftlichkeit* eines Informationssystems heranzuziehen. Die *Innensicht* wird zur Beschreibung der Struktur eines Informationssystems und der Beziehungen seiner Komponenten untereinander verwendet[57]. Menschliche Komponenten eines Informationssystems sind personelle Aufgabenträger, etwa Sachbearbeiter, Manager oder Datenerfasser[58]. Maschinelle Komponenten werden als Anwendungen aufgefasst, die auf einer Hardware arbeiten, wobei diese Anwendungen Daten und Prozesse nutzen[59]; Prozesse wiederum bestehen aus Funktionen und Verbindungen[60] (vgl. auch Abbildung 3).

---

[52] vgl. Krcmar (2005), S. 26, Ferstl und Sinz (2006), S. 39
[53] vgl. Ferstl und Sinz (2006), S. 40
[54] Dies entspricht einer *funktional-organisatorischen* Sichtweise auf Informationssysteme. Im Hinblick auf die Zielsetzung der vorliegenden Ausführungen erscheint dies sinnvoll, da über die Durchführung von Aufgaben der *Zweck* von Informationssystemen, d.h. die erbrachte Leistung, adressiert wird. Zu weiteren Sichten auf Informationssysteme vgl. Scheer (1988), S. 12ff., Ferstl und Sinz (2006), S. 2 sowie Specker (2004), S. 35.
[55] vgl. Ferstl und Sinz (2006), S. 40
[56] vgl. Ferstl und Sinz (2006), S. 40
[57] vgl. Ferstl und Sinz (2006), S. 40
[58] vgl. Ferstl und Sinz (2006), S. 3
[59] vgl. Krcmar (2005), S. 3
[60] vgl. Krcmar (2005), S. 25

1. Gegenstand und Methodik 9

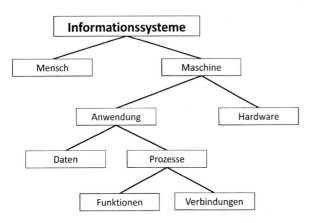

Abbildung 3: Informationssysteme als Mensch-Maschine-Systeme[61]

Nach Scheer können die Informationssysteme eines Industriebetriebs funktionsbezogen in die Bereiche Produktion, Technik, Beschaffung, Absatz, Personal, Rechnungswesen und Verwaltung eingeteilt werden[62]. Gemäß ihrem Anwenderfokus lassen sich Informationssysteme ferner in *interne* Informationssysteme, die die Leistungsprozesse und Austauschprozesse innerhalb *eines* Betriebes unterstützen[63], und *zwischenbetriebliche* Informationssysteme, welche die Informationssysteme zweier oder mehrere Betriebe verbinden[64], einteilen.

Im angelsächsischen Raum stark verbreitet ist der Begriff des *information system*. Bei Laudon und Laudon (2004) findet sich folgende Definition:

„An **information system** can be defined technically as a set of interrelated components that collect (or retrieve), process, store, and distribute information to support decision making, coordination, and control, information systems may also help managers and workers analyze problems, visualize complex subjects, and create new products."[65]

Dieser Definition folgend werden Informationssysteme als rein technische Systeme angesehen (vgl. auch Abbildung 4); sozio-technische Systeme ergeben sich erst durch integrierte

---

[61] vgl. Krcmar (2005), S. 25; man beachte, dass nach diesem Verständnis von Krcmar Anwendungen und Hardware separat als maschinelle Bestandteile von Informationssystemen ausgewiesen werden, während nach der in den weiteren Ausführungen verwendeten Definition von Ferstl/Sinz der Anwendungssystembegriff den der Hardware einschliesst (vgl. die Definition des Anwendungssystembegriffs auf der folgenden Seite bzw. Ferstl und Sinz (2006), S. 3).
[62] vgl. Scheer (1988), S. 94ff.
[63] vgl. Hansen und Neumann (2005), S. 90
[64] vgl. Hansen und Neumann (2005), S. 95
[65] Laudon und Laudon (2004), S. 8

Betrachtung der wechselseitigen Abhängigkeiten zwischen Organisationen und Informationssystemen[66].

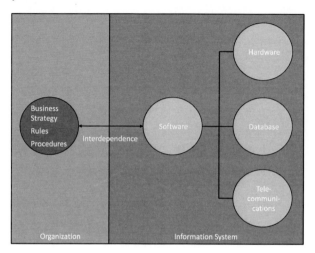

Abbildung 4: The interdependence between organizations and information systems[67]

Im deutsch-sprachigen Raum hat sich zur Beschreibung des technischen Aspekts von Informationssystemen der Begriff des *Anwendungssystems* (AS) etabliert:

> Anwendungssysteme sind Teilsysteme von Informationssystemen: Sie umfassen den automatisierbaren Teil der Informationsverarbeitung, die technischen Ressourcen sowie deren Beziehungen in einem Informationssystem[68].

Im engeren Sinn sind Anwendungssysteme definiert als die Gesamtheit aller Programme, die als Anwendungssoftware für ein konkretes betriebliches Anwendungsgebiet entwickelt, eingeführt und eingesetzt werden, einschließlich der zugrunde liegenden Daten[69]. Die Definition kann um erforderliche Hardwarekomponenten, Systemsoftware und Kommunikationseinrichtungen zum Begriff des Anwendungssystems im weiteren Sinn erweitert werden[70]. Im Rahmen der weiteren Ausführungen wird der Anwendungssystembegriff zur Beschreibung des technischen Aspekts von Informationssystemen verwendet.

---

[66] vgl. Laudon und Laudon (2004), S. 16f.
[67] in Anlehnung an Laudon und Laudon (2004), S. 17
[68] vgl. Ferstl und Sinz (2006), S. 3
[69] vgl. Stahlknecht und Hasenkamp (2005), S. 326
[70] vgl. Stahlknecht und Hasenkamp (2005), S. 326

1. Gegenstand und Methodik

1.2 Zielsetzung

Wie bereits ausgeführt wurde, ist im Zuge einer wirtschaftlichen Ausgestaltung der IT Transparenz sowohl hinsichtlich der IT-Eingangsseite (eingesetzte Mittel) als auch der IT-Ergebnisseite (zugehöriges Ergebnis) zu schaffen.

Die Wirtschaftlichkeit der IT kann zunächst grundsätzlich auf zwei Ebenen betrachtet werden[71]:

- Die mengenmäßige Auffassung des Wirtschaftlichkeitsbegriffs bezieht sich auf das mengenmäßige Verhältnis von IT-Output und IT-Input;
- die wertmäßige Auffassung des Wirtschaftlichkeitsbegriffs erstreckt sich auf den Quotienten aus bewertetem IT-Output (Leistung, Ertrag, Nutzen) und bewertetem IT-Input (Kosten, Aufwand).

Der *Output*-Begriff entstammt, wie bereits ausgeführt, ursprünglich der realen, güterwirtschaftlichen Sphäre und bezeichnet dort den mengenmäßigen Ausstoß[72], d.h. Produkte oder Leistungen, die von einer Organisation erbracht werden[73]. Etwas allgemeiner interpretiert umfasst der Output das unmittelbare *Resultat*, d.h. die Ist-Leistung einer Organisation oder Organisationseinheit, die sichtbar ist[74].

In der einschlägigen Literatur besteht weitestgehend Einigkeit darüber, dass die Beurteilung der Wirtschaftlichkeit der IT über ihren mengenmäßigen Output wenig sinnvoll ist[75]: Bei Boehm (1988) findet sich die Beschreibung eines Projekts, innerhalb dessen durch Automatisierung bestimmter, bisher manuell zu erledigender Arbeitsschritte die Effizienz eines Arbeitsablaufs gesteigert werden sollte[76]. Aufgrund von Unstimmigkeiten in den organisatorischen Regelungen, welche Inhalt und Reihenfolge der zu optimierenden Arbeitsschritte festlegten, kam es jedoch im beschriebenen Beispiel nicht zu dem erhofften Mehrwert. Für den Erfolg - und damit die Wirtschaftlichkeit - der IT sind somit auch organisatorische Regelungen mit verantwortlich. Pietsch verweist in diesem Zusammenhang ferner auf die Bedeutung des Einflussfaktors Mensch: „Jede Schreibmaschine, und war sie noch so leichtgängig und bedienungsfreundlich gestaltet, konnte auch in der Vergangenheit nur so viel

---
[71] vgl. die Ausführungen zum Wirtschaftlichkeitsbegriff aus Abschnitt 1.1.2
[72] vgl. Woll (2008), S. 631
[73] vgl. Stockmann (2007), S. 65
[74] vgl. Schedler und Proeller (2003), S. 64
[75] vgl. Pietsch (2003), S. 41ff., Kesten, Müller und Schröder (2007), S. 129f., Krcmar (2005), S. 397ff
[76] zitiert nach Picot, Reichwald und Wigand (2003), S. 195f.

leisten, wie die Schreibkraft, die sie bediente"[77]. Die Erhöhung des IT-Outputs führt nicht zwangsläufig zu einer höheren IT-Wirtschaftlichkeit, etwa wenn sich die Qualität der ausgebrachten Produkte verschlechtert[78]. Zur Beurteilung einer Verbesserung hinsichtlich der IT-Wirtschaftlichkeit ist es daher notwendig, alle mit einer Outputveränderung verbundenen *Wirkungen* zu betrachten. Gefordert wird eine umfassende, sozio-technisch-organisatorische Betrachtungsweise, die alle wesentlichen Wechselwirkungen und Einflussgrößen zur Bestimmung der Wirtschaftlichkeit der IT miteinbezieht[79].

Eine *Wirkung* bezeichnet eine *Veränderung* als Folge eines Outputs[80]. Sie kann kurz-, mittel- oder langfristig sein[81]. Wirkungen können danach unterschieden werden, ob sie intendiert (geplant) sind oder nicht. Üblicherweise wird bei der Erhebung von IT-Wirkungen von *inkrementellen* Veränderungen ausgegangen, d.h. Wirkungen werden relativ zum Ist-Zustand - also inkrementell - erfasst[82]. Wirkungen können ferner danach *bewertet* werden, ob sie im Einklang mit den gesetzten Zielen eines Entscheidungsträgers stehen (positive Wirkungen) oder ob sie diesen zuwider laufen (negative Wirkungen)[83]. Grundsätzlich ist davon auszugehen, dass sich geplante Wirkungen positiv verhalten, während ungeplante Wirkungen sowohl positiv als auch negativ sein können[84].

Je nachdem, ob eine Einbeziehung von Zielvorstellungen erfolgt oder nicht, ist zwischen subjektiven und objektiven Wirkungen zu unterscheiden[85]. Im subjektiven Fall wird in der einschlägigen Literatur verbreitet der Begriff des *Nutzens* verwendet[86]. Der Nutzen ist in der ökonomischen Theorie definiert als Art und Umfang der Fähigkeit eines Gutes, zur Bedürfnisbefriedigung eines Individuums zu dienen bzw. beizutragen und dessen Wohlbefinden zu steigern[87]. Aus dieser Definition folgt unmittelbar, dass es sich beim Nutzen um eine sub-

---

[77] Pietsch (2003), S. 42
[78] vgl. Pietsch (2003), S. 43
[79] vgl. Pietsch (2003), S. 43
[80] vgl. Stockmann (2007), S. 65
[81] vgl. Schalock (2001), S. 7
[82] vgl. Brugger (2005), S. 84
[83] vgl. Stockmann (2007), S. 65f.
[84] vgl. Stockmann (2007), S. 65f.; Stockmann weist in diesem Zusammenhang allerdings darauf hin, dass auch negative intendierte Wirkungen möglich sind, etwa wenn bestimmte Nachteile einer Entscheidung bewusst in Kauf genommen werden (vgl. Stockmann (2007), S. 66).
[85] vgl. Buchholtz (2001), S. 48
[86] vgl. Krcmar (2005), S. 395
[87] vgl. Harbrecht (1993), S. 271

1. Gegenstand und Methodik 13

jektive[88] Größe handelt, welche von den jeweiligen Einschätzungen und Präferenzen des zugrunde liegenden Individuums abhängt[89].

Im Rahmen der weiteren Ausführungen wird die Wirtschaftlichkeit der IT unter *wertmäßigen* Gesichtspunkten untersucht. Einen sinnvoll bewertbaren Output liefert die IT, wie oben ausgeführt, erst im Zusammenspiel aller automatisierten und nicht-automatisierten Komponenten in dem organisatorischen Umfeld, in welches diese Komponenten eingebettet sind[90], also auf Ebene der *Informationssysteme* in Form von sozio-technischen Systemen, der Definition der WKWI folgend[91]. Das technische Leistungspotential eines Informationssystems stellt lediglich eine gerätetechnische Obergrenze dar und wird durch den Engpass Mensch und aus wirtschaftlichen Erwägungen auf ein tiefer liegendes Niveau gesenkt[92]. Der *Anwendungssystembegriff* eignet sich aufgrund seiner Technik-zentrierten Sichtweise auf die IT *nicht* zur Beurteilung der wertmäßigen IT-Wirtschaftlichkeit.

Zur Beurteilung der wertmäßigen Wirtschaftlichkeit eines Informationssystems ist, wie bereits ausgeführt, die Gegenüberstellung seines bewerteten Inputs (Eingangsseite, IS-Aufwand bzw. IS-Kosten) mit seinem bewerteten Output (Ergebnisseite) notwendig.

Die Beschreibung der wertmäßigen Ergebnisseite eines Informationssystems erfolgt im Rahmen der weiteren Ausführungen über die Begriffe *Wirkung* und *Nutzen*. Der Wirkungsbegriff wird stets in seiner *objektiven* Ausprägung verwendet, d.h. die Wirkungen eines Informationssystems beziehen sich auf objektiv ermittelte, unbewertete Veränderungen der Diskurswelt, während für bewertete Veränderungen der Nutzenbegriff herangezogen wird. Unter dem *Nutzen eines Informationssystems* wird dann die Zusammenfassung der positiven und negativen Zielbeiträge der Wirkungen des Informationssystems auf seine Diskurswelt verstanden[93].

Obgleich zur Beschreibung des IS-Aufwands, der IS-Kosten, der IS-Wirkungen und des IS-Nutzens in Wissenschaft und Praxis eine Vielzahl von Methoden existieren bzw. vorgeschla-

---

[88] Man beachte, dass subjektiv hier keinesfalls mit irrational gleich zu setzen ist; subjektive Einschätzungen, d.h. solche, die auf Grundlage der Präferenzstruktur eines einzelnen wirtschaftlichen Akteurs getroffen werden, können sehr wohl mit den verschiedenen Ausprägungen des Rationalprinzips vereinbar, d.h. Bestandteil rationalen Handelns, sein (vgl. die Ausführungen zum Rationalprinzip in Abschnitt 1.1.2).
[89] vgl. Harbrecht (1993), S. 271
[90] vgl. Breidung (2005), S. 69
[91] vgl. oben bzw. WKWI (1994), S. 80
[92] vgl. im Folgenden Pietsch (2003), S. 41ff.
[93] vgl. Krcmar (2005), S. 395; nach Krcmar werden Wirkungen, die einen negativen Zielbeitrag liefern, auch als Kosten bezeichnet, wobei dies nicht im kostenrechnerischen Sinn verstanden werden darf (vgl. Krcmar (2005), S. 395). Um einer Doppeldeutigkeit des Kostenbegriffs vorzubeugen, wird innerhalb der vorliegenden Ausführungen nicht von Kosten gesprochen, wenn es sich um Wirkungen mit negativem Zielbeitrag handelt, d.h. der Kostenbegriff wird stets im kostenrechnerischen Sinn verwendet.

gen werden, wird lediglich die Behandlung des IS-Aufwands bzw. der IS-Kosten als relativ problemlos angesehen[94]. Ein Grund hierfür ist in der Tatsache zu sehen, dass die durch Informationssysteme verursachten Kosten in der Praxis oft keine speziellen Kosten darstellen, sondern einer bestehenden Kostenkategorie zugeordnet werden können[95]. Folglich müssten zur ihrer Abgrenzung lediglich die bestehenden Kostenrechnungssysteme erweitert werden[96]. Allerdings sind die durch Informationssysteme verursachten Kostenarten teilweise als sehr vielschichtig einzustufen[97]. Aufgrund des hohen Anteils von Gemeinkosten[98] bietet sich hier der Einsatz prozessorientierter Verfahren, etwa der Prozesskostenrechnung, an[99].

Die Beschreibung des Nutzens bzw. der Wirkungen der Ergebnisseite von Informationssystemen ist generell mit einer Vielzahl von Problemen verbunden[100]. So sind Informationssysteme nur selten unmittelbar an der eigentlichen Leistungserstellung im Sinne der Wertschöpfung[101] des Unternehmens beteiligt[102]; vielmehr unterstützen sie im Regelfall einzelne oder mehrere Aktivitäten bzw. Geschäftsprozesse[103]. Dies führt denn auch zum sog. Zuordnungsproblem: So kann bei Beteiligung eines Informationssystems an mehreren Aktivitäten bzw. Geschäftsprozessen nicht ohne weiteres ausgesagt werden, welcher Anteil an Unterstützung auf welche Aktivität bzw. welchen Geschäftsprozess entfällt[104]. Viele durch den Einsatz von Informationssystemen gewollte Wirkungen lassen sich - umso mehr, je strategischer ihre Natur ist - nur schwer quantifizieren[105] bzw. in monetären Einheiten ausdrücken[106].

---

[94] vgl. Horváth (2006), S. 710, Krcmar (2005), S. 402, Biethahn, Mucksch und Ruf (2004), S. 361
[95] Kosten für Hardware etwa können der Kostenkategorie Sachmittel zugeordnet werden; vgl. Heinrich und Lehner (2005), S. 454
[96] vgl. Heinrich und Lehner (2005), S. 454
[97] vgl. Vollmuth (2003), S. 279
[98] Gemeinkosten lassen sich nur *indirekt* im Rahmen einer innerbetrieblichen Leistungsverrechnung auf Kostenträger zurechnen. Ihr begriffliches Gegenstück bilden Einzelkosten, welche *unmittelbar* einzelnen Kostenträgern zugeordnet werden können (vgl. Friedl, Hilz und Pedell (2005), S. 18).
[99] vgl. Horváth (2006), S. 711
[100] vgl. Krcmar (2005), S. 398 , Horváth (2006), S. 705, Brugger (2005), S. 84, Pietsch (2003), S. 30, Walter und Spitta (2004), S. 172
[101] vgl. dazu die Ausführungen zum Wertschöpfungsbegriff in Abschnitt 4.1
[102] vgl. Brugger (2005), S. 84. Die unmittelbare Beteiligung von Informationssystemen an der eigentlichen betrieblichen Leistungserstellung ist damit aber keineswegs grundsätzlich auszuschließen; vielmehr stellt die Erbringung von Dienstleistungen, sofern diese in Form von Informationen erbracht werden, etwa Beratungsleistungen bei Banken und Versicherungen oder Architekturpläne bei Architekten, eine derartige unmittelbare Beteiligung an der betrieblichen Leistungserstellung dar (vgl. Ferstl und Sinz (2006), S. 2).
[103] vgl. Durst (2007), S. 98 und Gruner, Jost und Spiegel (2003), S. 40
[104] vgl. Kesten, Müller und Schröder (2007), S. 131, Walter und Spitta (2004), S. 172
[105] Von Quantifizieren wird gesprochen, wenn eine Entsprechung gewisser Relationen zwischen den Merkmalsausprägungen der Untersuchungsobjekte zu analogen Relationen zwischen Zahlen vorliegt, d.h. Isomorphie zwischen dem betrachteten Realitätsausschnitt und dem als Modell dienenden Zahlen besteht (vgl. Schneider (1982), S. 43).
[106] vgl. Krcmar (2005), S. 401, Kesten, Müller und Schröder (2007), S. 131f., Walter und Spitta (2004), S. 172

1. Gegenstand und Methodik

Darüber hinaus ergeben sich bei der Implementierung von Informationssystemen, welche die Ablauf- bzw. Aufbauorganisation eines Unternehmens (gewollt) verändern, ggf. Wirkungen, die nicht (nur) dem Informationssystem, sondern auch den geänderten Rahmenbedingungen zuzuschreiben sind[107]. Allgemein müssen erzielte Wirkungen oftmals mehreren Maßnahmen zugeordnet werden bzw. entstehen erst durch deren Zusammenspiel[108]. Die zunehmende Komplexität von Informationssystemen wurde bereits im Eingangskapitel angesprochen; ihr Einsatz hat nicht mehr Auswirkungen auf einzelne Arbeitsplätze oder Abteilungen, sondern wirkt arbeitsplatzübergreifend, abteilungsüberreifend oder auch unternehmensübergreifend[109]. Dies erschwert eine umfassende Betrachtung *aller* Wirkungen und Interdependenzen[110] - speziell vor dem Hintergrund des Zeitrestriktionsproblems, wonach die Beantwortung der Wirtschaftlichkeit innerhalb gegebener zeitlicher Grenzen zu erfolgen hat[111]. Ein weiteres Problem liegt in der Mehrdeutigkeit des Zielbeitrages von Wirkungen, welcher sowohl positiv als auch negativ ausfallen kann[112]. Ferner ist die Wirkung vieler Maßnahmen, welche durch die Implementierung von Informationssystemen entstehen, mit zeitlichen Verzögerungen verbunden, was wiederum ihre exakte Zuordnung behindert[113], und/oder es bestehen Unsicherheiten hinsichtlich des Eintritts der gewünschten Wirkungen, falls diese auch von externen Größen abhängen, die sich außerhalb des Einflussbereichs betrachteten Unternehmens befinden[114].

Diesen grundsätzlichen Problemen steht in der einschlägigen wissenschaftlichen Literatur eine Vielzahl von Modellen[115] und Verfahren[116] im Zusammenhang mit der Beschreibung des

---

[107] vgl. Anselstetter (1984), S. 10, Kaib (2002), S. 37
[108] vgl. Meta Group Inc. (2002b), S. 18
[109] vgl. Kargl (1996), S. 87
[110] vgl. Pietsch (2003), S. 31; dies ist vor allem bei integrierten Systemen problematisch, da dort der Großteil des Wirtschaftlichkeitspotentials gerade in der durchgängigen Unterstützung aller Unternehmensbereiche liegt (vgl. Krcmar (2005), S. 401f.).
[111] vgl. Horváth (2006), S. 705
[112] Bei Krcmar (2005), S. 401 findet sich das Beispiel eines Zeiterfassungssystems, welches neben Kosteneinsparungseffekten auch zu negativen Wirkungseffekten in Form einer sinkenden Mitarbeiterzufriedenheit führt.
[113] vgl. Meta Group Inc. (2002b), S. 18
[114] vgl. Brugger (2005), S. 84, Kesten, Müller und Schröder (2007), S. 131
[115] Ein *Modell* bezeichnet eine idealisierende oder abstrahierende Abbildung der Realität im Hinblick auf ein bestimmtes Ziel (vgl. Lehner, Hildebrand und Maier (1995), S. 53f.). Nach Stachowiak wird der allgemeine Modellbegriff durch drei Hauptmerkmale charakterisiert: Das konstituierende *Abbildungsmerkmal* besagt, dass durch ein Modell stets eine Abbildung erfolgt. Das *Verkürzungsmerkmal* besagt, dass nicht alle Eigenschaften und Sachverhalte abgebildet werden, sondern nur solche, die als relevant eingestuft werden. Das *pragmatische Merkmal* schließlich sagt aus, dass die Abbildung im Hinblick auf eine bestimmte Zielsetzung erfolgt (vgl. Stachowiak (1973), S. 131f.).
[116] Die Verwendung der Begriffe Konzept, Methode und Verfahren ist im allgemein sprachlichen Gebrauch noch immer mit einer beachtlichen Begriffsverwirrung verbunden (vgl. Rappe-Giesecke (2003), S. 16). Die vorliegenden Ausführungen folgen dem Begriffsverständnis nach Geißler und Hege (2006): Unter einem *Konzept* wird ein Handlungsmodell verstanden, in welchem Ziele, Inhalte, Methoden und Verfahren in einem sinnhaften Zusammenhang gebracht wurden (vgl. Geißler und Hege (2006), S. 20). *Methoden* sind konstitutive Teilaspekte

Nutzens bzw. der Wirkungen der Ergebnisseite von Informationssystemen gegenüber. Dennoch wird die Beschreibung des Nutzens bzw. der Wirkungen der Ergebnisseite von Informationssystemen verbreitet immer noch als ungelöstes Problem angesehen: Eine Studie der Meta Group Inc. aus dem Jahr 2002 ergab, dass 90% der betrachteten Unternehmen kein Modell zur quantitativen Darstellung des Werts der eingesetzten IT haben[117]. Kesten, Schröder und Wozniak (2006) befragten im Jahr 2006 Unternehmen zur Vorgehensweise bei der Ermittlung und Bewertung des Nutzens von IT-Investitionen, wobei nur 46% der Befragten die Verfahren zur Prognose von Wirkungen und Nutzeneffekten als gut oder sehr gut einstufen[118]. Verfahren zum nachträglichen Abgleich der antizipierten Effekte mit den tatsächlich eingetretenen werden von knapp der Hälfte (44%) der befragten Unternehmen überhaupt nicht angewendet; nur 17% dieser Unternehmen stufen die hierzu existierenden Verfahren als gut und 0% als sehr gut ein[119].

Aufgrund der beschriebenen Schwierigkeiten und der Komplexität und Vielschichtigkeit der Wirkungen von Informationssystemen in Organisationen[120] ist nicht davon auszugehen, dass ein *universell* einsetzbares Verfahren existiert bzw. je existieren wird, das die Wirkungen der Ergebnisseite eines Informationssystems *umfassend*, *vollständig* und unter Berücksichtigung *aller* möglichen Einflussfaktoren und Wechselwirkungen beschreiben und bewerten kann[121]. Gleichwohl lassen die obigen Ausführungen den Schluss auf einen nach wie vor existierenden *Bedarf* an Methoden, Verfahren und Modellen zur wertmäßigen Beschreibung der Ergebnisseite von Informationssystemen zu.

Bei mehreren Autoren, etwa Schumann (1993) oder Kesten, Müller und Schröder (2007), wird die *Kombination* mehrerer Verfahren vorgeschlagen, um so eine ganzheitliche Sicht-

---

von Konzepten. Eine Methode ist ein vorausgedachter Plan der Vorgehensweise (vgl. Geißler und Hege (2006), S. 21f.). Eine Methode beschreibt allgemein eine planmäßige Art und Weise des Handelns mit überprüfbaren Ergebnissen. Vorausgesetzt wird ein definiertes Regelsystem, unter Anwendung dessen eine Bewertung der Ergebnisse und Aktivitäten erfolgen kann. Ziele von Methoden sind die Erlangung wissenschaftlicher Erkenntnisse und/oder praktischer Ergebnisse. Im allgemeinen Sprachgebrauch werden die Begriffe Methode und Methodik oft synonym verwendet (vgl. Greiffenberg (2003), S. 956). *Verfahren* sind Teilaspekte bzw. Elemente von Methoden, sie geben Teilantworten auf Detailprobleme im komplexen Weg von der Identifikation eines Problems bis zu dessen Lösung. Methoden und Verfahren unterscheiden sich nach dem Grad ihrer Komplexität, so dass Methoden in der Regel eine Menge von Verfahren beinhalten (vgl. Geißler und Hege (2006), S. 25). Da in der einschlägigen Literatur verbreitet von „Verfahren zur Beurteilung der IS-Wirtschaftlichkeit" (Schumann (1993), S. 170) gesprochen wird, soll dieser Terminologie innerhalb der vorliegenden Ausführungen gefolgt werden.
[117] vgl. Meta Group Inc. (2002a), S. 5
[118] vgl. Kesten, Schröder und Wozniak (2006), S. 12
[119] vgl. Kesten, Schröder und Wozniak (2006), S. 14
[120] vgl. Farbey, Land und Targett (1993), S. 13
[121] vgl. Walter und Spitta (2004), S. 176

1. Gegenstand und Methodik

weise auf die Ergebnisseite eines Informationssystems ableiten zu können[122]. Im Rahmen der Neukonzeption bzw. Weiterentwicklung von Methoden, Verfahren und Modellen zur Bestimmung bzw. Bewertung der Wirkungen der Ergebnisseite von Informationssystemen ist daher nicht zuletzt auch der Frage nachzugehen, unter welchen Bedingungen[123] und in Kombination mit welchen anderen Verfahren die Anwendung eines speziellen Verfahrens erfolgen soll[124]. Hierzu ist es erforderlich, die Problemstellung „Bestimmung und Bewertung der Wirkungen der Ergebnisseite eines Informationssystems" mit Hilfe von *Kriterien* so zu strukturieren, dass auf dieser Grundlage der *Einsatzbereich* bzw. die *Kombinierbarkeit* von Methoden, Verfahren und Modellen im Hinblick auf das Ziel der wertmäßigen Beschreibung der Ergebnisseite von Informationssystemen ermittelt werden kann. Ferner ist zu untersuchen, welche Bereiche der Problemstellung „Bestimmung und Bewertung der Wirkungen eines Informationssystems" als hinreichend gelöst angesehen werden können, und in welchen Bereichen ein methodischer Bedarf besteht. Diese unzureichend gelösten Problembereiche sind dann als Ansatzpunkt bei der Neukonzeption von Methoden, Verfahren und Modellen zur Bestimmung und/oder Bewertung von Wirkungen der Ergebnisseite von Informationssystemen anzusehen.

Basierend auf diesen Vorüberlegungen wird das Ziel der vorliegenden Ausführung wie folgt formuliert:

> Ziel der vorliegenden Ausführungen ist die systematische Herleitung eines begründeten, intersubjektiv nachvollziehbaren Modells zur wertmäßigen Beschreibung der Ergebnisseite von Informationssystemen. Hierzu ist auch die Identifikation der bislang nur unbefriedigend gelösten Bereiche der Problemstellung der Bestimmung und Bewertung von Wirkungen der Ergebnisseite von Informationssystemen erforderlich.

Aus dieser Zielsetzung leiten sich nachstehende *Forschungsfragen* ab, die im Rahmen der weiteren Ausführungen zu beantworten sind:

---

[122] vgl. Walter und Spitta (2004), S. 176
[123] vgl. Biethahn, Muckschund Ruf (2004), S. 361
[124] vgl. Walter und Spitta (2004), S. 176

> Forschungsfrage (1): Durch welche Kriterien kann der Einsatzbereich bzw. die Kombinierbarkeit von Methoden, Verfahren und Modellen zur Bestimmung und/oder Bewertung von Wirkungen der Ergebnisseite von Informationssystemen beschrieben werden?

Die strukturelle Beschreibung der komplexen Aufgabenstellung der Bestimmung und Bewertung von Wirkungen der Ergebnisseite von Informationssystemen soll auf Grundlage von *Kriterien* vorgenommen werden, mit deren Hilfe sich innerhalb dieser Aufgabenstellung voneinander abgrenzbare, spezialisierte Teilaufgabenbereiche definieren lassen sollen. Eine bestimmte Methode bzw. ein bestimmtes Verfahren bzw. Modell ist im Hinblick auf einen Teilaufgabenbereich genau dann als *geeignet* anzusehen, wenn es dem Teilaufgabenbereich zugrunde liegende Aufgabenstellung adressiert. Die Menge der Teilaufgabenbereiche, für die eine Methode bzw. ein Verfahren bzw. ein Modell geeignet ist, wird als *Einsatzbereich* der Methode bzw. des Verfahrens bzw. des Modells bezeichnet.

Die Beantwortung von Forschungsfrage (1) ist Gegenstand des Abschnitts 2 der vorliegenden Ausführungen.

> Forschungsfrage (2): Inwiefern bestehen in der Problemstellung der Bestimmung und Bewertung von Wirkungen der Ergebnisseite von Informationssystemen Defizite an Methoden, Verfahren oder Modellen?

Um einschätzen zu können, welche Teilbereiche der Problemstellung der Bestimmung und Bewertung von Wirkungen der Ergebnisseite von Informationssystemen als befriedigend gelöst angesehen werden können und welche nicht, ist eine *Gegenüberstellung* der Methoden, Verfahren und Modelle zur Bestimmung und/oder Bewertung von Wirkungen der Ergebnisseite von Informationssystemen mit den Kriterien zur strukturellen Beschreibung der Aufgabenstellung erforderlich, um so die Einsatzbereiche der Methoden, Verfahren und Modelle ableiten zu können. Die Menge der Einsatzbereiche aller Methoden, Verfahren und Modelle kann als der *bereits adressierte Teilaufgabenbereich* der Aufgabenstellung angesehen werden. Die Existenz von Teilaufgabenbereichen, die sich nicht mit Einsatzbereichen von bestehenden Methoden, Verfahren und Modellen decken, impliziert einen *Bedarf an neuen Methoden, Verfahren oder Modellen*, deren Einsatzbereich in den ungelösten Teilaufgabenbereichen der Aufgabenstellung liegt.

1. Gegenstand und Methodik

Die Beantwortung von Forschungsfrage (2) ist Gegenstand des Abschnitts 3 der vorliegenden Ausführungen.

> Forschungsfrage (3): Wie kann ein begründetes, intersubjektiv nachvollziehbares Modell zur wertmäßigen Beschreibung der Ergebnisseite von Informationssystemen aussehen, das den bislang als ungelöst einzustufenden Teilaufgabenbereich der Bestimmung und Bewertung von Wirkungen der Ergebnisseite von Informationssystemen aufgreift?

Nachdem abgeleitet wurde, welche Bereiche der Aufgabenstellung der Bestimmung und Bewertung von Wirkungen der Ergebnisseite von Informationssystemen bislang unzureichend gelöst sind, soll im Folgenden systematisch ein begründetes, intersubjektiv nachvollziehbares[125] Modell abgeleitet werden, dessen Einsatzbereich zumindest einen Teilbereich dieses unbefriedigend gelösten Teilaufgabenbereichs der Aufgabenstellung adressiert. Durch Abgleich des Einsatzbereichs des neuen Modells ergibt sich der noch verbleibende, weiterhin unbefriedigend gelöste Teilaufgabenbereich der Aufgabenstellung.

Die Beantwortung von Forschungsfrage (3) ist Gegenstand der Abschnitte 4 und 5 der vorliegenden Ausführungen. Abbildung 5 gibt den grundsätzlichen Aufbau der Arbeit überblicksartig in grafischer Form wieder.

Wie eingangs erwähnt, soll die Eingangsseite von Informationssystemen, d.h. die Betrachtung der IS-Kosten bzw. des IS-Aufwands, *nicht* Betrachtungsgegenstand der vorliegenden Ausführungen sein. Entsprechend soll sich im Folgenden der Wirkungsbegriff, soweit nicht anders angegeben, auf die *Ergebnisseite* von Informationssystemen beziehen. Bezüglich der Untersuchung der Eingangsseite von Informationssystemen wird auf die einschlägige Literatur und die wissenschaftliche Diskussion hierzu verwiesen.

Die folgenden Ausführungen beziehen sich, soweit nicht anders angegeben, stets auf ein *einzelnes, betriebliches* Informationssystem, das über die Menge der ihm zugeordneten Informationsverarbeitungsaufgaben und Aufgabenträger eindeutig bestimmt ist. Die Betrachtung erfolgt aus Sicht von Unternehmen, welche Informationssysteme *einsetzen*, und nicht aus Sicht von Unternehmen, welche Software herstellen.

---

[125] Die intersubjektive Nachprüfbarkeit von Erkenntnissen ist so zu verstehen, dass diese von jedem denkenden menschlichen Wesen, das ein normales Wahrnehmungsvermögen aufweist und die entsprechende Ausbildung genossen hat, auf ihre Richtigkeit hin überprüft werden können (vgl. Seiffert (2003), S. 204).

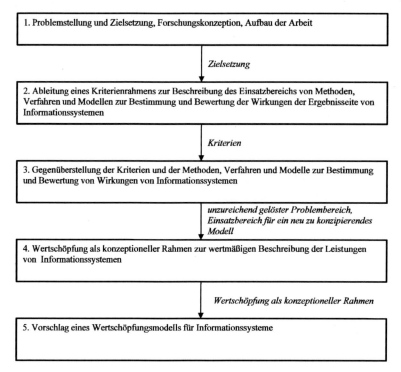

Abbildung 5: Aufbau der Arbeit (Überblick)

1.3 Forschungskonzeption und Aufbau der Arbeit

Nachdem die Zielsetzung der vorliegenden Ausführungen formuliert und in Form von Forschungsfragen konkretisiert wurde, ist es notwendig zu klären, wie die Beantwortung der Forschungsfragen forschungsmethodisch erreicht und wissenschaftstheoretisch begründet werden kann.

Ein erster Bezug zur Wissenschaftsdisziplin *Wirtschaftsinformatik* wurde dabei bereits mit der Einführung des Informationssystembegriffs hergestellt. Die *Wirtschaftsinformatik* wird heute nach allgemeinem Verständnis als eigenständige Wissenschaftsdisziplin angesehen[126] und den Wirtschaftswissenschaften zugerechnet[127]. *Gegenstand* der Wirtschaftsinformatik sind Infor-

---

[126] vgl. Lehner und Scholz (2008), S. 9
[127] vgl. Lehner und Scholz (2008), S. 9

1. Gegenstand und Methodik 21

mationssysteme[128] in Wirtschaft und Verwaltung[129]. „Ziel der Wirtschaftsinformatik ist die Gewinnung von Theorien, Methoden, Werkzeugen und intersubjektiv nachprüfbaren Erkenntnissen über / zu IKS in Wirtschaft und Verwaltung und die Ergänzung des ‚Methoden- und Werkzeugkastens' der Wissenschaften um solche der Wirtschaftsinformatik, die den soziotechnischen Erkenntnis- und Gestaltungsgegenstand einer wissenschaftlichen Untersuchung zugänglich machen"[130].

Ziel der Entwicklung und des Einsatzes von Informationssystemen sind die optimale Informationsbereitstellung und Kommunikationsunterstützung nach *wirtschaftlichen* Kriterien[131], d.h. unter Beachtung des Wirtschaftlichkeitsprinzips[132]. Die Kontrolle der Wirtschaftlichkeit der IT, und somit auch einzelner Informationssysteme, ist eine wesentliche Aufgabe des *IT-Controllings*[133]. Dieses dient in einer ersten Näherung[134] der Sicherstellung der Effizienz und Effektivität sowie der Qualität, Funktionalität und Termineinhaltung der Informationsverarbeitung[135]. IT-Controlling wird als *Kerndisziplin* der Wirtschaftsinformatik angesehen[136]. Die Bestimmung und Bewertung der Wirkungen von Informationssystemen ist somit unmittelbar als Kernaufgabe der Wirtschaftsinformatik einzustufen.

In der Wissenschaftstheorie wird zwischen dem *theoretischen* und dem *praktischen* Wissenschaftsziel unterschieden[137]. Das theoretische Wissenschaftsziel bezieht sich auf die *Erklärung* und *Prognose* des *Verhaltens* der Forschungsobjekte. Es strebt gesetzmäßige Aussagen zu den *Ursachen* beobachteter Sachverhalte und zu *Ursache-Wirkungs-Zusammenhängen* an. Das *pragmatische* Wissenschaftsziel hingegen beinhaltet vorwiegend die *Nutzbarmachung* von Erkenntnissen zur *Gestaltung* der Wirklichkeit, d.h. die Entwicklung oder Ableitung praktischer *Handlungsanleitungen*.

---

[128] Im „Profil der Wirtschaftsinformatik" (WKWI (1994), S. 80) wird anstelle des Informationssystembegriffs der Begriff der Informations- und Kommunikationssysteme (IKS) verwendet (vgl. WKWI (1994), S. 80); allerdings sind diese Begrifflichkeiten aufgrund der Untrennbarkeit der Informations- und Kommunikationstechnik einander gleichzusetzen (vgl. Krcmar (2005), S. 25). Zur Definition des Informationssystembegriffs vgl. ebenfalls die Ausführungen aus Abschnitt 1.1.3.
[129] vgl. WKWI (1994), S. 80, Ferstl und Sinz (2006), S. 1
[130] WKWI (1994), S. 81
[131] vgl. WKWI (1994), S. 80f., Lehner und Scholz (2008), S. 10
[132] vgl. die Ausführungen zum Wirtschaftlichkeitsbegriff aus Abschnitt 1.1.2
[133] vgl. Krcmar (2005), S. 420f., Kütz (2005), S. 21f., Lehner und Scholz (2008), S. 251
[134] zur begrifflichen Bestimmung und Erörterung der Aufgaben des IT-Controlling vgl. die Ausführungen in Abschnitt 2.1
[135] vgl. Krcmar (2005), S. 420
[136] vgl. Krcmar und Son (2004), S. 165
[137] vgl. im Folgenden Lehner (1996), S. 73ff., Lehner und Scholz (2008), S. 20

Die Gewinnung wissenschaftlicher Erkenntnisse erfolgt in der Wirtschaftsinformatik vor dem Hintergrund zweier unterschiedlicher, erkenntnistheoretischer Paradigmen[138]:

- Nach dem *verhaltenswissenschaftlichen* oder *behavioristischen* Paradigma bezieht sich die Gewinnung wissenschaftlicher Erkenntnisse auf die *reaktive* Untersuchung des *Verhaltens* von Informationssystemen und dessen Auswirkungen auf Organisationen;
- nach dem *konstruktionswissenschaftlichen* Paradigma wird die Entwicklung und Evaluation von Informationssystemen durch Erzeugung von Theorien, Modellen, Systemen oder Verfahren angestrebt.

Die Wirtschaftsinformatik zielt *nicht* auf die Entwicklung eines eigenen, umfassenden, theoretischen Fundaments ab; vielmehr strebt sie die Ableitung unvollständiger Theorien im Sinne von ceteris-paribus-Hypothesen[139] an, welche auf physikalisch-sozio-technischen Tatsachen und Gesetzesmäßigkeiten anderer Wissenschaftsdisziplinen basieren[140].

Aufgaben der Wirtschaftsinformatik liegen in:[141]

- der Schaffung eindeutiger, terminologischer Grundlagen, welche die auf eine Vielzahl von Personen verteilte wissenschaftliche Arbeit ermöglichen (*Beschreibungsaufgabe*),
- der Erklärung und Prognose der Entwicklung, des Verhaltens und des Einsatzes von Informationssystemen durch Generierung von Modellen, Theorien und Hypothesen sowie deren empirische Untersuchung (*Erklärungs-* und *Prognoseaufgabe*), sowie
- in der Gestaltung neuartiger Systeme, Methoden, Verfahren oder Werkzeuge, welche ihre Vorteilhaftigkeit in der Praxis unter Beweis stellen müssen, unter Einbeziehung ingenieurwissenschaftlicher Herangehensweisen (*Gestaltungsaufgabe*).

Die Wirtschaftsinformatik kann sowohl als *Realwissenschaft* als auch als *Formalwissenschaft* angesehen werden, da sie einerseits durch Betrachtung der Entwicklung und des Einsatzes von Informationssystemen Phänomene der Wirklichkeit untersucht, andererseits zur Be-

---

[138] vgl. im Folgenden Becker und Pfeiffer (2006), S. 41, Wilde und Hess (2006), S. 3
[139] Eine Hypothese wird im Folgenden als empirisch überprüfbare, generalisierende Aussage über einen bestimmten Sachverhalt aufgefasst (vgl. Hildebrandt (2000), S. 40f.). Hypothesen müssen über den Einzelfall hinaus gehen. Sie müssen zumindest theoretisch falsifizierbar sein und wenigstens implizit die Formalstruktur eines Konditionalsatzes aufweisen (vgl. Bortz und Döring (1995), S. 7). Der Ausdruck „ceteris-paribus" steht in der Ökonomie für „unter sonst gleichen Umständen". Einer ceteris-paribus Hypothese liegt die Behauptung zugrunde, dass in einer konkreten Untersuchungssituation nur die kontrollierten Variablen eine Rolle spielen, und keine weiteren (vgl. Gadenne (1984), S. 43f.).
[140] vgl. Gadenne (1997), S. 13ff.
[141] vgl. im Folgenden WKWI (1994), S. 81

1. Gegenstand und Methodik

schreibung, Erklärung, Prognose und Gestaltung der Entwicklung und des Einsatzes von Informationssystemen formale Beschreibungsmethoden und Theorien erforderlich sind[142]. Ebenso kann die Wirtschaftsinformatik als *Ingenieurswissenschaft* angesehen werden, da speziell die Gestaltung von Informationssystemen einer Konstruktionssystematik bedarf[143]. Sie ist ferner eine *anwendungsorientierte Wissenschaft*, indem sie über ihre Gestaltungsaufgabe ein *pragmatisches* Wissenschaftsziel verfolgt und auf die praktische Nutzbarmachung gewonnener Erkenntnisse abzielt[144].

Die den vorliegenden Ausführungen zugrunde liegende Zielsetzung bezieht sich *nicht* unmittelbar auf die Erarbeitung terminologischer Grundlagen, folglich ist die methodische Beantwortung der Forschungsfragen *nicht* als Erfüllung einer *Beschreibungsaufgabe* innerhalb der Wissenschaftsdisziplin Wirtschaftsinformatik anzusehen. Die Herleitung von Kriterien, welche mögliche Einsatzbereiche von Methoden, Verfahren und Modellen zur Bestimmung und/oder Bewertung von Wirkungen von Informationssystemen determinieren, sowie die Aufdeckung der befriedigend bzw. nur unzureichend gelösten Problembereiche der Bestimmung und Bewertung von Wirkungen von Informationssystemen sind als *Erklärungsaufgaben* einzustufen, welche sich über die Analyse der Anwendung von Methoden, Verfahren und Modellen auf die Erklärung des Einsatzes von Informationssystemen beziehen. Ebenso ist die Herleitung eines Modells zur Bestimmung und Bewertung der Wirkungen von Informationssystemen mit einer Erklärungs- bzw. Prognoseaufgabe[145] verbunden, da sie sich zwangsläufig mit der Erklärung bzw. Prognose von Wirkungen des Einsatzes von Informationssystemen auseinander setzen muss. Die Herleitung eines solchen Modells kann grundsätzlich auch als Gestaltungsaufgabe aufgefasst werden, da sie das Ziel der Gestaltung eines Modells zur Bestimmung und Bewertung der Wirkungen von Informationssystemen verfolgt. Die vorliegenden Ausführungen sollen sich jedoch schwerpunktmäßig auf die *Erklärung* der Wirkungen des Einsatzes von Informationssystemen beziehen, da gerade dies in Wissenschaft und Praxis als Problem angesehen wird[146], und verfolgen somit ein *theoretisches* Wissenschaftsziel[147].

---

[142] vgl. WKWI (1994), S. 81
[143] vgl. WKWI (1994), S. 81
[144] vgl. Gadenne (1996), S. 2
[145] Je nach zeitlicher Richtung der Sichtweise ist zwischen der *vergangenheitsgerichteten Erklärung* und der *zukunftsgerichteten Prognose* von Wirkungen des Einsatzes von Informationssystemen zu unterscheiden (vgl. hierzu die Ausführungen in Abschnitt 2.3.2).
[146] vgl. die Ausführungen zur Problemstellung in Abschnitt 1.2

Die Verfolgung der den vorliegenden Ausführungen zugrunde liegende Zielsetzung kann grundsätzlich sowohl unter dem verhaltenswissenschaftlichen als auch dem konstruktionswissenschaftlichen Paradigma geschehen. Ein verhaltenswissenschaftlicher Ansatz würde sich überwiegend auf die Analyse von Erfahrungswerten stützen und ein empirisch-motiviertes Vorgehen zur Erkenntnisgewinnung implizieren[148]. Da allerdings, wie bereits im vorangegangenen Abschnitt ausgeführt wurde, in vielen Unternehmen kaum Erfahrungswerte bezüglich der Wirkungen von Informationssystemen vorliegen[149], erscheint es zielführender, zur Ableitung eines Modells zur wertmäßigen Beschreibung der Ergebnisseite von Informationssystemen schwerpunktmäßig[150] einen *konstruktionswissenschaftlichen* Ansatz zu verwenden.

Der Charakter der Wirtschaftsinformatik als anwendungsorientierte Wissenschaft erfordert auch bei einem theoretischen Wissenschaftsziel den praktischen Beweis der Vorteilhaftigkeit der gewonnenen Erkenntnisse[151], d.h. die Anwendung *empirischer* Forschungsstrategien und -formen. Zur Verfolgung eines theoretischen Wissenschaftsziels sind in der empirischen Sozialforschung grundsätzlich folgende *Forschungsstrategien* geeignet: Die *Falsifikationsstrategie* sowie die *Explorationsstrategie*[152].

Im Rahmen der *Falsifikationsstrategie* wird angestrebt, Hypothesen durch Konfrontation mit der Realität zu widerlegen, um so zu neuen Erkenntnissen zu gelangen[153]. Sie betont den *Begründungszusammenhang*[154] und ist besonders dann erfolgreich, wenn bereits gehaltvolle, überprüfbare Hypothesen vorliegen, d.h. der allgemeine Wissensstand über den zu untersuchenden Forschungsgegenstand weit fortgeschritten ist. Die *Explorationsstrategie* betont den *Entdeckungszusammenhang* wissenschaftlicher Aussagen. Sie sieht bereits im erstmaligen Erkennen von Zusammenhängen einen Erkenntnisfortschritt und vernachlässigt explizit den

---

[147] vgl. die Überlegungen von Lehner, der speziell im Aufbau einer Theorie mit dem Anspruch der Erklärung der Wirkungen von Informationssystemen in der betriebswirtschaftlichen Anwendung durch axiomatische Aussagen ein theoretisches Wissenschaftsziel sieht (vgl. Lehner (1996), S. 73, Lehner und Scholz (2008), S. 20).
[148] vgl. Wilde und Hess (2006), S. 11
[149] An dieser Stelle sei nochmals auf die Studie der Meta Group Inc. verwiesen, nach welcher 90% der betrachteten Unternehmen kein Modell zur quantitativen Darstellung des Werts der eingesetzten IT hatten (vgl. Meta Group Inc. (2002a), S. 5).
[150] vgl. hierzu auch die nachfolgenden Erläuterungen im Zusammenhang mit der Wahl der Explorationsstrategie
[151] vgl. Kurbel und Strunz (1990), S. 16
[152] vgl. Müller-Böling (1992), S. 1494; die ebenfalls von Müller-Böling aufgeführte *Konstruktionsstrategie* verfolgt ein *praktisches* Wissenschaftsziel (vgl. Müller-Böling (1992), S. 1494f.) und soll daher im Folgenden nicht weiter betrachtet werden.
[153] vgl. im Folgenden Müller-Böling (1992), S. 1494f.
[154] In der Wissenschaftstheorie wird zwischen dem Begründungszusammenhang und dem Entdeckungszusammenhang unterschieden. Der Begründungszusammenhang stellt auf die Fragestellung ab, wie sich gewonnene Erkenntnisse als *wahr* begründen lassen. Der Entdeckungszusammenhang hingegen hinterfragt, wie sich neue Erkenntnisse überhaupt erschließen lassen (vgl. Chmielewicz (1994), S. 37).

1. Gegenstand und Methodik

Anspruch einer statistischen Repräsentativität der gewonnenen Erkenntnisse. Vielmehr steht die Ableitung gehaltvoller Hypothesen, welche in einer nachgelagerten Untersuchung überprüft werden können, im Vordergrund einer Explorationsstrategie.

Da in vielen Unternehmen kaum Erfahrungswerte bezüglich der Wirkungen von Informationssystemen vorliegen, erscheint die unmittelbare Ableitung geeigneter Hypothesen über die Wirkungen von Informationssystemen, und die Konfrontation solcher Hypothesen mit der Realität kaum möglich. Entsprechend kann die Verfolgung einer Falsifikationsstrategie im Hinblick auf die Zielsetzung der vorliegenden Ausführungen nicht als zielführend angesehen werden. Vielmehr legt der unzureichende Wissensstand auf dem Gebiet der wertmäßigen Beschreibung der Ergebnisseite von Informationssystemen die schwerpunktmäßige Anwendung einer Explorationsstrategie nahe[155].

Als *Erkenntnismethoden* der Wirtschaftsinformatik werden aufgrund ihrer wirtschafts- und sozialwissenschaftlichen Orientierung die *Induktion* sowie die *Deduktion* genannt[156]. „Die Induktion (…) geht von der *einzelnen, tatsächlichen* Erscheinung aus und versucht zu ergründen, was in dieser einzelnen Erscheinung an Grundsätzlichem enthalten ist. Dann wird die nächste einzelne Erscheinung ebenfalls daraufhin untersucht, was in ihr an grundsätzlicher Erkenntnis steckt. Dann die dritte einzelne Erscheinung. Dieses Verfahren wird so lange fortgesetzt, bis man sicher ist, eine allgemein gültige Aussage (=Erkenntnis) formulieren zu können"[157]. Die Deduktion hingegen geht von gewissen Grundannahmen aus und leitet aus diesen neue Erkenntnisse ab[158]. Deduktion bezeichnet den logischen Schluss vom Allgemeinen zum Besonderen, während sich Induktion umgekehrt auf den Schluss vom Besonderen zum Allgemeinen bezieht[159]. Deduktion und Induktion schließen sich in den Wirtschaftswissenschaften nicht einander aus, sondern ergänzen sich[160]. Entsprechend kommen beide Verfahren in den weiteren Ausführungen zur Anwendung.

---

[155] Die eindeutige Trennung von Entdeckungs- und Begründungszusammenhang wird im Hinblick auf eine explorative Forschungsstrategie als *künstlich* angesehen (vgl. Kubicek (1975), S. 46); in den weiteren Ausführungen kommen sowohl Forschungsmethoden, die dem konstruktionswissenschaftlichen Paradigma zuzuordnen sind, als auch verhaltenswissenschaftlich orientierte Forschungsmethoden zur Anwendung.
[156] vgl. Lehner und Scholz (2008), S. 19
[157] Fischbach, Wollenberg und Dorn (2007), S. 50
[158] vgl. Fischbach, Wollenberg und Dorn (2007), S. 50f.
[159] vgl. Fischbach, Wollenberg und Dorn (2007), S. 51
[160] vgl. Fischbach, Wollenberg und Dorn (2007), S. 51

Forschungsmethoden sind Instrumente der Erkenntnisgewinnung[161]. Sie sind definiert als mitteilbare Regelsysteme, die

- „intersubjektive Festlegungen zum Verständnis der Regeln und der darin verwendeten Begriffe enthalten"[162],
- und die „als Handlungspläne zielgerichtet verwendet werden können"[163] und „deren Befolgung oder Nichtbefolgung aufgrund des normativen und präskriptiven Charakters der Regeln feststellbar ist"[164].

Formal-/konzeptionell- und argumentativ-deduktive Analyse	Logisch-deduktives Schließen kann als Forschungsmethode auf verschiedenen Formalisierungsstufen stattfinden: entweder im Rahmen mathematisch-formaler Modelle, in semiformalen Modellen (konzeptionell) oder rein sprachlich (argumentativ).
Simulation	Die Simulation bildet das Verhalten des zu untersuchenden Systems formal in einem Modell ab und stellt Umweltzustände durch bestimmte Belegungen der Modellparameter nach. Sowohl durch die Modellkonstruktion als auch die Beobachtung der endogenen Modellgrößen lassen sich Erkenntnisse gewinnen.
Referenzmodellierung	Die Referenzmodellierung erstellt induktiv (ausgehend von Beobachtungen) oder deduktiv (bspw. aus Theorien oder Modellen) meist vereinfachte und optimierte Abbildungen (Idealkonzepte) von Systemen, um so bestehende Erkenntnisse zu vertiefen und daraus Gestaltungsvorlagen zu generieren.
Aktionsforschung	Es wird ein Praxisproblem durch einen gemischten Kreis aus Wissenschaft und Praxis gelöst. Hierbei werden mehrere Zyklen aus Analyse-, Aktions-, und Evaluationsschritten durchlaufen, die jeweils gering strukturierte Instrumente wie Gruppendiskussionen oder Planspiele vorsehen.
Prototyping	Es wird eine Vorabversion eines Anwendungssystems entwickelt und evaluiert. Beide Schritte können neue Erkenntnisse generieren.
Fallstudie	Die Fallstudie untersucht in der Regel komplexe, schwer abgrenzbare Phänomene in ihrem natürlichen Kontext. Sie stellt eine spezielle Form der qualitativ-empirischen Methodik dar, die wenige Merkmalsträger intensiv untersucht. Es steht entweder die möglichst objektive Untersuchung von Thesen (verhaltenswissenschaftlicher Zugang) oder die Interpretation von Verhaltensmustern als Phänotypen der von den Probanden konstruierten Realitäten (konstruktionsorientierter Zugang) im Mittelpunkt.
Qualitative/quantitative Querschnittanalyse	Diese beiden Methoden fassen Erhebungstechniken wie Fragebögen, Interviews, Delphi-Methode, Inhaltsanalysen etc. zu zwei Aggregaten zusammen. Sie umfassen eine einmalige Erhebung über mehrere Individuen hinweg, die anschließend quantitativ oder qualitativ kodiert und ausgewertet wird. Ergebnis ist ein Querschnittsbild über die Stichprobenteilnehmer hinweg, welches üblicherweise Rückschlüsse auf die Grundgesamtheit zulässt.
Labor-/Feldexperiment	Das Experiment untersucht Kausalzusammenhänge in kontrollierter Umgebung, indem eine Experimentalvariable auf wiederholbare Weise manipuliert und die Wirkung der Manipulation gemessen wird. Der Untersuchungsgegenstand wird entweder in seiner natürlichen Umgebung (im „Feld") oder in künstlicher Umgebung (im „Labor") untersucht, wodurch wesentlich die Möglichkeiten der Umgebungskontrolle beeinflusst werden.

Abbildung 6: Forschungsmethodenspektrum der Wirtschaftsinformatik[165]

---

[161] vgl. im Folgenden Wilde und Hess (2007), S. 281
[162] Wilde und Hess (2007), S. 281
[163] Wilde und Hess (2007), S. 281
[164] Wilde und Hess (2007), S. 281
[165] in Anlehnung an Wilde und Hess (2007), S. 282

1. Gegenstand und Methodik

Forschungsmethoden können zueinander in einem hierarchischen Verhältnis, etwa einem Teile-Ganzes-Verhältnis, stehen[166]. Die in der Wirtschaftsinformatik am häufigsten angewandten Forschungsmethoden sind in Abbildung 6 zusammenfassend aufgeführt.

Forschungsmethoden der Wirtschaftsinformatik können auf der erkenntnistheoretischen Ebene nach der Art des Forschungsparadigmas sowie auf methodologischer Ebene nach ihrem Formalisierungsgrad klassifiziert werden[167]. Der *Formalisierungsgrad* einer Forschungsmethode bezieht sich dabei einerseits auf den Formalisierungsgrad des bearbeiteten Gegenstands, wobei zwischen vorwiegend numerisch und vorwiegend sprachlich repräsentierten Sachverhalten zu differenzieren ist, sowie andererseits auf den Formalisierungsgrad der Forschungsmethode selbst, d.h. die Präzision und den Grad der Detaillierung des dem Erkenntnisprozesses zugrunde liegenden Regelsystems[168].

Die Wahl der in den weiteren Ausführungen verwendeten Forschungsmethoden orientiert sich an der methodologischen Klassifikation der Forschungsmethoden der Wirtschaftsinformatik nach Wilde und Hess (vgl. Abbildung 7).

In Forschungsfrage (1) wird die Frage nach Kriterien, die mögliche Einsatzbereiche von Methoden, Verfahren und Modellen zur Bestimmung und/oder Bewertung von Wirkungen der Ergebnisseite von Informationssystemen determinieren, gestellt. Dies zielt auf die Ermittlung *qualitativer* Sachverhalte ab. Aufgrund der umfangreich vorhandenen Literatur zur Klassifikation von Methoden, Verfahren und Modellen zur Bestimmung und Bewertung der Wirkungen von Informationssystemen bietet sich als Ausgangspunkt der Ermittlung der Kriterien eine *qualitative Querschnittanalyse* über die bestehenden Klassifikationsschemata an, deren Ergebnisse anschließend unter Anwendung der *argumentativ-deduktiven Analyse* in einen entsprechenden, auf die Zielsetzung der vorliegenden Ausführungen ausgerichteten Kriterienrahmen überführt werden.

Die Beantwortung von Forschungsfrage (2) strebt ebenfalls die Ableitung *qualitativer* Sachverhalte an. Sie erstreckt sich auf die Ermittlung der Einsatzbereiche der bestehenden Methoden, Verfahren und Modelle zur Bestimmung und/oder Bewertung von Wirkungen der Ergebnisseite von Informationssystemen. Entsprechend bietet sich auch hier die Anwendung einer *qualitativen Querschnittanalyse* über die bestehenden Methoden, Verfahren und Model-

---

[166] vgl. Wilde und Hess (2006), S. 2, Wilde und Hess (2006), S. 5, Wilde und Hess (2007), S. 281
[167] vgl. Wilde und Hess (2006), S. 10f., Wilde und Hess (2007), S. 282f.
[168] vgl. Wilde und Hess (2007), S. 282

le an, im Rahmen derer Ansatzpunkte für die Ableitung der jeweiligen Einsatzbereiche erhoben werden. Die Ableitung der Einsatzbereiche geschieht wiederum unter Anwendung einer *argumentativ-deduktiven Analyse*. Die Ermittlung der als noch unzureichend beantworteten Teilbereiche der Aufgabenstellung der Bestimmung und Bewertung von Wirkungen von Informationssystemen erfolgt durch Untersuchung der Reichweite der ermittelten Einsatzbereiche der bestehenden Methoden, Verfahrend und Modelle und *induktivem Schluss*.

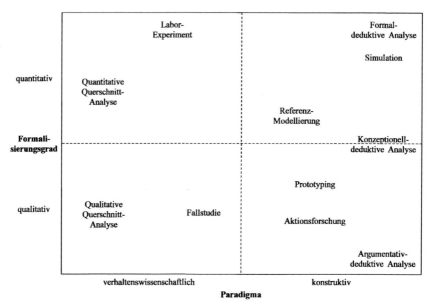

Abbildung 7: Forschungsmethodenprofil der Wirtschaftsinformatik[169]

Forschungsfrage (3) beinhaltet die Ableitung eines Modells zur wertmäßigen Beschreibung der Wirkungen von Informationssystemen, strebt in diesem Sinne die Ableitung sowohl *qualitativer* Sachverhalte, etwa die Ermittlung qualitativer Wirkungen von Informationssystemen, als auch *quantitativer* Sachverhalte (Bewertung der Wirkungen, so dass auf dieser Grundlage die wertmäßige Beschreibung der Ergebnisseite von Informationssystemen erfolgen kann) an. Dies erfolgt im Rahmen der vorliegenden Ausführungen durch Anwendung einer *argumentativ-deduktive Analyse* bei der theoretischen Fundierung des Modells sowie der Ermittlung der qualitativen Wirkungen. Zur Quantifizierung der qualitativen Sachverhalte durch Einbeziehung des Analytic Hierarchy Processes eine *konzeptionell-deduktive* bzw. *formal-deduktive*

---

[169] in Anlehnung an Wilde und Hess (2007), S. 284

1. Gegenstand und Methodik

Analyse heran gezogen. Der durch den Charakter der Wirtschaftsinformatik als anwendungsorientierte Wissenschaft geforderte praktische Beweis der Vorteilhaftigkeit[170] des abgeleiteten Modells zur wertmäßigen Beschreibung der Ergebnisseite von Informationssystemen soll im Rahmen einer *Fallstudie* erfolgen, welche ferner die ökonomische und soziale Einsetzbarkeit des Modells belegen soll[171].

Abbildung 8 und Abbildung 9 geben den weiteren Aufbau der Arbeit einschließlich der verwendeten Forschungsmethoden detailliert in grafischer Form wieder.

Gegenstand des Abschnitts 2 ist die Ableitung der Kriterien, die die Anwendung von Methoden, Verfahren und Modellen zur Bestimmung und Bewertung von Wirkungen von Informationssystemen unter besonderer Beachtung der Zielsetzung der vorliegenden Ausführungen determinieren, und anhand derer der entsprechende Einsatzbereich der Methoden, Verfahren und Modelle beschrieben werden kann. Hierzu ist es, basierend auf der Zielsetzung der vorliegenden Ausführungen, erforderlich, theoretisch zu fundieren, worin *Anforderungen* an diese Kriterien bestehen. Dies soll auf Grundlage einer systemtheoretischen Modellierung der wertmäßigen Beschreibung der Ergebnisseite von Informationssystemen als Aufgabe des Informationsversorgungssystems des IT-Controllingsystems eines Unternehmens erfolgen (Abschnitt 2.1). Ebenso ist es erforderlich, theoretisch zu begründen, auf welche Weise die Kriterien die Anwendung von Methoden, Verfahren oder Modellen beeinflussen, um auf diese Weise ein Modell zu erstellen, das einen Rahmen für die zu ermittelnden Kriterien vorgibt. Dies soll unter Einbeziehung entscheidungstheoretischer Aspekte erfolgen (Abschnitt 2.2). Im Folgenden werden in einer Querschnittanalyse potentielle Kandidaten für Kriterien in den existierenden Klassifikationsschemata ermittelt und den zuvor ermittelten Anforderungen gegenübergestellt. Durch Überführung in das entscheidungstheoretisch fundierte Modell bilden die so ermittelten Kriterien einen Kriterienrahmen, anhand dessen der Einsatzbereich von Methoden, Verfahren und Modellen im Hinblick auf die Zielsetzung der vorliegenden Ausführungen beschrieben werden kann.

---

[170] vgl. Kurbel und Strunz (1990), S. 16; Müller-Böling und Klandt weisen ebenfalls explizit darauf hin, dass sowohl im erkenntnisorientierten als auch im gestaltungsorientierten Bereich der Nachweis der Nützlichkeit eines Instruments wünschenswert ist (vgl. Müller-Böling und Klandt (1993), S. 164).

[171] Der *sozio-technische* Erkenntnisgegenstand der Wirtschaftsinformatik fordert bei der Anwendung von Methoden, Verfahren oder Modellen nicht nur den Nachweis ihrer *technischen* Effizienz, sondern auch ihrer *ökonomischen* und *sozialen* Einsetzbarkeit (vgl. WKWI (1994), S. 81).

30   1. Gegenstand und Methodik

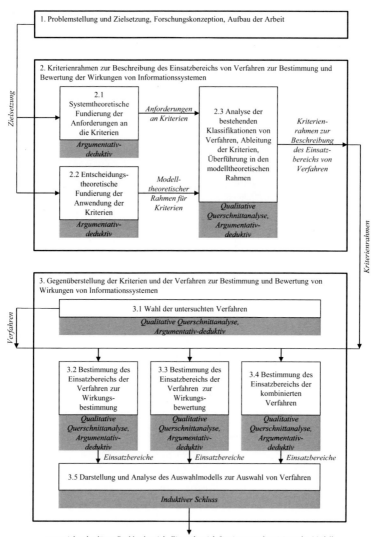

Abbildung 8: Aufbau der Arbeit (1)

1. Gegenstand und Methodik

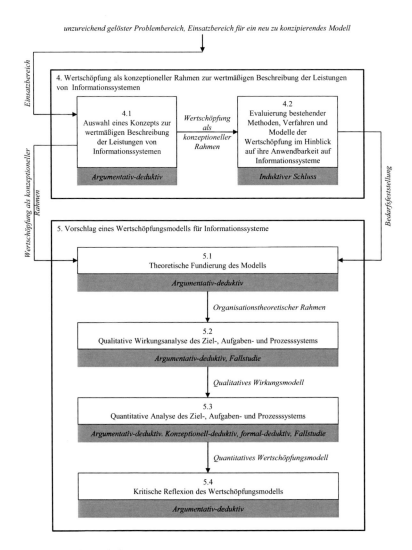

Abbildung 9: Aufbau der Arbeit (2)

In Abschnitt 3 erfolgt die Anwendung des Kriterienrahmens auf die gängigen Methoden, Verfahrend und Modelle zur Bestimmung und Bewertung von Wirkungen von Informationssystemen, um so deren Einsatzbereiche ableiten zu können. Dazu ist zunächst eine Auswahl der im weiteren Verlauf des Abschnitts untersuchten Methoden, Verfahren und Modelle erforderlich. Sie erfolgt in Abschnitt 3.1. Die Gegenüberstellung des Kriterienrahmens mit den einzelnen Methoden, Verfahren und Modellen zur Ableitung der jeweiligen Einsatzbereiche erfolgt in Abschnitt 3.2 (Methoden, Verfahren und Modelle zur Wirkungs*bestimmung*), 3.3 (Methoden, Verfahren und Modelle zur Wirkungs*bewertung*) und 3.4 (*kombinierte* Methoden, Verfahren und Modelle, die sowohl der Wirkungs*bestimmung* als auch der Wirkungs*bewertung* dienen). In Abschnitt 3.5 schließlich erfolgt eine zusammenfassende Darstellung aller ermittelten Einsatzbereiche der untersuchten Methoden, Verfahren und Modelle, und darauf basierend die Analyse, welche Problembereiche der Aufgabenstellung der Bestimmung und Bewertung von Wirkungen der Ergebnisseite von Informationssystemen als hinreichend gelöst angesehen werden kann und in welchen Bereichen weiterer, methodischer Bedarf besteht.

Ziel der Abschnitte 4 und 5 ist die Erarbeitung eines fundierten Modells, mit Hilfe dessen die in Abschnitt 3.5 aufgedeckten, bislang unzureichend gelösten Problembereiche innerhalb der Aufgabenstellung der Bestimmung und Bewertung von Wirkungen von Informationssystemen adressiert werden sollen. Abschnitt 4 gliedert sich in folgende Unterabschnitte: Zunächst ist zu untersuchen, durch welche der existierenden betriebswirtschaftlichen Konzepte wie gefordert eine wertmäßige Beschreibung der Leistungen eines Informationssystems erfolgen kann, und welches dieser Konzepte im Folgenden als konzeptioneller Rahmen bei die Erstellung des neuen Modells dienen kann (Abschnitt 4.1). Hierbei wird die *Wertschöpfung* als geeignetes Rahmenkonzept ermittelt. Da zur Beschreibung der Wertschöpfung bereits verschiedene Ansätze in der einschlägigen Literatur diskutiert werden, ist zu analysieren, ob mit einem solchen Ansatzes bereits ein Modell existiert, das die o.g. Modellanforderungen erfüllt (Abschnitt 4.2). Da dies nicht gegeben ist, erfolgt im anschließenden Abschnitt 5 ein Vorschlag für ein Wertschöpfungsmodell zur wertmäßigen Beschreibung der Leistungen eines Informationssystems. Abschnitt 5 gliedert sich in folgende Unterabschnitte: Zunächst sollen die theoretischen Grundlagen für das zu entwickelnde Modell gelegt werden (Abschnitt 5.1), welche als Basis für die Ableitung eines qualitativen Wirkungsmodells dienen, das die Wertschöpfung eines Informationssystems zunächst unter rein qualitativen Aspekten beschreibt (Abschnitt 5.2). Im Anschluss erfolgen Überlegungen, wie die so erhobenen qualitativen Wirkungen unter Anwendung eines geeigneten Bewertungsverfahrens, im vorliegenden Fall des Analytic Hierarchy Processes, in eine quantitative bzw. monetär-quantitative Form überführt werden können (Abschnitt 5.3). In Abschnitt 5.4 schließlich erfolgt eine kritische Reflexion des erarbeiteten Modells.

1. Gegenstand und Methodik

Im abschließenden Abschnitt 6 werden die vorangegangenen Ausführungen zusammenfassend dargestellt und ausgeführt, auf welche Weise ein wissenschaftlicher Erkenntnisfortschritt erarbeitet werden konnte. Ferner werden offen gebliebene Punkte diskutiert und auf weitere, im wissenschaftlichen Kontext der Arbeit erforderliche Untersuchungen hingewiesen.

2 Ein Kriterienrahmen zur Beschreibung des Einsatzbereichs von Methoden, Verfahren und Modellen zur Bestimmung und Bewertung der Wirkungen von Informationssystemen

2.1 Systemtheoretische Fundierung der Kriterien

Wie in Abschnitt 1.2 ausgeführt wurde, soll die strukturelle Beschreibung der Aufgabenstellung der Bestimmung und Bewertung von Wirkungen der Ergebnisseite von Informationssystemen auf Grundlage von *Kriterien* erfolgen, anhand derer der Einsatzbereich von Methoden, Verfahren und Modellen dargestellt werden kann. Hierzu gilt es zunächst, die sich aus der Zielsetzung der vorliegenden Ausführungen ergebenden *Anforderungen* an die diese Kriterien theoretisch zu fundieren.

Die *allgemeine Systemtheorie*, wie sie von Bertalanffy begründet wurde[172], bildet ein Erklärungsmodell zur Formulierung allgemeingültiger Aussagen über das Verhalten von Systemen[173]. Sie wurde in den 70er Jahren maßgeblich von Ulrich für betriebswirtschaftliche Problemstellungen aufgearbeitet[174].

Ein System ist eine Menge von *Objekten*, die untereinander in *Beziehungen* stehen und die eine *Struktur* erkennen lassen[175]. Die Objekte eines Systems werden als *Systemelemente* bezeichnet und durch Zuordnung von Eigenschaften (Attributen) gekennzeichnet. Besteht ein Zusammenhang zwischen den Eigenschaften *eines* Systemelements, so wird dieser Zusammenhang als *Funktion* bezeichnet. Bezieht sich ein Zusammenhang auf die Eigenschaften *unterschiedlicher* Systemelemente, so wird er als *Beziehung* zwischen den betreffenden Systemelementen bezeichnet. Die Menge der Systemelemente und der Beziehungen zwischen den Systemelementen wird als *Systemstruktur* bezeichnet. Isolierte Elemente ohne Beziehungen zu anderen Elementen des Systems sind *nicht* Bestandteil des Systems. In diesem Sinne definieren die Beziehungen zwischen den Systemelementen die *Systemgrenze*, welche eine Unterscheidung darstellt, was Bestandteil des Systems ist und was nicht. Systeme lassen

---

[172] vgl. Kurzrock (1972), S. 17f.
[173] vgl. von Bertalanffy (1950), von Bertalanffy, Hempel, Bass und Jonas (1951)
[174] vgl. Ulrich (1970), S. 42 und S. 100ff.
[175] vgl. im Folgenden Trier, Bobrik, Neumann und Wyssusek (2007), S. 60f., Macharzina und Wolf (2008), S. 70, Schneeweiß (1991), S. 18ff.

sich in *Subsysteme* (synonym Teilsysteme) aufgliedern und können ihrerseits wiederum Subsysteme übergeordneter Systeme (*Umsysteme*) sein.

Das Verhalten eines Systems entsteht durch *Interaktionen* (Materie-, Energie- und/oder Informationsaustausch) seiner Systemelemente[176]. *Offene Systeme* sind Systeme, die mit ihrer Umwelt interagieren[177].

Bezieht man die Systemtheorie auf Unternehmen, so stellt ein Unternehmen ein offenes, sozio-technisches System dar, innerhalb dessen Menschen und Maschinen Elemente sind, die Aktionen an Objekten (Sachgüter, Nominalgüter, Informationen) verrichten, um bestimmte Ziele zu erreichen[178]. Die Grundaussage des Systemansatzes ist, dass innerhalb von Unternehmen sowie in ihrem Kontext eine Vielzahl von *Wirkungsbeziehungen* bestehen[179].

Nach Grochla (1975) können innerhalb des Gesamtsystems Unternehmen zwei Teilsysteme unterschieden werden[180]:

- Das betriebliche *Basissystem* (auch *Leistungs-* bzw. *Ausführungssystem*[181]) bezieht Einsatzgüter und -dienstleistungen von Beschaffungsmärkten außerhalb des Unternehmens und transformiert diese im Rahmen der *Leistungserstellung* in Produkte, welche über Absatzmärkte an die Umwelt des Unternehmens abgegeben werden.
- Das betriebliche *Informationssystem* beinhaltet alle *Planungs-, Steuerungs-* und *Kontrollaufgaben*. In der einschlägigen Literatur wird es verbreitet als *Führungssystem* bezeichnet[182].

Planung ist die gedanklich-gestaltende Vorwegnahme der Zukunft[183]. Sie beinhaltet einerseits die Zielbildung[184], andererseits die „zielorientierte Alternativensuche, -beurteilung und -auswahl bei Zugrundelegung bestimmter Annahmen über künftige Umweltsituationen"[185]. *Steuerung* ist ein geordneter, informationsverarbeitender Prozess zielführender Eingriffe zur

---

[176] vgl. Ferstl und Sinz (2006), S. 19
[177] vgl. Trier, Bobrik, Neumann und Wyssussek (2007), S. 64, Ferstl und Sinz (2006), S. 19
[178] vgl. Hungenberg und Wulf (2006), S. 14
[179] vgl. Macharzina und Wolf (2008), S. 70
[180] vgl. im Folgenden Grochla (1975), S. 12f.
[181] vgl. Ossadnik (2003), S. 22
[182] vgl. Haufs (1989), S. 6, Ossadnik (2003), S. 21f., Peters, Brühl und Stelling (2005), S. 18, Huch und Schimmelpfeng (1994), S. 3; um eine Verwechslung mit dem Begriff des Informationssystems gemäß der Definition aus Abschnitt 1.1.3 auszuschließen, wird im Rahmen der weiteren Ausführungen der Begriff des Führungssystems anstelle des Begriffs des betrieblichen Informationssystems im Verständnis von Grochla verwendet.
[183] vgl. Küpper (2001), S. 63
[184] vgl. Schweitzer (2001), S. 48
[185] Szyperski und Winand (1980), S. 32

2. Kriterienrahmen zur Einsatzbereichsbeschreibung 37

Planrealisation[186]. Gegenstand der Steuerung ist die Übertragung der Ergebnisse der Planung auf das Basissystem zu ihrer Durchführung[187]. Sie umfasst die *Durchsetzung* (auch *Veranlassung*; gemeint sind alle Maßnahmen zur Information, Beratung und Motivation der betroffenen Mitarbeiter zur Realisation der Vorgaben aus der Planung), die *Kontrolle* (Ermittlung und Analyse von Abweichungen zwischen Vorgabegrößen und Ist-Größen) sowie die *Sicherung* (Maßnahmen zur vorsorgenden Abwehr bzw. nachträglichen Beseitigung von Störungen bzw. Fehlern im Prozess der Planrealisation)[188].

Das Führungssystem (im weiteren Sinn) kann weiter in das *Führungssystem im engeren Sinne* sowie in das *Controllingsystem* unterteilt werden[189]. Aufgabe des Führungssystems im engeren Sinne ist die zielorientierte Unternehmenssteuerung mit den Teilfunktionen Planung, Steuerung und Kontrolle[190].

Controlling wird nach gängigem Verständnis als funktionaler Teilbereich der Führung (im weiteren Sinn) gesehen[191]. Bezüglich des exakten Umfangs von Funktionen und Aufgaben des Controlling finden sich in der einschlägigen Literatur jedoch unterschiedlichste Sichtweisen, die sich in verschiedenen *Controllingkonzeptionen*[192] niederschlagen[193]. Je nach Sichtweise wird Controlling als zielorientierte *Steuerung* des Unternehmens, d.h. als Kernaufgabe der Führung, oder als *Unterstützung* der Führung bei der Ausübung seiner Kernaufgabe aufgefasst[194]. Innerhalb der weiteren Ausführungen wird der Auffassung von Haufs gefolgt, wonach das *Controllingsystem* eine *Unterstützungsfunktion* für das Führungssystem im

---

[186] vgl. Schweitzer (2001), S. 61
[187] vgl. Ferstl und Sinz (2006), S. 31
[188] vgl. Schweitzer (2001), S. 69ff.
[189] vgl. Haufs (1989), S. 6f.
[190] vgl. Huch, Behme und Ohlendorf (2004), S. 225
[191] vgl. Ulrich (1985), S. 23
[192] Eine Controllingkonzeption soll in einer ersten Näherung als theoretisch fundierte Beschreibung der Aufgaben und Instrumente des Controlling definiert sein (vgl. Friedl (2003), S. 4, Barth und Barth (2004), S. 17; ausführlich zur Begriffsdiskussion vgl. Friedl (2003), S. 2ff.).
[193] Nach Küpper werden vier grundlegende Controllingkonzeptionen unterschieden: *Gewinnzielorientierte* Controllingkonzeptionen sehen in der Ausrichtung der unternehmerischen Aktivitäten auf die Sicherstellung der Gewinnerreichung die Hauptfunktion des Controlling. *Informationsorientierte* Controllingkonzeptionen stellen die Abdeckung des situationsspezifischen Informationsbedarfs der Entscheidungsträger im Unternehmen als primären Zweck des Controllings in den Mittelpunkt. *Planungs- und kontrollorientierte* Controllingkonzeptionen sehen in der Unterstützung der Führung die Hauptaufgabe des Controlling. Kernpunkt *koordinationsorientierter* Controllingkonzeptionen schließlich ist die Koordination der Führungsteilsysteme (vgl. Küpper (2001), S. 6ff.; weitere Übersichten zu Controllingkonzeptionen, die sich in der betriebswirtschaftlichen Literatur herausgebildet haben, finden sich u.a. bei Schweitzer und Friedl (1992), S. 141ff., Zenz (1998), S. 27ff., Lingnau (2008), S. 104ff.).
[194] vgl. Huch und Schimmelpfeng (1994), S. 3

engeren Sinne übernimmt, indem es Methoden, Verfahren, Instrumente und Informationen zur Verfügung stellt, die das Führungssystem im engeren Sinne zur Wahrnehmung seiner Aufgaben benötigt[195].

In der einschlägigen Literatur wird das Controllingsystem seinerseits in *Subsysteme* unterteilt[196]. Nach dem Controllingverständnis von Haufs sind diese[197]:

- Das *Planungs- und Kontrollsystem innerhalb des Controllingsystems*, welches die Konzeption und Bereitstellung von Planungs- und Kontrollmethoden, -verfahren und -instrumenten für das Führungssystem im engeren Sinne beinhaltet;
- das *Informationsversorgungssystem innerhalb des Controllingsystems*, welches sich auf die Koordination und Sicherung der vom Planungs- und Kontrollsystem sowie vom Führungssystem im engeren Sinn benötigten Informationen erstreckt.

Dem Planungs- und Kontrollsystem sind Aufgaben zuzuordnen, die von einem *gegebenen* Informationsstand ausgehen, während sich das Informationsversorgungssystem auf eine *Verbesserung* des Informationsstands bezieht[198].

Dem Begriff des IT-Controllings liegt die IT als Betrachtungsgegenstand zugrunde[199]. Nach Krcmar ist IT-Controlling das Controlling der IT im Unternehmen[200]. Obgleich sich eine Vielzahl unterschiedlicher Definitionen, Auffassungen und Interpretation finden lassen[201], hat sich der Begriff des IT-Controlling in der BWL etabliert und wird als Kerndisziplin der Wirtschaftsinformatik angesehen[202]. In Anlehnung an das oben abgeleitete Controllingverständnis soll innerhalb der weiteren Ausführungen in Anlehnung an die Definition von Becker und Winkelmann[203] unter IT-Controlling die *Beschaffung, Aufbereitung und Analyse von Informationen zur Vorbereitung zielsetzungsgerechter Entscheidungen zur Anschaffung, Realisierung und zum Betrieb von Informationstechnologie* verstanden werden. Das *IT-Controlling-System*

---

[195] vgl. Haufs (1989), S. 6; die weiteren Ausführungen lassen sich auch auf andere Controllingkonzeptionen übertragen, die die Abgrenzung eines Informationsversorgungssystems, innerhalb des Informationsversorgungssystems die Problemstellung der Auswahl von Verfahren zur Bestimmung und Bewertung der Wirkungen von Informationssystemen anzusiedeln ist (vgl. die Ausführungen auf den folgenden Seiten), vorsehen. Die Informationsfunktion des Controlling wird in weitgehender Übereinstimmung in den meisten, gängigen Controllingkonzeptionen hervorgehoben (vgl. Weber (2002), S. 152).
[196] vgl. Welge (1988), S. 32ff., Küpper (2001), S. 15, Ossadnik (2003), S. 21
[197] vgl. im Folgenden Haufs (1989), S. 6f.,
[198] vgl. Horváth (2006), S. 317
[199] vgl. Krcmar (2005), S. 420
[200] vgl. Krcmar (2005), S. 420
[201] vgl. Gadatsch und Mayer (2006), S. 31
[202] vgl. Krcmar und Son (2004), S. 165
[203] vgl. Becker und Winkelmann (2004), S. 214

2. Kriterienrahmen zur Einsatzbereichsbeschreibung

ist dann das Teilsystem des Controllingsystems, das die Planung, Steuerung und Kontrolle der IT-Aktivitäten eines Unternehmens unterstützt und insbesondere die notwendige Transparenz herbeiführt[204]. Das Informationsversorgungssystem des IT-Controllingsystems führt in Anlehnung an die obigen Ausführungen alle Aufgaben des Informationssystems des Controllingsystems durch, die sich auf den Gegenstand der IT des Unternehmens beziehen.

Die wertmäßige Beschreibung der Ergebnisseite, d.h. die Bestimmung und Bewertung der Wirkungen der innerhalb eines Unternehmens eingesetzten Informationssysteme, als Bestandteil der Kontrolle der Wirtschaftlichkeit der IT, ist als Teilaufgabe des IT-Controlling-Systems eines Unternehmens, in welchem Informationssysteme eingesetzt bzw. deren Einsatz geplant wird, einzustufen[205]. Da das IT-Controlling-System Informationen an die es umgebenden, anderen Teilsysteme des Gesamtsystems Unternehmen abgibt, interagiert es mit diesen und ist in diesem Sinn als offenes System zu bezeichnen[206].

Da die Bereitstellung der Informationen hinsichtlich der Wirkungen bzw. des Nutzens von Informationssystemen als Aufgabe des Informationsversorgungssystems innerhalb des IT-Controlling-Systems anzusiedeln ist, ist davon auszugehen, dass die Anwendung von Methoden, Verfahren und Modellen zur Bestimmung und/oder Bewertung der Wirkungen eines Informationssystems durch einen Aufgabenträger innerhalb des Informationsversorgungssystems des IT-Controlling-Systems erfolgt.

Gemäß der Systemtheorie beschreiben die Beziehungen zwischen den Systemelementen die zwischen ihnen bestehenden Wirkungsbeziehungen. Kriterien zur Anwendung von Methoden, Verfahren und Modellen zur Bestimmung und/oder Bewertung der Wirkungen von Informationssystemen leiten sich daher ab aus:

- Den Beziehungen, die unter den Systemelementen des Informationsversorgungssystems des Controlling-Systems bestehen,
- aber auch aus den Beziehungen, die zwischen den Systemelementen des Informationsversorgungssystems des IT-Controlling-Systems und den Systemelementen der das Informationsversorgungssystem des IT-Controlling-Systems umgeben, anderen Teilsysteme des Gesamtsystems Unternehmen bestehen (vgl. Abbildung 10).

---

[204] vgl. Gadatsch (2008), S. 2
[205] vgl. Krcmar (2005), S. 420f.
[206] vgl. die obige Definition offener Systeme von Trier, Bobrik, Neumann und Wyssussek (2007), S. 64 bzw. Ferstl und Sinz (2006), S. 19

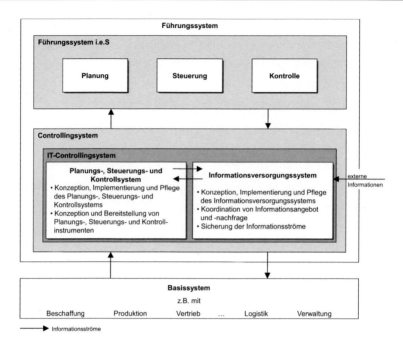

Abbildung 10: Das Informationsversorgungssystem innerhalb des IT-Controlling-Systems[207]

Die Anwendung von Methoden, Verfahren und Modellen zur Bestimmung und/oder Bewertung der Wirkungen von Informationssystemen erfolgt mit der Zielsetzung der Befriedigung eines entsprechenden *Informationsbedarfs*[208] aus einem das Informationsversorgungssystem des IT-Controllingsystems umgebenden, anderen Teilsystem, oder eines Informationsbedarfs aus dem Informationsversorgungssystem des IT-Controllingsystems selbst[209]. Die *Kriterien* zur Anwendung von Methoden, Verfahren und Modellen zur Bestimmung und/oder Bewertung der Wirkungen von Informationssystemen sind daher aus *Anforderungen* an die durch die Anwendung der Methoden, Verfahren und Modelle zur Verfügung gestellten Informationen abzuleiten. Grundsätzliche Anforderung ist die Bereitstellung der Informationen in *angemessener* Art und Weise, d.h. mit dem richtigen *Inhalt* in der richtigen *Darstellung* zur

---

[207] in Anlehnung an Haufs (1989), S. 7
[208] Unter dem Informationsbedarf wird die „Art, Menge und Beschaffenheit von Informationen verstanden, die ein Individuum oder eine Gruppe zur Erfüllung einer Aufgabe benötigt" (Picot (1988), S. 236).
[209] Die Relevanz der Bestimmung und Bewertung der Wirkungen von Informationssystemen ergibt sich aus den Ausführungen aus Abschnitt 1.2; in diesem Sinne ist zu folgern, dass innerhalb eines Unternehmens ein entsprechender Informationsbedarf vorhanden ist.

2. Kriterienrahmen zur Einsatzbereichsbeschreibung 41

richtigen *Zeit*[210]. Konkrete Anforderungen zum *Informationsinhalt* ergeben sich dann aus unterschiedlichen Aspekten der Beschreibung der Ergebnisseite der betrachteten Informationssysteme. Anforderungen zur *Darstellung* beziehen sich auf die *Form* der bereitzustellenden Informationen. *Zeitliche* Anforderungen schließlich geben vor, wie zeitnah Informationen nach Bekanntwerden eines entsprechenden Informationsbedarfs zur Verfügung zu stellen sind. Die Umsetzung der Informationsbereitstellung, d.h. das *Wie*, wird in der Verantwortung der Methoden, Verfahren und Modellen des Informationsversorgungssystems des IT-Controllingsystems gesehen.

Das Informationsversorgungssystem des IT-Controllingsystems steht mit dem Planungs-, Steuerungs- und Kontrollsystem des Controllingsystems im Informationsaustausch, indem es einerseits die zur Anwendung von Planungs-, Steuerungs- und Kontrollinstrumenten notwendigen Informationen bereitstellt, andererseits die Informationsbedürfnisse der Informationsempfänger entgegennimmt[211]. Ebenso interagiert das Informationsversorgungssystem des IT-Controllingsystems mit dem Führungssystem im engeren Sinne, indem es den Informationsbedarf der Führung aufnimmt und die von der Führung benötigten Informationen zur Verfügung stellt[212]. Kriterien zur Anwendung von Methoden, Verfahren und Modellen zur Bestimmung und/oder Bewertung von Wirkungen von Informationssystemen leiten sich daher unmittelbar aus den Anforderungen der innerhalb des Planungs- und Kontrollsystems des Controllingsystems eingesetzten bzw. zu konzipierenden Planungs- und Kontrollinstrumente sowie aus den Anforderungen der Führung im engeren Sinne hinsichtlich der von ihnen benötigten Informationen ab.

Das Informationsversorgungssystem des IT-Controllingsystems steht ferner mit dem Basissystem des Unternehmens im Informationsaustausch, um so die notwendigen Informationen über das Basissystem generieren zu können[213]. Allerdings finden sich Informationssysteme, wie bereits ausgeführt, potentiell in allen Unternehmensbereichen, d.h. auch innerhalb des Führungssystems im weiteren Sinn[214]. Zur Bestimmung und Bewertung von Wirkungen von Informationssystemen ist die Analyse der Eigenschaften der betreffenden Informationssysteme und des Umfelds, in welches die Informationssysteme eingebunden sind, notwen-

---

[210] vgl. Schwarze (1998), S. 95ff.
[211] vgl. Huch, Behme und Ohlendorf (2004), S. 226
[212] vgl. Ossadnik (2003), S. 46
[213] vgl. Haufs (1989), S. 6
[214] vgl. Biethahn, Mucksch und Ruf (2004), S. 298

dig²¹⁵. Inwiefern sich Anforderungen an die durch den Einsatz von Methoden, Verfahren und Modellen abgeleiteten Informationen aus den Eigenschaften der Informationssysteme bzw. des sie umgebenden Umfelds im Unternehmen ergeben, oder ob dies ausgeschlossen werden kann, ist an dieser Stelle noch nicht zu beantworten. Die Anwendung von Methoden, Verfahren und Modellen zur Bestimmung und Bewertung von Wirkungen von Informationssystemen hängt somit *potentiell* von Eigenschaften der betrachteten Informationssysteme und des sie umgebenden Umfelds im Unternehmen ab.

Da das Informationsversorgungssystem des IT-Controllingsystems ein Teilsystem des Informationsversorgungssystems des Controllingsystems ist, bestehen potentiell Wirkungsbeziehungen zwischen Systemelementen dieser beiden Systeme, etwa wenn im Informationsversorgungssystems des Controllingsystems Informationen über die IT mit Informationen aus anderen Unternehmensbereichen verknüpft werden sollen. Anforderungen aus dem das Informationsversorgungssystem des IT-Controllingsystems umgebenden Informationsversorgungssystems des Controllingsystems hinsichtlich der bereitzustellenden Informationen stellen daher ebenfalls potentielle Kriterien dar, die die Anwendung von Methoden, Verfahren und Modellen zur Bestimmung und Bewertung der Wirkungen von Informationssystemen beeinflussen.

Schließlich steht das Informationsversorgungssystem des IT-Controllingsystems mit der Unternehmensumwelt in Verbindung, indem es daraus externe Informationen bezieht²¹⁶. Externe Informationen können ökonomischer, sozialer und/oder auch technologischer Natur sein²¹⁷. Anforderungen hinsichtlich der vom Informationsversorgungssystem des IT-Controllingsystems bereitgestellten Informationen können sich potentiell ergeben, wenn der Informationsbedarf eines außerhalb des Unternehmens befindlichen Subjekts befriedigt werden soll. Kriterien zur Anwendung von Methoden, Verfahren und Modellen zur Bestimmung und/oder Bewertung von Wirkungen von Informationssystemen leiten sich daher potentiell auch aus der Unternehmensumwelt ab.

Nachdem unter Bezug auf die Systemtheorie eine theoretische Basis für Anforderungen an Kriterien zur Beschreibung des Einsatzbereichs von Methoden, Verfahren und Modellen zur Bestimmung und Bewertung von Wirkungen von Informationssystemen vorliegt, gilt es eben-

---

[215] vgl. Krcmar (2005), S. 395
[216] vgl. Biethahn und Fischer (1994), S. 38
[217] vgl. Biethahn und Fischer (1994), S. 38

falls, den Prozess der Anwendung der Kriterien durch den oder die Aufgabenträger im Informationsversorgungssystem des IT-Controllingsystems theoretisch zu fundieren. Dies ist Gegenstand des folgenden Abschnitts.

2.2 Ein entscheidungstheoretisches Auswahlmodell

In der einschlägigen Literatur finden sich zahlreiche Methoden, Verfahren und Modelle[218], unter deren Anwendung die Wirkungen von Informationssystemen ermittelt und bewertet werden können. Wie bereits in Abschnitt 1.2 ausgeführt wurde, ist dies allerdings mit einer Vielzahl von grundsätzlichen Problemen behaftet und kann kaum unter Anwendung eines einzigen, universellen Verfahrens erfolgen, sondern eher durch Kombination mehrerer Verfahren. Welches Verfahren im Einzelnen anzuwenden ist, hängt davon ab, welcher Problembereich der Aufgabenstellung der Bestimmung und Bewertung der Wirkungen eines Informationssystems adressiert werden soll. Innerhalb des Informationsversorgungssystems des IT-Controllingsystems muss in diesem Sinne ein *Auswahlprozess* zur Auswahl von Verfahren zur Bestimmung und Bewertung von Wirkungen von Informationssystemen stattfinden, bei dem durch den oder die Aufgabenträger eine *Entscheidung* bezüglich des oder der anzuwendenden Verfahren erfolgt.

Im Rahmen der *Entscheidungstheorie* ist eine *Entscheidung* definiert als Auswahl einer von mehreren möglicher Handlungsalternativen[219] durch ein Entscheidungssubjekt, welches die Entscheidung trifft[220]. Dieses wird als *Entscheidungsträger* bezeichnet[221].

Modelle bezeichnen idealisierende oder abstrahierende Abbildungen der Realität im Hinblick auf ein bestimmtes Ziel[222]. Im Rahmen der Systemtheorie[223] können Modelle als Systeme aufgefasst werden, die einem Originalsystem zugeordnet sind (abzubildendes System) und zu diesem in einer strukturellen Gleichheits- (Isomorphie) oder zumindest Ähnlichkeits-

---

[218] im Folgenden soll aus sprachlichen Gründen der Verfahrensbegriff als Überbegriff für Methoden, Verfahren und Modelle verwendet werden; alle Ausführungen sind, soweit nicht anders angegeben, sinngemäß auch auf Methoden und Modelle zu übertragen.
[219] vgl. Laux (2005), S. 1, Kahle (2001), S. 9
[220] Beim Entscheidungssubjekt bzw. Entscheidungsträger kann es sich dabei um ein einzelnes Individuum oder eine Gruppe mehrerer Individuen handeln (vgl. Kahle (2001), S. 9).
[221] vgl. Kahle (2001), S. 9
[222] vgl. Lehner, Hildebrand und Maier (1995), S. 53f.
[223] zur Systemtheorie und zum Systembegriff vgl. die Ausführungen aus Abschnitt 2.1

beziehung (Homomorphie)[224] stehen[225]. Nach Stachowiak wird der allgemeine Modellbegriff durch drei Hauptmerkmale charakterisiert[226]:

Das konstituierende *Abbildungsmerkmal* besagt, dass durch ein Modell stets eine Abbildung der Elemente des Originalsystems in das Modell erfolgt. Das *Verkürzungsmerkmal* besagt, dass nicht alle Eigenschaften und Sachverhalte abgebildet werden, sondern nur solche, die als relevant eingestuft werden. Das *pragmatische* Merkmal schließlich sagt aus, dass die Abbildung im Hinblick auf eine bestimmte Zielsetzung erfolgt.

Entscheidungsmodelle können als modellartige Bilder eines Entscheidungsproblems aufgefasst werden[227]. Sie umfassen die erwogenen *Handlungsalternativen*, die *Ergebnisse* der erwogenen Handlungsalternativen, *Umweltgrößen*, welche die Ergebnisse der Handlungsalternativen beeinflussen, aber keine Entscheidungsvariablen des Entscheidungsträgers darstellen, sowie die *Zielfunktion* bzw. das *Wertesystem* des Entscheidungsträgers zur *Bewertung* der Handlungsalternativen[228].

Entscheidungsmodelle beinhalten nur *formale* Rationalität, d.h. als rational wird lediglich die *Art des Zustandekommens* der Entscheidung angesehen, da sie bewusst bzw. mit Überlegung gefällt wird[229]. Über die Rationalität des *Ergebnisses* können erst dann Aussagen getroffen werden, wenn das Wertesystem eines Entscheidungsträgers mit einem als „richtig" angesehenen Wertesystem verglichen wird[230]. Da die Entscheidungstheorie bezüglich des Wertesystems nur fordert, dass es in sich *widerspruchsfrei* ist, aber keine Forderungen hinsichtlich des Inhalts des Wertesystems aufstellt, bezieht sie ihre Rationalität nur auf die *Form* der Entscheidung, nicht aber auf das *Ergebnis*[231].

Innerhalb von Entscheidungssituationen ist die *Sicherheit des Informationsstands* bezüglich der Umweltgrößen, welche die Ergebnisse der Handlungsalternativen beeinflussen, zu beachten[232]. Unterschieden werden Entscheidungen bei *Sicherheit*, welche dadurch charakterisiert sind, dass die Wahrscheinlichkeit des Eintreffens einer bestimmten Konstellation der Umweltgrößen entweder 0 oder 1 ist, Entscheidungen unter *Risiko*, innerhalb welcher der Ent-

---

[224] zum Isomorphie- und Homomorphiebegriff vgl. etwa Trier, Bobrik, Neumann und Wyssussek (2007), S. 71f.
[225] vgl. Homburg (2000), S. 31, Schweitzer und Küpper (1997), S. 2
[226] vgl. im Folgenden Stachowiak (1973), S. 131f.
[227] vgl. Dinkelbach (1980), S. 124
[228] vgl. Laux und Liermann (2005), S. 36ff., Gäfgen (1974), S. 26
[229] vgl. Gäfgen (1974), S. 26
[230] vgl. Gäfgen (1974), S. 27
[231] vgl. Gäfgen (1974), S. 27
[232] vgl. Jung (2007), S. 332

2. Kriterienrahmen zur Einsatzbereichsbeschreibung 45

scheidungsträger Konstellationen der Umweltgrößen Eintrittswahrscheinlichkeiten, welche nicht notwendigerweise 0 oder 1 sind, zuordnen kann, sowie Entscheidungen unter *Unsicherheit*, innerhalb welcher Konstellationen der Umweltgrößen *keine* Eintrittswahrscheinlichkeiten zugeordnet werden können[233].

Üblicherweise wird gefordert, dass sich die möglichen Handlungsalternativen gegenseitig *ausschließen*[234], damit eine eindeutige Lösung des Entscheidungsproblems möglich ist[235]. Aufgrund der Vielzahl der Probleme im Zusammenhang mit der Bestimmung und Bewertung von Wirkungen von Informationssystemen ist hier jedoch die gleichzeitige Anwendung *mehrerer* Verfahren nicht nur denkbar, sondern vielerorts sinnvoll, da sich oft nur so die verschiedenen Aspekte der Wirkungen eines Informationssystems erfassen lassen[236]. Die Auswahl von Verfahren zur Bestimmung der Ergebnisseite von Informationssystemen kann daher zunächst *nicht* als Entscheidungsproblem im engeren Sinne aufgefasst werden.

Die *Nebenbedingungen* eines Entscheidungsmodells beschreiben den Bereich zulässiger Lösungen eines Entscheidungsproblems, d.h. die eigentlich zur Auswahl stehenden Handlungsalternativen[237]. *Zufriedenheitsmodelle* stellen eine spezielle Ausprägung von Entscheidungsmodellen dar[238]. Die Zielfunktion des Entscheidungsträgers besteht hier ausschließlich aus Nebenbedingungen[239]. Der Zweck von Zufriedenheitsmodellen ist es, aus einer Menge von Handlungsalternativen über die Einführung von *Nebenbedingungen* die *befriedigenden* Handlungsalternativen herauszufinden, d.h. diejenigen, die die eingeführten Nebenbedingungen erfüllen[240].

Nach diesem Verständnis kann die Auswahl von Verfahren zur Bestimmung und Bewertung der Wirkungen von Informationssystemen durch ein entsprechendes *Zufriedenheitsmodell* beschrieben werden, dessen Nebenbedingungen aus *Kriterien* bestehen, welche angeben, wann ein bestimmtes Verfahren auszuwählen, d.h. anzuwenden, ist, und wann nicht. Die Menge der Handlungsalternativen dieses Zufriedenheitsmodells besteht dann aus der Menge

---

[233] vgl. Notger (2003), S. 94, Jung (2007), S. 333
[234] vgl. Kahle (2001), S. 47f., Laux und Liermann (2005), S. 37
[235] vgl. Götze (2008), S. 38
[236] vgl. Kesten, Müller und Schröder (2007), S. 136
[237] vgl. Dinkelbach (1980), S. 124
[238] vgl. Heinen (1992), S. 218
[239] vgl. Heinen (1992), S. 218
[240] vgl. Heinen (1992), S. 218

der dem Entscheidungsträger bekannten bzw. zur Verfügung stehenden Verfahren zur Bestimmung und/oder Bewertung von Wirkungen von Informationssystemen.

Da sich die weitere Betrachtung lediglich auf die grundsätzliche *Anwendbarkeit* eines Verfahrens beziehen und *keine* Aussagen bezüglich der *relativen Eignung* der Verfahren untereinander (welches Verfahren ist besser, welches schlechter?) ableiten soll, kann auf die Modellierung der *Ergebnisse* der Handlungsalternativen verzichtet werden, da diese erst zur Bewertung der erwogenen Handlungsalternativen im relativen Vergleich untereinander notwendig sind[241]. Analog ist die Einbeziehung von *Umweltgrößen*, welche die Ergebnisse der Handlungsalternativen beeinflussen, aber keine Entscheidungsvariablen des Entscheidungsträgers darstellen, unnötig[242]. Das so entstandene Zufriedenheitsmodell, welches nur noch aus Handlungsalternativen (Verfahren) sowie Nebenbedingungen (Kriterien) besteht, wird im Folgenden als *Auswahlmodell zur Verfahrensauswahl bei der Bestimmung der Ergebnisseite von Informationssystemen* bezeichnet.

Unsicherheiten innerhalb eines Auswahlprozesses sind grundsätzlich auf die Ungewissheit des Informationsbestands und/oder der Regeln zur Informationsverarbeitung zurückzuführen[243]. Im vorliegenden Fall soll davon ausgegangen werden, dass die Verfahren sowie Kriterien zur Verfahrensauswahl dem Entscheidungsträger vorliegen, dass die Kriterien zur Auswahl von Verfahren als ausreichend vollständig angesehen werden können sowie dass aus ihnen deterministisch geschlossen werden kann, in welchem Anwendungsfall welche Verfahren Anwendung finden können und welche nicht. Die Verfahrensauswahl erfolgt somit unter quasi-vollkommenem Informationsstand und ist somit als Auswahl unter Sicherheit einzustufen, d.h. Aspekte der Unsicherheit bzw. des Risikos sollen *nicht* ins Auswahlmodell einfließen.

Auswahlkriterien, die die Verfahrensauswahl beeinflussen, sollen sich, wie bereits dargelegt, aus den inhaltlichen, formellen und zeitlichen Anforderungen an die zur Verfügung zu stellenden Informationen ableiten. Anforderungen der Entscheidungsträger im Informationsversorgungssystems des IT-Controllingsystems, die sich auf die Verfahrensauswahl beziehen, jedoch nicht unmittelbar aus Anforderungen an die zur Verfügung zu stellenden Informationen abgeleitet werden können, werden aufgrund des Fokusses der dargestellten Auswahl-

---

[241] vgl. Laux und Liermann (2005), S. 37
[242] vgl. Laux und Liermann (2005), S. 38
[243] vgl. Kahle (2001), S. 115

2. Kriterienrahmen zur Einsatzbereichsbeschreibung

problematik auf die Informationsversorgungsfunktion *nicht* als Auswahlkriterien, sondern als *nachgelagerte Rahmenbedingungen* angesehen, die ggf. innerhalb eines zweiten Auswahlprozesses über die Auswahl von Verfahren aus einer Menge von im ersten Auswahlprozess unter Anwendung der Auswahlkriterien als geeignet befundener Verfahren zum Einsatz kommen können. Unmittelbare Auswahlkriterien sollen nur solche Kriterien sein, die sich auf inhaltliche, formelle und zeitliche Anforderungen hinsichtlich der bereitzustellenden Informationen beziehen.

Zusammenfassend ergeben sich gemäß der vorstehenden systemtheoretischen und entscheidungstheoretischen Betrachtung folgende *Klassen von Kriterien*, die die Auswahl von Verfahren zur Bestimmung und/oder Bewertung von Wirkungen von Informationssystemen potentiell determinieren:

- Kriterien, die sich aus inhaltlichen, formellen und zeitlichen Anforderungen der *Planungs-, Steuerungs- und Kontrollinstrumente* des Controllingsystems bezüglich der vom Informationsversorgungssystem des IT-Controllingsystems bereitzustellenden Informationen ergeben;
- Kriterien, die aus den inhaltlichen, formellen und zeitlichen Anforderungen der *Führung* im engeren Sinne hinsichtlich der vom Informationsversorgungssystem des IT-Controllingsystems bereitzustellenden Informationen resultieren;
- Kriterien, die sich aus inhaltlichen, formellen und zeitlichen Anforderungen des *Informationsversorgungssystem* des Controllingsystems bezüglich der vom Informationsversorgungssystem des IT-Controllingsystems bereitzustellenden Informationen ableiten;
- Kriterien, die sich aus den Eigenschaften der betrachteten *Informationssysteme* und dem die Informationssysteme umgebenden *Unternehmensumfeld* ergeben, sofern aus diesen inhaltliche, formelle und zeitliche Anforderungen an die zur Verfügung gestellten Informationen abgeleitet werden können;
- Kriterien, die auf Grundlage von inhaltlichen, formellen und zeitlichen Anforderungen von *externen Informationsempfängern* gebildet werden;
- Kriterien, die sich aus inhaltlichen, formellen und zeitlichen Anforderungen der *Entscheidungsträger im Informationsversorgungssystem des IT-Controllingsystems* hinsichtlich der zur Verfügung zu stellenden Informationen ergeben.

In den folgenden Abschnitten sollen durch Analyse bestehender Verfahrensübersichten mögliche Kriterien zusammengetragen werden, die die Auswahl von Verfahren zur Bestimmung und/oder Bewertung der Wirkungen von Informationssystemen *potentiell* beeinflussen, um diese anschließend auf Basis der vorstehenden Überlegungen dahin gehend zu untersuchen, ob sie *tatsächlich* die Auswahl von Verfahrens zur Bestimmung und Bewertung der Wirkungen von Informationssystemen beeinflussen. Kriterien sind dabei als valide einzustufen, wenn sie einer der obigen *Kriterienklassen* angehören.

2.3 Analyse gängiger Übersichten über Verfahren zur Bestimmung der Ergebnisseite eines Informationssystems

2.3.1 Die Einteilung der Verfahren nach Schumann

Schumann (1993) unterscheidet zwei grundsätzlich verschiedene Klassen von Verfahren zur Beurteilung der Wirtschaftlichkeit von Informationssystemen[244]. Dies sind zum einen Verfahren, die sich auf die *Bestimmung* von Wirkungen des Einsatzes von Informationssystemen beziehen (Wirkungsbestimmung), zum anderen Verfahren zur *Beurteilung* der Wirkungen des IS-Einsatzes (Wirkungsbeurteilung) (vgl. Abbildung 11).

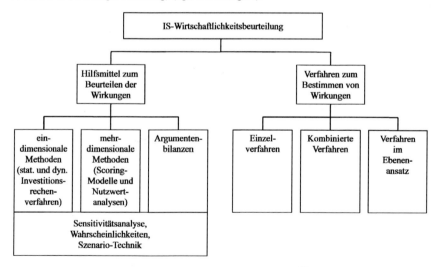

Abbildung 11: Einteilung der Verfahren zur Beurteilung der IS-Wirtschaftlichkeit[245]

---

[244] vgl. Schumann (1993), S. 170
[245] vgl. Schumann (1993), S. 170

2. Kriterienrahmen zur Einsatzbereichsbeschreibung 49

Verfahren zur *Bestimmung* von Wirkungen liegt eine umfassende Betrachtungsweise der IS-Wirtschaftlichkeit zugrunde, da sie nach Schumann neben der Daten- und Wirkungs-*Erhebung* auch deren *Bewertung* umfassen[246]. Schumann unterscheidet zwischen *Einzelverfahren* (z.B. die Kosten-Nutzen-Analyse, die Wirkungskettenanalyse oder die Transaktionskostenanalyse), *kombinierten* Verfahren, welche sich durch die kombinierte Anwendung mehrerer Einzelverfahren ergeben, um so zu einer umfassenderen Bewertung zu gelangen, sowie *Verfahren im Ebenenansatz*, welche die umfangreichste Betrachtung der IS-Wirtschaftlichkeit leisten und mehrere Wirkungsebenen des IS-Einsatzes, beispielsweise Arbeitsplatz-, Abteilungs-, Unternehmens- und Marktebenen[247], berücksichtigen.

Hilfsmittel zur Beurteilung von IS-Wirkungen gehen davon aus, dass alle zur Beurteilung notwendigen Informationen bereits *vorliegen*[248]. *Eindimensionale* Methoden stützen sich dabei lediglich auf quantitative Daten, während *mehrdimensionale* Verfahren auch qualitative Wirkungen des IS-Einsatzes berücksichtigen[249]. *Argumentenbilanzen* stellen positive und negative Aspekte einer IS-Investition einander gegenüber. *Sensitivitätsanalysen, Wahrscheinlichkeitsbetrachtungen* und *Szenario-Techniken* sind unterstützend in Kombination mit den aufgezählten Verfahren zur Wirkungsbestimmung einsetzbar.

Aus den Ausführungen von Schumann lässt sich zum einen das Kriterium der *Untersuchungsebene* eines Verfahrens ableiten: Verfahren lassen sich demnach in solche zur *Wirkungserhebung* und solche zur *Bewertung* zuvor erhobener Wirkungen (und Kombinationen aus beidem) einteilen. Diese Differenzierung ist insbesondere im Rahmen von Entscheidungsprozessen wichtig, da nur bei Verwendung unbewerteter Informationen allein das Zielsystem des Entscheidungsträgers in den Entscheidungsprozess einfließt, bei Verwendung bewerteter Informationen jedoch auch der zuvor verwendete Bewertungsmaßstab Bestandteil der Entscheidungsfindung wird und somit eine Vermischung von Zielsystemen erfolgt. Die Fragestellung, ob ein Verfahren unbewertete (Wirkungen) oder bewertete (Nutzen) Informati-

---

[246] vgl. im Folgenden Schumann (1993), S. 170ff.
[247] Die meisten Verfahren im Ebenenansatz stimmen hinsichtlich der ersten Ebene (kleinste relevante Einheit, Arbeitsplatz) und der zweiten Ebene (Zusammenfassung mindestens zweier kleinster Einheiten zu einer neuen Einheit) überein; Unterschiede bestehen hinsichtlich der dritten Ebene, welche teilweise auf Bereiche des betrachteten Unternehmens, teilweise auf gesamte Unternehmen bezogen wird. Im ersten Fall stellt das Gesamtunternehmen die vierte Betrachtungsebene dar, während im zweiten Fall unternehmensübergreifende Zusammenhänge betrachtet werden (vgl. Antweiler (1995), S. 151). Für eine Übersicht über die unterschiedlichen Ebenendefinitionen der gängigen Ansätze vgl. ebenfalls Antweiler (1995), S. 151.
[248] vgl. Schumann (1993), S. 170
[249] vgl. im Folgenden Schumann (1993), S. 170ff.

onen liefern soll, ist somit unmittelbar als Anforderung der Entscheidungsträger im Informationsversorgungssystem des IT-Controllingsystems an ein Verfahren einzustufen, d.h. die Untersuchungsebene beeinflusst die Auswahl eines Verfahrens zur Wirkungsbestimmung bzw. -bewertung maßgeblich und bildet somit ein Auswahlkriterium.

Aus der Gruppierung der Verfahren zur Wirkungsbeurteilung nach Schumann lässt sich zum anderen die grundsätzliche Frage nach der *Quantifizierbarkeit*[250] von Wirkungen ableiten. Bezüglich ihrer Quantifizierbarkeit lassen sich drei Arten von Wirkungen von Informationssystemen unterscheiden[251]:

- *Direkt monetär quantifizierbare* Wirkungen zeichnen sich dadurch aus, dass sie unmittelbar erkannt und in monetärer Form bewertet werden können. Dies sind etwa Wirkungen, die in zahlungswirksamen Einsparungen (etwa Vermeidung bestimmter Ausgaben oder Wegfall von Zahlungsverpflichtungen) oder in der Erhöhung des Umsatzes resultieren[252].

- *Indirekt monetär quantifizierbare* Wirkungen zeichnen sich dadurch aus, dass sie nicht unmittelbar in monetärer Form bewertet werden können, sondern ihre wertmäßige Quantifizierung von anderen, etwa zeitlichen, mengenmäßigen oder prozentualen Quantifizierungen abgeleitet werden muss. Beispiele für indirekt quantifizierbare Wirkungen sind eine gesteigerte Mitarbeiterproduktivität, eine höhere Kundenzufriedenheit oder eine intensivere Kundenbindung.

- Im Gegensatz zu den direkt oder indirekt monetär quantifizierbaren Wirkungen stehen bei *nicht monetär quantifizierbaren* Wirkungen (in der Literatur oft auch als *qualitative* Wirkungen bezeichnet[253]) keine rationalen Grundlagen bzw. Bewertungsmaßstäbe zu deren monetärer Bewertung zur Verfügung. Beispiele für nicht-quantifizierbare Wirkungen sind eine erhöhte Strategiekonformität, Imagegewinne, eine erhöhte Mitarbeitermoral oder einer vergrößerte Flexibilität.

---

[250] Quantifizierbarkeit bedeutet die Möglichkeit der isomorphen Abbildung gewisser Relationen zwischen den Merkmalsausprägungen der Untersuchungsobjekte durch analoge Relationen zwischen *Zahlen* (vgl. Schneider (1982), S. 43).
[251] vgl. im Folgenden Brugger (2005), S. 87ff.; in ähnlicher Form auch bei, Kargl und Kütz (2007), S. 45f., Kargl (1996), S. 86f., Krcmar (2005), S. 396, Nagel (1990), S. 24ff., Abts und Mülder (2008), S. 385
[252] vgl. Brugger (2005), S. 276
[253] vgl. Krcmar (2005), S. 396; zum Teil bezieht sich der Begriff der qualitativen Wirkungen allerdings auch auf solche, die überhaupt nicht, d.h. weder in monetärer noch sonstiger Form, durch Zahlen ausgedrückt werden können (vgl. Scholl (2001), S. 18).

2. Kriterienrahmen zur Einsatzbereichsbeschreibung 51

Aus der Frage nach der Quantifizierbarkeit von Wirkungen lässt sich auf das Kriterium der *quantitativen Form von Informationen* schließen:

- *Quantitative* Informationen können durch Zahlen ausgedrückt werden; sie können durch objektive Messung oder subjektive Bewertung gebildet werden[254].
- *Monetär-quantitative* Informationen stellen eine Sonderform quantitativer Informationen dar und entstehen durch monetäre Bewertung, d.h. Transformation von Wirkungen in Geldeinheiten[255]. Monetär-quantitative Informationen können folglich nur im Rahmen von Verfahren zur Wirkungsbewertung, nicht aber innerhalb von Verfahren zur Wirkungsermittlung, erhoben werden.
- *Qualitative* Informationen schließlich sind nicht in Zahlen formulierbar[256].

Je nach Aufgabeninhalt werden zur Lösung von Führungs-, Planungs- und Kontrollaufgaben unterschiedliche Formen von Informationen benötigt, wobei die Unterscheidung hinsichtlich qualitativen und quantitativen Informationen ein wichtiges Kriterium zur Abgrenzung benötigter Informationen darstellt[257]. Die quantitative Form der durch ein Verfahren erzeugten Informationen ist somit als wichtiges Kriterium hinsichtlich der Verfahrensauswahl einzustufen. Im Zusammenspiel mit der quantitativen Form der durch ein Verfahren *verarbeiteten* Informationen determiniert dieses Kriterium ferner die *Kombinierbarkeit* verschiedener Verfahren[258]. Die *Form der zur Anwendung eines Verfahrens notwendigen Informationen* stellt daher ebenfalls ein wichtiges Kriterium bei der Verfahrensauswahl dar.

Ob es sich bei einem Verfahren um ein Einzelverfahren oder ein kombiniertes Verfahren handelt, ist bei der Verfahrensauswahl hingegen grundsätzlich als unerheblich einzustufen, da sich die Kombinierbarkeit von Verfahren, wie bereits dargelegt, aus der Form der Informationen, die von den Verfahren abgeleitet bzw. verarbeitet werden, sowie aus seiner Untersuchungsebene (Wirkungsbestimmung oder Wirkungsbewertung) ergibt.

Verfahren im Ebenenansatz zeichnen sich durch eine umfassende Betrachtungsweise der Wirkungen eines Informationssystems aus[259], geben in diesem Sinne also die *Reichweite* der

---

[254] vgl. Scholl (2001), S. 18
[255] vgl. Steven, Schwarz und Letmathe (1997), S. 39
[256] vgl. Scholl (2001), S. 18
[257] vgl. Horváth (2006), S. 320f.
[258] vgl. Walter und Spitta (2004), S. 176
[259] vgl. Antweiler (1995), S. 151

Untersuchung über die *Menge* der zu untersuchenden Wirkungen vor. Die Entscheidung über die in die Analyse einzubeziehenden Betrachtungsgegenstände ist jedoch getrennt von der Fragestellung nach der Auswahl eines Wirkungserhebungs- bzw. Wirkungsbewertungsverfahrens zu sehen. Aus den Eigenschaften der Betrachtungsgegenstände leiten sich, wie bereits im Zusammenhang mit der systemtheoretischen Verknüpfung des Basissystems und des Informationsversorgungssystems des IT-Controllingsystems ausgeführt wurde, potentiell Anforderungen an die bereitzustellenden Informationen, und damit Kriterien zur Auswahl von Verfahren zur Wirkungsbestimmung und -bewertung ab. Die Menge der zu untersuchenden Betrachtungsgegenstände ist aber *nicht* als Kriterium zur Auswahl von *Verfahren* zur Bestimmung der Ergebnisseite von Informationssystemen, sondern als Teilproblem bei der Auswahl des *Untersuchungsobjekts* anzusehen.

Zusammenfassend lassen sich aus dem Ansatz von Schumann folgende Kriterien für die Auswahl von Verfahren zur Bestimmung und Bewertung von Wirkungen von Informationssystemen ableiten (vgl. Abbildung 12):

Kriterien	Ausprägungen
Untersuchungsebene	Wirkungsbestimmung, Wirkungsbewertung, Kombination aus beidem
Quantitative Form der abgeleiteten Ergebnisse	Quantitativ, monetär-quantitativ, qualitativ
Quantitative Form der verarbeiteten Informationen	Quantitativ, monetär-quantitativ, qualitativ

Abbildung 12: Auswahlkriterien aus dem Ansatz von Schumann (1993)

Die *Untersuchungsebene* eines Verfahrens gibt an, ob dieses der Wirkungserhebung, der Wirkungsbewertung, oder beidem dient.

Die *quantitative Form der durch das Verfahren abgeleiteten Informationen* beschreibt, ob das Verfahren qualitative[260], quantitative oder monetär-quantitative Informationen ableitet.

---

[260] „Qualitativ" wird im Folgenden gemäß dem Begriffsverständnis von Scholl als „nicht in Form von Zahlen ausdrückbar" aufgefasst (vgl. Scholl (2001), S. 18).

2. Kriterienrahmen zur Einsatzbereichsbeschreibung

Die *quantitative Form der zur Durchführung des Verfahrens notwendigen Informationen* gibt an, in welcher Form (qualitativ, quantitativ, monetär-quantitativ) die zur Durchführung des Verfahrens notwendigen Informationen vorliegen müssen.

2.3.2 Der Kriterienrahmen zur Beurteilung von Bewertungsverfahren nach Pietsch

Ein umfassender Ansatz, der Verfahren zur *Bewertung* der Wirtschaftlichkeit von Informationssystemen betrachtet und miteinander vergleicht, findet sich bei Pietsch (2003).

Pietsch charakterisiert eine *Bewertungssituation*, innerhalb derer eine Bewertung organisatorischer oder technischer Maßnahmen erfolgen soll, über folgende Gestaltungsaspekte, aus denen sich die Anforderungen an die Bewertung im Einzelfall ableiten[261]:

- Das *Bewertungsobjekt* beschreibt, *was* zu bewerten ist;
- das *Bewertungsziel* gibt den Zweck der Bewertung vor, also *wozu* die Bewertung erfolgt;
- der *Bewertungsträger* gibt an, von *wem* die Bewertung vorzunehmen ist;
- der *Bewertungszeitpunkt* beschreibt, *wann* die Bewertung erfolgen soll;
- das *Bewertungsverfahren* gibt die Art der Bewertung vor, d.h. beschreibt, *wie* die Bewertung erfolgen soll;
- der *Bewertungsmaßstab* schließlich gibt an, *womit* die Bewertung des Bewertungsobjekts vorgenommen werden soll.

Darauf aufbauend führt Pietsch einen *Kriterienrahmen* zur Beschreibung der „wesentlichen Merkmale eines Bewertungsverfahrens"[262] ein. Dieser umfasst folgende Kriterien[263]:

- *Theoretische Basis*: Dieses Kriterium basiert auf der Frage nach dem dem Bewertungsverfahren zugrunde liegenden theoretischen *Modell*, aus welchem sich nach Pietsch die *Herkunft* oder der *Einsatzzweck* eines Bewertungsverfahrens ergibt.
- *Bewertungsobjekt* bzw. *Bewertungsbereich*: Dieses Kriterium beschreibt, *was* im Rahmen der Anwendung eines Bewertungsverfahrens bewertet wird, etwa finanzwirtschaftliche Daten, Ausschussquoten von Maschinen, Durchlaufzeiten, der Errei-

---

[261] vgl. Pietsch (2003), S. 27
[262] Pietsch (2003), S. 49
[263] vgl. im Folgenden Pietsch (2003), S. 49ff.

chungsgrad unternehmerischer Zielsetzungen oder Auswirkungen auf das gesellschaftliche Umfeld eines Unternehmens.

- *Informationsquelle*: Dieses Kriterium gibt an, woher die zur Bewertung notwendigen Informationen stammen.
- *Anwendungszeitpunkt* bzw. *Anwendungszeitraum*: Pietsch unterscheidet vier *Anwendungsphasen* für den Einsatz eines Bewertungsverfahrens: *Planung* (Bewertung potentieller Auswirkungen, die durch geplante Maßnahmen entstehen), *Entscheidung* (Auswahl der besten Maßnahme aus einer Menge von Gestaltungsalternativen), *Realisierung* (Verifikation der getroffenen Entscheidung, Feinsteuerung der Maßnahmenschritte) sowie *Kontrolle* (Soll-/Ist-Vergleiche, Überprüfung des Eintretens geplanter Effekte, Ermittlung von Abweichungen).
- *Flexibilität*: Dieses Kriterium beschreibt die Fähigkeit eines Bewertungsverfahrens, auch unter sich *ändernden Rahmenbedingungen* die gewünschten Informationen zu liefern.
- *Ermittlungs- und Bewertungsaufwand*: Dieses Kriterium gibt den *Einsatzaufwand* eines Bewertungsverfahrens an, etwa in Form der zur Durchführung des Verfahrens notwendigen Zeit oder der notwendigen Anzahl an Mitarbeitern.
- *Technische Unterstützung*: Dieses Kriterium bezieht sich neben der Möglichkeit der rechnergestützten Erfassung und Auswertung der Informationen auch auf das Vorhandensein von Erhebungstechniken (z.B. Formulare, Checklisten) und auf Techniken der Vorgehensstrukturierung und Projektdurchführung.
- *Form, Transparenz und Nachvollziehbarkeit*: Dieses Kriterium beschreibt, wie sich das Ergebnis eines Bewertungsverfahrens darstellt, etwa in Form absoluter Zahlen, Kennzahlen[264], einer grafischen Darstellung, einer verbalen Beschreibung oder Mischformen daraus.
- *Ganzheitlichkeit*: Dieses Kriterium bezieht sich darauf, ob sich ein Bewertungsverfahren lediglich auf die unmittelbar betroffenen Bereiche bezieht oder eine bereichsübergreifende, prozessorientierte Sicht unter Betonung integrativer Aspekte von Veränderungen einnimmt.
- *Praxisrelevanz*: Dieses Kriterium schließlich greift die Fragestellung auf, inwiefern ein Bewertungsverfahren in der betrieblichen Praxis zur Anwendung kommen kann,

---

[264] vgl. zum Kennzahlenbegriff die Ausführungen in Abschnitt 3.3.1.8

2. Kriterienrahmen zur Einsatzbereichsbeschreibung 55

d.h. ob die zur Durchführung des Bewertungsverfahrens notwendigen technischen und/oder methodischen Voraussetzungen geschaffen werden können.

Beim Ansatz von Pietsch ist dessen Fokus auf die *Bewertung* zu beachten[265]. Die Bewertung der Wirkungen eines Informationssystems kann aber erst erfolgen, wenn die hierzu erforderlichen, zu bewertenden Informationen vorliegen[266]. In diesem Sinne können die von Pietsch aufgeführten Bewertungsverfahren - und grundsätzlich auch die von ihm definierten Beurteilungskriterien - zunächst nur als *Teilmenge* der in Frage kommenden Verfahren zur Bestimmung der Ergebnisseite von Informationssystemen betrachtet werden.

Innerhalb des Kriterienrahmens von Pietsch lassen sich Kriterien unterscheiden, die grundsätzliche *Eigenschaften* von Bewertungsverfahren beschreiben, ohne sich auf konkrete Anforderungen an die von den Verfahren zur Verfügung gestellten Informationen zu beziehen. Zu diesen zu zählen sind die technische Unterstützung eines Verfahrens, seine Flexibilität sowie seine praktische Relevanz. Den systemtheoretischen Überlegungen des vorigen Abschnitts folgend können sie als Eigenschaften der Systemelemente der Bewertungsverfahren im Informationsversorgungssystem des IT-Controllingsystems eingestuft werden. Aus den Eigenschaften der Bewertungsverfahren lassen sich allerdings *keine* Anforderungen hinsichtlich der durch den Einsatz eines Verfahrens zu erzeugenden Informationen ableiten. Die vorstehend genannten Verfahrenseigenschaften entsprechen somit den in Abschnitt 2.1 definierten, nachgelagerten *Rahmenbedingungen*, welche in einem zweiten Auswahlprozess zur Auswahl unter den im Hinblick auf die Informationsversorgungsfunktion bereits als geeignet befundenen Verfahren herangezogen werden können.

Das Kriterium des Aufwands zur Durchführung nach Pietsch impliziert die zeitliche Verfügbarkeit der durch ein Verfahren abgeleiteten Informationen: So ist bei Verfahren, deren Durchführung mit einem hohen personellen oder organisatorischen Aufwand verbunden sind, davon auszugehen, dass die durch sie aufbereiteten Informationen erst mit einem gewissen zeitlichen Verzug zur Verfügung stehen. Aktualität und kurzfristige zeitliche Verfügbarkeit wurden in empirischen Untersuchungen als Anforderungen von Führungskräften an die ihnen

---

[265] vgl. Pietsch (2003), S. 27
[266] vgl. Brugger (2005), S. 251f.

übermittelten Informationen identifiziert[267]. Der *Aufwand zur Durchführung* eines Verfahrens ist daher als relevantes Auswahlkriterium einzustufen.

Das Kriterium der *Ganzheitlichkeit der Sichtweise* bezieht sich nach Pietsch auf die Berücksichtigung integrativer Aspekte von Wirkungen, d.h. auf eine möglichst bereichsübergreifende, prozessorientierte Sichtweise[268]. Die Anforderung einer möglichst integrativen Sichtweise bezieht sich unmittelbar auf die durch ein Verfahren zur Verfügung gestellten Informationen und ist somit als Auswahlkriterium einzustufen.

Gemäß der Zielsetzung der vorliegenden Ausführungen (vgl. Abschnitt 1.2) sollen sich Verfahren zur Bestimmung und Bewertung der Wirkungen von Informationssystemen auf das Bezugsobjekt *Informationssystem* beziehen. Welche *Daten* zur Beurteilung der Wirtschaftlichkeit eines Informationssystems herangezogen werden, und *woher* sie stammen, ist unter dem Aspekt der Ableitung von Anforderungen an die zur Verfügung gestellten Informationen als unerheblich einzustufen.

Innerhalb des Kriteriums der theoretischen Fundierung unterscheidet Pietsch vier Modelle[269]:

- *Investitionsrechenverfahren* dienen der Beurteilung der Wirtschaftlichkeit einer *Investition*. Sie setzen voraus, dass die Wirkungen einer Investition bereits in monetär bewerteter Form vorliegen[270].
- *Nutzwertverfahren* beruhen auf Nutzwerten[271] und dienen der Bewertung insbesondere auch qualitativer Aspekte.
- *Strukturierte Ansätze* zielen auf die Erfassung, Dokumentation und Beurteilung von Wirkungen von Maßnahmen.
- *Strategische Ansätze* beurteilen den Beitrag einer Maßnahme hinsichtlich der Erreichung der strategischen Zielsetzungen des Unternehmens.

Aus der theoretischen Fundierung nach dem Verständnis von Pietsch lässt sich somit wiederum das Auswahlkriterium der *Untersuchungsebene* (Wirkungsbestimmung oder Wirkungsbewertung) ableiten, auf das bereits in Abschnitt 2.3.1 eingegangen wurde. Bezüglich

---

[267] vgl. Mintzberg (1972), S. 95f.
[268] vgl. Pietsch (2003), S. 56f.
[269] vgl. im Folgenden Pietsch (2003), S. 50f.
[270] vgl. zum Investitionsbegriff und den Arten der Investitionsrechnung etwa Götze (2008), S. 5ff.
[271] Der Nutzwert wird im allgemeinen definiert als „der subjektiv beeinflusste Wert einer Handlungsalternative zur Befriedigung eines definierten Bedarfs" (Heinrich und Lehner (2005), S. 379; ähnlich bei Adam (1996), S. 412).

2. Kriterienrahmen zur Einsatzbereichsbeschreibung

der Bewertung von Wirkungen lässt sich ferner das Unterkriterium des *Bewertungsmaßstabs* ableiten, welches vorgibt, *womit* bzw. *im Hinblick worauf* (Ziele eines Entscheidungsträgers, Ziele eines Unternehmens, Verwendung von Kostengrößen oder Deckungsbeiträgen) die Bewertung einer Wirkung erfolgen soll. Dies spielt insbesondere dann eine Rolle, wenn von einem Entscheidungsträger *bewertete* Informationen nachgefragt werden, da der Bewertungsmaßstab dann den Inhalt der abgeleiteten Informationen maßgeblich beeinflusst. Der Bewertungsmaßstab ist somit als relevantes Auswahlkriterium anzusehen.

Die zwingende Voraussetzung einer monetären Bewertung für den Einsatz von Investitionsrechenverfahren impliziert das bereits in Abschnitt 2.3.1 diskutierte Kriterium der quantitativen Form der verarbeiteten Information.

Das Kriterium des Bewertungszeitpunkts nach dem Verständnis von Pietsch bezieht sich auf die Anwendungsphase eines Bewertungsverfahrens. Pietsch unterscheidet Verfahren, die potentielle Wirkungen geplanter Maßnahmen ermitteln und/oder bewerten, Verfahren, die Informationen zur Entscheidungsunterstützung ableiten, Verfahren, die den Realisationsprozess kontinuierlich begleiten sowie Verfahren, die Möglichkeit bieten, tatsächlich eingetretene Wirkungen zu erfassen und/oder zu bewerten sowie diese mit vorher aufgestellten Prognosen zu vergleichen[272].

Die Anwendungsphase ist unmittelbar mit der Aufgabenstellung eines Aufgabenträgers aus dem Führungs-, Planungs-, Steuerungs- und/oder Kontrollsystem des Unternehmens verzahnt, d.h. sie gibt Anforderungen hinsichtlich der durch ein Verfahren zur Verfügung zu stellenden Informationen vor. Allerdings ist anzumerken, dass das Fällen von Entscheidungen in allen „Phasen" des Führungsprozesses erfolgt[273], insofern erscheint es aus Sicht des Verfassers unglücklich, von einer eigenständigen Entscheidungsphase im Rahmen der Führung zu sprechen. Die Unterstützung von Entscheidungen ist somit *nicht* als eigenständiges Auswahlkriterium anzusehen.

Statt des Begriffs der Anwendungsphase im Verständnis von Pietsch wird im Folgenden der *zeitliche Bezug* einer Information als Auswahlkriterium eingeführt. Der zeitliche Bezug gibt die *Richtungsweise der Betrachtung* auf den Betrachtungsgegenstand Informationssystem an,

---

[272] vgl. Pietsch (2003), S. 53f.
[273] vgl. Heinen (1992), S. 23

d.h. ob eine Information vergangenheitsbezogen[274] (Ist-Wirkungen bzw. -werte) oder zukunftsgerichtet (prognostizierte Wirkungen bzw. -werte) ist.

Der zeitliche Bezug von Informationen ist ein wichtiges Differenzierungsmerkmal zur Klassifikation von im Rahmen von Führungsaufgaben benötigten Informationen, etwa zur Unterscheidung der bei der strategischen Planung verwendeten Informationsquellen[275] oder bei der Bildung ex-post- oder ex-ante-orientierter Kennzahlen bzw. Kennzahlensysteme[276] zur Beurteilung oder Führung von Unternehmen[277]. Er ist somit ein wichtiges Auswahlkriterium bei der Auswahl von Verfahren zur Bestimmung und/oder Bewertung von Wirkungen von Informationssystemen.

Auf die quantitative Form der abzuleitenden Ergebnisse als Auswahlkriterium wurde bereits in Abschnitt 2.3.1 eingegangen.

Zusammenfassend ergeben sich aus dem Ansatz von Pietsch folgende Auswahlkriterien zur Auswahl von Verfahren zur Bestimmung und/oder Bewertung von Wirkungen von Informationssystemen (vgl. Abbildung 13):

Die *Ganzheitlichkeit der Sichtweise* gibt vor, ob sich ein Verfahren lediglich auf die Einbeziehung lokaler Wirkungen bzw. Nutzeneffekte erstrecken soll, oder ob eine ganzheitliche Sichtweise angestrebt wird.

Der *Aufwand der Durchführung* beschreibt, wie hoch der personelle und organisatorische Aufwand zur Durchführung eines Verfahrens ist.

Die *Untersuchungsebene* eines Verfahrens gibt an, ob dieses der Wirkungserhebung, der Wirkungsbewertung oder beidem dient. Innerhalb der Wirkungsbewertung ist das Unterkriterium des *Bewertungsmaßstabs* anzusiedeln, welches vorgibt, unter Anwendung welches Wertmaßstabs die Wirkungsbewertung zu erfolgen hat.

Der *zeitliche Bezug* gibt vor, ob sich die von einem Verfahren bereitgestellten Informationen auf die Vergangenheit beziehen sollen oder ob zukunftsgerichtete Prognosen erstellt werden sollen.

---

[274] Der Vergangenheitsbezug soll hierbei auch den Bezug auf die *Gegenwart* einschließen. Die Betrachtung der Gegenwart/Vergangenheit wird im Rahmen der betriebswirtschaftlichen Theoriebildung auch als *Erklärung* bezeichnet, die Betrachtung der Zukunft als *Prognose* (vgl. Töpfer (2004), S. 40f.).
[275] vgl. Ahlert (2003), S. 85
[276] vgl. zum Begriff des Kennzahlensystems die Ausführungen in Abschnitt 3.3.1.8
[277] vgl. Stelling (2005), S. 275

2. Kriterienrahmen zur Einsatzbereichsbeschreibung

Kriterien	Ausprägungen
Ganzheitlichkeit der Sichtweise	Integrativ, lokal
Aufwand zur Durchführung	Gering, mittel, hoch
Untersuchungsebene	Wirkungsbestimmung, Wirkungsbewertung, Kombination aus beidem
Unterkriterium der Bewertung: Bewertungsmaßstab	Zielsystem des Entscheidungsträgers, Unternehmensziele, Kosten, Deckungsbeiträge
Zeitlicher Bezug	Vergangenheitsbezogen, zukunftsgerichtet
Quantitative Form der abgeleiteten Ergebnisse	Quantitativ, monetär-quantitativ, qualitativ
Quantitative Form der verarbeiteten Informationen	Quantitativ, monetär-quantitativ, qualitativ

Abbildung 13: Auswahlkriterien aus dem Ansatz von Pietsch (2003)

Die *quantitative Form der durch das Verfahren abgeleiteten Informationen* beschreibt, ob das Verfahren qualitative, quantitative oder monetär-quantitative Informationen ableitet.

Die *quantitative Form der zur Durchführung des Verfahrens notwendigen Informationen* gibt an, in welcher Form (qualitativ, quantitativ, monetär-quantitativ) die zur Durchführung des Verfahrens notwendigen Informationen vorliegen müssen.

2.3.3 Der IT Business Case nach Brugger

Brugger (2005) versteht unter einem *Business Case* ein Szenario zur betriebswirtschaftlichen Beurteilung einer *Investition*[278]. Ein *IT Business Case* bezieht sich nach Brugger auf Investi-

---

[278] vgl. Brugger (2005), S. 11; Investitionen sind nach Brugger zeitliche Abfolgen monetär bewerteter Leistungen, welche nach dem klassischen Verständnis mit einer Auszahlung beginnen, der spätere Einzahlungen bzw. Einzahlungsüberschüsse folgen (vgl. Brugger (2005), S. 139).

tionsvorhaben in die IT eines Unternehmens in Form eines *IT-Projekts*[279]. Bei der Erstellung des IT Business Case werden *alle Kostenfaktoren* und *Nutzeneffekte* des IT-Projekts erhoben, quantifiziert und dokumentiert[280], so dass durch Gegenüberstellung des mit der Investition verbundenen Nutzens mit den durch die Investition verursachten Kosten sowohl die absolute Vorteilhaftigkeit einer Einzelinvestition als auch die relative Vorteilhaftigkeit mehrere Investitionsalternativen untereinander beurteilt werden kann[281].

Grundlage der Betrachtung der Wirtschaftlichkeit von Investitionen in die IT eines Unternehmens nach Brugger sind die klassischen Investitionsrechenverfahren[282]. Sie lassen sich in statische und dynamische Verfahren unterteilen (vgl. Abbildung 14).

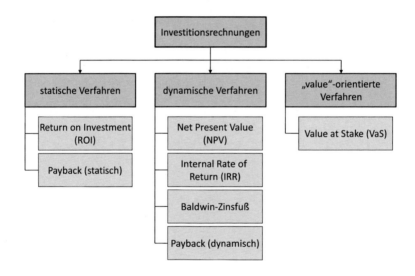

Abbildung 14: Investitionsrechenverfahren - Übersicht[283]

---

[279] vgl. Brugger (2005), S. 11; ein Projekt ist nach DIN 69901 „ein Vorhaben, das im Wesentlichen durch eine Einmaligkeit der Bedingungen in ihrer Gesamtheit gekennzeichnet ist", etwa durch eine klare, nicht repetitive, von anderen Vorhaben abgegrenzte Zielvorgabe, durch zeitliche, finanzielle und personelle Restriktionen sowie durch eine projektspezifische Organisationsform (vgl. Gruner, Jost und Spiegel (2003), S. 53f.). IT-Projekte beinhalten oftmals die Entwicklung von Anwendungssystemen und zeichnen sich dadurch aus, dass ein Großteil der Projektbearbeiter IT-Spezialisten sind und der Projektleiter häufig aus der IT-Abteilung stammt (vgl. Stahlknecht und Hasenkamp (2005), S. 215).
[280] vgl. Brugger (2005), S. 12
[281] vgl. Brugger (2005), S. 14f.
[282] vgl. Brugger (2005), S. 140
[283] vgl. Brugger (2005), S. 141

2. Kriterienrahmen zur Einsatzbereichsbeschreibung

Merkmal statischer Verfahren der Investitionsrechnung ist es, dass sie die unterschiedlichen Zeitpunkte, zu denen die Ein- und Auszahlungen einer Investition anfallen, nicht berücksichtigen[284]. Der Vorteil statischer Verfahren besteht in ihrer einfachen Anwendbarkeit; nachteilig ist ihre geringe praktische Aussagekraft[285]. Dynamische Verfahren der Investitionsrechnung sind flexibler und leistungsfähiger[286]. Kosten- und Nutzengrößen fließen hier als zeitveränderliche Ein- und Auszahlungsreihen in die Berechnung ein[287]. „Value"-orientierte Verfahren basieren auf dem Ansatz des Residualgewinns[288], worunter der Teil des Gewinns verstanden wird, der über die Kapitalkosten hinaus erwirtschaftet wird[289]. Sie weisen den rechnerischen Netto-Ertrag einer Investition als periodenbezogenen Netto-Gewinn oder Netto-Verlust aus, wobei vom Netto-Ertrag jedes Investitionsjahres zusätzlich die Kapitalkosten für das abnutzbare Anlagevermögen sowie eventuelle Kapitalkosten für im Netto-Umlaufvermögen gebundenes Kapital abgezogen werden, um so für jedes Jahr der Investition deren Residualgewinn oder -verlust zu ermitteln. Durch Diskontierung können die Residualgewinne oder -verluste auf einen Gesamtbetrag verdichtet werden. Dieser beschreibt die potentielle Netto-Änderung des Unternehmenswerts als Folge der Projektumsetzung[290].

Nach Brugger sind die statischen Verfahren der Investitionsrechnung nur in Situationen anzuwenden, in denen grobe Näherungswerte in die Rechnung eingehen[291]; in der Praxis erfolge meist die Anwendung der dynamischen bzw. „value"-orientierten Verfahren der Investitionsrechnung[292].

Die Anwendung der Investitionsrechenverfahren erfordert es, dass der Nutzen eines Investitionsprojekts bereits bezogen auf jedes Investitionsjahr in monetärer Form vorliegt[293]. Um die finanzwirtschaftlichen Konsequenzen von Entwicklung, Einführung, Einsatz und Abschaffung eines Informationssystems beurteilen zu können, müssen die damit verbundenen Wirkungen erfasst und bewertet, d.h. quantifiziert und in monetäre Größen übersetzt wer-

---

[284] vgl. Biethahn, Mucksch und Ruf (2004), S. 363
[285] vgl. Brugger (2005), S. 140
[286] vgl. Brugger (2005), S. 140
[287] vgl. Brugger (2005), S. 140
[288] vgl. Brugger (2005), S. 140
[289] vgl. im Folgenden Brugger (2005), S. 143
[290] vgl. Brugger (2005), S. 225
[291] vgl. Brugger (2005), S. 140
[292] vgl. Brugger (2005), S. 140
[293] vgl. Brugger (2005), S. 87 und 233f.

den[294]. Zur finanziellen Bewertung der Wirkungen einer Investition sind nach Brugger je nach *Quantifizierbarkeit* verschiedene Verfahren heranzuziehen[295]:

- *Direkt monetär quantifizierbare Nutzeneffekte* lassen sich im Allgemeinen recht einfach und direkt über die mit ihnen verbundenen monetären Größen (Aufwendungen, Kosten, Umsätze) erfassen, ohne dass hierbei ein spezielles, formalisiertes Verfahren zur Anwendung kommen muss[296].

- Produktivitätssteigerungen stellen eine Form eines *indirekt monetär quantifizierbaren* Nutzeneffekts dar, führen jedoch nicht zwangsläufig zu einer Verbesserung der Profitabilität des Unternehmens[297]. Diese wird erst aufgrund von Kostensenkungen bzw. Kosteneinsparungen, die durch die Produktivitätssteigerung potentiell ermöglicht werden, realisiert[298]. Zur Bewertung von Produktivitätssteigerungen wird ein vierstufiges Verfahren aus der klassischen Organisationslehre vorgeschlagen, bei dem die zeitliche Auswirkung der Produktivitätssteigerung erfasst und quantifiziert wird, woraus sich die Anzahl der einsparbaren Arbeitsstellen ableiten lässt. Diese determiniert den finanziellen Nutzen der Produktivitätssteigerung, wobei dabei ebenfalls die mit dem Wegfall bzw. der Umschichtung der betroffenen Arbeitsstellen verbundenen Folgekosten erfasst werden müssen.

- Die Bewertung der Veränderungen von Lagerbeständen geschieht nach Brugger stellvertretend für vergleichbare Quantifizierungsproblematiken unter Anwendung eines Verfahrens, das einen Zusammenhang zwischen dem Lager und dem Netto-Umlaufvermögen des Unternehmens herstellt[299] und auf klassischen Lager-*Kennzahlen* (Lagerbestand, Umschlagshäufigkeit) basiert. Aus diesen können die Lagerhaltungskosten sowie das im Lager gebundene Kapital errechnet werden. Nutzeneffekte ergeben sich potentiell aus der Verringerung der Lagerhaltungskosten, des Netto-Umlaufvermögens und des Zinsaufwands für das gebundene Kapital.

- Beispiele für *nicht monetär quantifizierbare* Nutzeneffekte eines Projekts sind nach Brugger harmonisierte Prozesse, die Konzentrierung des Know-Hows, eine einfachere Sicherstellung der Datensicherheit und ein einfacheres Monitoring von Hard- und

---

[294] vgl. Brugger (2005), S. 84
[295] vgl. Brugger (2005), S. 276
[296] vgl. Brugger (2005), S. 276
[297] vgl. Krcmar (2005), S. 398, Brugger (2005), S. 278
[298] vgl. im Folgenden Brugger (2005), S. 278f.
[299] vgl. im Folgenden Brugger (2005), S. 286ff.

2. Kriterienrahmen zur Einsatzbereichsbeschreibung 63

Software[300]. Um die Wirtschaftlichkeit eines IT-Projekts ermitteln zu können, in dessen Rahmen eine verlässliche Bewertung seiner monetären Effekte gemäß den obigen Ausführungen von Brugger unmöglich ist, schlägt Brugger eine vierstufige Vorgehensweise vor, beim dem die Veränderungen, die sich zwischen der jetzigen Situation und der neuen Situation ergeben, zunächst möglichst vollständig unter rein qualitativen Aspekten erfasst und beschrieben werden[301]. Die Neuerungen werden anschließend in Kosten- und Nutzentreiber gruppiert und jede einzelne Veränderung monetär bewertet. Die Bewertung der Neuerungen erfolgt durch Ermittlung aller Geldflüsse, die mit der jeweiligen Kosten- oder Nutzenposition verbunden sind. Zur Beurteilung der Wirtschaftlichkeit des IT-Projekts wird abschließend die Differenz zwischen Gesamtkosten und Gesamtnutzen betrachtet.

Ein weiteres Merkmal zur Unterscheidung von Nutzeneffekten besteht nach Brugger in ihrer zeitlichen *Haltbarkeit*[302]. Dabei unterscheidet Brugger zwischen *einmaligen* Nutzeneffekten einerseits und *wiederkehrenden* bzw. *dauerhaften* Nutzeneffekten andererseits. Einmalige Nutzeneffekte können oftmals kurzfristig realisiert werden und verändern die Profitabilität eines Unternehmens kurzzeitig, während dauerhafte Nutzeneffekte einen langfristigen Einfluss auf die Profitabilität und Wettbewerbsfähigkeit eines Unternehmens ausüben. Ein Beispiel für einen einmaligen Nutzeneffekt ist die Vermeidung bzw. Verringerung von Investitionen, etwa wenn aufgrund eines Konsolidierungsprojekts der Umfang der benötigten Server/Datenspeicher/Backup-Lösungen verringert wird. Je nach Betrachtungszeitraum können solche Nutzeneffekte auch mehrmals auftreten. In diesem Sinne besteht ein gleitender Übergang zu den wiederkehrenden bzw. dauerhaften Nutzeneffekten, deren Merkmal es ist, dass sie sich periodisch (etwa jährlich) wiederholen. Beispiele für dauerhafte Nutzeneffekte von Informationssystemen sind die Vermeidung manueller Dateneingaben (etwa durch den Einsatz von Barcode-Systemen), Lohn- und Gehaltseinsparungen oder die Reduktion von Reisekosten (etwa durch Einführung von Videokonferenzsystemen).

Aus den Ausführungen von Brugger lassen sich unmittelbar die Kriterien der quantitativen Form der durch ein Verfahren bereitgestellten Informationen sowie der quantitativen Form der zur Anwendung eines Verfahrens notwendigen Informationen (vgl. hierzu Abschnitt

---
[300] vgl. Brugger (2005), S. 249f.
[301] vgl. Im Folgenden Brugger (2005), S. 300ff.
[302] vgl. im Folgenden Brugger (2005), S. 93ff.

2.3.1) ableiten. Ebenso unterscheidet Brugger zwischen Verfahren der Datenerhebung (Analyse und Zusammenstellung von Wirkungen) und der Datenaufbereitung (Quantifizierung und Bewertung), bezieht sich also auf das ebenfalls in Abschnitt 2.3.1 eingeführte Kriterium der Untersuchungsebene (Wirkungserhebung oder Wirkungsbewertung).

Auch der Aspekt der zeitlichen Haltbarkeit von Wirkungen bzw. Nutzeneffekten ist als relevante Anforderung an die durch ein Verfahren zur Bestimmung und/oder Bewertung der Wirkungen von Informationssystemen abgeleiteten Informationen einzustufen, da, wie bereits ausgeführt wurde, die Einschätzung von Wirkungen bzw. Nutzeneffekten hinsichtlich ihres Einflusses auf die Profitabilität bzw. Wettbewerbsfähigkeit eines Unternehmens als Führungsaufgabe[303] die Einbeziehung der Dauerhaftigkeit der Wirkungen bzw. Nutzeneffekte impliziert[304].

Im Zusammenhang mit der Erfassung und Bewertung *aller* Wirkungen eines Informationssystems, wie von Brugger gefordert[305], ist es nach gängigem Verständnis der Wirtschaftsinformatik erforderlich, den gesamten *Lebenszyklus* des Informationssystems innerhalb eines Unternehmens zu betrachten[306]. Dieser lässt sich in die Phasen *IS-Entwicklung, IS-Einführung, IS-Einsatz* und *IS-Ablösung* unterteilen[307]. Während üblicherweise angenommen wird, dass durch ein Informationssystem während seiner Entwicklung ausschließlich Ressourcen verbraucht, d.h. Entwicklungskosten verursacht werden[308], erbringt es im Rahmen seines Einsatzes (und ggf. schon während seiner Einführung bzw. noch während seiner Abschaffung) im Unternehmen Leistungen, wobei auch hier Ressourcen in Anspruch genommen, d.h. Einführungs-, Betriebs- bzw. Abschaffungskosten verursacht werden[309] (vgl. Abbildung 15; die Kurvenverläufe können im Einzelfall natürlich variieren[310]).

---

[303] vgl. Hahn (2006), S. 29, Schroeter (2002), S. 44, Protz (1995), S. 564
[304] vgl. Brugger (2005), S. 93
[305] vgl. Brugger (2005), S. 12
[306] vgl. Krcmar (2005), S. 147, Brugger (2005), S. 11f., Kargl (1996), S. 101f.
[307] vgl. Heinrich und Lehner (2005), S. 237ff., Krcmar (2005), S. 146f.; Brugger verwendet eine eher Projektzentrierte Sichtweise auf ein Investitionsvorhaben und unterscheidet die Phasen Projektdauer, IS-Einführung, IS-Nutzung und IS-Ablösung (vgl. Brugger (2005), S. 11). Heinrich und Lehner unterteilen die Einsatzphase noch weiter in die Phasen Wachstum, Sättigung/Reife sowie Rückgang. Diese Untergliederung ist für das Verständnis der vorliegenden Ausführungen jedoch nicht relevant. Zu beachten ist ferner, dass der Lebenszyklus eines Informationssystems nicht mit dem Software-Lebenszyklus verwechselt werden darf, der sich nach gängigem Begriffsverständnis auf die Gliederung des Software-Entwicklungsprozesses in Phasen bezieht (vgl. Heinrich und Lehner (2005), S. 236).
[308] vgl. Krcmar (2005), S. 147
[309] vgl. Brugger (2005), S. 11 und Brugger (2005), S. 86
[310] vgl. Krcmar (2005), S. 147

2. Kriterienrahmen zur Einsatzbereichsbeschreibung

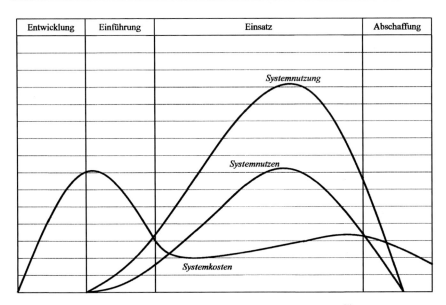

Abbildung 15: Ressourcenverbrauch und Leistungserbringung während des IS-Lebenszyklus[311]

In den unterschiedlichen Lebenszyklusphasen eines Informationssystems ergeben sich unterschiedliche Betrachtungsweisen auf das Betrachtungsobjekt Informationssystem: Während innerhalb der Entwicklungsphase die technische Umsetzung im Vordergrund steht, erfolgt in der Einführungsphase die schrittweise Herstellung der vollständigen Leistungsfähigkeit des Informationssystems, so dass es innerhalb der Einsatzphase seine Leistungen erbringen kann[312]. Innerhalb der Einsatzphase ist ggf. aufgrund technischer Entwicklungen und/oder eines Rückgangs der Menge und Bedeutung der durch das Informationssystem durchgeführten Informationsverarbeitungsaufgaben im Unternehmen ggf. über die Ablösung des Informationssystems zu entscheiden[313].

Die Phase des Lebenszyklus, innerhalb welcher sich ein Informationssystem befindet, ist zunächst als *Eigenschaft* des Informationssystems einzustufen. Sie ist nicht mit dem Kriterium des zeitlichen Bezugs (vgl. Abschnitt 2.3.2) zu verwechseln. Während der zeitliche Bezug die *Richtung* der Betrachtungsweise (zukunfts- oder vergangenheitsbezogen) auf ein Informa-

---

[311] in Anlehnung an Krcmar (2005), S. 147 und Brugger (2005), S. 11
[312] vgl. Heinrich und Lehner (2005), S. 238f.
[313] vgl. Krcmar (2005), S. 146f.

tionssystem vorgibt, beschreibt die Lebenszyklusphase den *Zeitpunkt* der Betrachtung auf das Informationssystem.

Grundsätzlich ist die Lebenszyklusphase eines Informationssystems als gegeben anzusehen: Das Informationssystem befindet sich zu einem bestimmten Zeitpunkt in einer definierten Lebenszyklusphase. Allerdings ist im Zusammenspiel mit der Richtung der Betrachtungsweise auch eine Sicht auf andere Phasen im Lebenszyklus eines Informationssysteme möglich, etwa in seiner Abschaffungsphase rückwärtsgerichtet auf seine Einsatzphase. Die Lebenszyklusphase ist folglich als *Aspekt* aufzufassen, unter welchem das Betrachtungsobjekt Informationssystem betrachtet wird, und aus welchem sich Anforderungen von Entscheidungsträgern hinsichtlich der Informationen über ein Informationssystem ergeben. Analog zur Richtungsweise der Betrachtung ist die Lebenszyklusphase eines Informationssystems somit als relevantes Kriterium bei der Auswahl von Verfahren zur Bestimmung und/oder Bewertung der Wirkungen von Informationssystemen anzusehen.

Da sich die vorliegenden Ausführungen gemäß der Zielsetzung aus Abschnitt 1.2 nur auf Verfahren zur Beschreibung der *Ergebnisseite* von Informationssystemen beziehen sollen und da gemäß den obigen Ausführungen im Allgemein davon ausgegangen wird, dass ein Informationssystem vor seiner Einführung *keine* Leistungen erbringt, sollen als mögliche Ausprägungen des Kriteriums der Lebenszyklusphase eines Informationssystems nur die Phasen der Einführung, des Einsatzes sowie der Ablösung Anwendung finden.

Zusammenfassend ergeben sich aus dem Ansatz von Pietsch folgende Auswahlkriterien zur Auswahl von Verfahren zur Bestimmung und/oder Bewertung von Wirkungen von Informationssystemen (vgl. Abbildung 16):

Die *quantitative Form der durch das Verfahren abgeleiteten Informationen* beschreibt, ob das Verfahren qualitative, quantitative oder monetär-quantitative Informationen ableitet; die *quantitative Form der zur Durchführung des Verfahrens notwendigen Informationen* gibt an, in welcher Form (qualitativ, quantitativ, monetär-quantitativ) die zur Durchführung des Verfahrens notwendigen Informationen vorliegen müssen.

Die *Untersuchungsebene* eines Verfahrens beschreibt, ob dieses der Wirkungserhebung, Wirkungsbewertung oder beidem dient.

2. Kriterienrahmen zur Einsatzbereichsbeschreibung

Kriterien	Ausprägungen
Quantitative Form der abgeleiteten Ergebnisse	Quantitativ, monetär-quantitativ, qualitativ
Quantitative Form der verarbeiteten Informationen	Quantitativ, monetär-quantitativ, qualitativ
Untersuchungsebene	Wirkungsbestimmung, Wirkungsbewertung, Kombination aus beidem
Zeitliche Haltbarkeit	Einmalig, mehrmals auftretend, dauerhaft
Lebenszyklusphase	Einführung, Einsatz, Ablösung

Abbildung 16: Auswahlkriterien aus dem Ansatz von Brugger (2005)

Die *zeitliche Haltbarkeit* bezieht sich darauf, ob es sich bei den durch das Verfahren abgeleiteten Informationen um einmalige, mehrmals auftretende oder dauerhafte Wirkungen bzw. Nutzeneffekte handelt.

Die *Lebenszyklusphase* gibt an, ob sich die durch das Verfahren abgeleiteten Informationen auf die Einführung, den Einsatz oder die Ablösung eines Informationssystems beziehen sollen.

2.3.4 Die Analyse der Wirtschaftlichkeit von IT-Projekten nach Kesten, Müller und Schröder

Kesten, Müller und Schröder (2007) unterscheiden zwischen Verfahren zur *Abschätzung* des zu erwartenden Nutzens von IT-Projekten, hier als *ex-ante-Schätzung* bezeichnet[314], und Verfahren zur laufenden Wirtschaftlichkeits-*Kontrolle*, die sich auf die monetäre Bewertung von Wirkungen beziehen, welche *nach* der Einführung eines Informationssystems anfallen[315].

Bei den Verfahren zur *Abschätzung* des Nutzens von IT-Investitionen unterscheiden Kesten, Müller und Schröder neben den bereits ausgeführten Verfahren der Investitionsrechnung drei

---

[314] vgl. Kesten, Müller und Schröder (2007), S. 129
[315] vgl. Kesten, Müller und Schröder (2007), S. 131

weitere Verfahrensklassen, die explizit auf die Ermittlung des Nutzens im *IT-Bereich* abzielen[316]: *Nutzwertanalysen, Monetarisierungsverfahren* sowie *wirkungskettenorientierte Verfahren*.

Zur Bewertung der Verfahren greifen die Autoren auf drei grundsätzliche *Problemstellungen* bei der ex-ante-Wirtschaftlichkeitsanalyse von IT-Investition zurück[317]:

- Das *Erfassungsproblem* bezieht sich auf die Schwierigkeit, die Wirkungen von IT-Investition isoliert voneinander betrachten zu können;
- das *Unsicherheitsproblem* adressiert die Problematik der Ungewissheit hinsichtlich des Eintritts und des Ausmaßes von Wirkungen von IT-Investitionen;
- das *Bewertungsproblem* schließlich bezieht sich auf die Schwierigkeit der Bewertung qualitativer Effekte in Form (monetärer) Zahlen.

Nach Bewertung der Verfahrensklassen anhand der aufgeführten Problemstellungen (vgl. Abbildung 17) kommen die Autoren zum Ergebnis, dass die komplexe Aufgabenstellung der Bewertung der Wirkungen einer IT-Investition erst durch die *Kombination* mehrerer Verfahren in zufrieden stellender Weise bewältigt werden kann[318].

Die Autoren schlagen im Folgenden ein kombiniertes Verfahren zur ex-ante-Nutzenbewertung von IT-Investitionen vor, das sich in den Schritten Investitionsbeschreibung, Wirkungsbeschreibung, Bewertung und Monetarisierung der Wirkungen sowie Einbeziehung von Unsicherheitsaspekten vollzieht[319].

Bezüglich der *Kontrolle* der Ergebnisse von IT-Investitionen führen die Autoren verschiedene Kontrollarten auf, die in den einzelnen Phasen eines IT-Projekts relevant sind[320] (vgl. Abbildung 18). Darauf basierend leiten die Autoren ein *Phasenkonzept* zur Durchführung von Performancekontrollen ab, das in fünf *Beurteilungsphasen* gegliedert ist (Qualitätsmessung des IT-Projekts, Beurteilung von Akzeptanz und Beherrschung des IT-Systems, Nutzungsintensität der Anwendung, monetäre Bewertung der IT-Wirkungen einschließlich Abweichungsanalyse und Festlegung von Gegensteuerungsmaßnahmen sowie Definition von Lernprozessen) und sich an der Struktur des bereits erwähnten kombinierten Verfahrens zur ex-ante-

---

[316] vgl. Kesten, Müller und Schröder (2007), S. 133f.
[317] vgl. im Folgenden Kesten, Müller und Schröder (2007), S. 132ff.
[318] vgl. Kesten, Müller und Schröder (2007), S. 136
[319] vgl. Kesten, Müller und Schröder (2007), S. 137ff.
[320] vgl. Kesten, Müller und Schröder (2007), S. 178ff.

2. Kriterienrahmen zur Einsatzbereichsbeschreibung

Nutzenbewertung von IT-Investitionen orientiert[321]. Eine Aufstellung von Verfahren, die innerhalb der fünf aufgeführten Beurteilungsphasen zum Einsatz kommen können, erfolgt allerdings an dieser Stelle nicht.

		Nutzwertanalysen	Monetarisierungsverfahren	Wirkungsketten
Erfassungsproblem	Berücksichtigung von Ursache-Wirkungs-Beziehungen	-	-	+
	Berücksichtigung des Zeitverzuges	-	-	o
	Berücksichtigung unterschiedlicher Nutzenverläufe	-	-	-
Unsicherheitsproblem	Berücksichtigung von Einflussfaktoren auf die Nutzenpotentiale	o	-	+
	Einbeziehung von Folgeentscheidungen	-	-	o
Monetarisierungsproblem	Berücksichtigung von qualitativen Effekten	+	-	o
	Möglichkeit zur Quantifizierung	-	o	o
	Möglichkeit zur Monetarisierung	-	o	o

Abbildung 17: Bewertung IT-bezogener Beurteilungsverfahren nach Kesten, Müller und Schröder[322]

Aus dem Ansatz von Kesten, Müller und Schröder lassen sich die bereits diskutierten Kriterien des *zeitlichen Bezugs*, d.h. die Frage, ob ein Verfahren eine *ex-ante-Schätzung* der zukünftig erwarteten Ergebnisseite eines Informationssystems vornimmt (*zukunftsgerichtete* Sichtweise), oder ob ein Verfahren die *ex-post-Kontrolle* der Ergebnisse von IT-Investitionen zum Gegenstand hat (*rückwärtsgerichtete* Sichtweise), sowie der *Untersuchungsebene* (Wirkungsbestimmung oder Wirkungsbewertung oder Kombinationen daraus) ableiten[323].

---
[321] vgl. Kesten, Müller und Schröder (2007), S. 189ff.
[322] vgl. Kesten, Müller und Schröder (2007), S. 136
[323] Zum Kriterium der Untersuchungsebene vgl. die Ausführungen aus Abschnitt 2.3.1, zum Kriterium des zeitlichen Bezugs vgl. Abschnitt 2.3.2.

Planungsphase	Realisierungsphase	Nutzungsphase
Prämissenkontrollen (z.B. Annahme zur Neukundengewinnung via Onlineshop)	Prämissenkontrollen (z.B benötigtes Speichervolumen)	Prämissenkontrollen (z.B unterstellte Nutzungsdauer)
Zielkontrollen (z.B. Zielkonflikte identifizieren)	Planfortschrittskontrollen (z.B. Einhalten von Fertigstellungsterminen)	Prognosekontrollen (z.B. Kostenentwicklung im laufenden IT-Betrieb)
Prognosekontrollen (z.B. Kostenindizierung)	Ergebniskontrollen (z.B. Budget bzw. Investitionsbetrag)	Planfortschrittskontrollen (z.B. Laufende Einsparungen)
Planfortschrittskontrollen (z.B. Dauer der Planungsphase)		Ergebniskontrollen (z.B. realisierte Kostenveränderung im Business-Bereich, Liquiditätserlös für Hardware)

Abbildung 18: Kontrollarten in den einzelnen Phasen eines IT-Projekts nach Kesten, Müller und Schröder[324]

Die aufgeführten Problemstellungen (Erfassungsproblem, Unsicherheitsproblem, Monetarisierungsproblem) der ex-ante-Abschätzung sind weitere Kriterienkandidaten, die es zu erörtern gilt:

Das Monetarisierungsproblem trifft grundsätzlich nicht nur auf Verfahren der ex-ante-Abschätzung zu, sondern auch auf Verfahren zur Ergebniskontrolle[325]. Aus ihm lässt sich die Fragestellung ableiten, ob durch ein Verfahren (qualitative oder quantitative) Wirkungen eines Informationssystems ermittelt oder zuvor ermittelte Wirkungen quantifiziert bzw. in monetären Einheiten ausgedrückt werden sollen, d.h. zum einen wiederum das Kriterium der *Untersuchungsebene* (Wirkungserhebung oder Bewertung), zum anderen das ebenfalls bereits diskutierte Kriterium der quantitativen Form der abgeleiteten Informationen (qualitativ, quantitativ, monetär-quantitativ)[326].

Das Erfassungsproblem adressiert über die Forderung nach der Berücksichtigung von Ursache-Wirkungsbeziehungen wiederum das Kriterium der Untersuchungsebene. Der zeitliche Verzug sowie unterschiedliche Verläufe der geplanten Wirkungen eines Informationssystems resultieren ebenso wie die Unsicherheit hinsichtlich des Eintretens der Wirkungen (Unsicherheitsproblem) aus der *zukunftsgerichteten* Betrachtungsweise der ex-ante-Schätzung[327], d.h. die Ergebnisse *jedes* Verfahrens der ex-ante-Schätzung sind vor dem Hintergrund der genannten Probleme zu interpretieren - unabhängig davon, durch welches Verfahren die Ergebnisse im einzelnen ermittelt wurden. Allerdings wird die Unsicherheit der Ergebnisse einer

---

[324] vgl. Kesten, Müller und Schröder (2007), S. 179
[325] vgl. Kesten, Müller und Schröder (2007), S. 131
[326] vgl. zum Kriterium der quantitativen Form der bereit gestellten Informationen die Ausführungen aus Abschnitt 2.3.1.
[327] vgl. Adam (1996), S. 41, Anselstetter (1984), S. 10, Kesten, Müller und Schröder (2007), S. 131

2. Kriterienrahmen zur Einsatzbereichsbeschreibung

Schätzung von einigen Verfahren explizit in die Methodik integriert, etwa indem Transparenz hinsichtlich Unsicherheiten geschaffen wird oder indem Wahrscheinlichkeiten für das Eintreten bestimmter Szenarien definiert werden[328]. Da die Einbeziehung von Unsicherheiten in der einschlägigen Literatur als konstitutionelles Merkmal zur Strukturierung von Entscheidungsmodellen angesehen wird[329] und Entscheidungsprozesse wiederum Kernelemente der Führung bilden[330], wird die Einbeziehung von Unsicherheiten als Anforderung an die durch ein Verfahren bereit gestellten Informationen eingestuft. Da sie strukturell aus der Abschätzung zukünftiger, d.h. ungewisser Szenarien resultiert, stellt die Einbeziehung von Unsicherheiten ein *Unterkriterium* zum Kriterium des zeitlichen Bezugs der zur Verfügung zu stellenden Informationen dar. In diesem Zusammenhang ist allerdings darauf hinzuweisen, dass Informationen, welche unter Einbeziehung von Eintrittswahrscheinlichkeiten abgeleitet werden, als hochgradig *subjektiv* einzustufen sind, da im Allgemeinen nicht davon auszugehen ist, dass objektiv ermittelbare Wahrscheinlichkeiten bezüglich des Eintreffens zukünftiger Situationen vorliegen[331]. Entsprechend kann die Einbeziehung von Eintrittswahrscheinlichkeiten grundsätzlich nur im Rahmen von *Bewertungsverfahren* erfolgen, nicht aber innerhalb von Verfahren zur Wirkungsermittlung.

Aus dem Phasenkonzept von Kesten, Müller und Schröder lässt sich ferner das Kriterium der Lebenszyklusphase eines Informationssystems ableiten. Da auf dieses jedoch bereits in Abschnitt 2.3.3 eingegangen wurde, soll es an dieser Stelle nicht nochmals diskutiert werden.

Zusammenfassend ergeben sich aus den Ausführungen von Kesten, Müller und Schröder folgende Kandidaten für Kriterien zur Auswahl eines Verfahrens zur Bestimmung der Ergebnisseite eines Informationssystems (vgl. Abbildung 19):

Der *zeitliche Bezug* gibt vor, ob sich die von einem Verfahren bereit gestellten Informationen auf die Vergangenheit beziehen sollen oder ob zukunftsgerichtete Prognosen erstellt werden sollen. Als Unterkriterium des zeitlichen Bezugs ist im Fall der zukunftsgerichteten Prognose die Einbeziehung von Unsicherheiten zu nennen. Unsicherheiten können entweder ignoriert, zumindest vom Wesen her transparent gemacht oder über Wahrscheinlichkeiten genauer beschrieben werden.

---

[328] vgl. Kesten, Müller und Schröder (2007), S. 157
[329] vgl. Saliger (2003), S. 16f.
[330] vgl. Jung (2008), S. 513
[331] vgl. Perridon und Steiner (2003), S. 101

Kriterien	Ausprägungen
Zeitlicher Bezug	Vergangenheitsbezogen, zukunftsgerichtet
Unterkriterium bei zukunftsgerichtetem Bezug: Einbeziehung der Unsicherheit	Ignorieren, Transparenz schaffen, Wahrscheinlichkeiten definieren
Untersuchungsebene	Wirkungsbestimmung, Wirkungsbewertung, Kombination aus beidem
Quantitative Form der abgeleiteten Ergebnisse	Quantitativ, monetär-quantitativ, qualitativ
Lebenszyklusphase	Einführung, Einsatz, Ablösung

Abbildung 19: Auswahlkriterien aus dem Ansatz von Kesten, Müller und Schröder (2007)

Die *Untersuchungsebene* eines Verfahrens gibt an, ob dieses der Wirkungserhebung, Wirkungsbewertung, oder beidem, dient.

Die *Lebenszyklusphase* gibt an, ob sich die durch das Verfahren abgeleiteten Informationen auf die Einführung, den Einsatz oder die Ablösung eines Informationssystems beziehen sollen.

Die *quantitative Form der durch das Verfahren abgeleiteten Informationen* beschreibt, ob das Verfahren qualitative, quantitative oder monetär-quantitative Informationen ableitet.

Eine Empfehlung bezüglich der Auswahl eines Verfahrens erfolgt bei Kesten, Müller und Schröder nur ansatzweise und implizit über die Gegenüberstellung dreier ausgewählter Verfahrensklassen anhand der Probleme der ex-ante-Bewertung. Ferner schlagen die Autoren eine *Kombination* der Verfahren zur Adressierung der ausgeführten Problemstellungen vor, treffen dabei aber keine Aussagen, in welchem Fall welches Verfahren mit welchen anderen zu kombinieren ist.

2.3.5 Die Klassifikation der Verfahren nach Walter und Spitta

Walter und Spitta (2004) führen einen Ansatz zur Klassifikation von Verfahren zur Evaluation von Investitionen in Informationssysteme ein, der ebenso wie der Ansatz von Schu-

2. Kriterienrahmen zur Einsatzbereichsbeschreibung

mann auf dem Kriterium der *Untersuchungsebene* beruht[332]. Entsprechend ordnen Walter und Spitta die Verfahren zunächst danach, ob sie überwiegend der *Bewertung* von Wirkungen von IT-Investitionen dienen (*effect-assessing approaches*), oder ob sie Wirkungen von IT-Investitionen *identifizieren* (*effect-locating approaches*)[333] (vgl. Abbildung 20).

Verfahren zur Bewertung von Wirkungen von IT-Investitionen werden von Walter und Spitta weiter unterteilt in solche, die auf *monetären* Größen beruhen (*financial approaches*) und solche, die auf *Kennzahlen* (*indicator approaches*) bzw. ganzen *Kennzahlensystemen* (*multi-criteria approaches*) basieren[334].

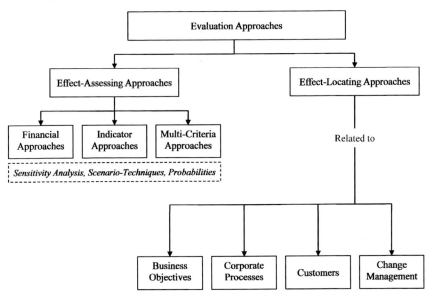

Abbildung 20: Klassifikation von Verfahren zur Evaluation von IT-Investitionen[335]

Verfahren zur Identifikation von Wirkungen von IT-Investitionen werden von Walter und Spitta nach ihrem *Fokus* unterschieden, d.h. dem *Ausgangspunkt*, an welchem die Identifikation der Wirkungen von IT-Investitionen ansetzen soll[336]. Mögliche Ausgangspunkte sind

---

[332] vgl. Krcmar (2005), S. 405
[333] vgl. Walter und Spitta (2004), S. 173
[334] vgl. Walter und Spitta (2004), S. 174f.
[335] vgl. Walter und Spitta (2004), S. 174
[336] vgl. Walter und Spitta (2004), S. 173

nach Walter und Spitta[337] die *Unternehmensziele* (*business objectives*), die *Geschäftsprozesse* (*corporate processes*), die *Kunden* des betrachteten Unternehmens (*customers*) oder das *Change Management*[338]. Der Ausgangspunkt bei der Identifikation von Wirkungen hilft, aus der Menge der Wirkungen eines Informationssystems diejenigen zu separieren, die im Hinblick auf eine konkrete Problemstellung der Führung als relevant erachtet werden; er fungiert somit als eine Art Informationsfilter, dessen Aufgabe es ist, aus der Fülle von Informationen diejenigen zu ermitteln, die im Hinblick auf einen bestimmten Zweck erforderlich sind[339]. Der Ausgangspunkt der Wirkungserhebung ist somit als relevantes Kriterium bei der Verfahrensauswahl von Verfahren zur Bestimmung und/oder Bewertung von Wirkungen von Informationssystemen anzusehen. Es handelt sich dabei um ein *Unterkriterium* des Kriteriums der Untersuchungsebene in seiner speziellen Ausprägung Wirkungserhebung.

Abschließend beurteilen Walter und Spitta Vertreter der von ihnen definierten Verfahrensklassen nach ausgewählten *Schlüsselcharakteristiken* (vgl. Abbildung 21)[340].

Class	Example	Time	Life-Cycle Phase¹	Perspective	Input²	Effort	Output	Objective³	Effect Scope	Risk
Financial Approaches	Payback method	Ex-ante, ex post	2 - 6	Formal-rational	1	Low	Payback time	1, 2	Direct	-
	NPC method	Ex-ante, ex post	2, 3, 6	Formal-rational	1	Low	NPV	1, 2	Direct	Required rate of return
Indicator Approaches	Indicators	Ex-ante, ex post	Indicator-dependent	Formal-rational	1, 2	Indicator-dependent	Indicator (system)	Indicator-dependent	Indicator-dependent	Indicator-dependent
	Balanced Scorecard	Ex-ante, ex post	1 - 6	Formal-rational	1, 2	Indicator-dependent	Indicator system	Indicator-dependent	Indicator-dependent	Indicator-dependent
Multi-criteria Approaches	SMART	Ex-ante	1 - 3	Formal-rational, interpretive	1, 2, 3	High	Score	1, 2, 3	Direct	-
	Information economics	Ex-ante	2	Formal-rational	1, 2, 3	High	Score	1, 2, 3	Direct, indirect	Certain criteria
Business Objectives-related Approaches	Model by Nolan, Norton & Company	Ex-ante	1, 2	Formal-rational	3	High	Budget allocation	2, 3	Direct	-
Corporate Processes-related Approaches	Retter's model	Ex-ante	2, 3	Formal-rational	3	High	Effect chains	1, 2	Direct, indirect	-
Customer-related Approaches	Customer resource life cycle model	Ex-ante	1, 2	Formal-rational	3	Low	Investment opportunities	3	Direct	-
Change Management-related Approaches	Avgerou's approach	Ex-ante	1 - 3	Interpretive	Stakeholder-dependent	High	Understanding and commitment	Stakeholder-dependent	Stakeholder-dependent	Stakeholder-dependent

¹ *Life Cycle Phases*: (1) strategy development, (2) project selection, (3) project specification, (4) project-implementation, (5) IS usage, (6) end of life cycle
² *Input*: (1) financial factors, (2) non-financial, quantitative factors, (3) non-financial, qualitative factors
³ *Objective*: (1) cost-savings, (2) productivity increases, (3) strategic advantages

Abbildung 21: Überblick über die Verfahren zur Evaluation von IT-Investitionen nach Walter und Spitta[341]

---

[337] vgl. Walter und Spitta (2004), S. 175f.
[338] Der Begriff des Change Managements wird im Deutschen üblicherweise mit Veränderungsmanagement übersetzt und beinhaltet die Organisation und das Management von Veränderungen im Unternehmen (vgl. Frey, Pirker und Vanden Eynde (2006), S. 281). Im Mittelpunkt des Veränderungsprozesses steht oftmals der Faktor Mensch (vgl. Bolstorff, Rosenbaum und Poluha (2007), S. 326), Kernelemente des Change Managements sind daher die Information und Schulung der bzw. Kommunikation mit von Veränderungen betroffenen Personen im Unternehmen (vgl. Kirchmer und Scheer (2003), S. 5).
[339] vgl. Weber und Deiters (2001), S. 181
[340] vgl. Walter und Spitta (2004), S. 176
[341] vgl. Walter und Spitta (2004), S. 177

2. Kriterienrahmen zur Einsatzbereichsbeschreibung 75

Die Unterteilung der Verfahren zur Bewertung von Wirkungen von IT-Investitionen in solche, die auf monetären Größen beruhen und solche, die auf Kennzahlen bzw. ganzen Kennzahlensystemen basieren, ist analog zu den Ausführungen aus Abschnitt 2.3.1 einerseits als Unterscheidung nach dem Kriterium der *quantitativen Form* der durch das Verfahren bereitgestellten bzw. der zur Durchführung des Verfahrens notwendigen *Informationen* anzusehen. Andererseits kann aus dieser Unterteilung das Kriterium des *Verdichtungsgrads* abgeleitet werden, welches angibt, ob die durch ein Verfahren zur Verfügung gestellten Informationen in Form einer einzigen Zahl/Information, in Form mehrerer Zahlen/Informationen oder durch ein ganzes Zahlen-/Informations-System ausgedrückt werden. Empirische Untersuchungen zur Präferenz der von Führungskräften bevorzugten Form von Informationen ergaben, dass Entscheidungs-anstoßende Informationen gegenüber verdichteten Informationen bevorzugt werden[342]. Der Verdichtungsgrad ist somit als relevantes Auswahlkriterium bei der Auswahl von Verfahren zur Bestimmung und/oder Bewertung von Wirkungen von Informationssystemen anzusehen.

Da viele der übrigen Schlüsselcharakteristiken nach Walter und Spitta bereits innerhalb der in den vorstehenden Abschnitten diskutierten Verfahrensübersichten erörtert wurden[343], soll im Folgenden lediglich auf die Charakteristiken der *Perspektive (perspective)* sowie der *Zielsetzung (objective)* eingegangen werden.

Die Perspektive (*perspective*) eines Verfahrens bezieht sich nach dem Verständnis von Walter und Spitta auf den wissenschaftlichen Standpunkt, aus welchem der Wert eines Informationssystems betrachtet wird[344]. Dabei unterscheiden Walter und Spitta zwischen zwei Extrempositionen:

- Die formal-rationale Perspektive (*formal-rational perspective*) leitet den Wert eines Informationssystems aus dessen Leistung und Profitabilität ab, betont also ökonomische und technische Aspekte des Systems;
- Die interpretative Perspektive (*interpretative perspective*) fokussiert auf den sozialen Aspekt eines Informationssystems, insbesondere also die Interaktion zwischen der

---
[342] vgl. Mintzberg (1972), S. 95f.
[343] Zum Charakteristikum Bewertungszeitpunkt *(time)* vgl. Abschnitt 2.3.2, zum Lebenszyklus *(life cycle phase)* vgl. Abschnitt 2.3.3, zur Form der verarbeiteten Information *(input)* bzw. der abgeleiteten Ergebnisse *(output)* vgl. Abschnitt 2.3.1, zum Aufwand der Durchführung *(effort)* vgl. Abschnitt 2.3.2, zur Reichweite der Wirkungsanalyse *(effect scope)* vgl. Abschnitt 2.3.1, zur Unsicherheit *(risk)* vgl. Abschnitt 2.3.4.
[344] vgl. im Folgenden Walter und Spitta (2004), S. 172

Technologie und den beteiligten Akteuren, der Organisation und der Unternehmenskultur, betont also den Kontext, in welchen ein Informationssystem eingebettet ist.

Analog zu den Ausführungen aus Abschnitt 2.3.2 ist nicht davon auszugehen, dass sich aus dem wissenschaftlichen Standpunkt eines Verfahrens Anforderungen hinsichtlich der durch ein Verfahren bereitzustellenden Informationen ableiten lassen, da der wissenschaftliche Standpunkt eine *Verfahrenseigenschaft* ist, sich in diesem Sinne also nicht auf einen Nachfrager einer Information bezieht. Das Schlüsselcharakteristikum der Perspektive von Walter und Spitta stellt folglich *kein* potentielles Kriterium zur Auswahl von Verfahren zur Bestimmung und/oder Bewertung der Wirkungen von Informationssystemen dar.

Die Frage nach der Einbindung sozialer Aspekte kann allenfalls als spezielle Zielsetzung eines Verfahrens aufgefasst werden. Generell beschreibt die Zielsetzung (*objective*) eines Verfahrens nach Walter und Spitta unterschiedliche *Ausprägungen* von Wirkungen, welche sich aus IT-Investitionen ergeben[345]. Die Autoren unterscheiden dabei Wirkungen, die sich aus Kosteneinsparungen, aus Produktivitätserhöhungen und/oder aus Wettbewerbsvorteilen ergeben, d.h. unterscheiden Wirkungen hinsichtlich ihrer Quantifizierbarkeit. Das sich daraus ableitende Kriterium der Form der von einem Verfahren bereit gestellten Informationen wurde bereits in Abschnitt 2.3.1 erörtert.

Zusammenfassend ergeben sich aus dem Ansatz von Walter und Spitta folgende Kriterien zur Auswahl von Verfahren zur Bestimmung der Ergebnisseite von Informationssystemen (vgl. Abbildung 22):

Die *Untersuchungsebene* eines Verfahrens gibt an, ob dieses der Wirkungserhebung, Wirkungsbewertung, oder beidem, dient. Das Unterkriterium des Ausgangspunkts der Wirkungserhebung gibt an, woran die Bestimmung der Wirkungen eines Informationssystems innerhalb eines Unternehmens ansetzen soll (Unternehmensziele, Geschäftsprozesse, Kunden, Change Management).

Der *zeitliche Bezug* gibt vor, ob sich die von einem Verfahren bereitgestellten Informationen auf die Vergangenheit beziehen sollen oder ob zukunftsgerichtete Prognosen erstellt werden sollen. Als Unterkriterium des zeitlichen Bezugs ist im Fall der zukunftsgerichteten Prognose die Einbeziehung von Unsicherheiten zu nennen. Unsicherheiten können entweder ignoriert,

---

[345] vgl. im Folgenden Walter und Spitta (2004), S. 172

2. Kriterienrahmen zur Einsatzbereichsbeschreibung

zumindest vom Wesen her transparent gemacht oder über Wahrscheinlichkeiten genauer beschrieben werden.

Kriterien	Ausprägungen
Untersuchungsebene	Wirkungsbestimmung, Wirkungsbewertung, Kombination aus beidem
Unterkriterium bei Wirkungserhebung: Ausgangspunkt	Unternehmensziele, Geschäftsprozesse, Kunden, Change Management
Zeitlicher Bezug	Vergangenheitsbezogen, zukunftsgerichtet
Unterkriterium bei zukunftsgerichtetem Bezug: Einbeziehung der Unsicherheit	Ignorieren, Transparenz schaffen, Wahrscheinlichkeiten definieren
Lebenszyklusphase	Einführung, Einsatz, Ablösung
Quantitative Form der abgeleiteten Ergebnisse	Quantitativ, monetär-quantitativ, qualitativ
Quantitative Form der verarbeiteten Informationen	Quantitativ, monetär-quantitativ, qualitativ
Verdichtungsgrad	Einzelne Zahl/Information, mehrere Zahlen/Informationen, System
Aufwand zur Durchführung	Gering, mittel, hoch

Abbildung 22: Auswahlkriterien aus dem Ansatz von Walter und Spitta (2004)

Die *Lebenszyklusphase* gibt an, ob sich die durch das Verfahren abgeleiteten Informationen auf die Einführung, den Einsatz oder die Ablösung eines Informationssystems beziehen sollen.

Die *quantitative Form der durch das Verfahren abgeleiteten Informationen* beschreibt, ob das Verfahren qualitative, quantitative oder monetär-quantitative Informationen ableitet; die *quantitative Form der zur Durchführung des Verfahrens notwendigen Informationen* gibt an, in welcher Form (qualitativ, quantitativ, monetär-quantitativ) die zur Durchführung des Verfahrens notwendigen Informationen vorliegen müssen.

Der *Grad der Verdichtung* gibt an, ob durch ein Verfahren Informationen in Form einer einzigen Zahl/Information, in Form mehrerer Zahlen/Informationen oder in Form eines vollständigen Systems von Zahlen/Informationen bereit gestellt werden.

Der *Aufwand der Durchführung* beschreibt, wie hoch der personelle und organisatorische Aufwand eines Verfahrens ist.

Bezüglich der Anwendbarkeit der Verfahren führen Walter und Spitta an, dass keines der von ihnen untersuchten Verfahren universell einsetzbar ist, da jedes gewisse Einschränkungen und Grenzen aufweist[346]. Walter und Spitta führen ferner an, dass die von einigen anderen Autoren vorgeschlagene *Kombination* von Verfahren die Übereinstimmung der Form der Ergebnisse des voranstehenden Verfahrens mit der Form der vom nachstehenden Verfahren verarbeiteten Informationen erfordert[347].

2.3.6 Zusammenfassende Gegenüberstellung der betrachteten Ansätze

Neben den bereits dargestellten Verfahrensübersichten finden sich in der einschlägigen Literatur weitere Klassifikationen zu Verfahren der IT-Wirkungsermittlung und/oder -bewertung, etwa bei Nagel (1990)[348], Renkema und Berghout (1997)[349], Irani und Love (2002)[350], Schniederjans und Hamaker (2004)[351] oder Biethahn, Muksch und Ruf (2004)[352], aus denen

---

[346] vgl. Walter und Spitta (2004), S. 176
[347] vgl. Walter und Spitta (2004), S. 176
[348] Nagel unterteilt die Verfahren zum einen entsprechend der von ihm getroffenen Einteilung in unterschiedliche Nutzenkategorien (vgl. Nagel (1990), S. 28f.), d.h. nach der Quantifizierbarkeit des Nutzens, zum anderen nach der Zahl der berücksichtigten Dimensionen (vgl. Nagel (1990), S. 41); zur Diskussion der Eignung des Kriteriums der Anzahl der Dimensionen vgl. die Ausführungen aus Abschnitt 2.3.1 bzw. 2.3.5 im Kontext einzelner (monetärer) Größen, Kennzahlen und Kennzahlensystemen.
[349] Renkema und Berghout untergliedern die Verfahren in finanzielle Verfahren, Multi-Kriterien-Verfahren, Verhältnis-Verfahren und Portfolio-Verfahren, woraus sich einerseits die Untersuchungsebene (Wirkungserhebung oder -bewertung) und andererseits die Form der abgeleiteten bzw. verwendeten Informationen als Unterscheidungskriterien ableiten lassen. Zur Diskussion dieser Kriterien vgl. Abschnitt 2.3.1.
[350] Irani und Love unterschieden Verfahren, die sich nur auf monetären Größen beruhen, Verfahren, die auch qualitative Aspekte in die Betrachtungsweise einbeziehen, Verfahren, die mehrere Dimensionen berücksichtigen sowie Verfahren, die in analytischer Weise qualitative und quantitative Aspekte verknüpfen (vgl. Irani und Love (2002), S. 79ff.). Zur Diskussion der Eignung der von Irani und Love getroffenen Verfahrensunterteilung vgl. wiederum die Ausführungen aus Abschnitt 2.3.1 bzw. 2.3.5.
[351] Schniederjans und Hamaker (2004) unterscheiden Verfahren zur Entscheidungsunterstützung bei Investitionen in die IT in finanzbasierte, managementzentrierte, speziell zur Betrachtung der IT entwickelte sowie sonstige Verfahren (vgl. Schniederjans und Hamaker (2004), S. 106). Aus dieser Gruppierung lassen sich zum einen eine Form der abgeleiteten bzw. verwendeten Informationen, zum anderen die theoretische Fundierung als mögliche Unterscheidungskriterien ableiten. Zur Diskussion der Eignung des Kriteriums der Informationsform vgl. Abschnitt 2.3.1, zum Kriterium der theoretischen Fundierung vgl. Abschnitt 2.3.2.

2. Kriterienrahmen zur Einsatzbereichsbeschreibung

sich jedoch keine neuen Auswahlkriterien ableiten lassen[353]. Da sich die meisten anderen existierenden Verfahrensübersichten an der quantitativen Form der abgeleiteten Informationen bzw. an der Fragestellung, ob die Wirkungen von Informationssystemen in einer einzigen Kennzahl verdichtet werden können oder über ein umfassendes Kennzahlensystem auszudrücken sind[354], orientieren, und auf diese Arten der Untergliederung bereits eingegangen wurde[355], sollen sie an dieser Stelle lediglich Erwähnung finden.

Zusammenfassend ist zu konstatieren, dass durch Analyse der einschlägigen Verfahrensübersichten zur Beurteilung der IT Auswahlkriterien abgeleitet werden konnten, durch welche sich der grundsätzliche Einsatzbereich von Verfahren im Hinblick auf die Bestimmung und Bewertung von Wirkungen von Informationssystemen charakterisieren lässt (vgl. Abbildung 23). Sie lassen sich in inhaltliche, formelle und zeitliche Kriterien untergliedern, die aus inhaltlichen, formellen und zeitlichen Anforderungen an die durch die Verfahren bereit gestellten Informationen resultieren.

Aus inhaltlichen Anforderungen abgeleitete Auswahlkriterien sind:

- Die *Untersuchungsebene* eines Verfahrens, d.h. die Fragestellung, ob sich ein Verfahren auf die Ermittlung von Wirkungen von Informationssystemen bezieht, oder ob das Verfahren eine Bewertung von Wirkungen vornimmt, oder beides leistet. Innerhalb des Kriteriums der Untersuchungsebene ist bei der Erhebung von Wirkungen das Unterkriterium des *Ausgangspunkts* der Wirkungserhebung zu unterscheiden. Im Rahmen der vorliegenden Ausführungen betrachtete Ausgangspunkte bei der Wirkungsermittlung sind Ziele, Geschäftsprozesse und Kunden eines Unternehmens sowie das Change Management. Bei Verfahren zur Bewertung von Wirkungen ergibt sich zum Kriterium der Untersuchungsebene das Unterkriterium des *Bewertungsmaßstabs*. In Frage kommen hier das Zielsystem des Entscheidungsträgers, Unternehmensziele, Kosten sowie Deckungsbeiträge.

---

[352] Biethahn, Mucksch und Ruf gliedern die Verfahren danach, ob die zu ihrer Durchführung notwendigen Kosten- und Leistungsdaten vollständig vorhanden sind und ob zu ihrer Ermittlung qualitative Nutzeneffekte herangezogen werden müssen, d.h. nach der Quantifizierbarkeit des Nutzens. Zusätzlich führen Biethahn, Mucksch und Ruf die Klasse der Schätzverfahren zur Bewertung erwarteter Leistungen ein (vgl. Biethahn, Mucksch und Ruf (2004), S. 361), d.h. unterscheiden hier nach der Zielsetzung der Verfahren. Zur Diskussion dieser Kriterien vgl. die Ausführungen aus Abschnitt 2.3.3.
[353] vgl. hierzu die Ausführungen in den vorstehenden Fußnoten
[354] vgl. Bannister und Remenyi (2000), S. 235
[355] vgl. Abschnitt 2.3.1 bzw. 2.3.5

2. Kriterienrahmen zur Einsatzbereichsbeschreibung

Anforderungs-klasse	Auswahlkriterium	Ausprägungen
Inhaltlich	Untersuchungsebene	Wirkungsbestimmung, Wirkungsbewertung, Kombination aus beidem
	Unterkriterium bei Wirkungserhebung: Ausgangspunkt	Unternehmensziele, Geschäftsprozesse, Kunden, Change Management
	Unterkriterium der Bewertung: Bewertungsmaßstab	Zielsystem des Entscheidungsträgers, Unternehmensziele, Kosten, Deckungsbeiträge
	Ganzheitlichkeit der Sichtweise	Integrativ, lokal
	Zeitlicher Bezug	Vergangenheitsbezogen, zukunftsgerichtet
	Unterkriterium bei zukunftsgerichtetem Bezug: Einbeziehung der Unsicherheit	Ignorieren, Transparenz schaffen, Wahrscheinlichkeiten definieren
	Lebenszyklusphase	Einführung, Einsatz, Ablösung
	Zeitliche Haltbarkeit	Einmalig, mehrmals auftretend, dauerhaft
Formell	Quantitative Form der abgeleiteten Ergebnisse	Quantitativ, monetär-quantitativ, qualitativ
	Quantitative Form der verarbeiteten Informationen	Quantitativ, monetär-quantitativ, qualitativ
	Verdichtungsgrad	Einzelne Zahl/Information, mehrere Zahlen/Informationen, System
Zeitlich	Aufwand zur Durchführung	Gering, mittel, hoch

Abbildung 23: Zusammenfassende Darstellung der Kriterien des Auswahlmodells

- Die *Ganzheitlichkeit der Sichtweise*; sie gibt vor, ob sich ein Verfahren lediglich auf die Einbeziehung lokaler Wirkungen bzw. Nutzeneffekte erstrecken soll, oder ob eine ganzheitliche Sichtweise angestrebt wird.

- Der *zeitliche Bezug*; er gibt vor, ob sich die von einem Verfahren bereit gestellten Informationen auf die Vergangenheit beziehen sollen oder ob zukunftsgerichtete Prognosen erstellt werden sollen. Als Unterkriterium des zeitlichen Bezugs ist im Fall der zukunftsgerichteten Prognose die *Einbeziehung von Unsicherheiten* zu nennen. Unsicherheiten können entweder ignoriert oder transparent gemacht werden. Bei Verfah-

2. Kriterienrahmen zur Einsatzbereichsbeschreibung

ren zur Wirkungsbewertung kann ferner eine Einbeziehung von Eintrittswahrscheinlichkeiten erfolgen.

- Die *Lebenszyklusphase*; sie gibt an, ob sich die durch das Verfahren abgeleiteten Informationen auf die Einführung, den Einsatz oder die Ablösung eines Informationssystems beziehen sollen.

- die *zeitliche Haltbarkeit*; sie bezieht sich darauf, ob es sich bei den durch das Verfahren abgeleiteten Informationen um einmalige, mehrmals auftretende oder dauerhafte Wirkungen bzw. Nutzeneffekte handelt.

Aus formellen Anforderungen abgeleitete Auswahlkriterien sind:

- Die *quantitative Form der durch das Verfahren abgeleiteten Informationen*; sie beschreibt, ob das Verfahren qualitative, quantitative oder monetär-quantitative Informationen ableitet.

- Die *quantitative Form der zur Durchführung des Verfahrens notwendigen Informationen*; sie gibt an, in welcher Form (qualitativ, quantitativ, monetär-quantitativ) die zur Durchführung des Verfahrens notwendigen Informationen vorliegen müssen.

- Der *Grad der Verdichtung*; er gibt an, ob durch ein Verfahren Informationen in Form einer einzigen Zahl/Information, in Form mehrerer Zahlen/Informationen oder in Form eines vollständigen Systems von Zahlen/Informationen bereit gestellt werden.

Ein aus zeitlichen Anforderungen abgeleitetes Auswahlkriterium schließlich ist:

- Der *Aufwand der Durchführung*; er beschreibt, wie hoch der personelle und organisatorische Aufwand eines Verfahrens ist.

3 Gegenüberstellung der Kriterien und der Methoden, Verfahren und Modelle zur Bestimmung und Bewertung der Wirkungen von Informationssystemen

3.1 Zur Wahl der untersuchten Methoden, Verfahren und Modelle

In der Literatur findet sich ein schier unerschöpflicher Fundus an Verfahren[356] zur Ermittlung und Bewertung der Wirkungen von Informationssystemen[357], der kaum erschöpfend dargestellt werden kann. Um dennoch einen hinreichend repräsentativen Überblick über die gängigen Verfahren erhalten zu können, sollen im Folgenden diejenigen Verfahren näher betrachtet werden, die in den aufgeführten Verfahrensklassifikationen (vgl. Abschnitt 2.3) aufgelistet wurden. Ergänzend hinzu kommen sollen Verfahren, die in der einschlägigen Literatur als besonders relevant eingestuft bzw. deren Verbreitung in der Praxis empirisch nachgewiesen werden konnte. Gemäß der Zielsetzung der vorliegenden Ausführungen (vgl. Abschnitt 1.2) soll sich die Darstellung auf Verfahren konzentrieren, die sich schwerpunktmäßig mit der *Ergebnisseite* von Informationssystemen auseinander setzen. Abbildung 24 und Abbildung 25 geben einen Überblick über die gängigen Verfahren, wie sie in der Literatur aufgelistet werden.

Innerhalb der folgenden Abschnitte sollen die ermittelten Verfahrensauswahlkriterien den in Abbildung 24 und Abbildung 25 aufgelisteten, *gängigen* Verfahren zur Ermittlung und Bewertung der Wirkungen von Informationssystemen gegenübergestellt werden, um so einerseits die möglichen Einsatzgebiete für die betrachteten Verfahren aufzuzeigen und andererseits um die „Problemzonen" innerhalb der Aufgabenstellung der wertmäßigen Beschreibung der Ergebnisseite von Informationssysteme aufzudecken. Da die Anwendung der Verfahren der Investitionsrechnung das Vorhandensein eine monetären Bewertung der Wirkungen von Informationssystemen voraussetzt[358], aber gerade die Ermittlung bzw. Bewertung derartiger Wirkungen Ziel der vorliegenden Ausführungen ist, werden die Verfahren der Investitionsrechnung *nicht* als eigenständige Verfahren im einzelnen analysiert, sondern finden innerhalb

---

[356] Analog zu Abschnitt 2 soll im Folgenden aus sprachlichen Gründen der Verfahrensbegriff als Überbegriff für Methoden, Verfahren und Modelle verwendet werden; alle Ausführungen sind, soweit nicht anders angegeben, sinngemäß auch auf Methoden und Modelle zu übertragen.
[357] vgl. etwa die äußerst umfangreichen Auflistungen von Verfahren bei Schniederjans und Hamaker (2004), S. 109ff., Van Grembergen (2001), S. 97, Renkema und Berghout (1997), S. 1ff.
[358] vgl. Brugger (2005), S. 139f.

der Vorstellung der Kosten-Nutzen-Analyse Erwähnung. Zur ausführlichen Diskussion der Verfahren der Investitionsrechnung sei auf die umfangreich vorhandene, einschlägige Literatur verwiesen[359].

Autor	Darstellungsform	Aufgelistete Verfahren
Schumann (1993)	Theoretisch fundiert, Verfahrensübersicht	Kosten-Nutzen-Analyse, Time Savings Times Salary Verfahren, Hedonistische Verfahren, Wirkungsnetz, FAOR-Modell, Wirkungsketten, Verfahren im Ebenenansatz, Investitionsrechenverfahren, Nutzwertanalyse, Argumentenbilanz
Pietsch (2003)	Theoretisch fundiert, Vorstellung der „bekanntesten Verfahren"[360]	Wertanalyse, Gemeinkostenwertanalyse, Nutzwertanalyse, Arbeitssystemwertanalyse, Zwei-Stufen-Modell, Excess-Tangible-Cost-Methode, Ansatz von Nolan, Competitive Forces Model, Ansatz von McFarlan/McKenney, Ansatz von Parsons, Balanced Scorecard, Customer's Resource Life Cycle Modell, Ansatz von Grosse, MAPIT-Modell, FAOR-Modell, Vier-Ebenen-Ansatz, Time Savings Times Salary Verfahren, Hedonic Wage Modell
Brugger (2005)	Theoretisch fundiert	Investitionsrechnung, Kosten-Nutzen-Analyse, Kennzahlen
Kesten, Müller und Schröder (2007)	Theoretisch fundiert, Vorstellung „bekannter Verfahren"[361]	Investitionsrechnung, Nutzwertanalyse, Time Savings Times Salary Verfahren, Hedonic Wage Modell, Wirkungsketten

Abbildung 24: Auflistung gängiger Verfahren in der Literatur (1)

---

[359] vgl. etwa Kruschwitz (2007) oder Mensch (2002)
[360] Pietsch (2003), S. 58
[361] Kesten, Müller und Schröder (2007), S. 136

3. Anwendung des Kriterienrahmens

Autor	Darstellungsform	Aufgelistete Verfahren
Walter und Spitta (2004)	Theoretisch fundiert	Investitionsrechnung, Kennzahlen, Balanced Scorecard, SMART-Verfahren, Information Economics, Ansatz von Nolan, Wirkungsketten, Customer's Resource Life Cycle Modell, Ansatz von Avgerou
Breiing und Knosala (1997)	Theoretisch fundiert, die „gebräuchlichsten Bewertungsverfahren"[362], auf allgemeine technische Systeme bezogen	Argumentenbilanz, technisch-wirtschaftliche Bewertung, Nutzwertanalyse, Rangfolgeverfahren, Portfolio-Methoden, Analytic Hierarchy Process, Kosten-Nutzen-Analyse, Bedeutungsprofile
Quaas (2005)	Theoretisch fundiert. Verfahren zur Monetarisierung von Wirkungen	Nutzwertanalyse, Wirkungsketten, Customer Resource Life Cycle Modell, Hedonic Wage Modell
Kesten, Schröder und Wozniak (2006)	Empirisch fundiert, Untersuchung zur Häufigkeit der Anwendung der Verfahren	Investitionsrechnung, Nutzwertanalyse, Wirkungsketten, Time Savings Times Salary Verfahren

Abbildung 25: Auflistung gängiger Verfahren in der Literatur (2)

Aus Gründen der Übersichtlichkeit orientiert sich die Darstellung der Verfahren am Auswahlkriterium der *Untersuchungsebene*:

- Verfahren zur *Wirkungsbestimmung* werden in Abschnitt 3.2 erörtert. Als gängige Verfahren zur Bestimmung von Wirkungen von Informationssystemen werden in der einschlägigen Literatur genannt[363]: Das Modell von Nolan, Norton & Company, der Ansatz der kritischen Erfolgsfaktoren (KEF), der Ansatz von McFarlan und McKenney, die Prozess- und Wirkungskettenanalyse nach Retter und Bastian, der

---
[362] Breiing und Knosala (1997)
[363] vgl. Kesten, Müller und Schröder (2007), S. 134, Walter und Spitta (2004), S. 175f., Pietsch (2003), S. 99

Prozess-Innovations-Ansatz von Davenport, der Customer Resource Life Cycle (CRLC), der Ansatz von Grosse sowie der Verhandlungsansatz von Avgerou. Der Ansatz von Millar und Porter wird ferner verbreitet im Zusammenhang mit der Identifikation von Wettbewerbsvorteilen, die durch den Einsatz von Informationssystemen geschaffen werden, aufgeführt[364].

- Verfahren zur *Wirkungsbewertung* werden in Abschnitt 3.3 untersucht. Gängige Bewertungsverfahren im Kontext der IT sind die Nutzwertanalyse, der Analytic Hierarchy Process, die Simple Multiattribute Rating Technique, die Kosten-Nutzen-Analyse, die Gemeinkostenwertanalyse, die Arbeitssystemwertanalyse, das Excess-Tangible-Cost-Verfahren, das IT Performance Measurement und die Argumentenbilanz[365].

- Kombinierte Verfahren, welche sowohl der Wirkungsermittlung als auch der Wirkungsbewertung dienen, werden schließlich in Abschnitt 3.4 diskutiert. Gängige kombinierte Verfahren sind der Time Savings Times Salary Ansatz, das Hedonic Wage Modell, das Functional Analysis of Office Requirements Organisationsanalyseverfahren sowie die das Vier-Ebenen-Modell von Picot und Reichwald[366]. Bei Kesten, Müller und Schröder findet sich ferner ein kombinierter Ansatz, der unmittelbar an Schwächen der etablierten Verfahren der Wirkungsbestimmung und -bewertung ansetzt[367] und daher ebenfalls betrachtet werden soll.

Innerhalb jedes Abschnitts erfolgt zunächst eine knappe Erläuterung der grundlegenden Konzepte und Vorgehensweisen aller Verfahren, um diese im Anschluss den einzelnen Auswahlkriterien aus Abschnitt 2 gegenüberzustellen.

---

[364] vgl. Alpar, Grob, Weimann und Winter (2008), S. 49f.
[365] vgl. Kesten, Müller und Schröder (2007), S. 133, Gonschorrek und Pepels (2007), S. 508f., Kargl und Kütz (2007), S. 51, Walter und Spitta (2004), S. 174, Schniederjans und Hamaker (2004), S. 11, Pietsch (2003), S. 58f.
[366] vgl. Alpar, Grob, Weimann und Winter (2008), S. 70, Kesten, Müller und Schröder (2007), S. 133
[367] vgl. Kesten, Müller und Schröder (2007), S. 136

3. Anwendung des Kriterienrahmens 87

3.2 Verfahren zur Wirkungsbestimmung

3.2.1 Vorstellung der Verfahren im Einzelnen

3.2.1.1 Das Modell von Nolan, Norton und Company

Das Modell von Nolan, Norton und Company basiert auf der Annahme, dass die IT innerhalb eines Unternehmens zur Erreichung der Unternehmensziele eingesetzt wird[368]. Dem Ansatz liegt eine dreistufige Vorgehensweise zugrunde:

(1) Definition der Unternehmensziele; Nolan, Norton & Company unterteilen sie in die Bereiche Produktivitätserhöhungen, Schaffung von Wettbewerbsvorteilen sowie Erhöhung der Effizienz des Managements.

(2) Identifikation der Engpässe („pressure points") im Unternehmen; dieses sind nach Nolan, Norton & Company diejenigen Funktionen, Mitarbeitergruppen, Organisationsprozesse und Produkte im Unternehmen, die die größte Bedeutung im Hinblick auf die Erreichung der Unternehmensziele aufweisen.

(3) Identifikation der Anwendungen der IT, durch die die ermittelten Engpässe beseitigt werden können, d.h. in denen eine Investition in die IT den größten Beitrag zur Erreichung der Unternehmensziele erbringt.

Die Wirtschaftlichkeit eines Informationssystems ist nach Nolan, Norton & Company über die Beseitigung eines Engpasses gewährleistet.

3.2.1.2 Die kritischen Erfolgsfaktoren nach Rockart und das Prozess-Qualitäts-Management

Rockarts Ansatz der kritischen Erfolgsfaktoren (KEF; im Englischen „Critical Success Faktors" / CSF)[369] geht davon aus, dass innerhalb eines Unternehmens eine begrenze Menge (meist zwischen vier und sechs) kritischer Erfolgsfaktoren existiert, die hauptsächlich für den Erfolg eines Unternehmens verantwortlich sind und deren Befriedigung bereits den Unternehmenserfolg sichert[370]. Die Ableitung der kritischen Erfolgsfaktoren erfolgt einerseits aus den Zielen des Unternehmens, andererseits aus anderen Faktoren wie der Branchenstruktur, der Wettbewerbsposition des Unternehmens, Umweltfaktoren sowie temporären Einflüs-

---

[368] vgl. im Folgenden Nagel (1990), S. 105ff.
[369] vgl. Rockart (1979), S. 81ff.
[370] vgl. Scheer (1990), S. 191

sen[371]. Neben unternehmensspezifischen kritischen Erfolgsfaktoren existieren nach dem Ansatz von Rockart auch solche, die für alle Unternehmen einer Branche identisch sind und in den besonderen Eigenschaften einer Branche begründet sind[372]. Die Erarbeitung der kritischen Erfolgsfaktoren geschieht nach Rockart durch Interviews mit den Führungskräften des Unternehmens, innerhalb derer die Ziele erfragt und diskutiert und darauf basierend Vorschläge für kritische Erfolgsfaktoren erarbeitet werden[373].

Das Prozess-Qualitäts-Management (englisch *process quality management*, abgekürzt PQM) wurde von IBM Europe zur Bestimmung der kritischen Erfolgsfaktoren eingeführt[374]. Die Vorgehensweise basiert auf folgenden vier Schritten[375]:

(1) Entwicklung eines klaren Verständnisses für die Zielsetzung;

(2) Erarbeitung einer Menge kritischer Erfolgsfaktoren, die von allen Beteiligten als für das Erreichen der Zielsetzung relevant eingestuft werden;

(3) Identifikation von Aktionen, die zur Umsetzung der kritischen Erfolgsfaktoren erforderlich sind, etwa die Ausweitung des Kundendienstes in Bezug auf den kritischen Erfolgsfaktor der Kundenzufriedenheit;

(4) Benennung von Personen, in deren Verantwortung die in Schritt (3) identifizierten Aktionen fallen.

Auf Grundlage der kritischen Erfolgsfaktoren kann eine Ausrichtung der IT erfolgen, etwa indem für neu zu implementierende Informationssysteme abgeleitet wird, welche von ihnen die kritischen Erfolgsfaktoren innerhalb eines Unternehmens besonders positiv unterstützen, und diese dann entsprechend zu priorisieren[376]. Ebenso eignet sich der Ansatz zur Beurteilung des Erfolgs von Informationssystemen, indem untersucht wird, wie gut ein Informationssystem die kritischen Erfolgsfaktoren eines Unternehmens unterstützt[377].

---

[371] vgl. Alpar, Grob, Weimann und Winter (2008), S. 143, Fritz (2004), S. 59
[372] vgl. Fritz (2004), S. 59
[373] vgl. Rockart (1979), S. 86ff.; zur Erarbeitung der kritischen Erfolgsfaktoren vgl. detaillierter Justice und Jamieson (2006), S. 360ff.
[374] vgl. Hardaker und Ward (1987), S. 112ff.
[375] vgl. im Folgenden Friesen und Johnson (1995), S. 58, Keyes (2005), S. 210ff.
[376] vgl. Scheer (1990), S. 192
[377] vgl. Lehner (2009), S. 13

3. Anwendung des Kriterienrahmens

3.2.1.3 Der Ansatz von McFarlan und McKenney

McFarlan und McKenney (1983) führen in ihrem Ansatz[378] eine Typologie für Unternehmen ein, welche auf dem Leistungspotential der IT basiert[379]. Das Leistungspotential der IT wird aus den strategischen Wirkungen der Entwicklung und des Einsatzes von Informationssystemen abgeleitet[380], welche sich aus der Erreichung der Unternehmensziele ergeben[381].

Die Unternehmenstypologie von McFarlan und McKenney unterscheidet zwischen dem gegenwärtigen und dem zukünftigen Leistungspotential der IT[382]. Nach dem Grad der Ausprägung der Leistungspotentiale werden vier Typen von Unternehmen unterschieden (vgl. Abbildung 26):

- In Unternehmen des Typs I hat die IT einen geringen gegenwärtigen und zukünftigen strategischen Stellenwert; Informationssysteme werden überwiegend zur Unterstützung bisher manuell ausgeführter Tätigkeiten eingesetzt.

- In Unternehmen des Typs II weisen Informationssysteme eine hohe strategische Bedeutung auf, diese wird jedoch in der Zukunft abnehmen; das Management der existierenden Informationssysteme verlangt entsprechend eine besondere Aufmerksamkeit, während den noch zu entwickelnden Informationssystemen eine geringe Bedeutung zukommt, da ihr strategischer Einfluss gering ist.

- In Unternehmen des Typs III ist die strategische Bedeutung von Informationssystemen gegenwärtig noch gering, sie wird aber zukünftig stark ansteigen. Das Management soll seine Aufmerksamkeit daher vor allem auf die in der Entwicklung befindlichen Informationssysteme richten.

- In Unternehmen des Typs IV schließlich weisen Informationssysteme eine erhebliche gegenwärtige und zukünftige strategische Bedeutung auf, die Erreichung der Unternehmensziele ist ohne den Einsatz der Informationssysteme im Unternehmen nicht möglich.

---

[378] vgl. McFarlan und McKenney (1983), S. 74ff.
[379] vgl. Heinrich und Lehner (2005), S. 76f.
[380] vgl. Pietsch (2003), S. 99
[381] vgl. Heinrich und Lehner (2005), S. 76
[382] vgl. im Folgenden Heinrich und Lehner (2005), S. 76f., Pietsch (2003), S. 101

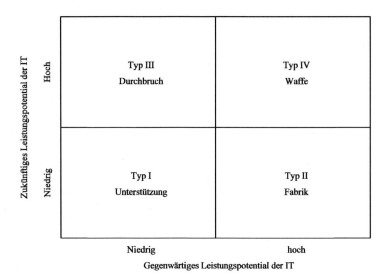

Abbildung 26: Unternehmenstypologie nach McFarlan und McKenney[383]

Die Ableitung des Typs, dem ein Unternehmen zuzuordnen ist, erfolgt durch Beantwortung einer Reihe von Fragen, welche sich an den von Porter eingeführten Wettbewerbskräften[384] orientieren[385]. Die Fragen beziehen sich etwa darauf, ob durch den Einsatz von Informationssystemen Markteintrittsbarrieren für potentielle neue Konkurrenten geschaffen oder erhöht, die Wettbewerbsbasis geändert, neue Produkte eingeführt, die Kunden stärker an das Unternehmen gebunden oder das Kräftegleichgewicht im Anbieterverhältnis verändern werden können[386].

3.2.1.4 Die Einsatzfelder für die IT nach Porter und Millar

Bei Porter und Millar (1985) findet sich ein Ansatz, der sich mit der Rolle von Informationen innerhalb eines Unternehmens auseinander setzt[387]. Ziel des Ansatzes von ist die Identifi-

---

[383] in Anlehung an Heinrich und Lehner (2005), S. 77
[384] Nach Porter werden fünf Wettbewerbskräfte unterschieden, die die Struktur eines Marktes beschreiben: Potentielle neue Konkurrenten, Wettbewerber in der Branche, Ersatzprodukte, Lieferanten und Kunden (vgl. Porter (1997), S. 25ff.). Die Wettbewerbskräfte beeinflussen einerseits die durchschnittliche Rentabilität einer Branche (vgl. Porter (1981), S. 611), andererseits die Wahl einer geeigneten Wettbewerbsstrategie (vgl. Porter (1997), S. 57ff.). Von der Wahl der Wettbewerbsstrategie hängt ab, ob und inwieweit ein Unternehmen das Potential zur Gewinnerzielung innerhalb einer Branche ausnutzen kann (vgl. Porter (1992), S. 23ff.).
[385] vgl. Pietsch (2003), S. 101
[386] vgl. Pietsch (2003), S. 101
[387] vgl. Porter und Millar (1985), S. 149

3. Anwendung des Kriterienrahmens

kation der vielversprechendsten Anwendungsbereiche für Informationssysteme im Hinblick auf die positive Beeinflussung des Unternehmenserfolgs[388]. Zu diesem Zweck wird ein Informationsintensitäts-Portfolio (vgl. auch Abbildung 42) erstellt, das zum einen die Stellung von Informationen in den Aktivitäten der Wertkette[389] des Unternehmens, zum anderen die Bedeutung von Informationen in den Produkten des Unternehmens operationalisiert[390].

Porter und Millar schlagen in ihrem Ansatz folgende fünf-stufige Vorgehensweise zur Ermittlung von strategischen Wettbewerbsvorteilen bzw. neuen Geschäftsfeldern, die mit Hilfe der IT realisiert werden können, vor[391]:

(1) Bestimmung der Informationsintensität innerhalb der Wertkette des Unternehmens (Welche Prozesse sind im Unternehmen vorhanden, zu deren Durchführung notwendigerweise ein hoher Informationsaustausch notwendig ist?) und Bestimmung des Informationsinhalts der hergestellten Produkte (Welche Produkte versorgen den Kunden mit Informationen bzw. welche Produkte existieren, zu deren Nutzung der Kunde Informationen benötigt?);

(2) Bestimmung der Rolle der IT innerhalb der Branche des betrachteten Unternehmens (Welche Systeme werden von Konkurrenten eingesetzt? Welche Entwicklungen im Bereich IT gibt es in der Branche?);

(3) Bewertung und Identifikation der Anwendungen, mit Hilfe derer Wettbewerbsvorteile erzielt werden können (Welche Aktivitäten können durch den Einsatz von IT realisiert bzw. verbessert werden?);

(4) Identifikation von neuen Geschäftszweigen, die mit Hilfe des Einsatzes der IT neu aufgebaut werden können (Kann die IT das Wettbewerbsfeld beeinflussen? Kann der Wert der hergestellten Produkte durch den IT-Einsatz gesteigert werden? Können durch die IT komplett neue Geschäftsfelder erschlossen werden?);

(5) Erstellung eines Aktionsplans, der die in den obigen Schritten abgeleiteten Projekte detailliert beschreibt, auf Kostengesichtspunkte hin untersucht und entsprechend priorisiert.

---

[388] vgl. Picot, Reichwald und Wigand (2003), S. 189
[389] Unter dem maßgeblich von Porter geprägten Begriff der Wertkette wird der „Verbund von Tätigkeiten in einem Unternehmen, durch die ein Produkt entworfen, hergestellt, vertrieben, ausgeliefert und unterstützt wird" (Töpfer (2004), S. 493), verstanden.
[390] vgl. Picot, Reichwald und Wigand (2003), S. 190
[391] vgl. im Folgenden Porter und Millar (1985), S. 149ff.

Dem Ansatz von Porter und Millar liegt nur eine *mittelbare* Erhebung der Wirkungen von Informationssystemen zugrunde; vielmehr zielt der Ansatz, wie bereits dargelegt, auf die Identifikation von Wettbewerbsvorteilen bzw. neuen Geschäftszweigen, welche mit Hilfe des Einsatzes von Informationssystemen realisiert werden können, ab.

3.2.1.5 Die Prozess- und Wirkungskettenanalyse nach Retter und Bastian

Retter und Bastian (1995) schlagen einen Ansatz zur Aufdeckung der unternehmensspezifischen Auswirkungen von Informationssystemen auf Grundlage von Prozess- und Wirkungsketten vor[392].

Die Grundidee der Wirkungsketten geht auf Schumann zurück: Wirkungsketten beschreiben die Abhängigkeiten verschiedener Nutzenpotentiale von Informationssystemen[393], wobei Nutzenpotentiale hier als positive und negative Wirkungen, die ein Informationssystem auf die Abläufe eines Unternehmens hat, definiert sind[394]. Prozessketten visualisieren die Prozesse eines Unternehmens, indem sie diese als Abfolgen einzelner Vorgänge darstellen, wobei ein Vorgang als eine in sich abgeschlossene Tätigkeit mit einem definierten Teilergebnis aufgefasst wird[395].

Die Ermittlung der Nutzenpotentiale und ihrer Wirkungsketten erfolgt nach Retter und Bastian in drei Schritten[396]:

(1) Bildung der Prozessketten: In diesem Schritt werden zunächst die Prozessketten der Prozesse, die von Wirkungen von Informationssystemen betroffen sind, aufgestellt, indem die Prozesse in einzelne Vorgänge zerlegt werden. Für jeden Vorgang wird ferner beschrieben, durch welche organisatorische Einheit innerhalb des betrachteten Unternehmens dieser betreut wird.

(2) Ableitung der direkten Nutzenpotentiale: Diese ergeben sich aus den Veränderungen, die durch Informationssysteme an den Vorgängen der Prozesse des betrachteten Unternehmens hervorgerufen werden.

(3) Verfolgung der Wirkungsketten: Durch Verfolgung der direkten Nutzenpotentiale über ihre Auswirkungen auf nachgelagerte Vorgänge innerhalb der Prozesskette sowie

---

[392] vgl. Retter und Bastian (1995), S. 117ff.
[393] vgl. Schumann (1990), S. 315ff., Schumann (1992), S. 215ff., Schumann (1993), S. 174ff.
[394] vgl. Retter und Bastian (1995), S. 118
[395] vgl. Retter und Bastian (1995), S. 120
[396] vgl. Retter und Bastian (1995), S. 120f.

3. Anwendung des Kriterienrahmens

auf andere Organisationseinheiten erfolgt die Bildung der Wirkungsketten. Auf diese Weise können indirekte Wirkungen von Informationssystemen erfasst werden.

3.2.1.6 Der Prozess-Innovations-Ansatz von Davenport

Bei Davenport findet sich ein Ansatz, der den Nutzen der IT auf Veränderungen an den Prozessen eines Unternehmens zurück führt[397]. Der IT kommt dabei die Rolle eines *Enablers* zu, welche Prozesse etwa beschleunigt oder dazu führt, dass diese unter geringerem Ressourcenverbrauch ausgeführt werden können[398]. Die Identifikation von Ansatzpunkten für Prozessinnovationen, bei denen die IT die Rolle eines Enabler einnimmt, erfolgt nach Davenport durch Durchführung folgender Schlüsselaktivitäten:

- Identifikation von Chancen für Prozessinnovationen, die sich aus technologischen und menschlichen Faktoren ableiten;
- Identifikation von technologischen und menschlichen Faktoren, die diese Prozessinnovationen potentiell behindern;
- Analyse der Chancen hinsichtlich ihrer Anwendbarkeit auf einen speziellen Prozess;
- Diskussion der innovationshemmenden Faktoren, auf den betrachteten Prozess bezogen, und Entscheidung darüber, welche der hemmenden Faktoren als überwindbar anzusehen sind und welche akzeptiert werden müssen.

Hinsichtlich des Einflusses der IT auf Prozessinnovationen unterscheidet Davenport neun Kategorien[399]:

- *Automatisierung*, etwa durch Wegfall manueller Arbeitsschritte innerhalb eines Prozesses;
- Anreicherung von Prozessen mit *zusätzlichen Informationen*, beispielsweise dem Energieverbrauch, welche zur Optimierung anderer Größen, hier etwa dem Energiebezug, herangezogen werden können.
- *Parallelisierung* bislang sequentiell ablaufender Prozesse ;
- Schaffen von Transparenz hinsichtlich des *Status* von Aufträgen und Produkten;

---

[397] vgl. Davenport (1993), S. 45
[398] vgl. im Folgenden Davenport (1993), S. 47f.
[399] vgl. im Folgenden Davenport (1993), S. 51ff.

- Verbesserung der *Entscheidungsunterstützung* durch Bereitstellung umfangreicherer und genauerer Informationen;
- Überwindung *räumlicher Entfernungen* durch den Austausch von Informationen;
- *Integration* von Informationen aus unterschiedlichen Bereichen gemäß ihrer logischen Zugehörigkeit zur Produkten oder Prozessen, und dadurch Verbesserung der Prozessleistung;
- Erfassung, Speicherung und Verteilung des innerhalb des Unternehmens vorhandenen *Fachwissens*, so dass es einer möglichst breiten Anzahl von Mitarbeitern im Unternehmen zur Verfügung steht;
- Automatisierung des Informationsaustauschs und Vermeidung von *Medienbrüchen* beim Informationsaustausch.

Nach Davenport sind die genannten Kategorien im Einzelnen bei der Identifikation von Chancen für Prozessinnovationen auf den konkreten Anwendungsfall hin zu überprüfen[400].

3.2.1.7 Der Customer Resource Life Cycle

Der Customer Resource Life Cycle (CRLC) nach Ives und Learmonth (1984) basiert auf der Grundidee, dass ein Kunde beim Erwerb physischer Produkte oder Dienstleistungen einen Kreislauf von Abläufen durchläuft, und dass dies für den Kunden mit einem nicht unerheblichem Aufwand verbunden ist[401]. Ein Unternehmen kann sich dann von seinen Konkurrenten differenzieren, wenn es seinen Kunden Unterstützung beim Prozess des Erwerbs von Produkten oder Dienstleistungen bieten und einen bestimmten Zusatznutzen für den Kunden generieren kann.

Der Customer Resource Life Cycle besteht aus insgesamt dreizehn Phasen, die sich in vier Gruppen gliedern lassen[402]:

- *Requirements*: Dies umfasst die Phasen der Bestimmung der *Menge* des benötigten Produkts[403] sowie der Festlegung der benötigten *Produkteigenschaften*.
- *Acquisition:* Zu unterscheiden sind hier die Phasen der *Lieferantenauswahl*, der *Bestellauslösung*, der *Bezahlung*, der *Übergabe* des Produkts sowie der *Qualitätskontrolle und Akzeptanz* des Produkts durch den Kunden.

---

[400] vgl. Davenport (1993), S. 54
[401] vgl. Im Folgenden Ives und Learmonth (1984), S. 1193ff.
[402] vgl. Im Folgenden Ives und Learmonth (1984), S. 1196ff.
[403] Produkte sollen im Folgenden sowohl physische Güter als auch immaterielle Dienstleistungen umfassen.

3. Anwendung des Kriterienrahmens

- *Stewardship*: Dies schließt die Phasen der *Einlagerung* des Produkts in den Bestand des Kunden, der *Überwachung und Verwendung* des Produkts durch den Kunden, der *Ersetzung* des Produkts durch bessere Produkte sowie der *Wartung* des Produkts ein.

- *Retirement*: Hier schließen sich die Phasen der *Ersetzung und Veräußerung* des Produkts durch den Kunden sowie der *Kontrolle und Überwachung* dessen, was insgesamt für das Produkt durch den Kunden aufgewendet wurde, an.

Die Unterstützung des Kundens und die Generierung von Mehrwert für den Kunden wird auch als Aufgabe der IT angesehen, daher wird die IT eines Unternehmens im Rahmen des Customer Resource Life Cycle Ansatzes dahin gehend untersucht, inwiefern sie in den einzelnen Phasen des Customer Resource Life Cyle Unterstützungsmöglichkeiten für den Kunden eines Unternehmens anbietet bzw. anbieten kann.

3.2.1.8 Der Ansatz von Grosse

Der Ansatz von Grosse leitet Wirkungen des Einsatzes von Informationssystemen aus drei verschiedenen Perspektiven ab[404]:

- Die Prozesse im Unternehmen dienen der Erstellung von Produkten oder der Erbringung von Dienstleistungen. Informationssysteme sollen die Prozesse im Unternehmen unterstützen, indem sie auf Ziele wie Kostensenkungen, Einhalten eines bestimmten Qualitätsniveaus oder vorgegebener Liefertermine hinwirken.

- Die Prozesse beim Kunden dienen der Bedarfsdeckung an Produkten oder Dienstleistungen. Die in einem Unternehmen eingesetzten Informationssysteme sollen auch die Prozesse bei den Kunden des Unternehmens unterstützen, indem sie, ähnlich wie beim Customer Resource Lifecycle Ansatz (vgl. Abschnitt 3.2.1.7), einen Mehrwert beim Kunden schaffen und so zur Differenzierung des Unternehmens gegenüber seinen Wettbewerbern beitragen.

- Ferner sollen die Prozesse im Unternehmen und die bei seinen Kunden nicht isoliert voneinander gesehen, sondern durch den Einsatz von Informationssystemen eine Verbindung zwischen diesen Prozessen hergestellt werden, um so für alle Beteiligten Vorteile (etwa die Verkürzung von Anfrage-, Bestell- und Lieferzeiten oder die Reduktion bzw. Vermeidung von Medienbrüchen und Doppelarbeiten) zu schaffen.

---

[404] vgl. im Folgenden Nagel (1990), S. 118f.

3.2.1.9 Der Verhandlungsansatz von Avgerou

Avgerou argumentiert, dass die bestehenden Ansätze zur Bestimmung der Wirkungen von Informationssystemen besonders dann als inadäquat einzustufen sind, wenn strategische Wirkungen erfasst werden sollen und politische Interessen der Beteiligten in den Evaluationsprozess einfließen[405]. Avgerou schlägt daher einen Ansatz vor, der auf Information und Beratung sowie auf *Verhandlungen* zwischen den am Wirkungserhebungsprozess beteiligten Personengruppen basiert[406]. Der Ansatz von Avgerou stützt sich auf einen *dialektischen* Prozess der Wirkungserhebung und beinhaltet vier Grundprinzipien:

(1) Etablierung eines Moderators, dessen Aufgabe die organisatorische und methodische Unterstützung des dialektischen Wirkungserhebungsprozesses, die Abschätzung der von den am Wirkungserhebungsprozess beteiligten Personengruppen abgeleiteten Wirkungen von Informationssystemen sowie die Information der Beteiligten über Aspekte, welche innerhalb des Wirkungserhebungsprozesses ggf. übersehen wurden, ist.

(2) Partizipative Ausgestaltung des Wirkungserhebungsprozess, d.h. allen Beteiligten soll Gelegenheit gegeben werden, ihre Bedenken zu äußern und Standpunkte zu verteidigen.

(3) Allgemeine Kriteriendefinition, d.h. die Kriterien, unter denen Informationssysteme betrachtet werden, ergeben sich aus den Anliegen und Interessen aller am Wirkungserhebungsprozess Beteiligten.

(4) Ziel ist die Herbeiführung eines Konsenses bezüglich der Entscheidung über zukünftig zu implementierende Informationssysteme, entweder durch Akzeptanz oder Modifikation eines bereits existierenden Plans oder durch kritische Reflexion der vergangenen Situation im Unternehmen.

Innerhalb des dialektischen Wirkungserhebungsprozesses nach Avgerou sollen verschiedene Verfahren zur Wirkungserhebung zum Einsatz kommen, deren Ergebnisse im Anschluss diskutiert und zur Konsensfindung verwendet werden[407]. Der Ansatz von Avgerou ist somit eher als Rahmen zur organisatorischen Ausgestaltung des Wirkungserhebungsprozesses denn als eigenständiges Wirkungserhebungsverfahren anzusehen.

---

[405] vgl. Avgerou (1995), S. 427
[406] vgl. Im Folgenden Avgerou (1995), S. 427ff.
[407] vgl. Avgerou (1995), S. 434

3. Anwendung des Kriterienrahmens

3.2.2 Gegenüberstellung der Auswahlkriterien und der Verfahren zur Wirkungsermittlung

3.2.2.1 Inhaltliche Auswahlkriterien

Zum Auswahlunterkriterium des *Ausgangspunkts der Wirkungsermittlung* ist in Bezug auf die oben skizzierten Verfahren festzustellen, dass das Modell von Nolan, Norton & Company, der Ansatz der kritischen Erfolgsfaktoren sowie der Ansatz von McFarlan und McKenney den Betrachtungsfokus auf die Erreichung der Unternehmensziele setzt[408]. Die Ansätze der Einsatzfelder für die IT von Porter und Millar, die Prozess- und Wirkungskettenanalyse nach Retter und Bastian sowie der Prozess-Innovations-Ansatz von Davenport fokussieren hingegen auf die Bedeutung bzw. auf Auswirkungen der IT im Hinblick auf die Geschäftsprozesse eines Unternehmens, wobei dem Ansatz der Einsatzfelder für die IT von Porter und Millar durch seine strategische Orientierung auch ein Fokus auf die Unternehmensziele zu bescheinigen ist. Der Customer Resource Life Cycle ist ein kundenfokussierter Ansatz, der die Bedürfnisse der Kunden eines Unternehmens in den Mittelpunkt seiner Betrachtung stellt. Der Ansatz von Grosse sieht sowohl in den Bedürfnissen der Kunden des Unternehmens als auch den Prozessen im Unternehmen Ausgangspunkte für die Wirkungsermittlung von Informationssystemen. Ferner wird durch die Einbeziehung von Zielen, auf welche die Prozesse innerhalb eines Unternehmens hinwirken, ein indirekter Bezug zu den Unternehmenszielen hergestellt. Der Verhandlungsansatz von Avgerou basiert auf Erkenntnissen des Change Managements und setzt an der Information der und Kommunikation mit von Veränderungen betroffenen Personengruppen an[409].

Die *Ganzheitlichkeit der Sichtweise* ist beim Modell von Nolan, Norton & Company, beim Ansatz der kritischen Erfolgsfaktoren und beim Ansatz von McFarlan und McKenney durch die Aufhängung an den Unternehmenszielen als integrativ einzustufen[410], ebenso beim Ansatz der Einsatzfelder für die IT von Porter und Millar durch die Betrachtung der gesamten Wertkette eines Unternehmens. Die Prozess- und Wirkungskettenanalyse nach Retter und Bastian bemüht sich um die Aufdeckung von lokalen *und* nicht-lokalen, indirekten Wirkungen von Informationssystemen innerhalb eines Unternehmens, sowie um die Darstellung der Ab-

---
[408] vgl. Walter und Spitta (2004), S. 175
[409] vgl. Walter und Spitta (2004), S. 176
[410] vgl. Pietsch (2003), S. 163

hängigkeiten zwischen diesen Wirkungen[411]. Die Reichweite der Sichtweise der Prozess- und Wirkungskettenanalyse nach Retter und Bastian hängt somit von ihrer konkreten Anwendung im Einzelfall ab. Ausgangspunkt sind allerdings lokale Wirkungen. Der Customer Resource Life Cycle betrachtet den gesamten Kundenprozess, ist somit ebenfalls als annähernd ganzheitlich zu betrachten, auch wenn auch hier kein unmittelbarer Bezug zu den Unternehmenszielen abgeleitet wird. Dem Ansatz von Grosse ist durch seine Betrachtung von Kundenprozessen, Unternehmensprozessen sowie dem indirekten Einbezug der Unternehmensziele eine ganzheitliche Sichtweise zu bescheinigen[412]. Der Prozess-Innovations-Ansatz von Davenport hingegen bezieht sich primär auf die lokalen Auswirkungen des IT-Einsatzes auf einzelne Prozesse, eine ganzheitliche Betrachtung des Unternehmens erfolgt hier nicht. Der Verhandlungsansatz von Avgerou stellt keinen unmittelbaren Bezug zu Folgewirkungen von Wirkungen von Informationssystemen her. Aufgrund der Partizipation der durch Veränderungen betroffenen Personengruppen am Wirkungserhebungsprozess ist aber davon auszugehen, dass von diesen auf mögliche Folgewirkungen hinweisen wird, sofern diese die Interessensbereiche der Beteiligten tangieren.

Der *zeitliche Bezug* ist beim Modell von Nolan, Norton & Company, beim Ansatz der kritischen Erfolgsfaktoren sowie beim Prozess-Innovations-Ansatz von Davenport zukunftsgerichtet[413]. Abgeleitet werden zukünftige Wirkungen, die nach einer Investition in die IT eines Unternehmens eintreten. Ebenso ist der zeitliche Bezug beim Ansatz der Einsatzfelder für die IT von Porter und Millar zukunftsgerichtet, da hier mögliche neue Einsatzfelder für Informationssysteme abgeleitet werden. Der Ansatz der kritischen Erfolgsfaktoren kann grundsätzlich je nachdem, ob Wirkungen betrachtet werden, die sich auf die Erreichung eines zukünftigen Erfolgs oder eines bereits realisierten Erfolgs beziehen, sowohl zukunftsgerichtet als auch vergangenheitsorientiert ausgestaltet werden[414], auch wenn der Erfolgsbegriff in diesem Zusammenhang oft auf die zukünftige Entwicklung des Unternehmens bezogen wird[415]. Der Ansatz von McFarlan und McKenney bezieht sowohl gegenwärtige als auch zukünftige Wirkungen von Informationssystemen in die Typologisierung von Unternehmen ein. Die Sichtweise ist hier sowohl gegenwarts- bzw. vergangenheitsbezogen als auch zukunftsgerichtet. Bei der Prozess- und Wirkungskettenanalyse nach Retter und Bastian, beim Customer Re-

---

[411] vgl. Walter und Spitta (2004), S. 176
[412] vgl. Pietsch (2003), S. 165
[413] vgl. Walter und Spitta (2004), S. 175
[414] vgl. die Ausführungen aus Abschnitt 3.2.1.2 zur Priorisierung und Erfolgskontrolle von Informationssystemen
[415] vgl. Bolstorff, Rosenbaum und Poluha (2007), S. 56

3. Anwendung des Kriterienrahmens

source Life Cycle sowie beim Ansatz von Grosse kann prinzipiell sowohl eine vergangenheits- als auch zukunftsorientierte Betrachtungsweise erfolgen, je nachdem, ob sich die Modellierung der Prozesse und Wirkungen auf die gegenwärtige bzw. in der Vergangenheit liegende oder auf eine antizipierte Situation eines Unternehmens bezieht, ebenso beim Verhandlungsansatz von Avgerou[416].

Eine explizite Einbeziehung der *Unsicherheit* der prognostizierten Wirkungen erfolgt beim Modell von Norton, Nolan & Company, beim Ansatz der kritischen Erfolgsfaktoren, beim Ansatz von McFarlan und McKenney, beim Ansatz der Einsatzfelder für die IT von Porter und Millar bei der Prozess- und Wirkungskettenanalyse nach Retter und Bastian, beim Prozess-Innovations-Ansatz von Davenport, beim Customer Resource Life Cycle sowie beim Ansatz von Grosse nicht[417]. Innerhalb des Verhandlungsansatzes von Avgerou können Unsicherheiten transparent gemacht werden, sofern sie von den Beteiligten in den Wirkungserhebungsprozess eingebracht werden[418].

Hinsichtlich der betrachteten *Lebenszyklusphase* eines Informationssystems beziehen sich das Modell von Nolan, Norton & Company, der Ansatz der kritischen Erfolgsfaktoren, der Ansatz von McFarlan und McKenney, der Ansatz der Einsatzfelder für die IT von Porter und Millar, der Prozess-Innovations-Ansatz von Davenport, der Customer Resource Life Cycle sowie der Ansatz von Grosse auf den Einsatz, nicht aber die Einführung oder Ablösung von Informationssystemen im Unternehmen. Die Prozess- und Wirkungskettenanalyse nach Retter und Bastian sowie der Verhandlungsansatz von Avgerou können grundsätzlich alle Arten von Wirkungen eines Informationssystems erfassen und eignen sich daher zur Erhebung von Wirkungen, die in allen drei betrachteten Phasen des Lebenszyklus eines Informationssystems entstehen.

Hinsichtlich der *Nachhaltigkeit* der abgeleiteten Wirkungen bezieht sich das Verfahren von Nolan, Norton & Company potentiell sowohl auf einmalige als auch auf mehrmalige oder dauerhafte Wirkungen; diese ergeben sich je nach Definition der Unternehmensziele. Da den Ansätzen der kritischen Erfolgsfaktoren und der Einsatzfelder für die IT von Porter und Millar jeweils eine langfristige[419] bzw. strategische[420] Perspektive zugrunde liegt, ist davon auszuge-

---

[416] vgl. Avgerou (1995), S. 427
[417] vgl. hierzu auch Walter und Spitta (2004), S. 177
[418] vgl. Walter und Spitta (2004), S. 177
[419] vgl. Alpar, Grob, Weimann und Winter (2008), S. 143

hen, dass sie sich primär auf die Erhebung dauerhafter Wirkungen beziehen. Entsprechendes gilt für den ebenfalls strategisch ausgerichteten Ansatz von McFarlan und McKenney[421]. Die Prozess- und Wirkungskettenanalyse nach Retter und Bastian und der Verhandlungsansatz von Avgerou können sowohl einmalige als mehrmals auftretende als auch dauerhafte Wirkungen modellieren, während sich die im Prozess-Innovations-Ansatz von Davenport dargestellten Ansätze für Prozessinnovationen auf langfristige, dauerhafte Prozessveränderungen beziehen. Der Customer Resource Life Cycle fokussiert aufgrund seiner Ausrichtung auf die Bedürfnisse der Kunden des Unternehmens ebenfalls auf langfristige und dauerhafte Wirkungen[422], ebenso der Ansatz von Grosse über seine prozessorientierte Sichtweise.

3.2.2.2 Formelle Auswahlkriterien

Die *quantitative Form* der durch ein Verfahren abgeleiteten Ergebnisse ist beim Modell von Nolan, Norton & Company, beim Ansatz der kritischen Erfolgsfaktoren sowie beim Ansatz der Einsatzfelder für die IT von Porter und Millar qualitativ; abgeleitet wird, welche Unternehmensbereiche und Informationssysteme im Hinblick auf die Unternehmensziele bzw. die kritischen Erfolgsfaktoren als besonders relevant einzustufen sind (Nolan, Norton & Company, KEF) bzw. in welchen Unternehmensbereichen der Einsatz von Informationssystemen zu nachhaltigen Wettbewerbsvorteilen führen kann (Porter und Millar). Der Ansatz von McFarlan und McKenney leitet den *Typ* eines Unternehmens entsprechend der im Ansatz enthaltenen Unternehmenstypologie ab. Dieser bezieht sich jedoch nicht auf die Wirkungen der innerhalb des betrachteten Unternehmens eingesetzten Informationssysteme. Die Wirkungsbeschreibung erfolgt vielmehr über die Beantwortung der aus den Porterschen Wettbewerbskräften abgeleiteten Fragen in qualitativer Form. Auch die Prozess- und Wirkungskettenanalyse nach Retter und Bastian liefert qualitative Informationen in Form von direkten und indirekten Wirkungsbeschreibungen sowie Beschreibungen der gegenseitigen Abhängigkeit von Wirkungen, ebenso der Prozess-Innovations-Ansatz von Davenport über die qualitative Ableitung möglicher Auswirkungen des IT-Einsatzes auf Prozessveränderungen. Durch den Customer Resource Life Cycle sowie den Ansatz von Grosse können sowohl qualitative Wirkungen, etwa über Aussagen zur Qualität oder zum Image des Unternehmens, als auch quantitative Wirkungen, etwa in Form von reduzierten Bearbeitungszeiten, abgeleitet werden. Der Verhandlungsansatz von Avgerou als Rahmen der Wirkungsermittlung kann sowohl qualitati-

---

[420] vgl. Alpar, Grob, Weimann und Winter (2008), S. 50
[421] vgl. Heinrich und Lehner (2005), S. 76f.
[422] vgl. Walter und Spitta (2004), S. 177

3. Anwendung des Kriterienrahmens   101

ve als auch quantitative Informationen zur Entscheidungsunterstützung bei der Planung zukünftiger Informationssysteme ableiten.

Die *Form* der vom Modell nach Norton, Nolan & Company[423], dem Ansatz der kritischen Erfolgsfaktoren, dem Ansatz von McFarlan und McKenney, dem Ansatz der Einsatzfelder für die IT von Porter und Millar, sowie dem Prozess-Innovations-Ansatz von Davenport zur Wirkungserhebung *herangezogenen Informationen* ist qualitativer Natur. Betrachtet werden nichtfinanzielle, qualitative Aspekte. Bei der Prozess- und Wirkungskettenanalyse nach Retter und Bastian, dem Customer Resource Life Cycle, dem Ansatz von Grosse sowie dem Verhandlungsansatz von Avgerou können sowohl qualitative als auch quantitative und monetäre[424] Aspekte zur Modellierung der Wirkungen heran gezogen werden.

Hinsichtlich des *Verdichtungsgrads* der abgeleiteten Wirkungen ist beim Modell von Norton, Nolan & Company, beim Ansatz der kritischen Erfolgsfaktoren sowie beim Ansatz der Einsatzfelder für die IT von Porter und Millar festzustellen, dass durch die Identifikation der kritischen bzw. strategisch relevanten Unternehmensbereiche und Informationssysteme mehrere Informationen abgeleitet werden, die jedoch nicht in einem unmittelbaren strukturellen Zusammenhang zueinander stehen. Gleiches gilt für die durch die Prozess- und Wirkungskettenanalyse nach Retter und Bastian, den Prozess-Innovations-Ansatz von Davenport, den Customer Resource Life Cycle, den Ansatz von Grosse sowie den Verhandlungsansatz von Avgerou erarbeiteten Wirkungen. Beim Ansatz von McFarlan und McKenney werden qualitative Wirkungen abgeleitet, welche sich über das Schema der Porterschen Wettbewerbskräfte systematisieren lassen. In diesem Sinne kann hier von einem System von erarbeiteten Informationen gesprochen werden.

3.2.2.3 Zeitliche Auswahlkriterien

Der *Aufwand der Durchführung* wird beim Modell von Nolan, Norton & Company als relativ hoch eingestuft[425], falls die ermittelten Wirkungen schlüssig und nachvollziehbar sein sollen[426]. Die Erarbeitung der kritischen Erfolgsfaktoren basiert auf Interviews mit den Führungskräften des Unternehmens. Entsprechend richtet sich der Aufwand nach der Anzahl der

---

[423] vgl. Walter und Spitta (2004), S. 177
[424] etwa durch Einbeziehung von Kostenfaktoren (vgl. Reichmayr (2003), S. 35)
[425] vgl. Pietsch (2003), S. 163, Walter und Spitta (2004), S. 177
[426] vgl. Pietsch (2003), S. 163

befragten Führungskräfte und der Zahl der einbezogenen Unternehmensziele. Nicht zuletzt aufgrund der Verwandtschaft zum Modell von Nolan, Norton & Company ist der Aufwand zur Erarbeitung der kritischen Erfolgsfaktoren ebenfalls als hoch einzustufen. Dem Ansatz von McFarlan und McKenney wird in der einschlägigen Literatur ein umfangreicher Aufwand zur Durchführung bescheinigt, der sich aus der Analyse der Aussagen hinsichtlich der Porterschen Wettbewerbskräfte ableitet[427]. Analysen der Wertkette und des Wettbewerbsumfelds eines Unternehmens werden bei hohem Anspruch an Detailgenauigkeit und Verlässlichkeit der abgeleiteten Informationen als sehr aufwendig eingestuft[428]. Folglich ist davon auszugehen, dass der Ansatz von McFarlan und McKenney und der Ansatz der Einsatzfelder für die IT von Porter und Millar mit einem hohen Aufwand der Durchführung verbunden sind. Der sehr hohe Aufwand der Durchführung der Prozess- und Wirkungskettenanalyse nach Retter und Bastian ist einer der Hauptkritikpunkte an diesem Ansatz[429]. Er ergibt sich zum einen aus der erforderlichen feinen Granularität der Analyse, zum anderen aus der hohen Anzahl an Wirkungen und Folgewirkungen, die gerade bei komplexen Systemen betrachtet werden müssen[430]. Der Aufwand zur Durchführung von Prozessanalysen und der Neustrukturierung wird im Allgemeinen als erheblich betrachtet[431]. Entsprechend ist der Aufwand zur Durchführung des Prozess-Innovations-Ansatzes von Davenport ebenfalls als hoch einzustufen. Dem Customer Resource Life Cycle wird in der Literatur teilweise ein vergleichsweise geringer Durchführungsaufwand bescheinigt[432], auch wenn auch hier zu unterstellen ist, dass die vollständige und detaillierte Beschreibung aller Unterstützungsmöglichkeiten eines Informationssystems mit nicht unerheblichem Aufwand verbunden ist[433]. Entsprechend ist auch der zeitliche Aufwand zur Durchführung des Ansatzes von Grosse als nicht unerheblich einzustufen[434]. Die Durchführung des Verhandlungsansatzes von Avgerou ist aufgrund seines dialektischen Charakters mit einem erheblichen zeitlichen Aufwand verbunden[435].

---

[427] vgl. Pietsch (2003), S. 164
[428] vgl. Pietsch (2003), S. 163
[429] vgl. Walter und Spitta (2004), S. 176
[430] vgl. Retter (1996), S. 106
[431] vgl. Hansmann (2006), S. 202
[432] vgl. Walter und Spitta (2004), S. 177
[433] vgl. Pietsch (2003), S. 31
[434] vgl. Pietsch (2003), S. 165
[435] vgl. Walter und Spitta (2004), S. 176

3. Anwendung des Kriterienrahmens

3.3 Verfahren zur Wirkungsbewertung

3.3.1 Vorstellung der Verfahren im Einzelnen

3.3.1.1 Die Nutzwertanalyse

Die Nutzwertanalyse (NWA) ist ein Bewertungsverfahren, das in den USA unter der Bezeichnung „utility analysis" entwickelt wurde[436] und im deutschsprachigen Raum im Wesentlichen durch die Arbeit von Zangemeister[437] Bekanntheit erlangte[438]. Sie umfasst „die Analyse einer Menge komplexer Handlungsalternativen mit dem Zweck, die Elemente dieser Menge entsprechend den Präferenzen des Entscheidungsträgers bezüglich eines multidimensionalen Zielsystems zu ordnen. Die Abbildung dieser Ordnung erfolgt durch die Angabe der Nutzwerte (Gesamtwerte) der Alternativen"[439].

Die Nutzwertanalyse geht von einem multidimensionalen Zielsystem des Entscheidungsträgers aus[440]. Zunächst erfolgt für jedes einzelne Ziel die Bewertung der Zielerfüllung durch die verschiedenen Alternativen, um so zu Teilnutzwerten zu gelangen. Die Einzelziele werden im Anschluss daran gewichtet, so dass aus den Teilnutzwerten und den zugehörigen Zielgewichtungen Nutzwerte für jede Alternative errechnet werden können.

Die Nutzwerteanalyse kann in folgenden Schritten durchgeführt werden[441]:

(1) Bestimmung von *Zielkriterien* für jedes Ziel; Zielkriterien müssen operational formuliert sein, d.h. die Erreichung eines Ziels muss über ein Zielkriterium auf einer nominalen, ordinalen oder kardinalen Skala[442] messbar sein;

(2) *Gewichtung der Zielkriterien* zur Erfassung der unterschiedlichen Bedeutung von einzelnen Zielen;

---

[436] vgl. Hübner und Jahnes (1998), S. 245, Witte (2007), S. 159
[437] vgl. ausführlich Zangemeister (1976)
[438] vgl. Bechmann (1982), S. 799; als Vorläufer der Nutzwertanalyse können Verfahren der analytischen Arbeitsplatzbewertung sowie einfache Scoringmodelle angesehen werden (vgl. Strebel (1975), S. 34ff.), insbesondere die Arbeiten von Brogden (1949), Brogden und Taylor (1950) und Cronbach und Gleser (1965).
[439] Zangemeister (1976), S. 45
[440] vgl. im Folgenden aus der umfangreich vorhandenen Literatur etwa Götze (2008), S. 180ff., Jung (2007), S. 134ff., Heinrich und Lehner (2005), S. 379ff., Preißler (2000), S. 195ff., Zäpfel (2000), S. 309ff., Schneeweiß (1991), S. 120ff.
[441] vgl. Götze (2008), S. 181ff.
[442] vgl. zum Skalenbegriff und den unterschiedlichen Ausprägungen von Skalen die Ausführungen in Abschnitt 5.3.1

(3) Bestimmung der *Zielerreichungswerte* für jedes einzelne Ziel bzw. Zielkriterium durch die betrachteten Alternativen;

(4) Berechnung der Nutzwerte für die betrachteten Alternativen;

(5) Beurteilung der Vorteilhaftigkeiten der betrachteten Alternativen durch Vergleich der mittelten Nutzwerte.

Bei Verwendung von Kardinalskalen zur Messung der Zielerreichungswerte und zur Gewichtungen der Zielkriterien ergibt sich bei m Alternativen der Nutzwert N_i einer Alternative i; i=1..m, durch Aufsummieren der Produkte aus den einzelnen Zielerreichungswerten und den Zielkriteriengewichtungen. Gegeben seien n Zielkriterien mit Gewichtungen w_k; k=1..n, und für jede Alternative i n Zielerreichungswerte n_{ik}; i=1..m, k=1..n. Die Nutzwerte N_i ergeben sich dann aus

$$N_i = \sum_{k=1}^{n} w_k \, n_{ik}$$

Durch Vergleich der Nutzwerte der Alternativen kann so ihre relative Vorteilhaftigkeit gegeneinander ermittelt werden.

Bei der Nutzwertanalyse werden üblicherweise keine monetären Größen in die Bewertung einbezogen, da Ein- und Auszahlungen bzw. Erträge und Aufwendungen im allgemeinen von einer Vielzahl von Eigenschaften der betrachteten Bezugsobjekte, hier Informationssysteme, abhängen, welche ihrerseits durch Kriterien ausgedrückt sind und die jeweiligen Zielerreichungsgrade beeinflussen[443].

3.3.1.2 Der Analytic Hierarchy Process

Der Analytic Hierarchy Process (AHP) wurde 1980 von dem Mathematiker Thomas L. Saaty vorgestellt[444]. Der Analytic Hierarchy Process stellt kein grundsätzlich eigenständiges Bewertungsverfahren, sondern eine Variante der Nutzwertanalyse dar, dessen Besonderheit in der Berechnung der Gewichtungen der Zielkriterien und der betrachteten Alternativen liegt[445].

Die Bewertung der Alternativen erfolgt bei Anwendung des AHP im Hinblick auf *ein* fest definiertes Oberziel, im Folgenden Oberkriterium genannt[446]. Dieses wird in Unterziele bzw. Unterkriterien aufgeteilt, die ihrerseits weiter in Unterkriterien unterteilt werden können. Auf

---

[443] vgl. Götze (2008), S. 181
[444] vgl. hierzu Saaty (1980)
[445] vgl. Schneeweiß (1991), S. 157
[446] vgl. für den folgenden Überblick über den AHP Hübner und Günther (2007), S. 9f., ausführlich zum AHP vgl. Abschnitt 5.3.2

3. Anwendung des Kriterienrahmens

diese Weise wird eine Hierarchiestruktur gebildet, an deren Spitze das Oberkriterium steht und deren unterste Elemente die zu bewertenden Alternativen, d.h. die Bewertungsobjekte, bilden (vgl. Abbildung 27).

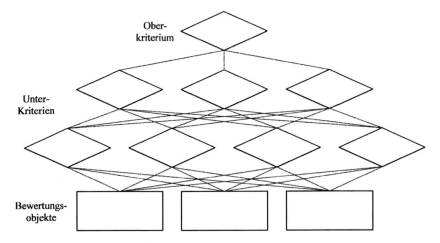

Abbildung 27: Hierarchiestruktur im AHP

Die Gewichtung innerhalb der Hierarchiestruktur des AHP kann grundsätzlich auf zwei verschiedene Arten erfolgen[447]: Bei der *relativen* Bewertung erfolgt die Bestimmung der Gewichtung durch paarweisen Vergleich je zweier Bewertungsobjekte untereinander im Hinblick auf eine gemeinsame Eigenschaft. Dieses Vorgehen empfiehlt sich besonders, wenn qualitative Kriterien bewertet werden sollen. Die *absolute* Gewichtung bewertet Kriterien separat voneinander unter Anwendung eines Bewertungsstandards, etwa durch direkte Zuweisung kardinaler[448] Werte oder durch Einbeziehung einer kardinalen Nutzenfunktion. Sie ist bei der Gewichtung quantitativer Sachverhalte oder, aufgrund des mit der relativen Bewertung verbundenen hohen Aufwands, bei einer großen Anzahl von zu bewertenden Alternativen vorzuziehen.

Entsprechend erfolgt die Gewichtung der Unterkriterien bezogen auf je ein in der Hierarchie höher liegendes Kriterium sowie die Gewichtung der Alternativen bezogen auf die Unterkriterien der untersten Stufe in der Hierarchie[449]. Durch Umrechnung der so gebildeten lokalen

---

[447] vgl. im Folgenden Peters (2008), S. 533ff., Saaty (2000), S. 8ff., Saaty (2000), S. 22ff.
[448] vgl. zum Kardinalitätsbegriff die Ausführungen in Abschnitt 5.3.1
[449] vgl. im Folgenden wiederum Hübner und Günther (2007), S. 9f., ausführlich zum AHP Abschnitt 5.3.2

Gewichte auf das Oberkriterium an der Spitze der Hierarchie kann so die Gewichtung der einzelnen Alternativen bezogen auf das Oberkriterium bestimmt werden. Die Gewichtungen der Alternativen drücken ihre relative Vorzügigkeit untereinander aus.

3.3.1.3 Die Simple Multiattributive Rating Technique

Ebenso wie der AHP wurde die Simple Multiattributive Rating Technqiue (SMART) zur Entscheidungsunterstützung bei Beachtung mehrerer Kriterien entwickelt[450]. Das SMART-Verfahren geht auf Edwards[451] zurück und läuft in folgenden Schritten ab[452]:

(1) Definition des Entscheidungsproblems durch Bestimmung der Kriterien und ggf. Unterkriterien, nach denen die Bewertung zu erfolgen hat;

(2) Definition der Alternativen, unter denen die Entscheidung zu fällen ist;

(3) Erstellen einer Reihenfolge, welche die Wichtigkeit der Kriterien relativ zueinander ausdrückt;

(4) Ableitung von Gewichtungen aus der Reihenfolge der Wichtigkeit der Kriterien; dies geschieht etwa, indem dem als am unwichtigsten erachteten Kriterium eine Gewichtung von 10 zugewiesen wird, und für alle übrigen Kriterien Faktoren geschätzt werden, die angeben, um wieviel wichtiger die Kriterien bezogen auf das als am unwichtigsten eingestufte Kriterium sind.

(5) Normierung der Gewichtungen der Kriterien, so dass ihre Summe gleich eins wird;

(6) Bewertung der Ausprägungen der Kriterien durch die einzelnen Alternativen auf einer Skala von 0 (geringster bzw. schlechtest möglicher Wert) bis 100 (höchst möglicher bzw. bester Wert);

(7) Berechnung der Zielerreichungswerte für jedes Kriterium und jede Alternative. Diese ergeben sich wie bei der Nutzwertanalyse durch Multiplikation der Kriteriengewichtungen mit den Kriterienausprägungen der Alternativen;

(8) Berechnung der Gesamt-Punktzahl jeder Alternative durch Aufsummierung der Zielerreichungswerte.

Ergebnis des SMART-Verfahrens ist wie bei der Nutzwertanalyse und dem AHP eine Gewichtung der Alternativen, die ihre relative Vorteilhaftigkeit untereinander in Bezug auf die der Bewertung zugrunde gelegten Kriterien angibt.

---

[450] vgl. Lootsma (1997), S. 67, Parkin (1996), S. 72ff.
[451] vgl. Edwards (1977), S. 326ff.
[452] vgl. im Folgenden Wang und Chou (2007), S. 280, Olson (1996), S. 35f., Green (1992), S. 96ff.

3. Anwendung des Kriterienrahmens

3.3.1.4 Die Kosten-Nutzen-Analyse

Die Kosten-Nutzen-Analyse (KNA) ist ein Verfahren zur Gegenüberstellung *monetärer Größen*[453]. Der Nutzen eines Informationssystems ist hierbei in monetären Einheiten auszudrücken und wird mit den durch ein Informationssystem verursachten Kosten abgeglichen, etwa indem Kosten und Nutzen zueinander ins Verhältnis gesetzt[454] oder die Kosten vom monetär bewertetem Nutzen abgezogen werden[455].

Die Kosten-Nutzen-Analyse geht davon aus, dass sich der Nutzen des Betrachtungsobjekts unmittelbar in monetären Einheiten ausdrücken lässt[456]. Nicht monetär bewertbare Nutzeneffekte werden üblicherweise nach Abschluss der Rechnung separat und in qualitativer Form zur weiteren Entscheidungsunterstützung aufgeführt[457].

Der Ablauf einer Kosten-Nutzen-Analyse kann sich in folgende Ablaufphasen gliedern[458]:

- *Vorbereitungsphase*: Hier werden die im Rahmen der Kosten-Nutzen-Analyse benötigten Daten beschafft, die Ziele fest gelegt, unter deren Betrachtung die weitere Analyse zu erfolgen hat, sowie die zu bewertenden Alternativen festgelegt.
- *Berechnungsphase*: In dieser Phase erfolgt die Berechnung der Kosten und des Nutzens jeder einzelnen Alternative. Direkt und indirekt monetär quantifizierbare Wirkungen werden durch Bewertung in monetäre Einheiten überführt. Durch Wahl eines geeigneten Kalkulationszinssatzes werden monetär quantifizierbare Wirkungen aus verschiedenen Perioden auf- bzw. abgezinst, um so die Summen der auf- bzw. abgezinsten Kosten (Kosten-Barwertsumme) und Nutzeneffekte (Nutzen-Barwertsumme) errechnen zu können. Durch Subtraktion der Kosten-Barwertsumme von der Nutzen-Barwertsumme bzw. durch Division der Nutzen-Barwertsumme durch die Kosten-Barwertsumme kann dann der Netto-Nutzen jeder Alternative bestimmt werden. Zur Behandlung nicht monetär quantifizierbarer Wirkungen werden in der Literatur unterschiedliche Vorgehensweisen vorgeschlagen. Danach wird entweder versucht, qualitative Wirkungen unter Einbeziehung von Umrechnungsfaktoren in mone-

---

[453] vgl. Ammenwerth und Haux (2005), S. 222
[454] vgl. Ammenwerth und Haux (2005), S. 223
[455] vgl. Homann (2005), S. 262
[456] vgl. Ammenwerth und Haux (2005), S. 223
[457] vgl. Homann (2005), S. 263
[458] vgl. im Folgenden Homann (2005), S. 263ff.

tären Einheiten auszudrücken[459], oder die qualitativen Wirkungen werden gesondert ausgewiesen und nicht in die Rechnung aufgenommen[460].

- *Beurteilungsphase*: Hier erfolgt eine vergleichende Betrachtung der für jede Alternative berechneten Netto-Nutz-Werte und ggf. der ermittelten qualitativen Wirkungen. Abschließend wird diejenige Alternative erwählt, welche den günstigsten Netto-Nutzwert - ggf. unter Einbeziehung der qualitativen Wirkungen - aufweist.

Innerhalb der Kosten-Nutzen-Analyse können zur Berechnung der auf- bzw. abgezinsten Kosten- bzw. Nutzen-Barwerte grundsätzliche alle der bereits in Abschnitt 2.3.3 erwähnten Verfahren der Investitionsrechnung zum Einsatz kommen[461]. Häufig genannt werden in diesem Zusammenhang die Kapitalwertmethode[462] und der Return on Investment (ROI)[463].

Eng verwandt mit der Kosten-Nutzen-Analyse ist der Ansatz des Total Economic Impact (TEI), Gegenstand dessen ebenfalls die Analyse der finanziellen Auswirkungen mehrerer Investitionsalternativen ist[464]. Der Total Economic Impact Ansatz basiert auf einer TCO-Kostenanalyse, die um Nutzenaspekte erweitert wird. Die Erfassung der Nutzenaspekte konzentriert sich dabei hauptsächlich auf Einsparungen im IT-Bereich sowie auf zu erwartete Umsatzsteigerungen.

3.3.1.5 Die Gemeinkostenwertanalyse

Die Gemeinkostenwertanalyse (GWA) dient der Optimierung der Gemeinkosten in den nicht unmittelbar an der eigentlichen Leistungserstellung beteiligten, indirekten Unternehmensbereichen[465]. Sie läuft in drei Phasen ab:

---

[459] vgl. Schäppi, Andreasen, Kirchgeorg und Radermacher (2005), S. 191
[460] vgl. Jung (2007), S. 134, Homann (2005), S. 266, Potthoff und Trescher (1993), S. 86
[461] vgl. Brugger (2005), S. 139f.; zu den Verfahren der Investitionsrechnung im Detail vgl. etwa Kruschwitz (2007) oder Mensch (2002)
[462] vgl. Röhrich (2007), S. 164, Homann (2005), S. 266, Walter und Spitta (2004), S. 174. Bei der Kapitalwertmethode, englisch net present value (NPV) (vgl. Kruschwitz (2007), S. 68), werden Zahlungen, die zu unterschiedlichen Zeitpunkten anfallen, unterschiedlich bewertet, indem sie über die Kalkulationszinsfuß auf den Zeitpunkt der ersten Zahlung abgezinst (diskontiert) werden. Differenz aller abgezinsten Einzahlungen und Auszahlungen wird als Kapitalwert bezeichnet (vgl. Jung (2007), S. 124, Röhrich (2007), S. 62ff., Brümmerhoff (2001), S. 470).
[463] vgl. Ammenwerth und Haux (2005), S. 223. Der ROI wurde von der amerikanischen Firma Du Pont entwickelt und bildet eine Prozentzahl, die meist periodenbezogen zur Messung der Wirtschaftlichkeit herangezogen wird. Er lässt sich im Rahmen einer Kosten-Nutzen-Analyse im übertragenen Sinn als Quotient aus quantifiziertem Nutzen und eingesetztem Kapital darstellen (vgl. hierzu Preißler (2008), S. 48ff., Hohmann, Prischl, Quadt und Warner (2004), S. 84f., Groll (2003), S. 17ff.).
[464] vgl. im Folgenden Ney (2006), S. 68
[465] vgl. im Folgenden Stelling (2005), S. 249f.

3. Anwendung des Kriterienrahmens 109

(1) In der *Vorbereitungsphase* erfolgt die Definition des Untersuchungsbereichs, die Bildung des verantwortlichen Projektteams sowie die Bestimmung der in den betroffenen indirekten Unternehmensbereichen verantwortlichen Leitungspersonen.

(2) Die *Analysephase* wird von den benannten verantwortlichen Leitungspersonen durchgeführt und umfasst folgende Schritte:

    a. Aufstellung der jeweils erbrachten Leistungen einschließlich der damit verbundenen Kosten;

    b. Gegenüberstellung von Kosten und Leistungen;

    c. Entwicklung von Einsparungsideen (z.B. Wegfall oder Ersatz von Leistungen, geringere Qualität, reduzierter Umfang, reduzierte Häufigkeit[466]) für Leistungsbereiche mit ungünstigem Kosten-/Leistungsverhältnis;

    d. Bewertung der Einsparungsideen hinsichtlich ihrer Realisierbarkeit;

    e. Definition von Aktionsprogrammen, welche die als realisierbar bewerteten Einsparungsideen umfassen, Analyse der Wirtschaftlichkeit der Aktionsprogramme auf Grundlage traditioneller Investitionsrechenverfahren[467] und Übermittlung der Aktionsprogramme an die Unternehmensleitung zur Genehmigung.

(3) In der Durchführungsphase schließlich erfolgt die Umsetzung der Aktionsprogramme in den betroffenen Unternehmensbereichen.

Die Gemeinkostenwertanalyse dient ausschließlich der Kostensenkung[468]. Sie ist häufig mit Akzeptanzproblemen bei den betroffenen Mitarbeitern verbunden, da sie oft auf die Reduktion der Personalkosten und einem damit verbundenen Personalabbau zielt[469]. Die Gemeinkostenwertanalyse untersucht nicht, inwiefern die frei werdenden Ressourcen anderweitig Verwendung finden können oder wie eine Verbesserung des Leistungsniveaus in den indirekten Unternehmensbereichen erreicht werden kann[470].

---

[466] vgl. Pietsch und Klotz (1989), S. 197
[467] vgl. Pietsch (2003), S. 65
[468] vgl. Stelling (2005), S. 250
[469] vgl. Stelling (2005), S. 250
[470] vgl. Stelling (2005), S. 250

3.3.1.6 Die Arbeitssystemwertanalyse

Die Arbeitssystemwertanalyse (AWA) verfolgt das Ziel, in Ergänzung zur konventionellen Wirtschaftlichkeitsrechnung durch Ermittlung und Bewertung qualitativer Wirkungen und einer damit verbundenen ganzheitlichen Sichtweise auf ein Entscheidungsproblem eine verbesserte Entscheidungsgrundlage zu schaffen[471].

Ein Arbeitssystem ist im Rahmen der Arbeitssystemwertanalyse als ein System, „das der Erfüllung einer Arbeitsaufgabe, bei der Menschen und Arbeitsmittel im Arbeitsablauf unter bestimmten Bedingungen zusammenwirken"[472], definiert. Der Arbeitssystemwert drückt ähnlich wie der Nutzwert aus der Nutzwertanalyse (vgl. Abschnitt 3.3.1.1) die Vorteilhaftigkeit eines Arbeitssystems im relativen Vergleich zu den anderen betrachteten Arbeitssystemen aus[473]. Er wird in folgenden Schritten errechnet:

(1) Definition der Kriterien, nach denen die betrachteten Arbeitssysteme zu bewerten sind; da monetär-quantitative Aspekte nicht Gegenstand der Arbeitssystemwertanalyse sind, sondern separat in der Wirtschaftlichkeitsrechnung betrachtet werden, sollen im Rahmen der Arbeitssystemwertanalyse nur Kriterien berücksichtigt werden, die qualitative Aspekte beschreiben.

(2) Gewichtung der einzelnen Kriterien untereinander durch paarweisen Vergleich und anhand einer fest definierten Gewichtungsskala, um so Gewichtungsfaktoren für jedes Kriterium errechnen zu können.

(3) Bestimmung der Erfüllungsgrade jedes Kriteriums durch die betrachteten Arbeitssysteme auf einer Skala von 0 bis 10, wobei ein Erfüllungsgrad von 0 keine Erfüllung und ein Erfüllungsgrad von 10 eine optimale Erfüllung bedeutet.

(4) Berechnung des Arbeitssystemwerts für jedes betrachtete Arbeitssystem durch Multiplikation der Kriteriengewichtungen mit den Erfüllungsgraden und anschließender Aufsummierung.

Die endgültige Entscheidung über die Vorteilhaftigkeit eines Arbeitssystems gegenüber den betrachteten Alternativen ergibt sich durch Gegenüberstellung der Arbeitswerte und der Ergebnisse der klassischen Wirtschaftlichkeitsrechnung.

---

[471] vgl. Zilahi- Szabó (1993), S. 916f.
[472] Pietsch (2003), S. 78
[473] vgl. im Folgenden Pietsch (2003), S. 78ff.

3. Anwendung des Kriterienrahmens 111

3.3.1.7 Das Excess-Tangible-Cost-Verfahren

Das Excess-Tangible-Cost-Verfahren (ETC-Verfahren) ist ein Bewertungsverfahren, das die durch ein Informationssystem verursachten Kosten und den mit dem Einsatz eines Informationssystems verbundenen Nutzen in monetärer Form einander gegenüberstellt[474]. Es wurde 1981 von Litecky vorgeschlagen und basiert auf folgender Vorgehensweise[475]:

(1) Ermittlung und Abschätzung der durch das Informationssystem verursachten Kosten;

(2) Ermittlung und Abschätzung des mit dem Einsatz des Informationssystems unmittelbar monetär bewertbaren Nutzens;

(3) Subtraktion des direkt monetär bewertbaren Nutzens von den Kosten. Diese Differenz wird als *excess-tangible-costs* bezeichnet und stellt den monetären Wert dar, der durch die qualitativen Wirkungen des Einsatzes des Informationssystems zu kompensieren ist;

(4) Die qualitativen Wirkungen des Einsatzes des Informationssystems werden hinsichtlich ihrer Eintrittswahrscheinlichkeit und ihres ökonomischen Werts monetär bewertet und den excess-tangible-costs gegenübergestellt. Die Bewertung geschieht auf Grundlage von Plausibilitätsüberlegungen oder Erfahrungswerten durch das Management.

Das excess-tangible-costs-Verfahren wird im Gegensatz zu den entscheidungsunterstützenden Verfahren der vorherigen Abschnitte üblicherweise nur auf einzelne Informationssysteme angewendet[476].

3.3.1.8 IT Performance Measurement

Unter den Begriff des Performance Measurement lassen sich allgemein verschiedene Ansätze zur Leistungsmessung und -bewertung einordnen, die auf der Verwendung von *Kennzahlen* basieren und der Beurteilung der Leistungsfähigkeit unterschiedlichster Objekte innerhalb eines Unternehmens dienen können[477].

Kennzahlen sind Zahlen, welche messbare, d.h. quantitativ erfassbare, betriebswirtschaftlich relevante Sachverhalte zusammenfassen und so deren Darstellung in kurzer und prägnanter

---

[474] vgl. Litecky (1981), S. 16
[475] vgl. im Folgenden Litecky (1981), S. 15ff.
[476] vgl. Simmons (1998), S. 133
[477] vgl. Gleich (1997), S. 114

Form erlauben[478]. Merkmale von Kennzahlen sind ihr Informationscharakter (Ermöglichung der Beurteilung von Sachverhalten und Zusammenhängen), ihre Quantifizierbarkeit (Messung der Sachverhalte auf metrischen Skalen) sowie ihre Informationsform (Darstellung komplexer Sachverhalte in einfacher Art und Weise)[479]. Kennzahlen ermöglichen eine quantitative Beschreibung der Ist-Situation, können aber auch zukünftige Zustände in Form von Soll-/Plankennzahlen ausdrücken[480].

Die Verwendung von Kennzahlen zur Beschreibung der Wirkungen von Informationssystemen ist ein allgemein akzeptiertes Vorgehen[481], dementsprechend finden sich in der Literatur vielfältige Vorschläge für einschlägige IT-Kennzahlen[482]. In diesem Zusammenhang ist anzumerken, dass sich Kennzahlen meist auf die Beschreibung quantitativer bzw. monetärer Aspekte beschränken und ein Einbeziehen qualitativer Aspekte nicht bzw. auf Grundlage äußerst fragwürdiger Argumentationen - und ohne theoretisch fundierten Bezug - geschieht[483].

In der Literatur wird häufig die Verwendung von zusammenhängenden *Kennzahlensystemen* gegenüber der Verwendung von Einzelkennzahlen als vorteilhafter eingestuft[484]. Unter einem Kennzahlensystem ist der „ganzheitliche Zusammenhang einer Menge von Kennzahlen gemeint, die zur Erreichung eines gemeinsamen Zwecks zusammenwirken"[485], zu verstehen. Auch wenn in der Literatur verschiedene Vorschläge für Kennzahlensysteme in der IT zu finden sind[486], etwa in Form einer IT Balanced Scorecard[487] (IT-BSC), wird die Existenz einer

---

[478] vgl. Reichmann (2001), S. 19
[479] vgl. Kütz (2007), S. 41
[480] vgl. Gonschorrek und Pepels (2007), S. 510
[481] vgl. Walter und Spitta (2004), S. 174
[482] vgl. etwa Kütz (2007), S. 79ff. bzw. S. 217ff.
[483] vgl. Jung (2007), S. 152, Walter und Spitta (2004), S. 174
[484] vgl. Walter und Spitta (2004), S. 174
[485] Heinrich und Lehner (2005), S. 359
[486] vgl. ausführlich Kütz (2006), S. 94ff.
[487] Die Balanced Scorecard wurde Anfang der 90er Jahre von Kaplan und Norton (vgl. Kaplan und Norton (1996)) aus der Kritik an den bis dato rein auf finanzielle Aspekte beschränkten und vergangenheitsorientierten Kennzahlensystemen entwickelt (vgl. Brühl (2004), S. 430). Die Balanced Scorecard beinhaltet vier Perspektiven: Die finanzielle Perspektive, die Kundenperspektive, die interne Prozessperspektive sowie die Lern- und Entwicklungsperspektive (vgl. Kaplan und Norton (1996), S. 25ff.). Innerhalb jeder Perspektive sind Ziele für das Unternehmen zu formulieren, deren Erreichung über die Definition entsprechender Kennzahlen messbar gemacht werden soll. Die Balanced Scorecard geht durch die Verknüpfung der strategischen Unternehmensziele mit operativen Maßnahmen über die Rolle eines reinen Kennzahlensystems hinaus und wird verbreitet auch als Managementsystem im Sinne eines Performance Measurement Systems bezeichnet (vgl. Horváth (2006), S. 244ff., Horváth (2006), S. 563, Brühl (2004), S. 530ff.). Die Balanced Scorecard lässt sich auch speziell auf den IT-Bereich eines Unternehmens anpassen und in Form einer IT Balanced Scorecard zur Steuerung des IT-Bereichs verwenden (vgl. Kütz (2005), S. 191ff.).

3. Anwendung des Kriterienrahmens

allgemein akzeptierten Systematik zur Strukturierung der IT-Kennzahlen zu IT-Kennzahlensystemen immer noch bezweifelt[488].

Das *IT Performance Measurement* (ITPM) umfasst die Steuerung und laufende Überwachung der Zielerreichung der IT eines Unternehmens auf Grundlage geeigneter IT-Kennzahlen[489]. Der Ablauf eines IT Performance Measurement Prozesses leitet sich vom allgemeinen Performance Measurement Prozess[490] ab und kann sich in folgenden Schritten vollziehen[491]:

(1) Ableitung der IT-Strategie aus der Unternehmensstrategie; die IT-Strategie greift Vorgaben aus der allgemeinen Unternehmensstrategie auf und konkretisiert diese in Vorgaben für den IT-Bereich, etwa durch Formulierung normativer Aussagen über die Ausgestaltung des IT Managements, der Technologieverwendung, der IT Organisation sowie der eingesetzten bzw. einzusetzenden Informationssysteme.

(2) Definition eines Zielsystems für den IT-Bereich, basierend auf der IT-Strategie; das IT-Zielsystem soll in sich konsistent und umfassend, die einzelnen Ziele umsetzbar sowie überschneidungsfrei definiert sein.

(3) Operationalisieren der einzelnen IT-Ziele durch messbare (monetäre und nichtmonetäre) Kennzahlen; die Kennzahlen werden auch als Key Performance Indikatoren (KPIs) bezeichnet.

(4) Festlegung von Zielwerten für die Key Performance Indikatoren und Kommunikation der Zielvorgaben an die verantwortlichen Bereiche.

(5) Messung der Zielerreichung und Durchführung von Abweichungsanalysen. Werden Zielwerte nicht erreicht, so sind entsprechende korrigierende Maßnahmen zu definieren und einzuleiten.

(6) Zyklische Anpassung der Zielwerte für die Key Performance Indikatoren im Rahmen des Planungsprozesses im Unternehmen.

---

[488] vgl. Gonschorrek und Pepels (2007), S. 510
[489] vgl. Harris, Herron und Iwanicki (2008), S. 150, Baschab, Piot und Carr (2007), S. 574ff., Gaulke (2004), S. 15
[490] vgl. zum allgemeinen Performance Measurement Prozess etwa Horváth (2006), S. 563
[491] vgl. im Folgenden van der Zee (2003), S. 130ff., Eul, Hanssen und Herzwurm (2006), S. 26ff.; in der Literatur finden sich unterschiedliche Definitionen der Phasen des allgemeinen Performance Measurement Prozesses, die Unterschiede sind aber meist nur deklatorischer Natur (vgl. Printz (2008), S. 33).

Das IT Performance Measurement bewertet die Leistung der IT bzw. von einzelnen Informationssystemen anhand des Erreichungsgrads der festgelegten Zielwerte der einzelnen Key Performance Indikatoren.

3.3.1.9 Die Argumentenbilanz

Die Argumentenbilanz sammelt Wirkungen, die mit einem Vorhaben verbunden sind, in verbaler Form[492]. Durch Bewertung werden die Wirkungen in Vor- und Nachteile eingeteilt und einander in Form von „Wertschätzungs-Aktiva" (z.b. Chancen) und „Wertschätzungs-Passiva" (z.b. Risiken) gegenübergestellt. Innerhalb der Argumentenbilanz kann zusätzlich eine Kategorisierung der Vor- und Nachteile erfolgen, etwa nach sachlogischen Gesichtspunkten oder durch Differenzierung von Außen- und Innenwirkungen. Durch Abwägung aller Vor- und Nachteile entsteht ein argumentativer „Gewinn" bzw. „Verlust", welcher im Anschluss zur Abschätzung der Wirtschaftlichkeit eines Vorhabens herangezogen werden kann. Der Vergleich der einzelnen Argumente kann durch Vergabe von Bewertungspunkten ähnlich der Metaplanmethode[493] unterstützt werden.

Abbildung 28 zeigt ein Beispiel für eine Argumentenbilanz.

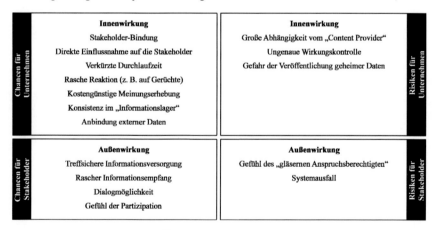

Abbildung 28: Argumentenbilanz (Beispiel)[494]

---

[492] vgl. im Folgenden Kargl und Kütz (2007), S. 53f., Breiing und Knosala (1997), S. 229f.
[493] Die Metaplanmethode ist eine verbreitete Moderationsmethode insbesondere bei kritischen Themenstellungen; die Gewichtung erfolgt unmittelbar durch die einzelnen Diskussionsteilnehmer in Form von Punktevergaben (vgl. ausführlich Vogel-Heuser (2003), S. 50ff.).
[494] in Anlehnung an Stösslein (2006), S. 39

3.3.2 Gegenüberstellung der Auswahlkriterien und der Verfahren zur Wirkungsbewertung

3.3.2.1 Inhaltliche Auswahlkriterien

Als *Bewertungsmaßstab* dient im Rahmen der Nutzwertanalyse und den verwandten Ansätzen des Analytic Hierarchy Process, des SMART-Verfahrens und der Arbeitssystemwertanalyse das Zielsystem des Entscheidungsträgers. Die Kosten-Nutzen-Analyse stützt sich auf das Zielsystem des Entscheidungsträgers, falls qualitative Wirkungen gesondert ausgewiesen und im Anschluss an den Vergleich der Barwerte zusätzlich zur Bewertung der Entscheidungsalternativen herangezogen werden. Ansonsten geht sie davon aus, dass Nutzeneffekte bereits in monetärer Form vorliegen. Die Gemeinkostenwertanalyse basiert teilweise auf der Einbeziehung der Unternehmensziele, da diese über die Vorgabe der Verbesserung des finanzwirtschaftlichen Ergebnisses den Rahmen der Gemeinkostenwertanalyse stellen[495], und teilweise auf der Verwendung von Kosten, indem sie den Wert eines Aktionsprogramms über Prognosen zu Einsparungspotentialen definiert. Nach dem Excess-Tangible-Cost-Verfahren sollen qualitative Wirkungen des Einsatzes von Informationssystemen auf Grundlage von Plausibilitätsüberlegungen oder Erfahrungswerten durch das Management bewertet werden. Der Bewertungsmaßstab bleibt innerhalb des Excess-Tangible-Cost-Verfahrens somit einigermaßen unspezifiziert; es können prinzipiell alle denkbaren Ausprägungen herangezogen werden. Im Rahmen des IT Performance Measurements erfolgt die Leistungsbewertung unter Bezug auf Kennzahlen, die sich aus den Unternehmenszielen ableiten. Die Argumentenbilanz bedient sich der Einschätzungen der am Bewertungsprozess beteiligten Personen bei der Gruppierung der Wirkungen in positive (Vorteile) und negative (Nachteile). Der zugrundeliegende Bewertungsmaßstab ist somit schwerpunktmäßig in den Zielsystemen der Entscheidungsträger zu vermuten.

Die *Ganzheitlichkeit der Sichtweise* hängt bei der Nutzwertanalyse, beim Analytic Hierarchy Process sowie beim SMART-Verfahren unmittelbar von der Ganzheitlichkeit der zu bewertenden Wirkungen ab: Bewertet werden können grundsätzlich sowohl lokale als auch integrative Wirkungen von Informationssystemen. Die Kosten-Nutzen-Analyse kann ebenfalls sowohl lokal als auch ganzheitlich ausgestaltet werden, letzteres speziell wenn ihr eine so um-

---

[495] vgl. Stelling (2005), S. 249

fangreiche Sichtweise wie im IT Business Case von Brugger[496] zugrundegelegt wird. Die Gemeinkostenwertanalyse verfolgt eine eher eingeschränkte Sichtweise auf die lokal erzielbaren Kostenreduktionen[497]. Die Arbeitssystemwertanalyse strebt eine ganzheitliche Sichtweise an. Ob diese aber tatsächlich realisiert wird, hängt aber unmittelbar von den verwendeten Beurteilungskriterien ab[498]. Das Excess-Tangible-Cost-Verfahren bemüht sich ebenfalls grundsätzlich um eine ganzheitliche Sichtweise, die jedoch von Umfang und Inhalt der bewerteten Wirkungen abhängt[499]. Dem IT Performance Measurement liegt aufgrund seines Fokusses auf der Erfüllung der Unternehmensziele eine überwiegend ganzheitliche Sichtweise auf die Leistungen eines Informationssystems zugrunde. Die Argumentenbilanz kann sowohl auf lokale als auch auf unternehmensweit gültige Problembereiche angewendet werden[500].

Der *zeitliche Bezug* ist bei der Nutzwertanalyse, beim Analytic Hierarchy Process und beim SMART-Verfahren zunächst zukunftsgerichtet, da sie der Entscheidungsunterstützung und der Bewertung von Alternativen dienen. Sie können grundsätzlich aber ebenso zur Bewertung bereits realisierter Sachverhalte herangezogen werden. Auch die Kosten-Nutzen-Analyse kann sowohl zukunftsgerichtet als auch vergangenheitsbezogen eingesetzt werden, d.h. zur Entscheidungsvorbereitung wie auch zur Überprüfung bereits getroffener Entscheidungen[501]. Die Gemeinkostenwertanalyse dient der Prognose zukünftig erzielbarer Kosteneinsparungen, ist also ebenso wie die Arbeitssystemwertanalyse, die vorrangig der Bewertung und Auswahl zukünftig zu realisierender Systeme dient, zukunftsgerichtet. Das Excess-Tangible-Cost-Verfahren wiederum kann sowohl zur Begründung zukünftig zu implementierender Informationssysteme als auch zur Rechtfertigung bereits im Einsatz befindlicher Informationssysteme herangezogen werden[502]. Die Sichtweise des IT Performance Measurements ist sowohl zukunftsgerichtet als auch vergangenheitsbezogen, indem einerseits Vorgaben über die von einem Informationssystem zu erbringenden Leistungen in Form von Zielwerten gesetzt, andererseits die Erreichung der Zielvorgaben durch Gegenüberstellung mit den tatsächlich realisierten Leistungen abgeglichen wird. Die Argumentenbilanz wird meist zur Entschei-

---

[496] vgl. Brugger (2005), S. 12 bzw. die Ausführungen aus Abschnitt 2.3.3
[497] vgl. Pietsch (2003), S. 152
[498] vgl. Pietsch (2003), S. 162
[499] vgl. Pietsch (2003), S. 162
[500] Ein Beispiel für eine technisch-orientierte Argumentenbilanz, welche eher lokale Wirkungen beschreibt, findet sich etwa bei Breiing und Knosala (1997), S. 230; für ein Beispiel einer eher unternehmensweit orientierten, ganzheitlichen Argumentenbilanz vgl. Potthof (1998), S. 98.
[501] vgl. Litke (2007), S. 137
[502] vgl. Simmons (1998), S. 133

3. Anwendung des Kriterienrahmens

dungsunterstützung und Projektbegründung herangezogen[503], der zeitliche Bezug ist hier als zukunftsgerichtet einzustufen.

Eine explizite Einbeziehung der *Unsicherheit* der abgeleiteten Bewertungen erfolgt bei der Nutzwertanalyse, dem Analytic Hierarchy Process, der Kosten-Nutzen-Analyse, der Gemeinkostenwertanalyse, der Arbeitssystemwertanalyse, beim IT Performance Measurement sowie der Argumentenbilanz nicht. Die Nutzwertanalyse kann aber auch zur Gewichtung von Risikoindikatoren entsprechend der Präferenzen des Entscheidungsträgers herangezogen werden[504], ebenso der Analytic Herarchy Process und das SMART-Verfahren. In Bezug auf die Anwendung der Kosten-Nutzen-Analyse wird in der Literatur die Verwendung von Spannweiten für die betrachteten Kosten- und Nutz-Werte vorgeschlagen, welche die Unsicherheiten hinsichtlich des Eintretens der zugrunde liegenden Wirkungen reflektieren sollen[505]. Das Excess-Tangible-Cost-Verfahren bezieht Unsicherheiten bzw. Wahrscheinlichkeiten bezüglich des Eintritts prognostizierter Wirkungen explizit in die monetäre Bewertung der qualitativen Wirkungen ein, wobei allerdings keine unmittelbare Vorgehensweise zur Ableitung von Wahrscheinlichkeiten und Unsicherheiten sowie ihrer Übersetzung in monetäre Werte angegeben wird.

Hinsichtlich der betrachteten *Lebenszyklusphase* eines Informationssystems sind die Nutzwertanalyse, der Analytic Hierarchy Process, das SMART-Verfahren, die Kosten-Nutzen-Analyse und die Argumentenbilanz als flexibel einzustufen: Bewertbar sind grundsätzlich alle Wirkungen von Informationssystemen, unabhängig davon, ob sie während seiner Einführung, seines Einsatzes oder seiner Ablösung anfallen. Die Gemeinkostenwertanalyse bezieht sich auf die Freisetzung von Ressourcen, welche grundsätzlich in allen Phasen des Lebenszyklus eines Informationssystems denkbar sind. Der Schwerpunkt von Kosteneinsparungen dürfte in der betrieblichen Praxis allerdings mit dem Einsatz und der Ablösung von Informationssystemen verbunden sein. Die Arbeitssystemwertanalyse und das Excess-Tangible-Cost-Verfahren beziehen sich vorrangig auf die Bewertung von Wirkungen des Einsatzes der betrachteten Systeme[506], ebenso das IT Performance Measurement durch Bewertung der durch Informationssystem erbrachten Leistungen.

---

[503] vgl. Kargl und Kütz (2007), S. 51, Gienke und Kämpf (2007), S. 534, Rühle (1999), S. 242
[504] vgl. Beinert (2003), S. 39, Rosenkranz und Missler-Behr (2005), S. 127f.
[505] vgl. Magnusson, Bergman und Kroslid (2004), S. 138
[506] vgl. Simmons (1998), S. 132

Die *Nachhaltigkeit* der abgeleiteten Informationen hängt bei der Nutzwertanalyse, dem Analytic Hierarchy Process, dem SMART-Verfahren, der Kosten-Nutzen-Analyse und der Argumentenbilanz wiederum von den zu bewertenden Wirkungen ab. Prinzipiell können aber sowohl einmalige als auch mehrmals auftretende als auch dauerhafte Wirkungen bewertet werden. Gegenstand der Gemeinkostenwertanalyse können ebenfalls einmalig oder mehrfach auftretende oder dauerhafte Kostensenkungen sein. Die Arbeitssystemwertanalyse hingegen bezieht sich schwerpunktmäßig auf die Bewertung nachhaltiger, dauerhafter Wirkungen, indem die Erfüllung von Arbeitsaufgaben in den Vordergrund der Betrachtung gestellt wird[507]. Das Excess-Tangible-Cost-Verfahren strebt eine ganzheitliche Erfassung aller Wirkungen des Einsatzes von Informationssystemen an, sollte in diesem Sinne also ebenso wie das IT Performance Measurement einmalig und mehrfach auftretende sowie dauerhafte Wirkungen von Informationssystemen bewerten.

3.3.2.2 Formelle Auswahlkriterien

Die *quantitative Form* der durch ein Verfahren abgeleiteten Ergebnisse ist sowohl bei der Nutzwertanalyse, dem Analytic Hierarchy Process, dem SMART-Verfahren, der Kosten-Nutzen-Analyse und der Arbeitssystemwertanalyse eine Rangfolge der Alternativen, welche für die einzelnen Alternativen üblicherweise in Form einer dimensionslosen Zahl dargestellt wird[508]. Die Gemeinkostenwertanalyse liefert eine Prognose über die durch die als realisierbar eingeschätzten Aktionsprogramme erzielbaren Kosteneinsparungen, d.h. ein monetäres Ergebnis. Das Excess-Tangible-Cost-Verfahren liefert über die monetäre Bewertung der qualitativen Wirkungen des Einsatzes von Informationssystemen ebenfalls ein rein monetäres Ergebnis, auch wenn das Vorgehen zur Ableitung der monetären Werte relativ unspezifiziert ausgeführt ist[509]. Das IT Performance Measurement definiert potentiell sowohl quantitative als auch monetär-quantitative Kennzahlen zur Bewertung der Leistungen eines Informationssystems. Die Argumentenbilanz liefert qualitative, verbale Beschreibungen der eingebrachten Wirkungen, indem sie diese als Vor- oder Nachteile einstuft.

Die *Form der zu bewertenden Informationen* ist bei der Nutzwertanalyse auf qualitative und nicht-monetäre quantitative Informationen eingeschränkt[510]. Analoges ist für den Analytic Hierarchy Process und das SMART-Verfahren, die qualitative und quantitative Wirkungen

---

[507] vgl. Pietsch (2003), S. 78
[508] vgl. Pietsch (2003), S. 76 bzw. Solga (2008), S. 356
[509] vgl. Pietsch (2003), S. 155
[510] vgl. Götze (2008), S. 181 bzw. die Ausführungen aus Abschnitt 3.3.1.1

3. Anwendung des Kriterienrahmens

bewerten können[511], aufgrund ihrer Verwandtschaft zur Nutzwertanalyse zu vermuten, da die grundsätzliche Argumentation, dass monetäre Informationen in Form von Zahlungen bereits eine Vielzahl anderweitiger Wirkungen implizit beinhalten[512], auch auf die Ausgangslage des Aalytic Hierarchy Process und des SMART-Verfahrens zutrifft. Die Kosten-Nutzen-Analyse basiert vorwiegend auf der Bewertung monetärer Informationen, qualitative Aspekte können aber ebenfalls in die Bewertung einfließen. Die Gemeinkostenwertanalyse kann sowohl qualitative als auch quantitative Leistungsdaten in die Analyse einbeziehen, während die den Leistungen gegenübergestellten Kosten monetäre Informationen bilden. Die Arbeitssystemwertanalyse sieht sich explizit als Ergänzung zu Verfahren, welche monetäre bzw. quantitative Wirkungen von Informationssystemen bewerten. Ausgangspunkt der Arbeitssystemwertanalyse sind daher nur qualitative Informationen. In die Bewertung des Excess-Tangible-Cost-Verfahrens fließen sowohl qualitative als auch quantitative bzw. monetäre Informationen ein[513]. Das IT Performance Measurement basiert auf Kennzahlen, über welche die Leistungen eines Informationssystems bewertet werden, allerdings beziehen sich Kennzahlen, wie bereits ausgeführt, meist nicht oder nur sehr indirekt auf qualitative Aspekte[514]. Das IT Performance Measurement stützt sich somit schwerpunktmäßig auf quantitative bzw. monetär-quantitative Aspekte bei der Leistungsbewertung. Die in eine Argumentenbilanz eingebrachten Wirkungen können grundsätzlich sowohl qualitativer als auch quantitativer Natur sein[515], wenngleich aus ihnen im Folgenden ausschließlich qualitative Aussagen abgeleitet werden.

Hinsichtlich des *Verdichtungsgrads* der abgeleiteten Informationen ist festzustellen, dass sowohl die Nutzwertanalyse, der Analytic Hierarchy Process, das SMART-Verfahren, die Kosten-Nutzen-Analyse als auch die Arbeitssystemwertanalyse einzelne Rangfolgen für die Günstigkeit der betrachteten Alternativen ableiten. Die Rangefolgewerte stehen zwar über ihre relative Vorteilhaftigkeit in Bezug zueinander, es erscheint allerdings kaum sinnvoll, hier von einer Systematik zu sprechen. Die Gemeinkostenwertanalyse leitet je nach Menge der als realisierbar eingestuften Aktionsprogramme zur Kostensenkung eine entsprechende Anzahl an prognostizierten Kosteneinsparungen ab, die aber ebenfalls nicht in einem systematischen

---

[511] vgl. Goodman und Hastak (2006), S. 6.31
[512] vgl. wiederum Götze (2008), S. 181 bzw. die Ausführungen aus Abschnitt 3.3.1.1
[513] vgl. Pietsch (2003), S. 87f.
[514] vgl. die Ausführungen aus Abschnitt 3.3.1.8
[515] vgl. Wildemann (1987), S. 64

Zusammenhang zueinander stehen. Ebenso leitet das Excess-Tangible-Cost-Verfahren für die einzelnen qualitativen Wirkungen eines Informationssystems monetäre Werte ab, die im Allgemeinen in keinem höheren systematischen Zusammenhang stehen. Die monetären Werte des Excess-Tangible-Cost-Verfahrens können aber durch Aufsummieren zu einem einzigen Netto-Wert, welcher alle Kosten und monetären Nutzeneffekte des Einsatzes eines Informationssystems ausdrückt, verdichtet werden. Grundlage der Bewertung des IT Performance Measurements sind Kennzahlen bzw., wie im Fall der Verwendung einer IT Balanced Scorecard, Kennzahlensysteme. Je nach struktureller Zusammengehörigkeit der verwendeten Kennzahlen leitet das IT Performance Measurement also eine Menge von Kennzahlen bzw. ein Kennzahlensystem ab. Die Argumentenbilanz liefert eine Auflistung der Vor- und Nachteile eines Vorhabens; der Auflistung fehlt jedoch oft die inhaltliche Systematik[516], auch wenn sie sich grundsätzlich herstellen lässt.

3.3.2.3 Zeitliche Auswahlkriterien

Der *Aufwand der Durchführung* wird bei der Nutzwertanalyse und der verwandten Arbeitssytemwertanalyse als überschaubar eingestuft, auch wenn er vom Umfang und Detailierungsgrad der zu bewertenden Problemstellung abhängt[517]. Demgegenüber ist der Durchführungsaufwand für den Analytic Hierarchy Process aufgrund der hierarchischen Strukturierung des Entscheidungsproblems und der in jedem Bewertungsschritt mit der Anzahl der zu bewertenden Objekte quadratisch ansteigenden Zahl an durchzuführenden paarweisen Vergleichen als hoch einzustufen[518], auch wenn er analog zur Nutzwertanalyse von der Komplexität des Entscheidungsproblems abhängt. Der zeitliche Aufwand zur Durchführung des SMART-Verfahrens wird meist als deutlich geringer gegenüber dem des AHP eingestuft[519], wenngleich er auch beim SMART-Verfahren vom Umfang und Detailierungsgrad der zu bewertenden Problemstellung abhängt. Der Aufwand zur Durchführung einer Kosten-Nutzen-Analyse hängt ebenfalls stark von der Komplexität des zugrunde liegenden Bewertungsgegenstands ab. Aufgrund der Notwendigkeit der Erfassung *aller* Zahlungsströme, die mit dem Bewertungsobjekt verbunden sind, sowie der zusätzlichen Schwierigkeit der Einbeziehung qualitativer Faktoren ist er jedoch allgemein als nicht unerheblich einzustufen. Die Gemeinkostenwertanalyse wird hinsichtlich des Aufwands zur Durchführung als relativ einfach eingestuft,

---

[516] vgl. Gienke und Kämpf (2007), S. 534f.
[517] vgl. Pietsch (2003), S. 162
[518] vgl. Götze (2008), S. 203
[519] vgl. Olson (1996), S. 168

3. Anwendung des Kriterienrahmens

wobei die Umsetzung durch Widerstände der von Einsparungsprogrammen betroffenen Mitarbeiter erheblich erschwert werden kann[520]. Das Excess-Tangible-Cost-Verfahren wird in Bezug auf seine Durchführung als relativ unaufwendig eingestuft[521], auch wenn darauf hingewiesen wird, dass sich seine Durchführung durch die geforderte intensive Einbeziehung des Managements erschweren kann[522]. Der zur Etablierung und Durchführung eines IT Performance Measurement Prozesses notwendige Aufwand hängt zunächst vom Umfang der verwendeten Kennzahlen ab. Besonders falls eine ganzheitlichen Sichtweise, wie sie sich etwa durch Verwendung einer IT Balanced Scorecard ergibt, angestrebt wird, ist er aber als sehr hoch einzustufen, da dann viele Informationen erhoben und ausgewertet werden müssen[523]. Die Argumentenbilanz wird hingegen als Bewertungsverfahren mit geringem Durchführungsaufwand angesehen[524].

3.4 Kombinierte Verfahren

3.4.1.1 Der Time Savings Times Salary Ansatz

Im Rahmen des von Sassone[525] vorgestellten Time Savings Times Salary (TSTS) Ansatzes erfolgt die Erfassung und monetäre Bewertung von Zeiteinsparungen, die sich durch die Einführung neuer Informationssysteme innerhalb eines Unternehmens ergeben, anhand der eingesparten Personalkosten[526]. Die Betrachtung konzentriert sich dabei vorwiegend auf einzelne Arbeitsplätze[527].

Das Time Savings Times Salary Verfahren läuft in folgenden Schritten ab[528]:

(1) Bildung von Gruppen, in die die Mitarbeiter des betroffenen Untersuchungsbereichs eingeteilt werden können, etwa: Führungskräfte, Sachbearbeiter, technische Fachkräfte;

(2) Bestimmung von Aufgabenklassen innerhalb jeder Mitarbeitergruppe und Abschätzung des jeweils erforderlichen Zeitaufwands für jede Aufgabenklasse;

---

[520] vgl. Pietsch (2003), S. 161
[521] vgl. Pietsch (2003), S. 162
[522] vgl. Simmons (1998), S. 133
[523] vgl. Pietsch (2003), S. 164
[524] vgl. Breiing und Knosala (1997), S. 228
[525] vgl. Sassone (1987), S. 273ff.
[526] vgl. Stickel (2001), S. 81
[527] vgl. Stickel (2001), S. 81
[528] vgl. Alpar, Grob, Weimann und Winter (2008), S. 71f.

(3) Ermittlung derjenigen Anteile an den Aufgaben, die durch das betrachtete Informationssystem automatisiert und damit eingespart werden können (Wirkungsermittlung);

(4) Abschätzung des so einsparbaren Zeitaufwands;

(5) monetäre Bewertung des einsparbaren Zeitaufwands über die einsparbaren Personalkosten (Wirkungsbewertung).

Nach Sassone errechnet sich der Wert W(IS) eines Informationssystems IS aus den durch das Informationssystem eingesparten Personalkosten nach folgender Formel[529]:

$$W(IS) = \frac{eingesparte\ Zeit \cdot durchschnittliche\ Personalkosten}{durchschnittliche\ Arbeitszeit}$$

Der Time Savings Times Salary unterstellt dabei, dass der Wert eines Mitarbeiters identisch ist mit den durch ihn verursachten Personalkosten[530], sowie dass eine unmittelbare Einsparung von Arbeitskräften möglich ist[531].

3.4.1.2 Das Hedonic Wage Modell

Das Hedonic Wage Modell (HWM) geht ebenfalls auf Sassone[532] zurück[533]. Im Gegensatz zum Time Savings Times Salary Ansatz führt es den Wert eines Informationssystems aber nicht auf Kosteneinsparungen zurück, sondern basiert auf der Annahme, dass durch Einführung eines Informationssystems die unproduktiven bzw. wenig produktiven Anteile an der Arbeitszeit eines Mitarbeiters im Unternehmen reduziert werden können[534].

Das Hedonic Wage Modell umfasst folgende Vorgehensweise[535]:

(1) Im Rahmen der *Tätigkeitsprofilanalyse* erfolgt eine Gruppierung der Mitarbeiter in verschiedene Mitarbeitergruppen, etwa Management, qualifizierte Fachkräfte, Sachbearbeiter, Assistenz, Servicekräfte, sowie eine Klassifizierung der von den verschiedenen Mitarbeitern im Unternehmen durchgeführten Aufgaben, etwa Führungstätigkeiten, Spezialistentätigkeiten, Routinetätigkeiten, Assistenztätigkeiten, Servicetätigkeiten und unproduktive Tätigkeiten. Das Hedonic Wage Modell geht davon aus, dass

---

[529] vgl. Sassone (1987), S. 278
[530] vgl. Pietsch (2003), S. 133
[531] vgl. Kesten, Müller und Schröder (2007), S. 134
[532] vgl. Sassone und Schwartz (1986), S. 83ff.
[533] vgl. Strassmann (1990), S. 252
[534] vgl. Pietsch (2003), S. 135
[535] vgl. im Folgenden Pietsch (2003), S. 135ff.

3. Anwendung des Kriterienrahmens 123

jede Mitarbeitergruppe in einem gewissen Umfang Tätigkeiten aus allen bzw. mehreren Tätigkeitsklassen durchführt. Durch Gegenüberstellung der von den Mitarbeitergruppen durchschnittlich verursachten Kosten pro Arbeitsstunde (Lohnkosten, Lohnnebenkosten, sonstige Kosten) mit den Anteilen an den verschiedenen Tätigkeiten kann errechnet werden, wie teuer eine einzelne Tätigkeitsstunde jeder Tätigkeitsklasse ist (Stundensatz).

(2) Der Einsatz von Informationssystemen *bewirkt* durch Übernahme von wenig produktiven Tätigkeiten nach Annahme des Hedonic Wage Modells in den Mitarbeitergruppen eine gewisse Verschiebung weg von unproduktiven bzw. wenig produktiven Tätigkeiten in Richtung zu höherwertigen Tätigkeiten. Diese Wirkungen werden in Form von veränderten Anteilen der jeweiligen Tätigkeitsklassen innerhalb der Mitarbeitergruppen erfasst und in Stunden ausgedrückt (Wirkungserhebung).

(3) Die Bewertung der Wirkungen erfolgt anhand der für jede Tätigkeitsklasse errechneten Kosten pro Stunde mit den ermittelten Stundensätzen (Wirkungsbewertung). Dies basiert auf der Argumentation, dass von den Mitarbeitergruppen bei identischen Kosten nun höherwertige Tätigkeiten durchgeführt werden können. Der Wert der ermöglichten höherwertigen Tätigkeitsstunden wird als Wert des Informationssystems interpretiert.

3.4.1.3 Das Functional Analysis of Office Requirements Organisationsanalyseverfahren

Das Functional Analysis of Office Requirements (FAOR) Organisationsanalyseverfahren entstand Mitte der 80er Jahre am Betriebswirtschaftlichen Institut für Organisation und Automation der Universität zu Köln (BIFOA)[536]. Das FAOR-Verfahren bezieht sich auf die *Gestaltung* von Informationssystemen und liefert eine Anforderungsliste, die als Grundlage für den Systementwurf dient[537]. Innerhalb des FAOR-Verfahrens existiert eine Analyse- und Bewertungskomponente, die die Auswirkungen von Gestaltungsmaßnahmen aufzeigt[538], und auf die sich die nachstehenden Ausführungen beziehen.

---

[536] vgl. Höring, Wolfram und Goßler (1989), S. 113ff., Höring, Wolfram und Pulst (1990), S. 157ff.
[537] vgl. Pietsch (2003), S. 125
[538] vgl. Pietsch (2003), S. 122

Die Analyse und Bewertung eines Informationssystems erfolgt nach dem FAOR-Verfahren in folgenden Schritten[539]:

(1) Ermittlung des Technologiepotentials des einzusetzenden Informationssystems durch Soll-Ist-Vergleiche und Herausarbeitung der Schwachstellen der existierenden Situation. Aus dem Technologiepotential leiten sich die potentiellen Wirkungen des Einsatzes von Informationssystemen ab.

(2) Analyse und Prognose der Wirkungen des Einsatzes von Informationssystemen durch Betrachtung ausgewählter Arbeitsprozesse hinsichtlich des Bezugs zu den Unternehmenszielen, hinsichtlich bestimmter Qualitätskriterien, ihres Ressourcenaufwands, des Umfangs der von ihnen benötigten Informationen sowie der möglichen informationstechnischen Unterstützung (Wirkungserhebung).

(3) Operationalisierung der erarbeiteten Wirkungen durch Einführung von Effektivitäts- und Effizienzkennzahlen.

(4) Bewertung der operationalisierten Wirkungen hinsichtlich ihres Zielbeitrags, d.h. Entscheidung darüber, ob die erarbeiteten Wirkungen potentielle Nutzeneffekte darstellen oder nicht.

3.4.1.4 Der kombinierte Ansatz von Kesten, Müller und Schröder

Kesten, Müller und Schröder argumentieren, dass die wertmäßige Bestimmung der Leistungsseite der IT aufgrund ihrer Komplexität kaum durch ein isoliertes Verfahren bewältigt werden kann[540]. Vielmehr sehen die Autoren in der *Kombination* mehrerer Verfahren einen Lösungsansatz, der am ehesten geeignet ist, die Leistungsseite der IT in zufriedenstellender Weise wertmäßig zu beschreiben, und schlagen ein solches kombiniertes Verfahren zur ex-ante-Bewertung von Investitionen in die IT eines Unternehmens vor[541]. Dieses vollzieht sich in folgenden Schritten[542]:

(1) Erfassen der Wirkungen von Investitionen in die IT unter Anwendung von Wirkungsketten (vgl. Abschnitt 3.2.1.5). Die Wirkungen der Einführung eines Informationssystems können etwa in Anfangswirkungen, Folgewirkungen und Nutzenpotentiale[543] untergliedert werden. Durch Analyse der Beziehungen zwischen den identifizierten

---

[539] vgl. im Folgenden Schäfer und Wolfram (1986), S. 238ff., zitiert nach Pietsch (2003), S. 124f.
[540] vgl. Kesten, Müller und Schröder (2007), S. 136
[541] vgl. Kesten, Müller und Schröder (2007), S. 136
[542] vgl. im Folgenden Kesten, Müller und Schröder (2007), S. 137ff.
[543] vgl. zur Definition des Nutzenpotentialbegriffs die Ausführungen in Abschnitt 3.2.1.5

3. Anwendung des Kriterienrahmens

Wirkungen entsteht ein Wirkungsnetz, das die Abhängigkeiten von Wirkungen untereinander verdeutlicht.

(2) Beschreibung der Wirkungen über einen Wirkungssteckbrief, welcher etwa Informationen zum Wirkungsort, der Wirkungsrichtung, der Wirkungsintensität, der Fristigkeit der Wirkung oder zum Wiederholungscharakter enthält.

(3) Abschätzung der wechselseitigen Einflussstärke je zweier Wirkungen anhand eines paarweisen Vergleichs und durch Vergabe von Punktwerten.

(4) Gruppierung der Wirkungen anhand der im vorigen Schritt vergebenen Punktwerte in puffernde Wirkungen (Wirkungen mit geringer Einflussstärke auf andere Wirkungen und geringer Beeinflussbarkeit durch andere Wirkungen), passive Wirkungen (geringe Einflussstärke, hohe Beeinflussbarkeit), aktive Wirkungen (hohe Einflussstärke, geringe Beeinflussbarkeit) und kritische Wirkungen (hohe Einflussstärke, hohe Beeinflussbarkeit) und Darstellung in Form eines Einflussportfolios.

(5) Monetarisierung der Wirkungen, die in Zeiteinsparungen resultieren, über durchschnittliche Arbeitsstundensätze, wobei der Ansatz von Kesten, Müller und Schröder die Verwendung von zeitlichen Schwellenwerten vorsieht, die durch die Wirkungen überschritten werden müssen, um einen monetären Nutzeneffekt nach sich ziehen zu können.

(6) Monetarisierung von Wirkungen, die in der Vermeidung von Folgekosten resultieren, durch Abschätzung der Höhe der eingesparten Kosten und der Wahrscheinlichkeit der Realisierung der Einsparungen, wobei auch hier die Verwendung von Schwellenwerten analog zum vorherigen Schritt vorgesehen wird.

(7) Monetarisierung von Wirkungen, die sich auf Ressourceneinsparungen zurückführen lassen, analog zur Bewertung vermiedener Folgekosten.

(8) Monetarisierung umsatzbezogener Wirkungen durch Bildung von Kundengruppen, Abschätzung der Anzahl neu gewonnener bzw. abgewanderter Kunden je Kundengruppe und Bewertung mit kundengruppenbezogenen Deckungsbeiträgen. Die Einbeziehung von Wahrscheinlichkeiten ist nach Kesten, Müller und Schröder an dieser Stelle ebenfalls denkbar, wird aber aufgrund der mangelnden Genauigkeit einer solchen Schätzung verworfen.

(9) Erfassung der Zeitpunkte, an denen die erarbeiteten monetären Nutzeneffekte anfallen, Differenzierung zwischen einmaligen und fortlaufenden Nutzeneffekten, und Gegen-

überstellung der monetären Nutzwerte mit den erwarteten Kostengrößen unter Anwendung von Verfahren der Investitionsrechnung. Zur expliziten Berücksichtigung der Unsicherheit schlagen Kesten, Müller und Schröder die Anwendung des Capital Asset Pricing Models (CAPM)[544], der Sensitivitätsanalyse[545] sowie der Szenario-Technik[546] vor[547].

3.4.1.5 Das Vier-Ebenen-Modell von Picot und Reichwald

Das Vier-Ebenen-Modell von Picot und Reichwald ist ein Verfahren im Ebenenansatz[548] (vgl. Abschnitt 2.3.1) und soll im Folgenden als beispielhafter Vertreter für diese Verfahrensklasse vorgestellt werden[549]. Es differenziert vier Ebenen von Wirkungen des Einsatzes von Informationssystemen[550]: isoliert-technikbezogene, subsystembezogene, gesamtorganisatorische sowie gesellschaftliche Wirkungen. Die isoliert-technikbezogene Ebene bezieht sich auf Wirkungen des Einsatzes von Informationssystemen auf einzelne Arbeitsplätze. Ihr sind Wirkungen zuzuordnen, die unmittelbar Technik-bezogen sind. Die subsystembezogene Ebene

---

[544] Das Capital Asset Pricing Model geht hauptsächlich auf die Arbeiten von Sharpe (1964), Lintner (1965) und Mossin (1966) zurück und sagt unter der Annahme vollkommener Finanzmärkte, homogener Erwartungen der Marktteilnehmer über Aktienrenditen und der Möglichkeit der unbegrenzten Aufnahme und Anlage von Finanzmitteln zu einem sicheren Zinssatz aus, dass nur das *systematische*, d.h. Unternehmens-*unspezifische* Risiko einer risikobehafteten Anlage auf dem Kapitalmarkt über höhere Zinsen honoriert wird, während das *unsystematische*, d.h. Unternehmens-*spezifische Risiko* nicht honoriert wird, da es durch die Diversifikation von Kapitalanlagen quasi umsonst gestreut werden kann. Die geforderte Rendite einer risikobehafteten Kapitalanlage ergibt sich nach dem Capital Asset Pricing Model aus dem risikofreien Zinssatz, der Marktrisikoprämie (d.h. der zusätzlichen Verzinsung, die ein Investor erwartet, wenn statt der risikolosen in die risikobehaftete Anlage investiert wird) sowie einem individuellen Faktor, der die Schwankung der risikobehafteten Anlage im Verhältnis zum Marktportfeuille ausdrückt, abhängt. Zur ausführlichen Beschreibung des CAPM vgl. neben den eingangs erwähnten Grundlagenwerken aus der umfangreich vorhandenen Literatur etwa Copeland, Weston und Shastri (2005), S. 149ff., Gleißner und Wolfrum (2001), S. 155ff., Oehler und Unser (2002), S. 54ff. oder Schäfer (2005), S. 311ff.
[545] Innerhalb der Sensitivitätsanalyse wird untersucht, welchen Einfluss ein einzelner, risikobehafteter Parameter unter ceteris paribus-Bedingungen auf eine Zielgröße hat (vgl. Ossadnik (2003), S. 213, Burger und Buchhart (2002), S. 110). Die Sensitivitätsanalyse ist nicht als eigenständiges Wirkungserhebungs- bzw. -bewertungsverfahren einzustufen, sondern dient der Berücksichtigung des Risikos und somit der Unterstützung des Wirkungserhebungs- bzw. -bewertungsverfahren (vgl. Schumann (1993), S. 170).
[546] Ein Szenario ist ein Bild einer denkbaren, künftigen Situation. Die Szenario-Technik simuliert ausgehend vom Ist-Zustand alternative, zukünftige Trends der Entwicklung und der Prognose insbesondere bei langfristigen Zeiträumen. Aus Gründen der Praktikabilität beschränkt man sich meist auf die Erstellung des optimistischsten, pessimistischsten und plausibelsten Szenarios (vgl. Heinrich und Lehner (2005), S. 326, Burschel, Losen und Wiendl (2004), S. 364, Pepels (2004), S. 328). Auch die Szenarioanalyse ist nicht als eigenständiges Wirkungserhebungs- bzw. -bewertungsverfahren, sondern als Unterstützungsverfahren einzustufen, welches der Berücksichtigung des Risikos dient (vgl. Schumann (1993), S. 170).
[547] vgl. Kesten, Müller und Schröder (2007), S. 163ff.
[548] vgl. Antweiler (1995), S. 151
[549] Differenzen zwischen den verschiedenen Verfahren im Ebenenansatz bestehen in der unterschiedlichen Definition der betrachteten Ebenen (vgl. Antweiler (1995), S. 151). Für eine Übersicht über die unterschiedlichen Ebenendefinitionen der gängigsten Ansätze vgl. ebenfalls Antweiler (1995), S. 151.
[550] vgl. im Folgenden Picot und Reichwald (1987), S. 105ff.

3. Anwendung des Kriterienrahmens

umfasst Wirkungen auf das Technik-Umfeld, etwa Abteilungen. Wirkungen werden im Hinblick auf die subsystembezogenen Verfahrensabläufe erfasst. Die gesamtorganisatorische Ebene bezieht sich auf Wirkungen des Einsatzes von Informationssystemen auf das Unternehmen als ganzes. Die gesellschaftliche Ebene schließlich beinhaltet potentielle, langfristige Wirkungen auf das Umfeld des Unternehmens.

Die Analyse der Wirkungen des Einsatzes von Informationssystemen erfolgt separat auf jeder der vier Ebenen des Modells[551]. Wirkungen werden, wo möglich, direkt in Kosten- und Leistungseffekte überführt oder mit Hilfe von Kennzahlen operationalisiert, wobei die Autoren ausdrücklich darauf hinweisen, dass sich nicht alle Wirkungseffekte quantifizieren bzw. in monetärer Form ausdrücken lassen[552]. Die monetär ermittelbaren Größen bilden im Folgenden die Grundlage zur Durchführung herkömmlicher Wirtschaftlichkeitsbetrachtungen, während die übrigen Kriterien für eine ergänzende Nutzwertbetrachtung, etwa unter Anwendung der Nutzwertanalyse, herangezogen werden[553]. Durch Gegenüberstellung der Nutzwerte mehrerer alternativer Informationssysteme mit den durch sie verursachten Kosten ist die Bildung von Wirtschaftlichkeitskoeffizienten für jede Alternative herleitbar, welche zur Bestimmung derjenigen Alternative mit der höchsten Wirtschaftlichkeit herangezogen werden können[554].

3.4.2 Gegenüberstellung der Auswahlkriterien und der kombinierten Verfahren

3.4.2.1 Inhaltliche Auswahlkriterien

Ausgangspunkt der Wirkungsermittlung sind beim Time Savings Times Salary Ansatz und beim Hedonic Wage Modell die Geschäftsprozesse des betrachteten Unternehmens: Die abgeleiteten Wirkungen beziehen sich auf die im Rahmen der Geschäftsprozesse anfallenden Tätigkeiten, die von den verschiedenen Mitarbeitern des Unternehmens durchgeführt werden. Das kombinierte Verfahren von Kesten, Müller und Schröder bedient sich des Wirkungskettenverfahrens bei der Wirkungsermittlung, welches, wie in Abschnitt 3.2.2.1 ausgeführt wurde, ebenfalls an den Geschäftsprozessen eines Unternehmens ansetzt. Ebenso sind die Geschäftsprozesse eines Unternehmens Ausgangspunkt der Wirkungserhebung beim FAOR-

---

[551] vgl. Picot, Reichwald und Behrbohm (1985), S. 14ff.
[552] vgl. Picot, Reichwald und Behrbohm (1985), S. 29
[553] vgl. Reichwald (1987), S. 82
[554] vgl. Reichwald (1987), S. 83

Verfahren, da sich die Wirkungsanalyse hier auf die Durchführung der „Arbeitsprozesse" stützt[555]. Das Vier-Ebenen-Modell von Picot und Reichwald setzt einerseits im Rahmen der Analyse der isoliert-technikbezogenen und subsystembezogenen Ebene an den Abläufen im Unternehmen, d.h. den Geschäftsprozessen, an. Andererseits werden bei der Untersuchung der gesamtorganisatorischen Ebene auch die Folgen für das gesamte Unternehmen betrachtet, indem der Einsatz von Informationssystemen unter dem Aspekt der Aufgabenerfüllung und damit der Verfolgung der Unternehmensziele betrachtet wird[556].

Als *Maßstab der Bewertung* der ermittelten Wirkungen werden beim Time Savings Times Salary Ansatz die in der Vergangenheit angefallenen durchschnittlichen Personalkosten herangezogen. Das Hedonic Wage Modell bewertet Wirkungen des Einsatzes von Informationssystemen anhand der für die unterschiedlichen Tätigkeitsklassen gebildeten Stundensätze, welche ebenfalls auf Kostenbasis ermittelt werden. Eine explizite Einbeziehung von Unternehmenszielen oder Zielen des Entscheidungsträgers erfolgt in beiden Ansätzen nicht. Innerhalb des kombinierten Verfahrens von Kesten, Müller und Schröder erfolgt die Wirkungsbewertung anhand von Kosten (Arbeitsstundensätze, vermiedene Folgekosten) sowie anhand von kundengruppenbezogenen Deckungsbeiträgen. Nach dem FAOR-Verfahren beinhaltet die Gestaltung eines Informationssystems eine auf die Unternehmensziele bezogene funktionale, eine organisatorische sowie eine soziale Komponente[557], welche sich anschließend in den Bewertungskriterien, d.h. im Zielsystem des Entscheidungsträgers, widerspiegeln. Das Vier-Ebenen-Modell von Picot und Reichwald verwendet zur Bewertung qualitativer Aspekte die Nutzwertanalyse, welcher zunächst das Zielsystem des Entscheidungsträgers als Bewertungsmaßstab zugrunde liegt. Speziell bei der Analyse der gesamtorganisatorischen Ebene ist allerdings davon auszugehen, dass sich der Bewertungsmaßstab auch an den Unternehmenszielen orientieren wird.

Die *Ganzheitlichkeit der Sichtweise* ist beim Time Savings Times Salary Ansatz lokal beschränkt, betrachtet werden die Wirkungen eines Informationssystems auf einzelne Arbeitsplätze. Dem Hedonic Wage Modell liegt grundsätzlich eine ganzheitliche Sichtweise zugrunde, wenn eine umfassende Betrachtung von Tätigkeiten, Tätigkeitsklassen und Mitarbeitergruppen erfolgt[558]. Beim kombinierten Verfahren von Kesten, Müller und Schröder ist auf-

---

[555] vgl. Schäfer und Wolfram (1986), S. 238f.
[556] vgl. Picot und Reichwald (1987), S. 106f.
[557] vgl. Gabriel, Knittel, Taday und Reif-Mosel (2001), S. 248
[558] vgl. Pietsch (2003), S. 167

3. Anwendung des Kriterienrahmens

grund der Verwendung des Wirkungskettenverfahrens zunächst von einer lokalen Wirkungserfassung auszugehen, die aber durch die Betrachtung von Folgewirkungen (Umsatzsteigerungen etc.) auf eine relativ umfassende Sichtweise ausgedehnt wird. Das FAOR-Verfahren beinhaltet durch die umfangreiche Analyse der Geschäftsprozesse des betrachteten Unternehmens und der Fokussierung auf die Unternehmensziele ebenfalls eine ausgeprägt ganzheitliche Sichtweise. Das Vier-Ebenen-Modell von Picot und Reichwald strebt ebenfalls eine ganzheitliche ausgerichtete Organisationsanalyse an und weist explizit darauf hin, dass Wirkungen des IT-Einsatzes nicht isoliert, sondern unter Einbeziehung des Kontextes, in welchem der IT-Einsatz geschieht, zu betrachten sind[559], wobei innerhalb der isoliert-technikbezogenen Untersuchungsebene auch lokale Wirkungen des IT-Einsatzes erfasst werden.

Der *zeitliche Bezug* ist beim Time Savings Times Salary Ansatz zukunftsgerichtet: Abgeleitet und bewertet wird der zukünftige Wert eines Informationssystems, der sich durch den Abbau von Personal und damit durch die Einsparung von Personalkosten ergibt. Ebenso liegt dem Hedonic Wage Modell eine zukunftsgerichtete Sichtweise zugrunde, welche den Wert eines Informationssystems über die zukünftige Verschiebung des Anteils an niederwertigen Tätigkeiten hin zu höherwertigen Tätigkeiten an der Arbeitszeit der Mitarbeiter berechnet. Auch das kombinierte Verfahren von Kesten, Müller und Schröder ist zukunftsgerichtet, indem er der Prognose und Bewertung von Wirkungen von Investitionen in die IT dient[560]. Das FAOR-Verfahren beinhaltet gleichfalls eine zukunftsgerichtete Sichtweise, indem es Nutzeneffekte zukünftig zu implementierender Informationssysteme erarbeitet[561]. Das Vier-Ebenen-Modell von Picot und Reichwald kann grundsätzlich sowohl zukunftsgerichtet im Rahmen der Entscheidungsunterstützung als auch vergangenheitsbezogen bei der Analyse der Ist-Situation eingesetzt werden.

Eine explizite Einbeziehung der *Unsicherheit* des Eintretens der prognostizierten Einsparungen erfolgt beim Time Savings Times Salary Ansatz, beim Hedonic Wage Modell, beim FAOR-Verfahren und beim Vier-Ebenen-Modell von Picot und Reichwald nicht. Das kombinierte Verfahren von Kesten, Müller und Schröder hingegen bezieht die Unsicherheit der prognostizierten Wirkungen, innerhalb der Bewertung der vermiedenen Folgekosten sowie

---

[559] vgl. Picot und Reichwald (1987), S. 105
[560] vgl. Kesten, Müller und Schröder (2007), S. 129f.
[561] vgl. Pietsch (2003), S. 122

bei der Anwendung des Capital Asset Pricing Models auch in Form konkreter Eintrittswahrscheinlichkeiten, explizit in die monetäre Bewertung ein.

Hinsichtlich der betrachteten *Lebenszyklusphase* eines Informationssystems bezieht sich der Time Savings Times Salary Ansatz und das Hedonic Wage Modell unmittelbar auf den zukünftigen Einsatz eines Informationssystems. Aspekte der Einführung oder der Ablösung werden nicht betrachtet. Das kombinierte Verfahren von Kesten, Müller und Schröder fokussiert auf monetäre Nutzeneffekte in Form von Arbeitszeiteinsparungen, Vermeidung von Folgekosten, Ressourceneinsparungen und Umsatzveränderungen, welche ebenfalls dem Einsatz, nicht aber der Einführung oder Ablösung von Informationssysteme zuzurechnen sind. Auch das FAOR-Verfahren bzw. das Vier-Ebenen-Modell von Picot und Reichwald leiten Wirkungen von Informationssystemen ausschließlich aus dessen Einsatzphase ab[562].

Die *Nachhaltigkeit* der abgeleiteten Informationen ist beim Time Savings Times Salary Ansatz als dauerhaft anzusehen, da der Abbau von dauerhaft im Unternehmen Beschäftigter mit einer dauerhaften Senkung der Personalkosten verbunden sein sollte. Denkbar ist aber auch die Anwendung des Ansatzes zur Reduktion von nur kurz- bzw. mittelfristig im Unternehmen beschäftigten Mitarbeitern. In diesem Fall wäre die Nachhaltigkeit der abgeleiteten Informationen als entsprechend kurz- bzw. mittelfristig einzustufen. Der durch das Hedonic Wage Modell errechnete Wert eines Informationssystems bezieht sich auf langfristige, dauerhafte Wirkungen, welche in der Entlastung der Mitarbeiter von Routineaufgaben und der Verschiebung ihrer Tätigkeitsprofile hin zu höherwertigen Tätigkeiten liegen. Das kombinierte Verfahren von Kesten, Müller und Schröder unterscheidet bei der Wirkungserhebung explizit zwischen einmaligen und dauerhaften Wirkungen und bezieht diese entsprechend in die Wirkungsbewertung ein. Da sich das FAOR-Verfahren im Kern auf den System-*Entwurf* bezieht und sich die Wirkungserhebungs- und -bewertungskomponente vornehmlich auf die innerhalb der Geschäftsprozesse des Unternehmens zu erfüllenden Aufgaben erstreckt[563], ist hier vornehmlich von der Betrachtung dauerhafter Wirkungen auszugehen. Das Vier-Ebenen-Modell von Picot und Reichwald fokussiert bei der Wirkungserhebung auf die Unterstützung der Aufgaben und Abläufe eines Unternehmens durch ein Informationssystem, die abgeleiteten Wirkungen sind folglich ebenfalls als vornehmlich dauerhaft einzustufen.

---

[562] vgl. Schäfer und Wolfram (1986), S. 238 bzw. Pietsch (2003), S. 126
[563] vgl. Pietsch (2003), S. 122

3. Anwendung des Kriterienrahmens   131

3.4.2.2 Formelle Auswahlkriterien

Die *quantitative Form* der durch ein Verfahren abgeleiteten Ergebnisse ist beim Time Savings Times Salary Ansatz monetär. Abgeleitet werden zukünftig einsparbare Personalkosten. Das Hedonic Wage Modell errechnet ebenfalls den Wert eines Informationssystems in monetärer Form über dessen Übernahme von Routineaufgaben bzw. wenig produktiven Tätigkeiten. Auch das kombinierte Verfahren von Kesten, Müller und Schröder errechnet monetäre Nutzeneffekte durch monetäre Bewertung der ermittelten Wirkungen. Das FAOR-Verfahren stellt hinsichtlich der abgeleiteten Wirkungen lediglich fest, ob diese sich positiv hinsichtlich ihres Zielbeitrags verhalten, wobei die erarbeiteten Wirkungen durch Kennzahlen operationalisiert werden. Das Vier-Ebenen-Modell von Picot und Reichwald leitet, wo dies unmittelbar möglich ist, monetäre Wirkungen des Einsatzes von Informationssystemen, etwa in Form von Kosteneinsparungen, ab. Wo dies nicht möglich ist, wird die Verwendung von Kennzahlen zur Beschreibung quantifizierbarer Sachverhalte vorgeschlagen. Nicht-quantifizierbare Sachverhalte fließen in eine ergänzende Nutzwertanalyse ein, durch welche bei zukunftsgerichteter Betrachtung eine Rangfolge der Vorzügigkeit mehrerer Alternativen erarbeitet wird.

Die quantitative Form der zur *Wirkungserhebung herangezogenen Informationen* ist beim Time Savings Times Salary Ansatz qualitativer Natur: Ausgangspunkt ist die Bildung von Mitarbeitergrupppen sowie die Aufstellung der von den Mitarbeitergruppen durchgeführten Aufgaben, aus welchen dann zeitliche Einsparpotentiale als Wirkungen des Einsatzes eines Informationssystems abgeleitet werden. Das Hedonic Wage Modell basiert überwiegend auf quantitativen nicht-monetären Daten, welche im Rahmen der Tätigkeitsprofilanalyse ermittelt werden. Innerhalb des kombinierten Verfahrens von Kesten, Müller und Schröder können durch Anwendung des Wirkungskettenverfahrens, wie bereits in Abschnitt 3.2.2.2 ausgeführt, sowohl qualitative als auch quantitative bzw. monetäre Aspekte zur Wirkungserhebung herangezogen werden. Das FAOR-Verfahren bezieht bei der Analyse von Auswirkungen des Einsatzes von Informationssystemen auf die Geschäftsprozesse eines Unternehmens sowohl qualitative Aspekte (Bezug zu den Unternehmenszielen, Qualitätskriterien) als auch quantitative Aspekte (Ressourcenbedarf) ein. Ins Vier-Ebenen-Modell von Picot und Reichwald fließen sowohl quantitative Informationen, speziell bei der Analyse der der isoliert-technikbezogenen Ebene, als auch qualitative Informationen, besonders innerhalb der Untersuchung der gesamtorganisatorischen sowie gesellschaftlichen Wirkungen des Einsatzes von Informationssystemen, ein.

Hinsichtlich des *Verdichtungsgrads* der abgeleiteten Informationen ist beim Time Savings Times Salary Ansatz festzustellen, dass dieser den Wert eines Informationssystems, welcher sich aus der Summe der einsparbaren Personalkosten ergibt, als einzelne, monetäre Information wiedergibt. Ebenso stellt das Hedonic Wage Modell den Wert eines Informationssystems in Form einer einzelnen, monetären Zahl dar. Das kombinierte Verfahren von Kesten, Müller und Schröder ermittelt zum einen mehrere monetäre Nutzeffekte je nach betrachteter Wirkungskette, wobei hier nicht von einem systematischen Zusammenhang gesprochen werden kann. Zum anderen kombiniert es die monetären Nutzeffekte durch Gegenüberstellung mit den prognostizierten Kosten, um so ein Gesamtbild der Vorteilhaftigkeit einer IT-Investition zu liefern. Das FAOR-Verfahren erarbeitet eine Menge von Kennzahlen, über die die Wirkungen des Einsatzes von Informationssystemen operationalisiert sind, wobei hier kaum von einer umfassenden Systematik gesprochen werden kann. Vom Vier-Ebenen-Modell von Picot und Reichwald wird durch die Strukturierung in vier separat betrachtete Untersuchungsebenen eine strukturierte, systematische Menge von Wirkungen und Nutzeneffekten erarbeitet[564], die bei Anwendung des Verfahrens im Rahmen der Entscheidungsunterstützung zu einer Rangfolge der betrachteten Alternativen verdichtet werden können.

3.4.2.3 Zeitliche Auswahlkriterien

Der *Aufwand der Durchführung* wird beim Time Savings Times Salary Ansatz als eher gering eingestuft[565], auch wenn er von der Komplexität und vom Umfang der bereitgestellten Funktionen des betrachteten Informationssystems abhängt. Das Hedonic Wage Modell wird verbreitet als äußerst komplex eingestuft, da zur Erstellung der Tätigkeitsprofile eine umfangreiche Anzahl an Informationen im Unternehmen zu erheben sind[566]. Ebenso ist davon auszugehen, dass das kombinierte Verfahren von Kesten, Müller und Schröder mit einem erheblichen Aufwand verbunden ist, da es sich auf das als äußerst zeitaufwendig eingestufte Wirkungskettenverfahren[567] stützt und darüber hinaus weitere, umfangreiche Analysen und Bewertungsschritte beinhaltet. Das FAOR-Verfahren stellt ein breit angelegtes Erhebungs- und Bewertungsverfahren dar. Entsprechend ist der Aufwand zu seiner Durchführung als relativ

---

[564] vgl. Picot und Reichwald (1987), S. 105
[565] vgl. Kesten, Müller und Schröder (2007), S. 133
[566] vgl. Pietsch (2003), S. 167
[567] vgl. die Ausführungen aus Abschnitt 3.2.2.3

3. Anwendung des Kriterienrahmens

hoch einzustufen[568]. Der Aufwand zur Durchführung des Vier-Ebenen-Modells von Picot und Reichwald wird in der Literatur teilweise als problematisch eingestuft[569]. Aufgrund des großen Recherche- und Analyseaufwands ist er ebenfalls als hoch einzuordnen[570].

3.5 Zusammenfassende Darstellung und Analyse des Auswahlmodells

Die Ergebnisse der Ausführungen der vorangegangenen Abschnitte sind in den folgenden Abbildungen nochmals in grafischer Form wiedergegeben, indem die untersuchten Verfahren den Auswahlkriterien gegenübergestellt werden und so ihr jeweiliger Einsatzbereich ermittelt wird.

Auf dieser Grundlage kann nun in einer konkreten Auswahlsituation die Auswahl von Verfahrens erfolgen, indem zunächst die Ausprägungen für jedes Auswahlkriterium spezifiziert und anschließend geeignete Verfahren gemäß der nachstehenden Abbildungen ermittelt werden. Das so entstandene Modell, welches die Verfahren, die Auswahlkriterien sowie die hier betrachteten Ausprägungen der Auswahlkriterien enthält, bildet das *Auswahlmodell* zur Verfahrensauswahl bei der Bestimmung und/oder Bewertung der Wirkungen von Informationssystemen.

---

[568] vgl. Pietsch (2003), S. 166
[569] vgl. Horváth (2006)
[570] vgl. Pietsch (2003), S. 166

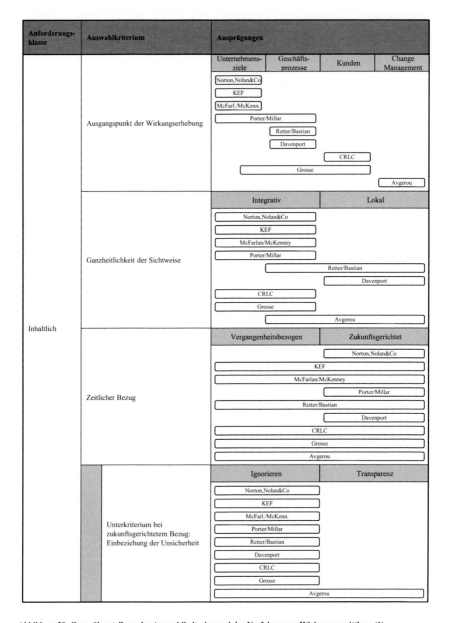

Abbildung 29: Gegenüberstellung der Auswahlkriterien und der Verfahren zur Wirkungsermittlung (1)

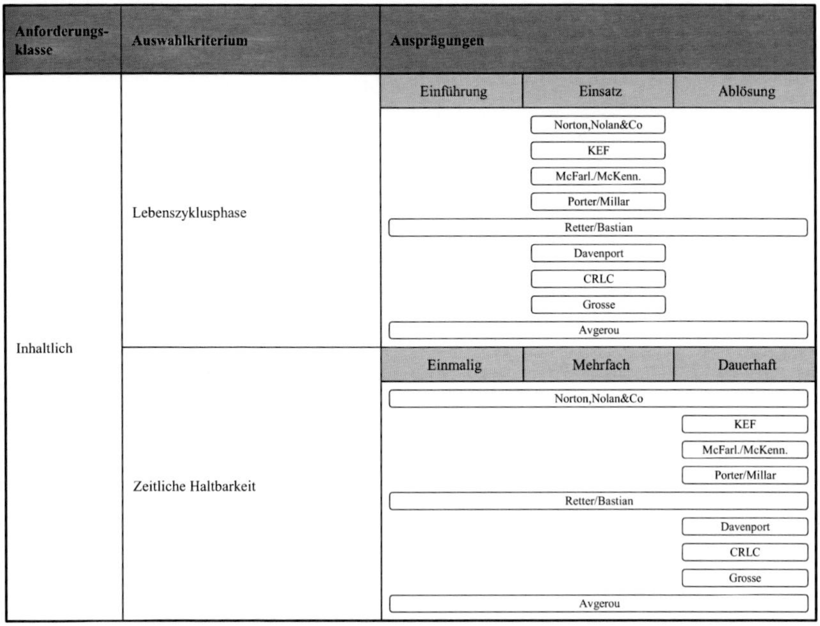

3. Anwendung des Kriterienrahmens 135

Anforderungs-klasse	Auswahlkriterium	Ausprägungen		
		Einführung	Einsatz	Ablösung
Inhaltlich	Lebenszyklusphase		Norton,Nolan&Co	
			KEF	
			McFarl./McKenn.	
			Porter/Millar	
		Retter/Bastian		
			Davenport	
			CRLC	
			Grosse	
		Avgerou		
		Einmalig	Mehrfach	Dauerhaft
	Zeitliche Haltbarkeit		Norton,Nolan&Co	
				KEF
				McFarl./McKenn.
				Porter/Millar
		Retter/Bastian		
				Davenport
				CRLC
				Grosse
		Avgerou		

Abbildung 30: Gegenüberstellung der Auswahlkriterien und der Verfahren zur Wirkungsermittlung (2)

Anforderungs-klasse	Auswahlkriterium	Ausprägungen		
Formell	Quantitative Form der abgeleiteten Ergebnisse	Quantitativ	Qualitativ	
			Norton,Nolan&Co	
			KEF	
			McFarlan/McKenney	
			Porter/Millar	
			Retter/Bastian	
			Davenport	
		CRLC		
		Grosse		
		Avgerou		
Formell	Quantitative Form der verarbeiteten Informationen	Monetär	Quantitativ	Qualitativ
				Norton,Nolan&Co
				KEF
				McFarlan/McKenney
				Porter/Millar
			Retter/Bastian	
				Davenport
		CRLC		
		Grosse		
		Avgerou		
	Verdichtungsgrad	Einzeln	Mehrfach	System
			Norton,Nolan&Co	
			KEF	
				McFarlan/McKenney
			Porter/Millar	
			Retter/Bastian	
			Davenport	
		CRLC		
		Grosse		
		Avgerou		
Zeitlich	Aufwand zur Durchführung	Gering	Mittel	Hoch
				Norton,Nolan&Co
				KEF
				McFarlan/McKenney
				Porter/Millar
				Retter/Bastian
				Davenport
			CRLC	
			Grosse	
				Avgerou

Abbildung 31: Gegenüberstellung der Auswahlkriterien und der Verfahren zur Wirkungsermittlung (3)

3. Anwendung des Kriterienrahmens

Anforderungs-klasse	Auswahlkriterium	Ausprägungen			
Inhaltlich	Bewertungsmaßstab	Ziele d. Entscheidungsträgers	Unternehmensziele	Kosten	Deckungsbeiträge
		NWA			
		AHP			
		SMART			
		KNA			
		GWA			
		AWA			
		ETC			
		ITPM			
		Argumentenbilanz			
	Ganzheitlichkeit der Sichtweise	Integrativ		Lokal	
		NWA			
		AHP			
		SMART			
		KNA			
		GWA			
		AWA			
		ETC			
		ITPM			
		Argumentenbilanz			
	Zeitlicher Bezug	Vergangenheitsbezogen		Zukunftsgerichtet	
		NWA			
		AHP			
		SMART			
		KNA			
		GWA			
		AWA			
		ETC			
		ITPM			
		Argumentenbilanz			
	Unterkriterium bei zukunftsgerichtetem Bezug: Einbeziehung der Unsicherheit	Ignorieren	Transparenz	Wahrscheinlichkeiten	
		NWA			
		AHP			
		SMART			
		KNA			
		AWA			
		ETC			
		ITPM			
		Argumentenbilanz			

Abbildung 32: Gegenüberstellung der Auswahlkriterien und der Verfahren zur Wirkungsbewertung (1)

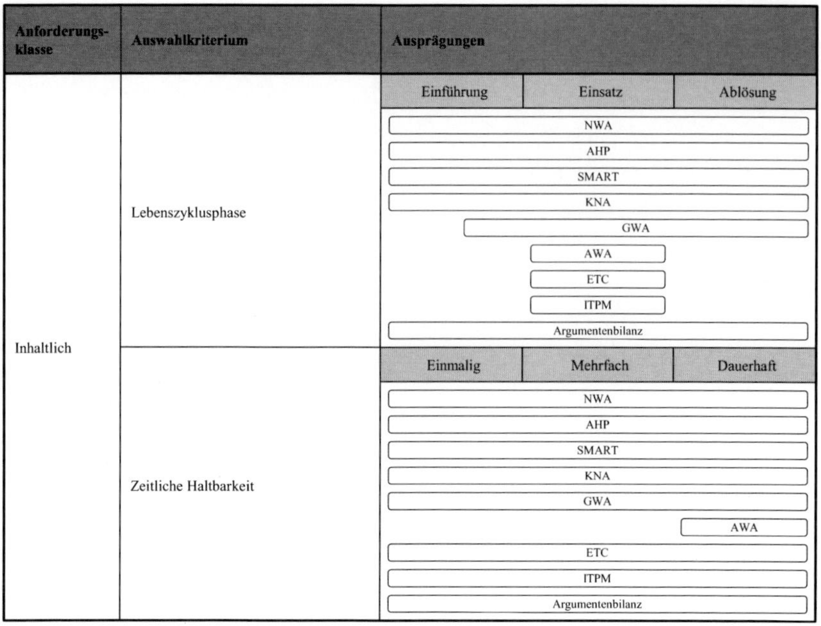

Anforderungs-klasse	Auswahlkriterium	Ausprägungen		
Inhaltlich	Lebenszyklusphase	Einführung	Einsatz	Ablösung
		NWA		
		AHP		
		SMART		
		KNA		
		GWA		
		AWA		
		ETC		
		ITPM		
		Argumentenbilanz		
	Zeitliche Haltbarkeit	Einmalig	Mehrfach	Dauerhaft
		NWA		
		AHP		
		SMART		
		KNA		
		GWA		
				AWA
		ETC		
		ITPM		
		Argumentenbilanz		

Abbildung 33: Gegenüberstellung der Auswahlkriterien und der Verfahren zur Wirkungsbewertung (2)

3. Anwendung des Kriterienrahmens

Anforderungs-klasse	Auswahlkriterium	Ausprägungen		
Formell	Quantitative Form der abgeleiteten Ergebnisse	Monetär	Quantitativ	Qualitativ
		GWA	NWA	
			AHP	
			SMART	
			KNA	
			AWA	
		ETC		
		ITPM		
				Argumentenbilanz
Formell	Quantitative Form der verarbeiteten Informationen	Monetär	Quantitativ	Qualitativ
			NWA	
			AHP	
			SMART	
		KNA		
		GWA		
				AWA
		ETC		
		ITPM		
		Argumentenbilanz		
	Verdichtungsgrad	Einzeln	Mehrfach	System
			NWA	
			AHP	
			SMART	
			KNA	
		GWA		
			AWA	
		ETC		
				ITPM
				Argumentenbilanz
Zeitlich	Aufwand zur Durchführung	Gering	Mittel	Hoch
		NWA		
			AHP	
		SMART		
			KNA	
		GWA		
		AWA		
		ETC		
				ITPM
		Argumentenbilanz		

Abbildung 34: Gegenüberstellung der Auswahlkriterien und der Verfahren zur Wirkungsbewertung (3)

Anforderungs-klasse	Auswahlkriterium	Ausprägungen			
Inhaltlich	Ausgangspunkt der Wirkungserhebung	Unternehmensziele	Geschäftsprozesse	Kunden	Change Management
		TSTS			
		HWM			
		Kesten et al.			
		FAOR			
		4-Ebenen-Modell			
	Bewertungsmaßstab	Ziele d. Entscheidungsträgers	Unternehmensziele	Kosten	Deckungsbeiträge
				TSTS	
				HWM	
				Kesten et al.	
		FAOR			
		4-Ebenen-Modell			
	Ganzheitlichkeit der Sichtweise	Integrativ		Lokal	
				TSTS	
		HWM			
		Kesten et al.			
		FAOR			
		4-Ebenen-Modell			
	Zeitlicher Bezug	Vergangenheitsbezogen		Zukunftsgerichtet	
				TSTS	
				HWM	
				Kesten et al.	
				FAOR	
		4-Ebenen-Modell			
	Unterkriterium bei zukunftsgerichtetem Bezug: Einbeziehung der Unsicherheit	Ignorieren	Transparenz		Wahrscheinlichkeiten
		TSTS			
		HWM			
				Kesten et al.	
		FAOR			
		4-Ebenen-Modell			
	Lebenszyklusphase	Einführung	Einsatz		Ablösung
			TSTS		
			HWM		
			Kesten et al.		
			FAOR		
			4-Ebenen-Modell		

Abbildung 35: Gegenüberstellung der Auswahlkriterien und der kombinierten Verfahren

3. Anwendung des Kriterienrahmens 141

Anforderungs-klasse	Auswahlkriterium	Ausprägungen		
		Einmalig	Mehrfach	Dauerhaft
Inhaltlich	Zeitliche Haltbarkeit		TSTS	
				HWM
		Kesten et al.		
				FAOR
				4-Ebenen-Modell
		Monetär	Quantitativ	Qualitativ
	Quantitative Form der abgeleiteten Ergebnisse	TSTS		
		HWM		
		Kesten et al.		
				FAOR
			4-Ebenen-Modell	
Formell		Monetär	Quantitativ	Qualitativ
	Quantitative Form der verarbeiteten Informationen			TSTS
			HWM	
			Kesten et al.	
				FAOR
			4-Ebenen-Modell	
		Einzeln	Mehrfach	System
	Verdichtungsgrad	TSTS		
		HWM		
			Kesten et al.	
			FAOR	
				4-Ebenen-Modell
		Gering	Mittel	Hoch
Zeitlich	Aufwand zur Durchführung	TSTS		
				HWM
				Kesten et al.
				FAOR
				4-Ebenen-Modell

Abbildung 36: Gegenüberstellung der Auswahlkriterien und der kombinierten Verfahren (2)

Bei eingehender Betrachtung des Auswahlmodells fallen einige Sachverhalte auf, die im Folgenden erörtert werden sollen. Da es sich bei den untersuchten Verfahren um eine *Auswahl* handelt, sind die folgenden Sachverhalte grundsätzlich als *Hypothesen* zu interpretieren, deren Validität in einer breiter angelegten Untersuchung separat zu überprüfen ist.

Kaum überraschend ist die Erkenntnis, wonach innerhalb der betrachteten Verfahren zur Bestimmung und/oder Bewertung von Wirkungen von Informationssystemen kein *universell* einsetzbares Verfahren existiert, dessen Einsatzbereich *alle* hier aufgeführten Ausprägungen der Auswahlkriterien abdeckt. Dies deckt sich mit der Erkenntnis anderer Arbeiten im selben wissenschaftlichen Kontext[571]. Aufgrund der Komplexität der umfassenden Bestimmung und Bewertung der Wirkungen von Informationssystemen ist nach Einschätzung des Verfassers auch kaum damit zu rechnen, dass ein solches universelles Verfahren je existieren wird.

Auffällig ist der Fokus der Verfahren zur Wirkungserhebung und vor allem der kombinierten Verfahren auf die *zukunftsgerichtete* Wirkungsbestimmung: Während *alle* der betrachteten Wirkungserhebungsverfahren eine zukunftsgerichtete Wirkungsprognose ermöglichen, ist eine rückwärtsgerichtete Kontrolle hinsichtlich des tatsächlichen Eintretens von Wirkungen nur bei zwei Dritteln der Verfahren möglich. Auch bei den kombinierten Verfahren ermöglichen *alle* eine zukunftsgerichtete Wirkungsprognose, während nur *eines* der untersuchten Verfahren die rückwärtsgerichtete Kontrolle als Einsatzbereich vorsieht. Exklusiv auf die rückwärtsgerichtete Betrachtung der Ergebnisseite der IT zugeschnitten ist keines der untersuchten Verfahren. Der Fokus auf die Prognose von Wirkungen ist einigermaßen erstaunlich, wenn man die Schwierigkeiten einer zukunftsgerichteten Betrachtungsweise, die zu den grundsätzlichen, strukturellen Problemen der Erhebung von Wirkungen von Informationssystemen erschwerend hinzukommen[572], bedenkt, deckt sich aber mit der Erkenntnis von Küpper, wonach sich die BWL intensiv mit Verfahren der Investitions*planung*, aber nur wenig mit den Problemen ihrer *Kontrolle* befasst[573]. Diese Einschätzung lässt sich speziell für die Kontrolle von IT-Investitionen empirisch nachweisen: Nach der bereits eingangs erwähnten Studie der Meta Group Inc. aus dem Jahr 2002 haben 90% der betrachteten Unternehmen kein Modell zur quantitativen Darstellung des Werts der eingesetzten Informationssysteme[574]. Bei der ebenfalls eingangs aufgeführten Studie von Kesten, Schröder und Wozniak (2006) zur Vorgehensweise bei der Ermittlung und Bewertung des Nutzens von IT-Investitionen gaben 44% der Unternehmen an, *keine* Überprüfung dahingehend vorzunehmen, ob sich der prognostizierte Nutzen einer IT-Investition in der erwarteten Höhe eingestellt hat. Die hierzu existierenden Verfahren schätzten lediglich 17% dieser Unternehmen als gut und 0% als sehr gut ein[575]. Nach Kesten, Schröder und Wozniak ist davon auszugehen, dass nega-

---

[571] vgl. Walter und Spitta (2004), S. 176
[572] vgl. hierzu die Ausführungen aus Abschnitt 1.2 bzw. 2.3.4
[573] vgl. Küpper (2001), S. 453
[574] vgl. die Abschnitt 1.2 bzw. Meta Group Inc. (2002a), S. 5
[575] vgl. Kesten, Schröder und Wozniak (2006), S. 14

3. Anwendung des Kriterienrahmens

tive Erfahrungen mit den existierenden Verfahren zur nachträglichen Kontrolle dazu beitragen, dass ein derart großer Anteil der befragten Unternehmen diese nicht durchführt[576].

Die explizite Einbeziehung der Unsicherheit prognostizierter Wirkungen erfolgt nur in der Minderheit der untersuchten Verfahren. Dies ist allerdings nicht als kritisch einzustufen, da der Unsicherheitsfaktor durch Kombination mit Verfahren wie der Sensitivitätsanalyse oder der Szenariotechnik in die erarbeiteten Ergebnisse und somit die weitere Entscheidungsfindung einbezogen werden kann, was in der Praxis meist auch geschieht[577].

Zur wirtschaftlichen Ausgestaltung der IT ist, wie eingangs ausgeführt wurde[578], die *wertmäßige* Erfassung und Beschreibung der Leistungsseite der IT in *monetärer* Form notwendig. Die Erarbeitung monetär bewerteter Wirkungen erfolgt nur in drei der betrachteten Bewertungsverfahren: In der Gemeinkostenwertanalyse, dem Excess Tangible Costs Verfahren und dem IT Performance Measurement. Die Gemeinkostenwertanalyse liefert eine Prognose hinsichtlich zukünftig einsparbarer Kosten, indem sie die Kosten für die innerbetriebliche Leistungserstellung abschätzt und Vorschläge zur Reduktion bzw. Abschaffung dieser Leistungen sammelt. Aussagen zum *Wert* der *erbrachten* Leistungen lassen sich so jedoch nicht ableiten[579]. Das Excess Tangible Costs Verfahren spezifiziert ebenfalls keine detaillierte Vorgehensweise zur Ermittlung des monetären Werts der durch ein Informationssystem erbrachten Leistungen[580]. Die Bewertung erfolgt hier aufgrund von Plausibilitätsüberlegungen und Erfahrungswerten durch das Management. Durch Anwendung des IT Performance Measurement können potentiell monetäre Kennzahlen definiert werden, die die durch ein Informationssystem erbrachten Leistungen beschreiben können. Die Eignung von Kennzahlen zur Erfassung und Beschreibung qualitativer Aspekte ist allerdings stark eingeschränkt, üblicherweise beziehen sie sich auf quantitative bzw. monetäre Aspekte[581]. Die Ermittlung eines Werts durch Analyse der qualitativen Wirkungen eines Informationssystems ist auf dieser Grundlage ebenfalls kaum möglich. Nicht zuletzt aus der Definition qualitativer Wirkungen, wonach diese so definiert sind, dass für ihre unmittelbare monetäre Bewertung keine rationa-

---

[576] vgl. Kesten, Schröder und Wozniak (2006), S. 14f.
[577] Bei einer von Kesten, Schröder und Wozniak durchgeführten empirischen Studie gaben 80% der befragten Unternehmen an, mindestens ein Verfahren zur Berücksichtigung der Unsicherheit von IT-Investitionen anzuwenden (vgl. Kesten, Schröder und Wozniak (2006), S. 13).
[578] vgl. die Ausführungen aus Abschnitt 1.2
[579] vgl. Pietsch (2003), S. 153
[580] vgl. Pietsch (2003), S. 155
[581] vgl. Jung (2007), S. 152, Walter und Spitta (2004), S. 174

len Grundlagen bzw. Bewertungsmaßstäbe zur Verfügung stehen[582], ist daher der Schluss zu ziehen, dass die Existenz oder Möglichkeit zur Entwicklung eines allgemein anwendbaren, eigenständigen Bewertungsverfahrens zur monetären Bewertung beliebiger Wirkungen von Informationssystemen zu bezweifeln ist. Kombinierte Ansätze, welche sowohl die Wirkungserhebung als auch die Wirkungsbewertung innerhalb eines spezifischen Kontexts und unter Betrachtung spezieller Aspekte durchführen, sind in dieser Hinsicht als erfolgversprechender einzustufen.

Eine Ableitung monetär bewerteter Nutzeneffekte von Informationssystemen erfolgt innerhalb der betrachteten kombinierten Verfahren beim Time Savings Times Salary Verfahren, beim Hedonic Wage Modell, beim Ansatz von Kesten, Müller und Schröder sowie beim Vier-Ebenen-Ansatz. Das Time Savings Times Salary Verfahren definiert den Wert des Einsatzes von Informationssystemen über potentiell einsparbare Personalkosten, setzt also wiederum an der Reduktion von Kosten, und nicht an den erbrachten Leistungen eines Informationssystems, an. Neben der als unrealistisch einzustufenden Annahme, dass sich der Einsatz von Informationssystemen unmittelbar in Personaleinsparungen niederschlägt[583], ist ferner zu bezweifeln, dass sich so alle Wirkungen des Einsatzes von Informationssystemen umfassend beschreiben lassen[584]. Analoges gilt für das Hedonic Wage Modell, welches den Wert des Einsatzes von Informationssystemen über Produktivitätsverbesserungen, welche wiederum über den Wert von Arbeitsstunden und somit Personalkosten gemessen werden, definiert. Der Ansatz von Kesten, Müller und Schröder verwendet ein zweigeteiltes Schema bei der monetären Bewertung von Wirkungen: Zum einen werden Wirkungen über die mit ihnen verbundenen Kostenreduktionen (Zeiteinsparungen über durchschnittliche Arbeitsstundensätze, vermiedene Folgekosten, Ressourceneinsparungen) bewertet, zum anderen wird versucht, den Einfluss von Informationssystemen auf Umsatzsteigerungen abzuschätzen, wobei sich der monetäre Wert von Wirkungen hier aus kundengruppenbezogenen Deckungsbeiträgen und der Anzahl neu gewonnener bzw. verlorener Kunden ergibt. Aufgrund des im Regelfall großen Abstands von Informationssystemen von den Leistungserstellungsprozessen im Unternehmen[585] ist jedoch kaum davon auszugehen, dass sich die Wirkungen von Informationssystemen unmittelbar, in nachvollziehbarer Weise und umfassender Form auf die *Kennzahl*

---

[582] vgl. Krcmar (2005), S. 396
[583] vgl. Kesten, Müller und Schröder (2007), S. 134
[584] vgl. hierzu die Ausführungen aus Abschnitt 1.2 zur Vielschichtigkeit und Verflechtung der Wirkungen von Informationssystemen in Unternehmen und der damit verbundenen Erfassungsproblematik
[585] vgl. Brugger (2005), S. 84

3. Anwendung des Kriterienrahmens

neu gewonnener bzw. verlorener Kunden zurückführen lässt. Das Vier-Ebenen-Modell von Picot und Reichwald ist zunächst eher als Rahmenkonzept denn als eigenständiges Wirkungserhebungs- bzw. -bewertungsverfahren einzustufen[586]. Eine monetäre Bewertung von Wirkungen von Informationssystemen erfolgt nur dort, wo dies unmittelbar möglich ist, etwa bei Kosteneinsparungen. Zur Betrachtung qualitativer Wirkungen wird die ergänzende Anwendung der Nutzwertanalyse vorgesehen, welche ihrerseits allerdings keine monetäre Bewertung vornimmt. Zusammenfassend ist daher auch für die untersuchten kombinierten Verfahren festzustellen, dass die monetäre Bewertung von Wirkungen von Informationssystemen, d.h. die Ableitung eines monetären Werts, wie er zur wirtschaftlichen Ausgestaltung der IT erforderlich ist[587], nur unzureichend erfolgt.

Die überwiegende Zahl der betrachteten Wirkungserhebungsverfahren bzw. der kombinierten Verfahren konzentriert sich auf die Erarbeitung von Wirkungen während der *Einsatzphase* eines Informationssystems. Dies deckt sich mit der grundsätzlich trivialen Erkenntnis, wonach ein Großteil der Leistungen eines Informationssystems während seiner Einsatzphase erbracht wird[588], lässt aber auch auf einen möglichen Bedarf an Verfahren, die sich speziell mit Wirkungen, die während der Einführung bzw. der Ablösung von Informationssystemen entstehen, schließen.

Abschließend lässt sich konstatieren, dass bei der Analyse der Einsatzbereiche der bestehenden Verfahren vor allem zwei Brennpunkte identifiziert werden konnten, die durch die untersuchten Verfahren unzureichend abgedeckt werden: Diese bestehen zum einen in der *Überprüfung* der durch ein Informationssystem erbrachten Leistungen, d.h. der Darstellung der Wirkungen, die ein in einem Unternehmen im Einsatz befindliches Informationssystem auf das Unternehmen ausübt, sowie zum anderen in der *monetären* Bewertung dieser erbrachten Leistungen. Ziel der folgenden Abschnitte soll daher die Konzeption eines Modells sein, dass diese Problembereiche adressiert und das somit ein Modell für den Wert eines Informationssystems innerhalb eines Unternehmens darstellt. Das Modell soll sich dabei aufgrund der besonderen Relevanz auf die *Einsatzphase* eines Informationssystems erstrecken. Da eine monetäre Bewertung, wie bereits ausgeführt, kaum separat von der Wirkungserhebung möglich

---

[586] vgl. Horváth (2006), S. 708
[587] vgl. die Ausführungen aus Abschnitt 1.2
[588] vgl. Krcmar (2005), S. 146f.

erscheint, soll das Modell ferner sowohl eine Komponente zur Wirkungsbestimmung als auch eine Komponente zur Wirkungsbewertung enthalten.

4 Die Wertschöpfung als konzeptioneller Rahmen zur wertmäßigen Beschreibung der Leistungen von Informationssystemen

Ziel der folgenden beiden Abschnitte ist die Ableitung eines fundierten Modells, mit Hilfe dessen die in Abschnitt 3.5 erarbeiteten, bislang unzureichend abgedeckten Problembereiche innerhalb der Aufgabenstellung der Bestimmung und Bewertung von Wirkungen von Informationssystemen adressiert werden sollen. Der Einsatzbereich des Modells ist daher wie folgt zu definieren:

- Die Beschreibung der Ergebnisseite von Informationssystemen soll in *quantitativ-monetärer* Form, d.h. über einen monetären Wert, den das betreffende Informationssystem für ein Unternehmen hat, erfolgen;
- das Modell soll auf *Ist-Größen* basieren und die wertmäßige Ergebnisseite von Informationssystemen als Darstellung der *gegenwärtigen* bzw. vergangenen Situation (*Ist-Situation*) ermitteln;
- das Modell soll sich auf den *Einsatz* eines Informationssystems beziehen; Aspekte der Einführung und der Ablösung sollen nicht explizit in das Modell einfließen;
- das Modell soll sich sowohl auf die Bestimmung als auch die Bewertung der Wirkungen des Einsatzes eines Informationssystems innerhalb eines Unternehmens beziehen; es soll sich in diesem Sinne um ein kombiniertes Modell zur Wirkungsbestimmung und -bewertung handeln.

Aus diesem Einsatzbereich leiten sich die durch das Modell adressierten Entscheidungs- und Steuerungsprobleme (vgl. Abschnitt 2.1) ab: Diese sind schwerpunktmäßig im Bereich der *Kontrolle* anzusiedeln, indem mit Hilfe des Modells *überprüft* wird, ob sich zuvor prognostizierte Wirkungen des IS-Einsatzes auch tatsächlich in der Realität einstellten, wobei die im Entscheidungsfindungsprozess prognostizierten Soll-Wirkungen den auf Grundlage des Modells ermittelten Ist-Wirkungen einander gegenübergestellt werden. Dies kann anschließend im Rahmen der *Sicherung* bei der Feststellung von Plan-Abweichungen als Ausgangspunkt für die Definition korrigierender Eingriffsmaßnahmen angesetzt werden. Da das Modell eine quantitative Darstellung des Wertbeitrags eines Informationssystems vornehmen soll, adressiert es ferner implizit allgemeine Entscheidungsprobleme im Zusammenhang mit der IS-Wirtschaftlichkeit, etwa Fragestellungen im Zusammenhang mit IT-Outsourcing[589] oder der Budgetierung[590]. Die Verwendung der vom Modell bereitgestellten Informationen soll jedoch nicht Gegenstand der vorliegenden Ausführungen sein, weshalb im weiteren Verlauf nicht näher auf diese Bereiche eingegangen wird.

Abschnitt 4 gliedert sich in folgende Unterabschnitte: Zunächst ist zu untersuchen, durch welche der existierenden betriebswirtschaftlichen Konzepte wie gefordert eine wertmäßige Beschreibung der Ergebnisseite eines Informationssystems erfolgen und welches dieser Konzepte im Folgenden als konzeptioneller Rahmen bei der Erstellung des neuen Modells dienen kann (Abschnitt 4.1). Hierbei wird die *Wertschöpfung* als geeignetes Rahmenkonzept ermittelt. Da zur Beschreibung der Wertschöpfung bereits verschiedene Ansätze in der einschlägigen Literatur diskutiert werden, ist zu analysieren, ob mit einem solchen bestehenden Ansatz ein Modell existiert, das die o.g. Modellanforderungen erfüllt (Abschnitt 4.2). Da dies nicht gegeben ist, erfolgt im anschließenden Abschnitt 5 der Vorschlag eines Wertschöpfungsmodells zur wertmäßigen Beschreibung der Ergebnisseite eines Informationssystems.

4.1 Auswahl eines Konzepts zur wertmäßigen Beschreibung der Leistungen von Informationssystemen

Als grundsätzlicher Ausgangspunkt bei der Suche nach möglichen „Kandidaten" zur wertmäßigen Beschreibung der Ergebnisseite eines Informationssystems, basierend auf den obigen Anforderungen, ist der betriebswirtschaftliche *Leistungsbegriff* anzusehen. In der einschlägigen Literatur finden sich verschiedene Definitionen zum Begriff Leistung[591], die sich einerseits in rein *mengenmäßige* Interpretationen, wonach Leistung eine reine Mengenabgabe von ausgebrachten Produkten oder Erzeugnissen darstellt[592], und andererseits in *wertmäßige* Auffassungen, wonach sich die Leistungen aus bewerteten Gütererstellungen zusammensetzen und durch Verknüpfung von Menge und Wertansatz ergeben[593], einteilen lassen[594].

---

[589] Unter dem Begriff des IT-Outsourcing wird die informationstechnikbezogene Beratung sowie die Implementierung und der Betrieb von EDV-Systemen durch rechtlich und wirtschaftlich selbständige Dienstleistungsanbieter verstanden (vgl. Burr (2003), S. 123).
[590] Hierbei sei insbesondere auf die sogenannten Kapitalallokationsverfahren verwiesen, welche bei begrenzt zur Verfügung stehendem Eigenkapital aussagen, dass genau diejenigen Unternehmensaktivitäten ausgeführt werden sollten, die den höchsten relativen Wertbeitrag (Wertbeitrag pro Kapitaleinheit) aufweisen (vgl. hierzu Gleißner und Lienhard (2001), S. 269f.).
[591] vgl. Hoitsch und Lingnau (2004), S. 414; zur ausführlichen Diskussion verschiedener Interpretationen des Leistungsbegriffs vgl. Hilgers (2008), S. 18f.
[592] vgl. Hoitsch und Lingnau (2004), S. 16
[593] vgl. Kloock, Sieben, Schildbach und Homburg (2005), S. 40

4. Wertschöpfung als konzeptioneller Rahmen zur Leistungsbeschreibung

Mengenmäßige Interpretationen des Leistungsbegriffs sind, wie bereits ausgeführt wurde, zur Beurteilung der Wirtschaftlichkeit von Informationssystemen ungeeignet[595]. Innerhalb der wertmäßigen Interpretation des Leistungsbegriffs lassen sich nochmals zwei verschiedene Leistungsbegriffe unterscheiden[596]:

- Der *pagatorische Leistungsbegriff* verwendet eine absatzmarktorientierte Bewertung als Wertansatz für gefertigte und bereits abgesetzte sowie gefertigte, aber noch nicht abgesetzte Güter in Form der erzielten bzw. erzielbaren *Erlöse*[597]. Der pagatorische Leistungsbegriff eignet sich somit zur Beschreibung der Ergebnisseite von Informationssystemen, die direkt an der Erstellung absatzfähiger Güter mitwirken. Dies ist allerdings nur in Ausnahmefällen (vgl. Abschnitt 1.2) gegeben.

- Der *kostenorientierte Leistungsbegriff* bewertet fertig erstellte, unfertige oder auch innerbetrieblich verwendete Güter mit der Summe der Werte aller zu seiner Herstellung erforderlichen Produktionsfaktoren, und damit kostenorientiert[598]. In diesem Sinne würde das Ergebnis eines Informationssystems über die durch das Informationssystem verursachten Kosten beschrieben werden. Über die *Wirtschaftlichkeit* eines Informationssystems kann so allerdings nichts ausgesagt werden.

An dieser Stelle kann festgehalten werden, dass sich sowohl der mengen- als auch der wertmäßige Leistungsbegriff kaum zur quantitativen, monetären Beschreibung der Ergebnisseite allgemeiner[599] Informationssysteme eignen.

Eine umfassendere Interpretation des Leistungsbegriffs führt zum Bereich der betrieblichen *Kennzahlen*. Diese sind, wie bereits in Abschnitt 3.3.1.8 ausgeführt wurde, Zahlen, welche messbare, d.h. quantitativ erfassbare, betriebswirtschaftlich relevante Sachverhalte zusammenfassen und so deren Darstellung in kurzer und prägnanter Form erlauben[600]. Auch im IT-Bereich ist die Verwendung von Kennzahlen üblich[601]. Da sich Kennzahlen allerdings meist

---

[594] vgl. Hilgers (2008), S. 19f.
[595] An dieser Stelle sei nochmals auf das von Pietsch aufgeführte Beispiel verwiesen, bei dem die Erhöhung des IT-Outputs nicht zwangsläufig zu einer höheren IT-Wirtschaftlichkeit führt, etwa wenn sich die Qualität der ausgebrachten Produkte verschlechtert (vgl. Pietsch (2003), S. 43 sowie die Ausführungen aus Abschnitt 1.2).
[596] vgl. Kloock, Sieben, Schildbach und Homburg (2005), S. 40f.
[597] vgl. Kloock, Sieben, Schildbach und Homburg (2005), S. 41, Scherrer (1999), S. 715
[598] vgl. Kloock, Sieben, Schildbach und Homburg (2005), S. 41
[599] d.h. auch solcher Informationssysteme, die *nicht* unmittelbar an der eigentlichen Leistungserstellung innerhalb eines Unternehmens beteiligt sind
[600] vgl. Reichmann (2001), S. 19
[601] vgl. die Ausführungen aus Abschnitt 3.3.1.8

150　　　　　　4. Wertschöpfung als konzeptioneller Rahmen zur Leistungsbeschreibung

auf quantitativ erfassbare Aspekte des Einsatzes von Informationssystemen beziehen und die Einbeziehung *qualitativer* Aspekte entweder unterlassen wird oder auf Basis fragwürdiger Argumentation erfolgt[602], eignen sie sich nicht unmittelbar zur umfassenden, wertmäßigen Beschreibung der Ergebnisseite von Informationssystemen[603].

Der *Wertschöpfungsbegriff* dehnt - angeregt durch eine volkswirtschaftliche Betrachtungsweise - den Leistungsbegriff auf die durch die einzelnen Produktionsfaktoren erwirtschafteten Teile aus[604]. Die *Wertschöpfung* gibt einerseits die wirtschaftliche Leistung an[605], kann andererseits aber auch zur Analyse der *Quellen* der wirtschaftlichen Leistung verwendet werden[606].

Der Wertschöpfungsbegriff entstammt ursprünglich der *volkswirtschaftlichen Gesamtrechnung*[607]. Dabei wird davon ausgegangen, dass in den zu den großen Wirtschaftsbereichen (Land- und Forstwirtschaft, warenproduzierendes Gewerbe, Handel und Verkehr, Dienstleistungsunternehmen) aggregierten Unternehmen ein Überschuss der Bruttoproduktionswerte (Verkaufserlöse + Bestandsveränderungen an Erzeugnissen + selbsterstellte Anlagen) über die Vorleistungen (Roh-, Hilfs- und Betriebsstoffe, Vorprodukte und Halbfabrikate, Handelswaren) vorliegt[608]. Diese Überschüsse geben somit an, welche Mehr-Werte von den betreffenden Unternehmen in einer Periode erwirtschaftet wurden[609]; ihre Aufsummierung über alle Wirtschaftsbereiche liefert die im gesamten Unternehmenssektor realisierte Wertschöpfung[610].

Der Wertschöpfungsbegriff im Sinne der *Betriebswirtschaftslehre* erstreckt sich zunächst auf ein einzelnes Unternehmen[611]. Dieses schöpft dann Wert, wenn es aus einfachen oder komplexen Inputgütern in ihrem Wert gesteigerte Outputgüter erstellt[612].

---

[602] vgl. Jung (2007), S. 152, Walter und Spitta (2004), S. 174
[603] vgl. zur Diskussion und zum Einsatzbereich von Kennzahlen auch die Ausführungen aus Abschnitt 3.3.1.8
[604] vgl. Schult (2003), S. 93
[605] vgl. Weber (2006), S. 70
[606] vgl. Schult (2003), S. 95
[607] vgl. Töpfer (2004), S. 492; für eine Einführung in die volkswirtschaftliche Gesamtrechnung, speziell im Zusammenhang mit dem Wertschöpfungsbegriff, siehe etwa Cezanne (2005), S. 268ff. oder Hermans (1994), S. 5ff.
[608] vgl. Töpfer (2004), S. 492
[609] vgl. Töpfer (2004), S. 492
[610] vgl. Töpfer (2004), S. 492
[611] vgl. Lück (1998), S. 1272
[612] vgl. Kiener, Maier-Scheubeck, Obermaier und Weiß (2006), S. 8

4. Wertschöpfung als konzeptioneller Rahmen zur Leistungsbeschreibung

Analog zur volkswirtschaftlichen Gesamtrechnung kann die Wertschöpfungsrechnung im Sinne der BWL als erfolgswirtschaftliche Entstehungs- und Verteilungsrechnung aufgefasst werden[613] (vgl. Abbildung 37).

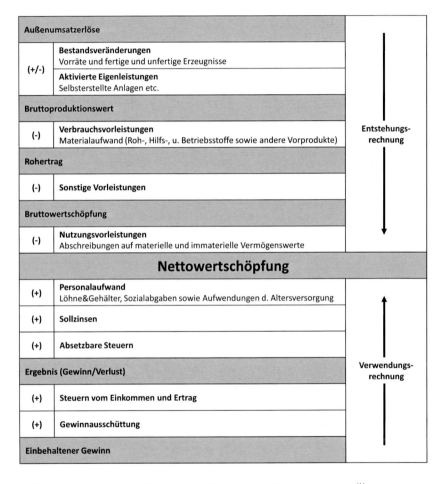

Abbildung 37: Ermittlung der Wertschöpfung über die Entstehungs- und Verwendungsrechnung[614]

---

[613] vgl. Schult (2003), S. 93
[614] vgl. Stephan (2003), S. 274

152 4. Wertschöpfung als konzeptioneller Rahmen zur Leistungsbeschreibung

Von der Entstehungsseite her ist die Wertschöpfung eines Unternehmens als Differenz des Werts der vom Unternehmen abgegebenen Güter und Dienste (Produktionswert) und dem Wert der vom Unternehmen bezogenen Güter und Dienste (Vorleistungen) definiert[615] (vgl. Abbildung 37, Entstehungsrechnung). Sie kann im Rahmen einer Bilanzanalyse annähernd[616] aus der Gewinn- und Verlustrechnung abgeleitet werden[617].

Nach der Verteilungs- oder Verwendungsrechnung ist die Wertschöpfung die Summe aller Aufwendungen, die nicht Vorleistungscharakter haben[618], bzw. die Summe der an die Produktionsfaktoren[619] ausschüttungsfähigen Erträge[620] (vgl. Abbildung 37, Verwendungsrechnung). Offensichtlich handelt es sich bei der Wertschöpfung eines Unternehmens um eine *monetäre Größe*[621].

Prinzipiell müssten Erfolgs- und Verwendungsrechnung zum selben Ergebnis führen, da einerseits nur verteilt werden kann, was zuvor erwirtschaftet wurde, andererseits alles, was erwirtschaftet wird, irgendwann im Unternehmen verteilt wird[622]. In der Realität ergeben sich allerdings unterschiedliche Wertschöpfungsbeträge[623], welche zum einen auf überschlägige Berechnungen zurückzuführen sind[624]. Zum anderen ergeben sich Differenzen durch Beträge, die im Unternehmen verbleiben, also nicht an die Produktionsfaktoren ausgeschüttet werden, bzw. durch Einnahmen, die nicht durch Produktion erwirtschaftet werden, aber dennoch an

---

[615] vgl. Schult (2003), S. 93 und Kiener, Maier-Scheubeck, Obermaier und Weiß (2006), S. 8
[616] Hierbei sei auf die unterschiedlichen Zielsetzungen einer Wertschöpfungsanalyse einerseits und der handelsrechtlichen Rechnungslegung andererseits verwiesen. Nach der handelsrechtlichen Rechnungslegung erfolgt die Untergliederung der Rechnungsposten nach den Quellen des (kapitalorientierten) Erfolgs, nicht aber nach den Quellen der betrieblichen Wertschöpfung. Dies kann dazu führen, dass Ertragsposten, welche Bestandteile aus der betrieblichen Produktions- und Absatztätigkeit enthalten, als solche für den externen Bilanzanalysten nicht erkennbar sind und diese Bestandteile daher nicht dem Produktionswert zugeschrieben werden können (vgl. dazu Schult (2003), S. 93f.).
[617] vgl. Weber (2006), S. 71, Kremin-Buch (2007), S. 10f.
[618] vgl. Kiener, Maier-Scheubeck, Obermaier und Weiß (2006), S. 8
[619] Produktionsfaktoren sind Güter und/oder Dienstleistungen, die in einen Transformationsprozess eingehen und der Herstellung anderer Güter und/oder Dienstleistungen dienen (vgl. Jung (2006), S. 8f., Kiener, Maier-Scheubeck, Obermaier und Weiß (2006), S. 6, Schiemenz und Schönert (2005), S. 89). Nach Gutenberg werden sie in der Betriebswirtschaftslehre in die Elementarfaktoren Arbeit, Werkstoffe und Betriebsmittel sowie die dispositiven Faktoren Leitung, Planung und Organisation unterteilt (vgl. Gutenberg (1971), S. 2ff.). In der Volkswirtschaftslehre ist die Gliederung in die Produktionsfaktoren Arbeit, Kapital und technisches Wissen (vgl. Cezanne (2005), S. 4) bzw. Boden (vgl. Welfens (2005), S. 16) verbreitet. Im Rahmen einer einzelwirtschaftlichen Betrachtung der Wertschöpfung eines Unternehmens finden üblicherweise die Produktionsfaktoren Arbeit (Personalaufwand) und Kapital (Sollzinsen, Gewinnausschüttung) Verwendung. Hinzu kommen Erträge, die an den Staat abgeführt werden (Steuern) (vgl. Schult (2003), S. 94, Stephan (2003), S. 274).
[620] vgl. Stelling (2005), S. 283f., Schult (2003), S. 94
[621] vgl. Antes (2005), S. 76
[622] vgl. Schult (2003), S. 95
[623] vgl. Schult (2003), S. 95
[624] vgl. Schult (2003), S. 95

4. Wertschöpfung als konzeptioneller Rahmen zur Leistungsbeschreibung 153

die Produktionsfaktoren verteilt werden[625]. Zur Analyse der *Quellen* der unternehmerischen Wertschöpfung kann die Entstehungsrechnung herangezogen werden, indem eine Aufgliederung des Produktionswerts, etwa anhand der Positionen der Gewinn- und Verlustrechnung, erfolgt[626]. Die verursachungsgerechte Aufgliederung des Produktionswerts stellt allerdings eine beachtliche Schwierigkeit dar[627].

Der Wertschöpfungsbegriff lässt sich auf Teilsysteme des Gesamtsystems Unternehmen übertragen: Allgemein lassen sich innerhalb eines Unternehmens verschiedene Bereiche bzw. Bearbeitungsstufen unterscheiden, die jeweils identifizierbare Beiträge zur Gesamtwertschöpfung des Unternehmens liefern[628]. Sie werden als *Wertschöpfungskette* des Unternehmens bezeichnet[629]. Kerngedanke dabei ist, den über mehrere Wirtschaftsstufen innerhalb des Unternehmens ablaufenden Wertschöpfungsprozess für die betriebswirtschaftliche Analyse und Gestaltung nutzbar zu machen, indem die Beiträge einzelner Akteure auf ihre zeitliche und inhaltliche Abfolge hin untersucht werden[630].

Die obigen Ausführungen zum Wertschöpfungsbegriff legen die Vermutung nahe, dass sich über die Wertschöpfung Aussagen hinsichtlich des Beitrags eines Informationssystems an der Gesamtwertschöpfung eines Unternehmens ableiten lassen. Inwiefern dies zur quantitativen, monetären Bestimmung der Ergebnisseite eines Informationssystems beitragen kann, soll im Folgenden untersucht werden.

Je nach Betrachtungsweise finden sich, bezogen auf einzelne Unternehmen, in der Literatur verschiedene Spezialausprägungen des Wertschöpfungsbegriffs. Wunderer (2003) etwa unterscheidet die *strategiebezogene* Wertschöpfung, welche die Wertsteigerung eines Unternehmens für Investoren auf die Wahl einer geeigneten Strategie zurückführt, die *dienstleistungsbezogene* Wertschöpfung, welche Wertschöpfung als Nutzen der Leistungserbringung für die externen und internen Kunden gleichsetzt, sowie die *qualitätsbezogene* Wertschöpfung, welche Qualitätsverbesserungen an den an externe wie auch interne Kunden abgegebenen Leistungen als Quelle der Wertschöpfung sieht[631]. Der *produktionsbezogene* Wert-

---

[625] vgl. Schult (2003), S. 95
[626] vgl. Schult (2003), S. 95
[627] vgl. Schult (2003), S. 96
[628] vgl. Töpfer (2004), S. 493
[629] vgl. Töpfer (2004), S. 493
[630] vgl. Töpfer (2004), S. 493
[631] vgl. Wunderer (2003), S. 71

schöpfungsbegriff orientiert sich unmittelbar an den eigentlichen Leistungserstellungsprozessen im Unternehmen[632]. Danach wird unter dem betriebswirtschaftlichen Produktionsbereich ein Wertschöpfungsprozess verstanden, der aus einfachen oder komplexen Inputgütern wertgesteigerte Outputgüter erstellt[633]. Allerdings ist in diesem Zusammenhang zu beachten, dass sich die Wertschöpfung in der Produktion in den letzten Jahren verstärkt in Richtung der vorbereitenden, planenden, steuernden und kontrollierenden Aktivitäten verschoben hat[634].

Der *prozessbezogene* Wertschöpfungsbegriff fasst Wertschöpfung als Wertbeitrag betrieblicher Arbeitsabläufe zum Betriebsergebnis auf[635]. Zur Erfassung und formalen Beschreibung allgemeiner betrieblicher Abläufe kann das Konzept des Geschäftsprozesses[636] herangezogen werden[637]. Ein *Geschäftsprozess* ist eine Abfolge zusammengehöriger Arbeitsabläufe innerhalb eines Unternehmens, die zur Erfüllung einer betrieblichen Aufgabe notwendig[638] und durch einen Informationsaustausch miteinander verknüpft sind[639]. Die Arbeitsabläufe können über mehrere organisatorische Einheiten verteilt sein[640]. Geschäftsprozesse benötigen Inputs in Form von materiellen und/oder immateriellen Objekten und liefern ein oder mehrere materielle(s) und/oder immaterielle(s) Objekt(e) als Output[641]. Sie konsumieren eigene Leistungen oder die anderer Geschäftsprozesse und erbringen durch *Wertschöpfung* Leistungen für andere Geschäftsprozesse[642]. Leistungen können konkrete Produkte oder Dienstleistungen sein, die am Markt angeboten werden, oder unterstützende Leistungen, die für das Erstellen der eigentlichen Marktleistung notwendig sind[643]. Die Wertschöpfung eines Geschäftsprozesses ist dann definitionsgemäß die Differenz zwischen dem Wert seiner Outputs und Inputs[644].

---

[632] vgl. Buscher (2008), S. 121
[633] vgl. Günther und Tempelmeier (2005), S. 2f.
[634] vgl. Horváth (2006), S. 525
[635] vgl. Wunderer (2003), S. 71
[636] Synonym: Business process, Unternehmensprozess (vgl. Lasch (1998), S. 49). In der Literatur, vgl. etwa Kolbe, Österle und Brenner (2003), S. 53, findet sich zum Teil eine Unterscheidung zwischen Geschäftsprozessen einerseits, welche die Erstellung und Vermarkung der Produkte und Dienstleistungen des Unternehmens zum Zweck haben, und Unterstützungsprozessen andererseits, welche die kontinuierliche Ausführung der Geschäftsprozesse gewährleisten sollen. Da diese Unterscheidung für die weiteren Ausführungen nicht relevant ist, soll im Folgenden der Terminus des Geschäftsprozesses auch für Unterstützungsprozesse im obigen Sinne gelten.
[637] vgl. Staud (1999), S. 2
[638] vgl. Staud (1999), S. 6, Becker und Kahn (2005), S. 6
[639] vgl. Esswein und Körmeier (1995), S. 218
[640] vgl. Österle (1995), S. 16
[641] vgl. Schantin (2004), S. 45
[642] vgl. Österle (1995), S. 16, Böhm und Fuchs (2002), S. 110, Specker (2004), S. 63
[643] vgl. Böhm und Fuchs (2002), S. 110, Vogler (2006), S. 37
[644] vgl. hierzu auch die Argumentation von Nordsieck, der ein Unternehmen als einen einzigen, fortwährenden Unternehmensprozess ansieht (vgl. Nordsieck (1972), S. 9). Die Wertschöpfung eines Unternehmens entspricht

4. Wertschöpfung als konzeptioneller Rahmen zur Leistungsbeschreibung 155

Geschäftsprozesse bestehen aus einer strukturierten Menge von *Tätigkeiten*, die in einer zeitlichen und sachlogischen Beziehung stehen, um *Aufgaben* zu erfüllen[645] (vgl. Abbildung 38). *Tätigkeiten* sind dabei als Verrichtungen an Objekten definiert[646]. *Aufgaben* sind nach dem Verständnis der klassischen Organisationslehre Zielsetzungen für zweckbezogenes, menschliches Handeln[647]. Während die klassische Organisationslehre menschliche Handlungen als zwingenden Bestandteil der Aufgabendurchführung ansehen, erlaubt die Wirtschaftsinformatik im Zusammenhang mit Fragestellungen der Analyse und Gestaltung von Informationssystemen ausdrücklich die Automatisierbarkeit und Teil-Automatisierbarkeit von Aufgaben[648]. Als Aufgabenträger kommen daher im Folgenden Menschen (für nichtautomatisierbare Aufgaben), Rechner (für voll-automatisierbare Aufgaben) und Mensch-Rechner-Systeme (für teil-automatisierbare Aufgaben) in Frage[649]. Im Verständnis der weiteren Ausführungen wird unter einer *Aufgabe* allgemein eine *Zielsetzung an einen Aufgabenträger für zweckbezogenes Handeln* verstanden.

Aufgaben beschreiben, welche Tätigkeiten notwendig sind, um die Outputs eines Geschäftsprozesses herbeizuführen[650]. Eine Aufgabe determiniert die einzelnen Tätigkeiten und deren Folgebeziehungen, die zur Erfüllung der Aufgabe notwendig sind. Die Durchführung einer Aufgabe ergibt sich durch Durchführung der entsprechenden Tätigkeiten.

Die Tätigkeiten innerhalb eines Geschäftsprozesses benötigen ebenfalls Inputs und liefern Outputs als Ergebnis ihrer Durchführung[651]. Analog zur Wertschöpfung eines Geschäftsprozesses kann dann die Wertschöpfung einer Tätigkeit entsprechend als Differenz zwischen dem Wert ihrer Outputs und Inputs definiert werden.

---

dann der Wertschöpfung des Unternehmensprozesses. Inputs sind hier im Sinne von Vorleistungen zu verstehen, d.h. die von einem Geschäftsprozess benötigten Inputs stammen von anderen Geschäftsprozessen.
[645] vgl. Wilhelm (2007), S. 1
[646] vgl. Kosiol (1976), S. 42f.
[647] vgl. Kosiol (1976), S. 43. Eine ähnliche Definition findet sich bei Nordsieck, der eine Aufgabe als „sozialobjektiviertes Ziel, zu dessen Erreichung menschliche Arbeitsleistung notwendig ist", definiert (Nordsieck (1955), S. 27).
[648] vgl. Ferstl und Sinz (2006), S. 91
[649] vgl. Ferstl und Sinz (2006), S. 93
[650] vgl. im Folgenden Schantin (2004), S. 44ff.
[651] vgl. Schantin (2004), S. 46

156   4. Wertschöpfung als konzeptioneller Rahmen zur Leistungsbeschreibung

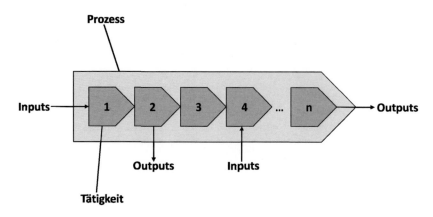

Abbildung 38: Geschäftsprozess als Sequenz von Tätigkeiten[652]

In der einschlägigen Literatur wird oft von einer hierarchischen Gliederung von Geschäftsprozessen in Teilgeschäftsprozesse gesprochen[653]. Teilgeschäftsprozesse ergeben sich aus der Dekomposition von Aufgaben in Teilaufgaben[654]. Teilgeschäftsprozesse beschreiben Geschäftsprozesse auf einer höheren Detaillierungsstufe[655]. Der Zerlegungsprozess in Teilgeschäftsprozesse endet, wenn Teilgeschäftsprozesse erreicht werden, die in einem einzigen Arbeitsablauf durchlaufen werden können, deren weitere Zerlegung aus betriebswirtschaftlicher Sicht also nicht sinnvoll erscheint[656]. Nicht weiter zerlegbare Teilgeschäftsprozesse werden auch als *elementare* Geschäftsprozesse bezeichnet[657].

Der Tätigkeitsbegriff ist zunächst nicht klar abgrenzbar vom Begriff des Teilgeschäftsprozesses. So könnten Tätigkeiten in der obigen Abbildung 38 ihrerseits wiederum aus einer Menge von Teil-Tätigkeiten bestehen, d.h. Teilgeschäftsprozessen entsprechen. Innerhalb der weiteren Ausführungen wird eine Tätigkeit im Sinne eines elementaren Geschäftsprozesses als nicht weiter zerlegbare Handlung zur Erfüllung einer Aufgabe aufgefasst.

---

[652] in Anlehnung an Schantin (2004), S. 45
[653] vgl. etwa Scheer (2001), S. 9, Arnold, Isermann, Kuhn, Furmans und Tempelmeier (2008), S. 217, Gaitanides (2006), S. 165ff., Schmelzer und Sesselmann (2007), S. 236
[654] Das Konzept der Dekomposition von Aufgaben in Teilaufgaben geht auf Nordsieck zurück, der die Gliederung und Verteilung der Unternehmensaufgabe auf die organisatorischen Teilbereiche eines Unternehmens untersucht (vgl. dazu Nordsieck (1955), S. 35ff.). Dieser Ansatz wurde von Kosiol vertieft und um die Synthese der Teilaufgaben zu Aufgabenkomplexen und deren Zuordnung zu Aufgabenträgern erweitern (vgl. dazu Kosiol (1976), S. 42ff.).
[655] vgl. Kuhn und Wiendahl (2008), S. 223; die Ausführungen beziehen sich dabei zunächst auf die Logistikprozesse eines Unternehmens, lassen sich sinngemäß aber auch auf allgemeine Geschäftsprozesse übertragen.
[656] vgl. Scheer (1998), S. 19
[657] vgl. Steinweg und Fedtke (2005), S. 73

4. Wertschöpfung als konzeptioneller Rahmen zur Leistungsbeschreibung 157

Die nachstehende Abbildung zeigt ein Beispiel für die schrittweise Detaillierung eines Geschäftsprozesses über Teilgeschäftsprozesse.

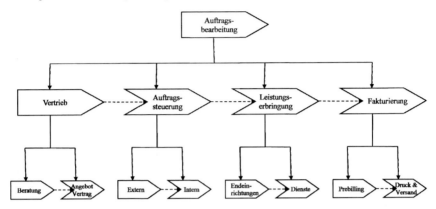

Abbildung 39: Beispiel für die Schrittweise Detaillierung von Geschäftsprozessen[658]

Zur Darstellung von Geschäftsprozessen kann die *Wertschöpfungskette*[659] verwendet werden[660] (vgl. Abbildung 40). Die einzelnen Elemente der Wertschöpfungskette sind Teilgeschäftsprozesse bzw. Tätigkeiten[661], sie werden durch aufeinanderfolgende Pfeile dargestellt[662].

Die *Wertschöpfungskurve* (auch Wertzuwachskurve[663]) ist ein aus der industriellen Auftragsfertigung stammendes grafisches Instrument zur Darstellung der Wertschöpfung eines Auftrags, Produkts oder Bauteils innerhalb dessen Erstellungsprozesses[664]. Bezogen auf Geschäftsprozesse verdeutlicht sie die *Wertentwicklung* innerhalb des Geschäftsprozesses, bezogen auf seine Teilprozesse[665] (vgl. wiederum Abbildung 40).

---

[658] in Anlehnung an Gadatsch (2007), S. 201
[659] In der Literatur auch: „Prozesskette" (falls nur die Abfolge der einzelnen Teilprozesse im Vordergrund steht) bzw. „Wertkette"
[660] vgl. Specker (2004), S. 64
[661] vgl. Specker (2004), S. 64
[662] Specker weist darauf hin, dass auf dieser Abstraktionsebene meist keine Parallelitäten, Regelbedingungen und Beziehungen zwischen den Teilgeschäftsprozessen bestehen; der Einfachheit halber geschieht ihre Notation daher in linearer Form (vgl. Specker (2004), S. 64). Die Notation kann aber, falls erforderlich, auch entsprechend erweitert werden (vgl. dazu Steinweg und Fedtke (2005), S. 75f.).
[663] vgl. Buscher (2008), S. 123
[664] vgl. Buscher (2008), S. 123
[665] vgl. Kohler (2007), S. 150

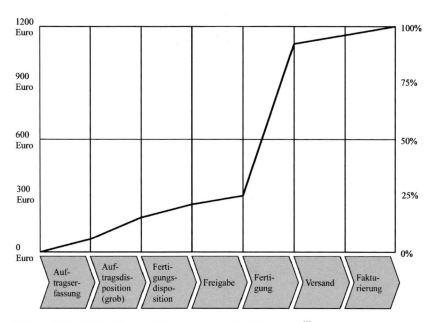

Abbildung 40: Beispiel für die Wertentwicklung innerhalb von Geschäftsprozessen[666]

Ebenso wie Geschäftsprozesse beinhalten auch *Informationssysteme* eine Menge von Aufgaben[667]. Den Informationsverarbeitungsaufgaben eines Informationssystems entsprechen analog zu den obigen Ausführungen *Informationsverarbeitungsprozesse* bzw. *Informationsverarbeitungstätigkeiten*. Die Wertschöpfung eines Informationsverarbeitungsprozesses bzw. einer Informationsverarbeitungstätigkeit ergibt sich als Differenz zwischen den Outputs und Inputs des Informationsverarbeitungsprozesses bzw. der Informationsverarbeitungstätigkeit. Die Wertschöpfung des gesamten Informationssystems kann dann als die Wertschöpfung der in ihm enthaltenen Informationsverarbeitungsprozesse aufgefasst werden. Sie besteht im Wertbeitrag, den die Durchführungen der in ihm enthaltenen Informationsverarbeitungsprozesse erbringen, d.h. der Wertschöpfungsbegriff ist auf Informationssysteme in diesem Sinn anwendbar.

---

[666] in Anlehnung an Specker (2004), S. 64
[667] vgl. Ferstl und Sinz (2006), S. 3 sowie die Ausführungen zum Begriff des Informationssystems aus Abschnitt 1.1.3

4. Wertschöpfung als konzeptioneller Rahmen zur Leistungsbeschreibung

An dieser Stelle kann festgehalten werden:

Die Wertschöpfung eines Informationssystems ist der Wertbeitrag an der Gesamtwertschöpfung des Unternehmens, der durch das Informationssystem (genauer: durch die im Informationssystem enthaltenen Informationsverarbeitungsprozesse) erbracht wird.

Da Informationssysteme, wie bereits in Abschnitt 1.2 ausgeführt wurde, im Regelfall nicht ausschließlich an Geschäftsprozessen beteiligt sind, die unmittelbar die Erstellung und Vermarkung der Produkte und Dienstleistungen des Unternehmens zum Zweck haben, ist der direkte Ansatz eines Werts für den Output der zugehörigen Informationsverarbeitungsprozesse meist nicht möglich[668]. Entsprechend kann die Wertschöpfung von Informationssystemen im Allgemeinen nicht direkt über die Veredelung von Produkten bestimmt werden.

Die Wertschöpfung eines Informationssystems ist von der Entstehungsseite her definiert als Differenz des bezogen auf das Informationssystem anteiligen Werts der vom Unternehmen abgegebenen Leistungen (Ergebnisseite) und des Werts der durch das Informationssystem bezogenen externen Güter und Dienste (Vorleistungen). Nach der Verteilungsrechnung ist die Wertschöpfung eines Informationssystems die Summe aller Aufwendungen im Informationssystem, die nicht Vorleistungscharakter haben, bzw. die Summe der an seine Produktionsfaktoren[669] ausschüttungsfähigen Erträge.

Die Verteilungsrechnung eignet sich nicht zur Bestimmung der Wertschöpfung eines Informationssystems, da im Allgemeinen kaum vorausgesetzt werden kann, dass die Einkommen bzw. Erträge aller Produktionsfaktoren eines Informationssystems ausgewiesen werden können[670]. Nach der Entstehungsrechnung kann die Wertschöpfung eines Informationssystems errechnet werden, sofern die durch das Informationssystem bezogenen Vorleistungen sowie seine Ergebnisseite bekannt sind. Die Ermittlung der Ergebnisseite eines Informationssystems

---

[668] vgl. Durst (2007), S. 98
[669] Im Sinne von Gutenberg die Elementarfaktoren Arbeit, Werkstoffe und Betriebsmittel sowie die dispositiven Faktoren Leitung, Planung und Organisation (vgl. Gutenberg (1971), S. 2ff.), soweit sich diese in den Aufgabenträgern bzw. Informationsverarbeitungsaufgaben bzw. Informationsverarbeitungsprozessen des Informationssystems finden.
[670] Die Ermittlung der Einkommen des Produktionsfaktors Arbeit (über die Aufsummierung der Einkommen der in einem Informationssystem „enthaltenen" menschlichen Aufgabenträger) mag noch einigermaßen möglich erscheinen; Probleme bereitet allerdings der Restbetrag, welcher die Beträge enthält, die innerhalb des Informationssystems erwirtschaftet, aber nicht an die Produktionsfaktoren ausgeschüttet wurden (vgl. Schult (2003), S. 95). In diesem Zusammenhang ist ferner zu bezweifeln, dass in der gängigen Unternehmenspraxis Einkommensdaten auf Basis der Produktionsfaktoren einzelner Informationssysteme erhoben werden können.

ist jedoch gerade Ziel des vorliegenden Kapitels, sie kann also nicht als bekannt vorausgesetzt werden. Allerdings kann aus der obigen Definition unmittelbar gefolgert werden, dass, wenn Vorleistungen und Wertschöpfung eines Informationssystems bekannt sind, daraus seine Ergebnisseite durch Addition der vorstehend genannten Größen ermittelt werden kann. Kurz: Setzt man die durch ein Informationssystem bezogenen Vorleistungen als bekannt voraus, so kann über seine Wertschöpfung seine Ergebnisseite bestimmt werden. Die Ermittlung der Wertschöpfung eines Informationssystems ist in diesem Sinne als zielkongruent zum im einleitenden Absatz genannten Ziel dieses Abschnitts zu verstehen.

Zusammenfassend kann ausgesagt werden, dass sich der Wertschöpfungsbegriff auf Informationssysteme übertragen lässt. Sind die durch ein Informationssystem bezogenen Vorleistungen und die Wertschöpfung des Informationssystems bekannt, so kann über deren Addition gemäß der Entstehungsrechnung die Ergebnisseite eines Informationssystems errechnet werden.

Im Folgenden wird untersucht, wie die Wertschöpfung eines Informationssystems ermittelt werden kann. Die Eingangsseite von Informationssystemen ist *nicht* Gegenstand der vorliegenden Ausführungen; in diesem Zusammenhang wird auf die einschlägige Literatur verwiesen.

4.2 Evaluierung bestehender Ansätze zur Ermittlung der Wertschöpfung auf ihre Übertragbarkeit auf Informationssysteme

4.2.1 Anforderungen an die Ansätze

In der Literatur finden sich verschiedene Ansätze zur Analyse der wertschöpfenden Abläufe eines Unternehmens. In diesem Abschnitt soll der Fragestellung nachgegangen werden, inwiefern diese bestehenden Ansätze - unter spezieller Berücksichtigung der in Abschnitt 3.5 ermittelten Anforderungen - auf Informationssysteme angewendet werden können, um so die Wertschöpfung eines Informationssystems zu ermitteln. Hierzu sind zunächst Eignungskriterien zu definieren, anhand derer die bestehenden Ansätze evaluiert werden können:

- Das erste Eignungskriterium stellt die grundsätzliche Anwendbarkeit des Ansatzes auf das Objekt Informationssystem dar. Offensichtlich eignet sich ein Ansatz nicht zur Bestimmung der Wertschöpfung eines Informationssystems, wenn er nicht auf Informationssysteme übertragen werden kann. Die Ansätze sollen sich ferner unmittelbar auf den *Einsatz* eines Informationssystems beziehen.

4. Wertschöpfung als konzeptioneller Rahmen zur Leistungsbeschreibung   161

- Die Wertschöpfung eines Informationssystems soll gemäß der Definition aus Abschnitt 4.1 in monetärer Form als Wertbeitrag des Informationssystems an der Gesamtwertschöpfung des Unternehmens errechnet werden, um sie in einem folgenden Schritt zur Bestimmung der Ergebnisseite des Informationssystems über die Entstehungsrechnung (Addition Wertschöpfung und Vorleistungen) verwenden zu können.
- Schließlich soll die Analyse der Wertschöpfung auf Ist-Größen basieren, d.h. es sollen keine Planwerte in die Betrachtungsweise einfließen.

Nachfolgend werden die so definierten Eignungskriterien zur Evaluierung der bestehenden Ansätze zur Ermittlung der Wertschöpfung verwendet.

4.2.2 Das Konzept der Wertschöpfungskette nach Porter

Zur allgemeinen Analyse der Beiträge verschiedener Bereiche bzw. Bearbeitungsstufen eines Unternehmens an der Gesamtwertschöpfung existiert das von Porter (1985) entworfene Konzept der *Wertschöpfungskette*[671]. Porter gliedert die *Aktivitäten* eines Unternehmens nach ihrem Beitrag zur Wertschöpfung in primäre Aktivitäten (Inbound Logistics, Operations, Outbound Logistics, Marketing & Sales, Service, in der deutsch-sprachigen Literatur üblicherweise mit Eingangslogistik, Operationen zur Erstellung von Gütern und Dienstleistungen, Ausgangslogistik, Marketing und Vertrieb sowie Service übersetzt[672]), welche sich direkt auf die Erstellung und den Vertrieb der Produkte des Unternehmens beziehen, und sekundäre (unterstützende) Aktivitäten (Firm Infrastructure, Human Resource Management, Technology Development, Procurement, im deutschen meist als Infrastruktur des Unternehmens, Management der Humanressourcen, Technologieentwicklung sowie Beschaffung wiedergegeben), die nicht direkt an der Leistungserstellung beteiligt sind, ohne die jedoch die primären Aktivitäten nicht durchgeführt werden können[673] (vgl. Abbildung 41). Die Portersche Wertschöpfungskette bezieht sich zunächst auf produzierende Unternehmen, kann aber auch auf andere Unternehmen wie Dienstleistungsunternehmen übertragen werden[674].

---

[671] vgl. Töpfer (2004), S. 493; zur ausführlichen Darstellung des Konzepts der Porterschen Wertschöpfungskette vgl. Porter (1985)
[672] vgl. Töpfer (2004), S. 494
[673] vgl. Porter (1989), S. 36ff.
[674] vgl. Allweyer (2005), S. 75

162   4. Wertschöpfung als konzeptioneller Rahmen zur Leistungsbeschreibung

```
┌─────────────────────────────────────────────────┐
│            Firm Infrastructure                  │
│       Human Resource Management                 │
│        Technology Development                   │
│            Procurement                          │
├──────┬──────┬──────┬──────┬──────┬──────────────┤
│Inbound│Opera-│Out-  │Marke-│Ser-  │
│Logistic│tions│bound │ting &│vice  │
│       │      │Logis-│Sales │      │
│       │      │tics  │      │      │
└──────┴──────┴──────┴──────┴──────┘
```

Abbildung 41: Portersche Wertschöpfungskette[675]

Die Wertschöpfungskette wurde von Porter zur strategischen Analyse eines Unternehmens entwickelt[676]. Dabei werden alle Aktivitäten eines Unternehmens im Vergleich mit dem Wettbewerb daraufhin untersucht, ob sie entweder kostengünstiger durchgeführt werden können oder ob mit ihnen eine höhere Leistung erzielt werden kann, wodurch sich jeweils Wettbewerbsvorteile erzielen ließen[677].

Die von Porter vorgenommene Unterteilung in Aktivitäten stellt eine *funktionale* Strukturierung eines Unternehmens dar[678]. Bei den Aktivitäten handelt es sich um die *Funktionen* eines Unternehmens, nicht aber um dessen Geschäftsprozesse[679]. Die Portersche Wertschöpfungskette kann als Orientierungshilfe bei der Definition der Geschäftsprozesse eines Unternehmens herangezogen werden[680].

Informationssysteme unterstützen die Abläufe eines Unternehmens[681], finden sich daher potentiell in allen Bereichen der Porterschen Wertschöpfungskette[682], wenngleich sie, wie bereits in Abschnitt 1.2 dargelegt, selten unmittelbar an der eigentlichen Leistungserstellung beteiligt sind. Sie sind aber dennoch wichtiger Bestandteil der Wertschöpfungskette eines Unternehmens[683]. Zur unmittelbaren Anwendung auf Informationssysteme ist die in der Porterschen Wertschöpfungskette getroffene Einteilung in Aktivitäten zu grob. Hier wäre eine

---

[675] vgl. Porter (1985), S. 37
[676] vgl. Allweyer (2005), S. 75
[677] vgl. Allweyer (2005), S. 75
[678] vgl. Allweyer (2005), S. 76
[679] vgl. Allweyer (2005), S. 76
[680] vgl. Allweyer (2005), S. 76
[681] vgl. Durst (2007), S. 97f.
[682] vgl. Biethahn, Mucksch und Ruf (2004), S. 298
[683] vgl. Baschin (2001), S. 124

4. Wertschöpfung als konzeptioneller Rahmen zur Leistungsbeschreibung

Darstellungsform notwendig, die die Stellung der Informationssysteme innerhalb der Aktivitäten explizit verdeutlicht. Ferner befasst sich die Portersche Wertschöpfungskette nicht mit der Errechnung der Wertschöpfung von Elementen der Wertschöpfungskette, kann von daher auch keine Hilfestellung bei der Errechnung der Wertschöpfung von Informationssystemen bieten.

4.2.3 Einsatzfelder für die IT nach Porter und Millar

Der Ansatz von Porter und Millar beschäftigt sich, wie bereits in Abschnitt 3.2.1.3 und 3.2.2 erörtert, mit der Rolle von *Informationen* innerhalb der Wertschöpfungskette eines Unternehmens. Das *Informationsintensitäts-Portfolio* operationalisiert zum einen die Stellung von Informationen in den Aktivitäten der Wertkette des Unternehmens, zum anderen die Bedeutung von Informationen in den Produkten des Unternehmens[684] (vgl. Abbildung 42).

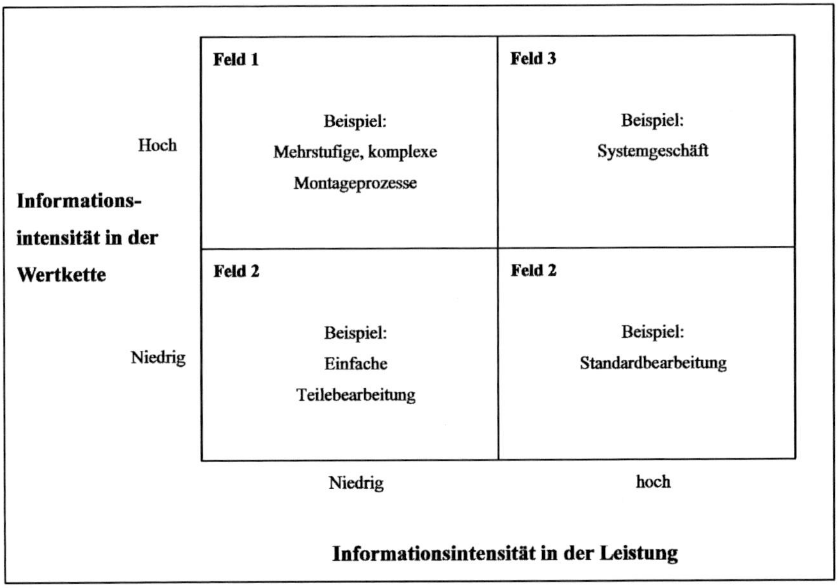

Informations-intensität in der Wertkette		Feld 1 Beispiel: Mehrstufige, komplexe Montageprozesse	Feld 3 Beispiel: Systemgeschäft
	Hoch		
	Niedrig	Feld 2 Beispiel: Einfache Teilebearbeitung	Feld 2 Beispiel: Standardbearbeitung
		Niedrig	hoch
		Informationsintensität in der Leistung	

Abbildung 42: Informationsintensitäts-Portfolio[685]

---

[684] vgl. Picot, Reichwald und Wigand (2003), S. 190
[685] nach Picot, Reichwald und Wigand (2003), S. 190, in Anlehnung an Porter und Millar (1985)

164　　　　　4. Wertschöpfung als konzeptioneller Rahmen zur Leistungsbeschreibung

In der Literatur finden sich weitere, ähnliche Ansätze zur Identifikation von Einsatzfeldern der Informationstechnologie zur Verbesserung der Wettbewerbssituation eines Unternehmens sowie zur Identifizierung neuer Geschäftszweige[686]. Gegenstand sind jedoch, analog zu den Ausführungen aus Abschnitt 4.2.2, die *Aktivitäten* der Porterschen Wertschöpfungskette bzw. die Produkte des Unternehmens, sowie die Rolle der IT darauf bezogen als Ganzes. Einzelne Informationssysteme werden hingegen nicht betrachtet. Zur Bestimmung des durch den Einsatz eines Informationssystems tatsächlich *realisierten* Beitrags an der Gesamtwertschöpfung eines Unternehmens eignen sich diese Ansätze ebenfalls nicht, da ihnen eine zukunftsgerichtete Betrachtungsweise im Sinne der strategischen IS-Planung[687] zugrunde liegt[688].

4.2.4 Wertschöpfungskettenanalyse und Prozesskettenmanagement

Zur Darstellung und Analyse der Geschäftsprozesse eines Unternehmens können, wie bereits in Abschnitt 3.2.1.4 dargelegt wurde, Wertschöpfungsketten verwendet werden. Die Analyse der Wertschöpfungskette eines Unternehmens wird zu den objektivsten Analysetechniken gezählt, da von Leistungen ausgegangen wird, die über den Empfänger der Leistung bis zum Anbieter zurückverfolgt werden kann[689]. Sie dient der ziel- und ergebnisorientierten Gestaltung, Verbesserung und Erneuerung von Geschäftsprozessen[690], indem sie die Komplexität bei der Betrachtung und Analyse der Abläufe innerhalb eines Unternehmens reduziert bzw. beherrschbar macht[691].

Im Rahmen der Wertschöpfungskettenanalyse werden die Geschäftsprozesse eines Unternehmens in Teilprozessen detailliert[692]. Ziel ist es, alle Aktivitäten innerhalb eines Geschäftsprozesses sowie alle Abhängigkeiten, die Einfluss auf den Geschäftsprozess nehmen, zu er-

---

[686] vgl. etwa Alpar, Grob, Weimann und Winter (2008), S. 50 oder Sauer (1990), S. 187-188
[687] Unter Planung ist die gedanklich-gestaltende Vorwegnahme der Zukunft zu verstehen (vgl. Küpper (2001), S. 63); sie beinhaltet die „zielorientierte Alternativensuche, -beurteilung und -auswahl bei Zugrundelegung bestimmter Annahmen über künftige Umweltsituationen" (Szyperski und Winand (1980), S. 32). IS-Planung kann dementsprechend als Antizipation der Entwicklung eines Unternehmens unter spezieller Berücksichtigung der Wirkungen seiner Informationssysteme verstanden werden, und darauf basierend als Ableitung konkreter Vorstellungen zur Weiterentwicklung des Unternehmens und seiner Informationssysteme (vgl. Brenner (1994), S. 21).
[688] vgl. Alpar, Grob, Weimann und Winter (2008), S. 50
[689] vgl. Niedereichholz (2008), S. 46
[690] vgl. Kuhn und Wiendahl (2008), S. 216f.
[691] vgl. Kuhn und Wiendahl (2008), S. 217
[692] vgl. die Ausführungen zur hierarchischen Zerlegung von Geschäftsprozessen aus Abschnitt 4.1

4. Wertschöpfung als konzeptioneller Rahmen zur Leistungsbeschreibung 165

kennen und abzubilden[693], und dann die Relevanz von Teilgeschäftsprozessen innerhalb der Wertschöpfungskette zu ermitteln[694].

Die Analyse von Geschäftsprozessketten hinsichtlich Tätigkeiten und zugehörigen Aufgabenträgern bietet Potential bei der Ermittlung von Optimierungsmöglichkeiten innerhalb der Geschäftsprozesse[695]. So sind in fortgeschrittenen Stadien Rücksprünge zu Aufgabenträgern aus den Anfangsphasen eines Geschäftsprozesses Hinweise auf die Notwendigkeit für Geschäftsprozessveränderungen[696], da idealerweise eine Instanz eines Geschäftsprozesses jeden Aufgabenträger nur genau einmal durchläuft[697].

Die Optimierung von Geschäftsprozessen nach diesem Muster führt zu einer entsprechend optimierten Nutzung der beteiligten Informationssysteme; die Kenntnis der Wertschöpfung einzelner (Teil-)Geschäftsprozesse bzw. Informationssysteme lässt sich hingegen nicht auf Grundlage der skizzierten Analyse herstellen.

Speziell im Bereich der Unternehmenslogistik[698] wird die Analyse der Geschäftsprozessketten zur transparenten Darstellung von Material- und Informationsflüssen verwendet[699]. Das im Folgenden stellvertretend für vergleichbare Ansätze erörterte Logistik-*Prozesskettenmanagement* (engl. *Process chain management*[700]) ist ein Managementansatz zur prozessorientierten Gestaltung der Logistik[701]. Ziel ist die systematische Analyse und Abbildung aller zur Erfüllung eines Kundenauftrags durchgeführten Prozesse und Tätigkeiten[702], um so Schwachstellen bzw. Verbesserungspotentiale in den betrieblichen Abläufen zu identifizieren[703]. Das Prozesskettenmanagement sieht zum einen die Neugestaltung von Prozessen,

---

[693] vgl. Kuhn und Wiendahl (2008), S. 217
[694] vgl. Niedereichholz (2008), S. 46
[695] vgl. Niedereichholz (2008), S. 46
[696] vgl. Niedereichholz (2008), S. 46
[697] vgl. Niedereichholz (2008), S. 46
[698] In der Betriebswirtschaftslehre wird unter der Logistik eine „ganzheitliche, die einzelnen Funktionsbereiche der Unternehmung übergreifende Betrachtungsweise, die die Optimierung des Material- und Erzeugnisflusses unter Berücksichtigung der damit zusammenhängenden Informationsströme zum Ziel hat" verstanden (Günther und Tempelmeier (2005), S. 9). Zur Logistik zählen insbesondere der Transport, die Lagerung, die Materialhandhabung und die Verpackung (vgl. Günther und Tempelmeier (2005), S. 9).
[699] vgl. Schmidt und Schneider (2008), S. 388
[700] vgl. ten Hompel und Heidenblut (2007), S. 225
[701] vgl. Kuhn und Hellingrath (2002), S. 119
[702] Prozesse sind hier - im Sinne von Produktionsprozessen - als Folge technisch-gestaltender, dispositiver oder auch materieller Tätigkeiten definiert, die eine messbare, kundenorientierte Wertschöpfung erbringen, indem bestimmte Einsatzgüter unter Ressourcenverzehr in definierte Leistungen überführt werden (vgl. Schenk und Wirth (2004), S. 56f., Hellmich (2003), S. 87).
[703] vgl. Becker und Ellerkmann (2007), S. 79

zum anderen deren anschließende kontinuierliche Verbesserung vor[704]. Es kann als Mischform revolutionärer Ansätze im Sinne der Geschäftsprozessoptimierung bzw. des Business Process Reengineering und evolutionärer Ansätze, die eine kontinuierliche Verbesserung in kleinen Schritten verfolgen, aufgefasst werden[705].

Schmidt und Schneider schlagen zur Unterstützung der Materialfluss- und Lagerplanung eine vierstufige Vorgehensweise im Rahmen eines Prozesskettenmanagements vor[706]:

- Vorbereitungsphase: Nach der Festlegung der Ziele des Vorhabens, etwa die Optimierung von Servicezeit, Servicegrad und Servicekosten der Logistik, werden die Geschäftsprozesse des Unternehmens aufgenommen und hinsichtlich ihrer Beeinflussungsmöglichkeiten auf die Zielerreichung untersucht. Dies kann etwa unter der Anwendung der bereits in Abschnitt 3.3.1.1 erörterten Nutzwertanalyse geschehen, wobei quantifizierbare und nicht-quantifizierbare Kriterien mit Punktwerten zu versehen und anschließend miteinander zu vergleichen sind. Auf Basis der so vorgenommenen Einteilung erfolgt die Auswahl der im Folgenden abzubildenden und zu analysierenden Prozesse.

- Prozesskettenablaufanalyse: In dieser Phase erfolgt die Verfeinerung der in der Vorbereitungsphase ausgewählten Geschäftsprozesse durch ihre hierarchische Gliederung in Teilprozesse, welche zusammen die Wertschöpfungskette des jeweiligen Geschäftsprozesses bilden. Anschließend werden die Teilprozesse hinsichtlich der beteiligten Lager, Transportwege und Produktionsbereiche (physische Analyse), hinsichtlich der beteiligten Abteilungen, Arbeitsplätze, Zuständigkeiten und Arbeitsabläufe (organisatorische Analyse) und schließlich hinsichtlich der verwendeten Kommunikationstechniken und -inhalte (informatorische Analyse) untersucht. Arbeitsabläufe werden ferner unter qualitativen und zeitlichen Aspekten analysiert und ihre organisatorischen sowie steuerungstechnischen Aufwände aufgenommen.

- Erstellung des Daten- und Mengengerüsts: Zunächst werden alle über die (Teil-)Prozesse vorhandenen Informationen zusammengetragen. Als Diskussionsgrundlage dienen etwa die Anzahl der Lagerorte und -zonen, die Anzahl der Stellplätze, die Auftragszahl pro Tag, die Anzahl der Warenein- und -ausgänge pro Tag,

---

[704] vgl. Kuhn und Hellingrath (2002), S. 120
[705] vgl. Kuhn und Hellingrath (2002), S. 119f.
[706] vgl. im Folgenden Schmidt und Schneider (2008), S. 388ff.; in ähnlicher Form auch bei Becker und Ellerkmann (2007), S. 79ff.

4. Wertschöpfung als konzeptioneller Rahmen zur Leistungsbeschreibung

die Lagerbewegungen je Zeiteinheit, Angaben zum Lagergut, der Materialwert sowie die im Lager eingesetzten Ladehilfsmittel und die vorhandene Lager- und Fördertechnik. Aus diesen Angaben kann die Prozesswertschöpfungskette hinsichtlich unterschiedlicher Artikel, Bauteile und Servicegrade detailliert werden. Im nächsten Schritt erfolgt die Aufnahme der Daten zur Beschreibung der eigentlichen Prozessstrukturen. Dazu werden je Prozess kosten-, durchlaufzeit- und kapazitätsbeschreibende Daten erhoben. Diese stellen die Grundlage zur Beschreibung der Elemente der Prozesswertschöpfungskette dar, indem sie aufzeigen, wie sich Kosten und Leistungen auf den einzelnen Stufen der Wertschöpfungskette entwickeln (vgl. Abbildung 43). Leistungsdaten beschreiben die Kapazitäten, Auslastungen und Durchsätze von Ressourcen[707]. Weitere Analysen können sich auf Durchlaufzeiten, Termintreue, Kapazitätsauslastung oder Bestandsentwicklungen beziehen[708]. Die prozessspezifische Zuordnung der Kosten ergibt sich aus dem Produkt der ressourcenspezifischen Kosten und der Einsatzdauer bzw. -intensität der eingesetzten Ressource. Durch die Einteilung in wertschöpfende und nicht-wertschöpfende Prozesskosten können die nicht-wertschöpfenden Kosten transparent gemacht werden. Auf diese Weise können alle nicht-wertschöpfenden Kosten auf ihre Notwendigkeit hin geprüft werden. Mit der Definition mit Prozessketten, die sich am Auftragsfluss orientieren, werden redundante, ineffiziente oder auch unnötige Prozesse sowie gegenseitige Abhängigkeiten und Beiträge zur Wertschöpfung erfasst.

- Prozesskettenmodulation meint die Hinterfragung der bestehenden Prozessstrukturen[709], um so Optimierungs- und Veränderungsmöglichkeiten an den Prozessen im Sinne einer ganzheitlichen und systematischen Betrachtung der Kernziele der Logistik (z.B. Servicezeit, -grad und -kosten) abzuleiten[710]. Die kreative Leistung des Planers besteht hier in der Ausarbeitung von Maßnahmen zur Verbesserung der Prozesse des Unternehmens[711].

---

[707] vgl. Kuhn und Kaesler (1996), S. 126
[708] vgl. Kuhn und Kaesler (1996), S. 126
[709] vgl. Kuhn und Kaesler (1996), S. 126
[710] vgl. Schmidt und Schneider (2008), S. 391, Bernemann (2001), S. 56
[711] Schmidt und Schneider (2008), S. 391

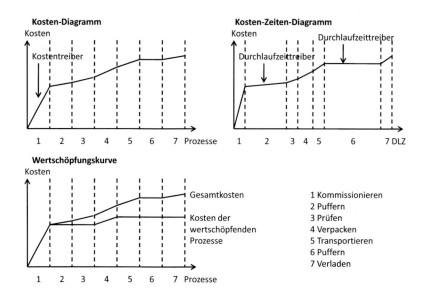

Abbildung 43: Beispiel für die Untersuchung von Kosten, Durchlaufzeiten und Wertschöpfung einzelner Lagerprozesse[712]

Die vorgeschlagene Verfahrensweise zur Beschreibung der Entwicklung der Wertschöpfung ist auf Produktionsprozesse bezogen, sie stützt sich auf Kennzahlen aus dem Logistikbereich (Durchlaufzeiten, Kapazitätsauslastungen etc.). Sie kann daher nicht unmittelbar auf allgemeine Geschäftsprozesse, innerhalb derer die Anwendung der erwähnten Kennzahlen nicht ohne weiteres möglich ist, übertragen werden. Die aufgeführte Methodik kann aber möglicherweise als Ausgangspunkt zur Ermittlung der Wertschöpfung von Informationssystemen, welche ausschließlich Informationsverarbeitungsaufgaben von Logistik(-Teil)-Prozessen durchführen, fungieren. Sie kann ebenso einen methodischen Ausgangspunkt für die Ableitung neuer Instrumente zur Bestimmung von Wertschöpfungsanteilen allgemeiner Geschäftsprozesse darstellen. Zur direkten Anwendung auf allgemeine[713] Informationssysteme eignet sie sich jedoch in der vorliegenden Form nicht.

---

[712] vgl. Schmidt und Schneider (2008), S. 390
[713] im Gegensatz zu den erwähnten Informationssystemen, welche ausschließlich Informationsverarbeitungsaufgaben von Logistikprozessen erfüllen

4. Wertschöpfung als konzeptioneller Rahmen zur Leistungsbeschreibung

4.2.5 Prozesskostenrechnung und Activity-Based Costing (ABC)

Mitte der 1980er Jahre thematisierten Miller und Vollmann (1985) in ihrem Aufsatz „The hidden factory" die Problematik der Steuerung, Kalkulation und Senkung der indirekten und fixen Kosten der Fertigung in US-Unternehmen[714]. Die Erkenntnis des Problems der hohen bzw. steigenden Gemeinkostenanteile der Fertigung in den Unternehmen kann als Ausgangspunkt für die Entwicklung des Activity-Based Costing bzw. der Prozesskostenrechnung angesehen werden[715]. Beide Methoden analysieren den Betriebsablauf, um daraus Bezugsgrößen abzuleiten, die eine beanspruchungsgerechte Verteilung von Gemeinkosten ermöglichen[716]. Sie beziehen sich somit auf die *Eingangsseite* (Kosten) von Abläufen bzw. Prozessen innerhalb eines Unternehmens und *nicht* auf deren *Ergebnisseite*. Da in beiden Ansätzen jedoch eine Leistungskomponente (Analyse von in Anspruch genommenen Leistungen) enthalten ist, sollen sie im Folgenden daraufhin untersucht werden, ob auf Grundlage dieser Leistungskomponente möglicherweise auch eine Bestimmung der Leistungsanteile von Abläufen bzw. Prozessen eines Unternehmens im Hinblick auf dessen Wertschöpfung möglich ist.

Die Anwendung des Activity-Based Costings liegt in der ursprünglich konzipierten Form vor allem im Fertigungsbereich, während sich die Prozesskostenrechnung auf den allgemeinen Bereich der indirekten Leistungen bezieht und folglich auch in Dienstleistungsunternehmen zum Einsatz kommen kann[717]. Im Gegensatz zum amerikanischen Activity Based Costing versteht sich die Prozesskostenrechnung deutscher Prägung jedoch nicht als eigenständiges, neues Kostenrechnungssystem, sondern baut auf der traditionellen deutschen Kostenrechnung auf[718].

Die *Prozesskostenrechnung* stützt sich auf drei konstituierende Faktoren[719]:

- *Prozesse* sind auf die Erbringung eines Leistungsoutputs gerichtete Ketten von Aktivitäten; unterschieden werden abteilungsübergreifende *Hauptprozesse* und einzelnen Kostenstellen zuordenbare *Teilprozesse*;

---

[714] vgl. dazu Miller und Vollmann (1985), S. 142ff.
[715] vgl. Horváth (2006), S. 525
[716] vgl. Barth und Barth (2004), S. 321
[717] vgl. Horváth (2006), S. 526
[718] vgl. Horváth und Mayer (1993), S. 16
[719] vgl. im Folgenden Horváth (2006), S. 527

170 4. Wertschöpfung als konzeptioneller Rahmen zur Leistungsbeschreibung

- *Kostentreiber* (Cost Driver) sind Kosteneinflußfaktoren; sie sind eine Messgröße für die Kostenverursachung, aber auch für den Leistungsort eines Hauptprozesses;
- *Prozesskosten* sind alle einem Prozess zuordenbaren Kosten gemäß dem Verursachungs- bzw. Beanspruchungsprinzip[720].

Die Vorgehensweise der Prozesskostenrechnung gliedert sich in folgende Schritte[721]:

- Definition der Projektzielsetzung und der einzubeziehenden Funktionsbereiche des betrachteten Unternehmens;
- Aufstellung von Hypothesen über die Hauptprozesse und die zugehörigen Kostentreiber;
- Tätigkeitsanalyse zur Bestimmung der Teilprozesse in den Kostenstellen; dabei werden leistungsmengeninduzierte Prozesse (deren Häufigkeit vom abzuwickelnden Arbeitsvolumen der Kostenstelle abhängig ist), und leistungsmengenneutrale Prozesse (die unabhängig vom Arbeitsvolumen der Kostenstelle anfallen) unterschieden;
- Definition von Maßgrößen der Kostenbeanspruchung für die leistungsmengeninduzierten Teilprozesse;
- Bildung von Prozesskostensätzen je Teilprozess durch Division der an der jeweiligen Kostenstelle anfallenden Kosten durch die soeben definierten Maßgrößenmengen; die Kosten leistungsmengenneutraler Prozesse werden üblicherweise ins Verhältnis zu den Kosten leistungsmengeninduzierter Prozesse gesetzt, der Prozesskostensatz leistungsmengeninduzierter Prozesse wird um den sich im Sinne einer Zuschlagskalkulation ergebenden Umlagesatz erhöht[722];
- Ermittlung von Prozesskostensätzen für die Hauptprozesse (Hauptprozessverdichtung).

Die Prozesskostenrechnung erlaubt die permanente Planung, Steuerung und Kontrolle der Gemeinkosten[723]. Sie gibt Hilfestellung bei der Ermittlung der für die Auftragsbearbeitung notwendigen Teilprozesse in den indirekten Leistungsbereichen[724]. Ferner liefert sie über die Definition der Maßgrößen der Kostenbeanspruchung bzw. der Kostentreiber quantitative

---

[720] zu den Kostenzurechnungsprinzipien vgl. die Ausführungen aus Abschnitt 5.1.1
[721] vgl. im Folgenden Horváth und Mayer (1995), S. 70ff.
[722] vgl. Jung (2007), S. 100, Bauer (2005), S. 106 sowie exemplarisch Horváth (2006), S. 529.
[723] vgl. Horváth (2006), S. 531
[724] vgl. Jung (2007), S. 96

4. Wertschöpfung als konzeptioneller Rahmen zur Leistungsbeschreibung 171

Maßgrößen für den Output von Prozessen[725]. Ob und in welchem Maß durch diese Prozessoutputs jedoch Wertschöpfung erfolgt, kann aus der Prozesskostenrechnung nicht abgeleitet werden[726].

Die Prozesskostenrechnung analysiert die Bereiche der indirekten Leistungserstellung, denen im Regelfall die Mehrzahl der in einem Unternehmen implementierten Informationssysteme zuzuordnen sind. Sie unterteilt die Teilprozesse und Aktivitäten eines Unternehmens aber nicht weiter hinsichtlich ihrer etwaigen Zugehörigkeit zu einzelnen Informationssystemen. Ihre direkte Anwendbarkeit auf Informationssysteme ist daher ebenfalls nicht gegeben.

Das *Activity-Based Costing* stützt sich im Gegensatz zur Prozesskostenrechnung nicht auf Kostenstellen als Hilfsmittel zur Verrechnung von Kosten, sondern legt einzelne Aktivitäten[727] als Kostenobjekte fest[728]. Ziel des Activity-Based Costing war die Modifikation der volumenorientierten Kostenverrechnung indirekter Fertigungsbereiche auf die Produkte, um so dem Management genauere Informationen bzgl. der Produktion, der produktionsunterstützenden Aktivitäten und der Produktkosten zu beschaffen[729]. Beim Activity-Based Costing setzen sich die Produktionskosten aus der Summe aller Kosten aller bis zur Auslieferung des Produkts notwendigen Aktivitäten zusammen.[730] Sie werden auf Basis des Aktivitätenverbrauchs berechnet[731]. Dazu werden kostenstellenunabhängig Tätigkeiten zu Aktivitäten zusammengefasst und für jede Aktivität ein Kostentreiber identifiziert[732]. Die vom Kostentreiber verursachten Gemeinkosten werden anschließend in einem Kostenpool zusammengefasst und Verrechnungssätze für den jeweiligen Kostenpool durch Division der Kosten des Kostenpools durch die Kostentreibermenge gebildet[733].

Analog zur Prozesskostenrechnung weist das Activity-Based Costing keinen unmittelbaren Bezug zur Wertschöpfung eines Unternehmens auf. Es liefert zwar Maßgrößen zur Umlage von Gemeinkosten basierend auf den Aktivitäten eines Unternehmens. Die Fragestellung, ob und in welchem Maß durch diese Aktivitäten jedoch Wertschöpfung erfolgt, wird durch das

---

[725] vgl. Freidank (2007), S. 382
[726] vgl. Finkeissen (1999), S. 66
[727] Aktivitäten sind hier definiert als Tätigkeiten innerhalb eines Unternehmens, die auf ein Ergebnis zielen (vgl. Cooper (1990b), S. 210).
[728] vgl. Brühl (2004), S. 132
[729] vgl. Cooper (1990b), S. 210
[730] vgl. Cooper (1990b), S. 210
[731] vgl. Cooper (1990b), S. 210
[732] vgl. Cooper (1990a), S. 345
[733] vgl. Cooper (1990a), S. 345f.

Activity-Based Costing nicht beantwortet. Die direkte Anwendbarkeit auf Informationssysteme gestaltet sich einerseits aufgrund der relativen groben Granularität des Aktivitätenbegriffs, zum anderen aufgrund der engen Anlehnung an den Fertigungsbereich schwierig. Die direkte Ermittlung der Wertschöpfung eines Informationssystems kann das Activity-Based Costing also nicht leisten.

4.2.6 Prozess-Erlösrechnung und Prozess-Wertschöpfungsrechnung

Bei Hirschmann (1998) findet sich ein Ansatz zur Bewertung von Geschäftsprozessen mit *Erlösen*[734]. Ziel des Ansatzes ist die Zurechnung von Erlösen auf einzelne Geschäftsprozesse und Teilgeschäftsprozesse. Zur Bestimmung der einzelnen Prozesserlöse kommen dabei Markt- oder Verrechnungspreise zur Anwendung. Letztere werden entweder verhandlungsorientiert gefunden, wobei zwischen dem Anbieter und dem Abnehmer der Prozessleistungen Verrechnungspreise ausgehandelt werden, oder die Verrechnungspreise werden kostenorientiert festgelegt, indem die Erlöse den Kosten gleich gesetzt werden.

Da sich Erlöse im derartigen Verständnis allerdings kaum zur Bestimmung der Ergebnisseite von Informationssystemen eignen[735], soll auf den Ansatz von im Folgenden nicht weiter eingegangen werden.

Bei Finkeissen (1999) findet sich ein Modell des Wertschöpfungssystems eines Unternehmens, das eine qualitative und quantitative Bewertung der *Wirkungen* eines Geschäftsprozesses auf das Zielsystems des Unternehmens erlaubt[736]. Geschäftsprozesse sind nach Finkeissen dann wertschöpfend, wenn sie einen Beitrag zur Erreichung der Unternehmensziele im Sinne einer Ursache-Wirkungs-Beziehung leisten[737].

Zentraler Bestandteil des Ansatzes von Finkeissen ist ein Wirkungsmodell, das die Zusammenhänge zwischen den Zielen und den Geschäftsprozessen eines Unternehmens sowie zwischen den Zielen untereinander abbildet und so die Wirkungen der einzelnen Prozesse im Hinblick auf die Erreichung der Unternehmensziele transparent macht[738]. Die so ermittelten Wirkungszusammenhänge fasst Finkeissen als *qualitative* Prozess-Wertschöpfung auf[739]. Als *quantitative* Prozess-Wertschöpfung bezeichnet Finkeissen den Anteil an den gesamten Pro-

---

[734] vgl. im Folgenden Hirschmann (1998), S. 113ff.
[735] die Ausführungen zum pagatorischen Leistungsbegriff aus Abschnitt 4.1
[736] vgl. Finkeissen (1999), S. 143 und Finkeissen (1999), S. 185
[737] vgl. Finkeissen (1999), S. 77
[738] vgl. Finkeissen (1999), S. 128
[739] vgl. Finkeissen (1999), S. 142

4. Wertschöpfung als konzeptioneller Rahmen zur Leistungsbeschreibung

dukterlösen, der den Prozessen aufgrund ihrer relativen Bedeutung im Vergleich zu den anderen Prozessen desselben Detaillierungsgrades zukommt[740].

Kerngedanke des Ansatzes von Finkeissen sind sogenannte *Ursache-Wirkungs-Beziehungen*. Hierbei wird für bestimmte Größen (Unternehmensziele, Prozesse) untersucht, von welchen anderen Größen sie beeinflusst werden, ob es eine positive oder negative Beeinflussung ist sowie wie hoch der Grad der Beeinflussung ist[741].

Ausgangspunkt der Analyse sind die *Ziele* des betrachteten Unternehmens. Finkeissen unterstellt dabei die Existenz eines globalen Oberziels in jedem Unternehmen, welches in ein Bündel von Einzelzielen konkretisiert wird[742]. Hinsichtlich der Einzelziele werden strategische, *unternehmensgebundene* Ziele, d.h. solche, die die erwünschten Zustände des gesamten Unternehmens beschreiben, und operative, *produktgebundene* Ziele, die auf spezifische externe Kundengruppen abzielen und für bestimmte Unternehmenseinheiten angeben, wie die unternehmensgebundenen Ziele erreicht werden sollen, unterschieden[743]. Letztere stellen dann die Brücke zwischen den unternehmensgebundenen Zielen sowie den Geschäftsprozessen eines Unternehmens dar[744].

Nach Aufnahme und Dokumentation des Zielsystems werden zunächst die Beziehungen zwischen den bestehenden Zielen analysiert. Zu diesem Zweck werden alle Zielkombinationen auf etwaige Interdependenzen hin überprüft und die Einflüsse hinsichtlich ihrer Wirkungsrichtung (verstärkend oder abschwächend), ihrer Wirkungsintensität und der zeitlichen Verzögerung ihrer Wirkung klassifiziert[745].

Geschäftsprozesse beschreiben nach Finkeissen den *Weg* zur *Zielerreichung*[746]. Im Rahmen einer Prozessanalyse wird ein Modell erstellt, welche die Geschäftsprozesse des Unternehmens aufsammelt und abbildet[747]. Nach der Darstellung von Finkeissen wird dabei nach kostenstellenübergreifenden *Hauptprozessen* und kostenstellenbezogenen *Teilprozessen* unterschieden[748]. Teilprozesse bilden dabei die *Innenstruktur* der Hauptprozesse[749]. Vor-

---

[740] vgl. Finkeissen (1999), S. 185
[741] vgl. Finkeissen (1999), S. 91
[742] vgl. Finkeissen (1999), S. 90
[743] vgl. Finkeissen (1999), S. 84
[744] vgl. Finkeissen (1999), S. 87
[745] vgl. Finkeissen (1999), S. 90ff.
[746] vgl. Finkeissen (1999), S. 112
[747] vgl. Finkeissen (1999), S. 112ff.
[748] vgl. Finkeissen (1999), S. 112

leistungen (Prozess-Inputs) müssen ebenso in die Analyse miteinbezogen werden, da sie innerhalb der Prozesse weiterverarbeitet werden und so in die Endprodukte eingehen[750]. Finkeissen schlägt vor, Vorleistungen in der nachfolgenden Untersuchung äquivalent zu Hauptprozessen zu behandeln[751].

Die *Prozess-Wertschöpfung* aus *qualitativer* Nutzensicht wird von Finkeissen definiert als die Wirkungen, die ein Prozess auf die Ziele des Unternehmens ausübt[752]. Daher ist für jeden Hauptprozess zu untersuchen, ob und in welcher Form er die Verwirklichung der Ziele des Unternehmens beeinflusst, ob also eine direkte Wirkung auf ein Einzelziel besteht[753]. Die Beschreibung der Wirkungszusammenhänge zwischen Hauptprozessen und Zielen erfolgt analog zur Beschreibung der Wirkungszusammenhänge der Ziele untereinander über ihre Wirkungsrichtung, -intensität und -verzögerung[754]. Als Folge liegt ein Ursache-Wirkungs-Netzwerk vor, das die Hauptprozesse des Unternehmens in Beziehung zu den Zielsetzungen setzt[755] (vgl. Abbildung 44).

Teilprozesse wirken nicht direkt auf Unternehmensziele, sie leisten als Bestandteile von Hauptprozessen Beiträge zu den Wirkungen der Hauptprozesse[756]. Ihr Einfluss auf die Ziele des Unternehmens ergibt sich als Einfluss auf das Ergebnis des zugehörigen Hauptprozesses[757]. Die Beschreibung der Wirkungen der Teilprozesse auf die Hauptprozesse erfolgt analog zur Beschreibung der Wirkungen der Hauptprozesse auf die Ziele des Unternehmens[758] (vgl. Abbildung 45).

Die Quantifizierung des Modells erfolgt durch Anwendung von *Korrelationskoeffizienten* als Maße für die lineare Abhängigkeit zwischen zwei Größen, im vorliegenden Fall die Abhängigkeiten von zwei Zielen untereinander, von einem Hauptprozess und einem Ziel oder von einem Teilprozess und einem Hauptprozess[759].

---

[749] vgl. Finkeissen (1999), S. 114
[750] vgl. Finkeissen (1999), S. 116
[751] vgl. Finkeissen (1999), S. 116
[752] vgl. Finkeissen (1999), S. 119
[753] vgl. Finkeissen (1999), S. 119
[754] vgl. Finkeissen (1999), S. 125
[755] vgl. Finkeissen (1999), S. 123
[756] vgl. Finkeissen (1999), S. 123
[757] vgl. Finkeissen (1999), S. 123
[758] vgl. Finkeissen (1999), S. 125
[759] vgl. Finkeissen (1999), S. 150

4. Wertschöpfung als konzeptioneller Rahmen zur Leistungsbeschreibung

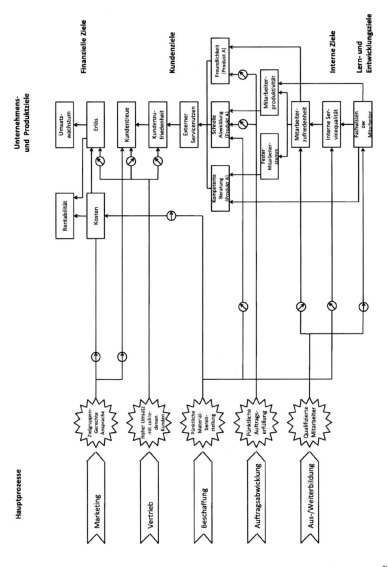

Abbildung 44: Verbindung von Hauptprozessen und Unternehmenszielen zu einem Ursache-Wirkungs-Netz[760]

---

[760] in Anlehung an Finkeissen (1999), S. 122

176   4. Wertschöpfung als konzeptioneller Rahmen zur Leistungsbeschreibung

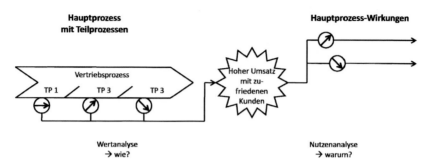

Abbildung 45: Wirkungen der Teilprozesse auf den Hauptprozess[761]

Zur Bildung der Korrelationskoeffizienten können statistische Daten herangezogen werden, falls solche bereits vorliegen bzw. der Aufwand zur Erstellung solcher Daten als gerechtfertigt angesehen wird[762]. Im Regelfall erfolgen sie nach Finkeissen jedoch über Einschätzungen, die aufgrund von Erfahrungswerten, Plausibilitätsüberlegungen, Expertenmeinungen etc. getroffen werden[763]. Finkeissen schlägt die Verwendung der Werte 0,1 (für einen betragsmäßig schwachen Einfluss), 0,3 (für einen betragsmäßig mittleren Einfluss) sowie 0,7 (für einen betragsmäßig großen Einfluss) vor; positive bzw. negative Vorzeichen kennzeichnen einen positiven bzw. negativen Einfluss[764]. Die Auflösung mehrstufiger Wirkungsketten erfolgt durch Korrelation per Multiplikation[765] (vgl. Abbildung 46).

Als Ergebnis erhält man für jeden Haupt- und Teilprozess seine näherungsweise ermittelte Korrelation zum Oberziel[766]. Per Dreisatz kann sie in eine *prozentuale Bedeutung* des jeweiligen Prozesses umgerechnet werden[767].

Zur Ermittlung einer monetären Prozess-Wertschöpfung schlägt Finkeissen die Aufspaltung des *Erlöses* als monetäre Bewertung der Unternehmensleistung aus Kundensicht mit Hilfe der ermittelten prozentualen Bedeutung der jeweiligen Prozesse vor[768]. Als *quantitative Prozess-Wertschöpfung* wird der Anteil eines Prozessen an den Produkterlösen bezeichnet, der ihm aufgrund seines Einflusses auf die Produkterlöse im relativen Vergleich zu allen anderen Pro-

---

[761] in Anlehnung an Finkeissen (1999), S. 124
[762] vgl. Finkeissen (1999), S. 151
[763] vgl. Finkeissen (1999), S. 151
[764] vgl. Finkeissen (1999), S. 151
[765] vgl. Finkeissen (1999), S. 152
[766] vgl. Finkeissen (1999), S. 153
[767] vgl. Finkeissen (1999), S. 153
[768] vgl. Finkeissen (1999), S. 156

4. Wertschöpfung als konzeptioneller Rahmen zur Leistungsbeschreibung 177

zessen zukommt[769]. In diesem Sinne erfolgt eine Errechnung der „Wertschöpfung" von Prozessen in quantitativer und monetärer Form.

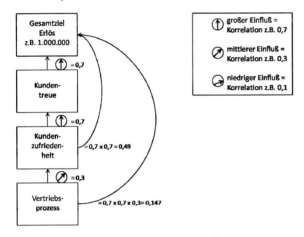

Abbildung 46: Auflösung mehrstufiger Wirkungsketten[770]

Zur direkten Anwendung auf Informationssysteme ist der Ansatz von Finkeissen in der vorliegenden Form nicht geeignet, da nach Finkeissen Teilprozesse, welche auf der Basis von einzelnen Kostenstellen gebildet werden, die niedrigste Abstraktionsstufe innerhalb des Prozesssystems des betrachteten Unternehmens darstellen. So kann aber nichts darüber ausgesagt werden, inwiefern ein Informationssystem die Prozesse eines Unternehmens unterstützt.

Die Modellierung der Vorleistungen in Form von Hauptgeschäftsprozessen erscheint aus Sicht des Verfassers methodisch unglücklich - nicht zuletzt, weil auch Teilprozesse einen Prozess-Input, d.h. Vorleistungen, verarbeiten, was im von Finkeissen vorgeschlagenen Ursache-Wirkungs-Netz nicht explizit dargestellt wird. Die Modellierung von Hauptgeschäftsprozessen, die die Kernabläufe eines Unternehmens auf hohem, abstraktem Niveau darstellen, und Vorleistungen in Form monetärer Größen auf derselben Stufe im Ursache-Wirkungs-Netz stellt aus Sicht des Verfassers einen logischen Strukturbruch des Modells dar.

Die Bildung der Korrelationskoeffizienten, welche *die* zentrale Verrechnungsgröße im Modell von Finkeissen darstellen, und von denen die errechneten Wertschöpfungsanteile maßgeblich

---

[769] vgl. Finkeissen (1999), S. 167
[770] in Anlehung an Finkeissen (1999), S. 152

abhängen, über Einschätzungen, die aufgrund von Erfahrungswerten, Plausibilitätsüberlegungen, Expertenmeinungen etc. getroffen werden, birgt aus Sicht des Verfassers eine große Gefahr der *Subjektivität* in sich und erfolgt auf zweifelhaft begründeter methodischer Grundlage.

Schließlich kann auch die Eignung der Erlöse als Ausgangsbasis für die Ermittlung der monetären Prozess-Wertschöpfung zumindest kritisch hinterfragt werden, da es sich hierbei um eine reine *Leistungsgröße* handelt, die Wertschöpfung aber als Differenz von Leistung und Einsatz definiert ist.

4.2.7 Prozessorientierte Ableitung von IT-Funktionen mit dem „House of IT-Functions"

Kesten, Müller und Schröder (2007) schlagen im Rahmen der prozessorientierten Planung von IT-Systemen mit dem „House of IT-Functions"[771] ein Instrumentarium zur Identifikation, Priorisierung und Bewertung von IT-Funktionen auf Basis der Erwartungen von Kunden an die Geschäftsprozesse eines Unternehmens vor[772]. Dabei wird zunächst die Prozesslandkarte des Unternehmens mit Hilfe von Portfolio-Techniken[773] analysiert, um so diejenigen Suchfelder zu identifizieren, die für IT-Initiativen als die vielversprechendsten angesehen werden können[774]. Nachdem entsprechende Geschäftsprozess-Kandidaten für IT-Initiativen ermittelt wurden, werden, basierend auf den Erwartungen der Kunden an den Geschäftsprozess, diejenigen IT-Funktionen identifiziert, bewertet und priorisiert, die zur Optimierung des betreffenden Geschäftsprozesses erforderlich sind[775]. IT-Funktionen ermöglichen dabei nach dem Verständnis von Kesten, Müller und Schröder die Automatisierung oder Optimierung von Teilprozessen[776].

Das von Kesten, Müller und Schröder (2007) vorgeschlagene Vorgehen basiert auf der Methode QFD[777] (Quality Function Deployment)[778]. Die Autoren schlagen folgende zweistufige Vorgehensweise vor:

---

[771] vgl. Kesten, Müller und Schröder (2007), S. 63
[772] vgl. Kesten, Müller und Schröder (2007), S. 62
[773] vgl. dazu die Ausführungen von Porter und Millar (1985) oder Kesten, Müller und Schröder (2007), S. 54ff.
[774] vgl. Kesten, Müller und Schröder (2007), S. 62
[775] vgl. Kesten, Müller und Schröder (2007), S. 64
[776] vgl. Kesten, Müller und Schröder (2007), S. 54
[777] Quality Function Deployment (QFD) ist eine Mitte der 60er Jahre entwickelte Methode zur Umsetzung von Kundenbedürfnissen in Produkt- und Prozessanforderungen. Angestrebt werden Produkte, welche exakt die vom Kunden gewünschten Merkmale aufweisen. Entsprechend sollen alle Aktivitäten in der Produkterstellung zumindest mittelbar auf Kundenanforderungen rückführbar sein (vgl. Herzwurm (2000), S. 214).
[778] vgl. Kesten, Müller und Schröder (2007), S. 62

4. Wertschöpfung als konzeptioneller Rahmen zur Leistungsbeschreibung 179

(1) Gewichtung der Teilprozesse des betrachteten Geschäftsprozesses aus Kundensicht

Im ersten Schritt werden die Teilprozesse des betrachteten Geschäftsprozesses den Anforderungen der Kunden des Unternehmens gegenübergestellt und so ermittelt, welcher Teilprozess in welchem Maß zur Erfüllung der Kundenanforderungen beiträgt[779]. Das Ergebnis dieser Analysephase ist eine Gewichtung der Teilprozesse des betrachteten Geschäftsprozesses aus Kundensicht[780].

Die Erfassung der Kundenanforderungen kann mit Hilfe von induktiven Methoden, bei der die Kundenanforderungen direkt im Dialog mit den Kunden erfasst und dokumentiert werden, oder mit Hilfe von deduktiven Methoden, wobei aufgrund von internen Erfahrungen Annahmen über die Kundenanforderungen formuliert werden, geschehen[781]. Anschließend werden die Kundenanforderungen ihrer Bedeutung nach geordnet und gewichtet (Rangwerte der Anforderungen)[782] sowie bezüglich ihres Erfüllungsgrads im Vergleich zum Wettbewerb bewertet[783]. Das Optimierungsgewicht einer Kundenanforderung ergibt sich aus der Verknüpfung ihres Rangwerts und ihres Erfüllungsgrads[784].

Die Ableitung der Teilprozesse des betrachteten Geschäftsprozesses kann unter Anwendung von Methoden der Prozessmodellierung erfolgen[785]. Die Teilprozesse werden hinsichtlich ihrer gegenseitigen Abhängigkeit bei Veränderung eines Prozesses sowie hinsichtlich ihrer Beherrschung aus interner Sicht des Unternehmens analysiert und bewertet[786].

Die Bewertung der Beziehungen zwischen Teilprozessen und Kundenanforderungen (Beziehungsstärken) erfolgt über eine nominale Beurteilung, wobei gemäß der Methode QFD ein Wert von 0 keine Beziehung, ein Wert von 1 eine schwache Beziehung, ein Wert von 5 eine mittlere Beziehung und ein Wert von 9 eine starke Beziehung ausdrückt[787].

---

[779] vgl. Kesten, Müller und Schröder (2007), S. 63
[780] vgl. Kesten, Müller und Schröder (2007), S. 64
[781] vgl. Saatweber (1997), S. 43ff.
[782] vgl. Kesten, Müller und Schröder (2007), S. 67; zur Gewichtung der Kundenanforderungen werden in der einschlägigen Literatur mehrere Verfahren vorgeschlagen, siehe dazu etwa Herzwurm, Schockert und Mellis (1997), S. 94ff.
[783] vgl. Kesten, Müller und Schröder (2007), S. 69
[784] vgl. Kesten, Müller und Schröder (2007), S. 69
[785] vgl. dazu etwa Schmelzer und Sesselmann (2007), S. 235ff., Harmon (2003), S. 111ff.
[786] vgl. Kesten, Müller und Schröder (2007), S. 70
[787] vgl. Kesten, Müller und Schröder (2007), S. 71

Der Bedeutungswert eines Teilprozesses spiegelt den Einfluss eines Teilprozesses auf die Erfüllung der Kundenanforderungen wieder[788]. Er ergibt sich durch Verknüpfung der Kundenanforderungen mit den ermittelten Beziehungsstärken[789]. Hierzu werden die Optimierungsgewichte der Kundenanforderungen mit den ermittelten Beziehungsstärken multipliziert und je Teilprozess aufaddiert[790]. Die Optimierungspriorität eines Teilprozesses ergibt sich durch Multiplikation seines Bedeutungswerts und des Werts seiner Beherrschung aus interner Sicht des Unternehmens[791]. Abbildung 47 zeigt ein Beispiel zur Ermittlung der Bedeutungswerte und Optimierungsprioritäten von Teilprozessen.

(2) Ermittlung der Rangfolge der IT-Funktionen zur Optimierung des untersuchten Geschäftsprozesses

Im zweiten Schritt werden die nun gewichteten Teilprozesse den IT-Funktionen gegenübergestellt und die IT-Funktionen hinsichtlich ihrer prozessorientierten Problemlösungspotentiale beurteilt[792]. Das Ergebnis dieser zweiten Analysephase ist dann eine Gewichtung der IT-Funktionen zur Optimierung des untersuchten Geschäftsprozesses[793]. Die Teilprozesse des betrachteten Geschäftsprozesses sowie ihre Optimierungsprioritäten werden aus Schritt (1) übernommen. Die Sammlung möglicher IT-Funktionen geschieht etwa auf Basis einer Vorauswahl aus der einer Funktionsliste des präferierten Anbieters durch die IT-Abteilung[794]. Die Verknüpfung von Teilprozessen und IT-Funktionen geschieht analog zu Schritt (1) über eine Bewertung der Beziehungsstärke zwischen jeder einzelnen Funktion und jedem einzelnen Teilprozess[795]. Der Bedeutungswert einer IT-Funktion ergibt sich durch Verknüpfung der Teilprozessgewichtungen mit den ermittelten Beziehungsstärken[796]. Dazu werden die Optimierungsprioritäten der Teilprozesse mit den ermittelten Beziehungsstärken multipliziert und je IT-Funktion aufaddiert[797]. Als Ergebnis erhält man einen umzusetzenden Maßnahmenplan zur prozessorientierten Implementierung der IT-Anwendung[798] (vgl. Abbildung 48).

---

[788] vgl. Kesten, Müller und Schröder (2007), S. 72
[789] vgl. Kesten, Müller und Schröder (2007), S. 72
[790] vgl. Kesten, Müller und Schröder (2007), S. 72
[791] vgl. Kesten, Müller und Schröder (2007), S. 72f.
[792] vgl. Kesten, Müller und Schröder (2007), S. 75
[793] vgl. Kesten, Müller und Schröder (2007), S. 75
[794] vgl. Kesten, Müller und Schröder (2007), S. 76
[795] vgl. Kesten, Müller und Schröder (2007), S. 77
[796] vgl. Kesten, Müller und Schröder (2007), S. 78
[797] vgl. Kesten, Müller und Schröder (2007), S. 78
[798] vgl. Kesten, Müller und Schröder (2007), S. 78

4. Wertschöpfung als konzeptioneller Rahmen zur Leistungsbeschreibung 181

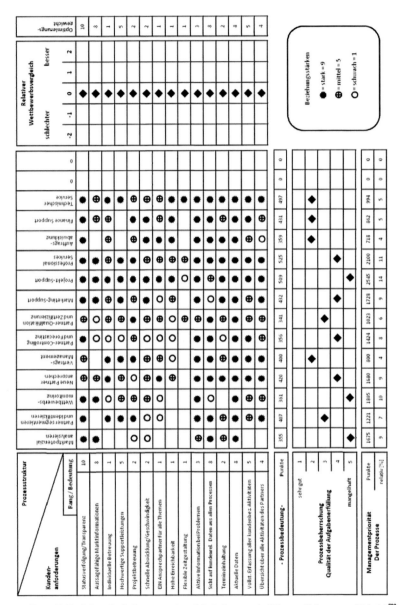

Abbildung 47: Ermittlung der Bedeutungswerte und Optimierungsprioritäten von Teilprozessen (Beispiel)[799]

CRM-Funktion \ CRM-Funktion (Stark=9, Mittel=5, Schwach=1)	1 Produkt Data Management	2 Partner Profile Management	3 Partner Goal/Business Management	4 Partner Certification Management	5 Partner Segmentation Management	6 Service Request Management	7 Lead Management	Management-Priorität gem. 1. House of IT-Functions
Marktpotential analysieren	1	9	1	0	0	0	1	9
Partner segmentieren und identifizieren	0	9	9	9	9	1	0	7
Wettbewerbsmonitoring	1	5	1	0	0	0	0	10
Neue Partner ansprechen	1	9	1	1	1	1	0	9
Vertragsmanagement	0	1	9	5	1	0	0	4
Partner-Controlling und Forecasting	1	1	9	9	9	9	0	8
Partner-Qualifikation und Zertifizierung	1	5	9	9	9	9	0	6
Ergebnis der CRM-Funktionsbewertung — Pkte.	397	529	545	481	378	385	162	
Ergebnis der CRM-Funktionsbewertung — Rel. %	9	12	12	11	8	9	4	
Ergebnis der CRM-Funktionsbewertung — Rang	6	2	1	5	8	7	11	

Abbildung 48: Verknüpfung von Teilprozessen und IT-Funktionen (Beispiel)[800]

Der von Kesten, Müller und Schröder (2007) vorgeschlagene Ansatz ist grundsätzlich auf Informationssysteme anwendbar, wenn diese gemäß einer funktionsorientierten Sichtweise als Menge bereit gestellter Funktionen betrachtet werden. Die Verfahrensweise priorisiert die Funktionen eines Informationssystems dann basierend auf Kundenanforderungen und Einschätzungen zum Wettbewerb und zur Beherrschung der Prozesse im Unternehmen.

Dem Ansatz von Kesten, Müller und Schröder (2007) liegt eine zukunftsgerichtete Betrachtungsweise im Sinne der Planung der Implementierung von Informationssystemen zugrunde. Die Anwendung auf bereits implementierte Informationssysteme könnte möglicherweise eine Gewichtung der Funktionen des Informationssystems in Bezug auf die Erfüllung von Kundenanforderungen und unter Berücksichtigung von Einschätzungen zum Wettbewerb und zur Beherrschung der Prozesse im Unternehmen liefern.

---

[799] vgl. Kesten, Müller und Schröder (2007), S. 74
[800] vgl. Kesten, Müller und Schröder (2007), S. 77

4. Wertschöpfung als konzeptioneller Rahmen zur Leistungsbeschreibung

Ein unmittelbarer Bezug zum Wertschöpfungssystem des Unternehmens ist allerdings nicht vorhanden. In diesem Sinn kann der Ansatz allenfalls methodische Ansätze zur Ermittlung der Wertschöpfung von Informationssystemen liefern, in der skizzierten Form aber keinen direkten Beitrag leisten.

4.2.8 Zusammenfassende Bewertung der Ansätze

In den vorangegangenen Abschnitten wurden verschiedene Ansätze im Forschungsumfeld skizziert und auf ihre Eignung hinsichtlich der Berechnung der Wertschöpfung eines Informationssystems diskutiert (vgl. Abbildung 49).

Zusammenfassend lässt sich feststellen, dass sich keiner der untersuchten Ansätze diesbezüglich verwenden lässt. In diesem Sinne existiert der Bedarf für eine neues Modell zur Bestimmung der Wertschöpfung von Informationssystemen, unter Anwendung dessen letztendlich die Ergebnisseite von Informationssystemen gemäß den Ausführungen aus Abschnitt 4.1 in quantitativer Form ermittelt werden kann. Im folgenden Kapitel soll daher ein Modell vorgeschlagen werden, mit dessen Hilfe sich die Wertschöpfung eines Informationssystems in quantitativer, monetärer Form ableiten lässt.

184   4. Wertschöpfung als konzeptioneller Rahmen zur Leistungsbeschreibung

	Wertschöpfungskette nach Porter	Einsatzfelder für die IT nach Porter und Millar	Wertschöpfungskettenanalyse und Prozesskettenmanagement	Prozesskostenrechnung und Activity-Based Costing	Prozess-Wertschöpfungsrechnung nach Finkeissen	House of IT-Functions
Anwendbarkeit auf den Einsatz von Informationssystemen	Betrachtet die Aktivitäten eines Unternehmens, kein Bezug zu Informationssysteme	Betrachtet die IT als ganzes, nicht einzelne Informationssysteme	Betrachtet Geschäftsprozesse und Teilprozesse, keine Informationssysteme	Betrachten Geschäftsprozesse, Teilprozesse, und Aktivitäten, kein Bezug zu Informationssystemen	Betrachtet Geschäftsprozesse und Teilprozesse, keine Informationssysteme	Betrachtet einzelne Funktionen von Informationssystemen
Monetäre Bestimmung der Wertschöpfung im Sinne eines Wertbeitrags	Teilt Aktivitäten nach ihrer Beteiligung an der Wertschöpfung des Unternehmens ein; keine Errechnung der Wertschöpfung	Keine Errechnung der Wertschöpfung; ermittelt mögliche Einsatzfelder für die IT	Auf Ebene von Teilprozessen gegeben; Wertschöpfung über Produktionskennzahlen; unmittelbare Anwendung nur auf Produktionsprozesse möglich	Verursachungsgerechte Verteilung von Gemeinkosten, keine Aussagen zur Wertschöpfung von Prozessen oder Aktivitäten	Auf Ebene von Teilprozessen gegeben; Wertschöpfung als Anteil an der Zielerreichung	Keine Errechnung der Wertschöpfung; Ableitung der relativen Bedeutung von IT-Funktionen aus Kundenanforderungen
Rückwärtsgerichtete Betrachtungsweise (Ist-Situation)	Gegeben, basiert auf Ist-Daten	Gegeben, basiert auf Ist-Daten; Vorschlag neuer Einsatzfelder für die IT im Sinne der strategischen Planung	Gegeben, basiert auf Ist-Daten	Gegeben, basiert auf Ist-Daten	Gegeben, basiert auf Ist-Daten	Zukunftsgerichtete Betrachtungsweise im Sinne der Planung von Informationssystemen

Abbildung 49: Bewertung der Ansätze hinsichtlich der Bestimmung der Wertschöpfung von Informationssystemen

5 Vorschlag eines Wertschöpfungsmodells für Informationssysteme

Nachdem in den vorangegangenen Abschnitten die Eignung der Wertschöpfung als konzeptioneller Rahmen für die Entwicklung eines Modells zur wertmäßigen Beschreibung der Leistungen von Informationssystemen festgestellt wurde, die hierzu existierenden Ansätze aber im Hinblick auf das Einsatzgebiet gemäß den Ausführungen aus Abschnitt 3.5 als ungeeignet einzustufen sind, soll innerhalb des folgenden Abschnitts ein Modell zur Ableitung der Wertschöpfung eines Informationssystems erarbeitet werden.

Der Abschnitt gliedert sich in folgende Unterabschnitte: Zunächst sollen die theoretischen Grundlagen für das zu entwickelnde Modell gelegt werden (Abschnitt 5.1), welche als Basis für die Ableitung eines qualitativen Wirkungsmodells dienen, das die Wertschöpfung eines Informationssystems zunächst unter rein qualitativen Aspekten beschreibt (Abschnitt 5.2). Im Anschluss erfolgen Überlegungen, wie die so erhobenen qualitativen Wirkungen unter Anwendung eines geeigneten Bewertungsverfahrens, im vorliegenden Fall des Analytic Hierarchy Processes, in eine quantitative bzw. monetär-quantitative Form überführt werden können (Abschnitt 5.3). Innerhalb der Ausführungen der Abschnitte 5.2 und 5.3 soll jeweils die in der Wirtschaftsinformatik geforderte ökonomische und soziale Anwendbarkeit[801] der abgeleiteten Erkenntnisse durch Bezugnahme auf eine konkrete Fallstudie belegt werden. In Abschnitt 5.4 schließlich erfolgt eine kritische Reflexion des erarbeiteten Modells.

5.1 Theoretische Fundierung des Modells

5.1.1 Prinzipien der Wertschöpfungsverteilung

Gemäß der Definition des Wertschöpfungsbegriffs, bezogen auf Informationssysteme, aus Abschnitt 4.1 ist die Wertschöpfung eines Informationssystems der Wertbeitrag des Informationssystems an der Gesamtwertschöpfung des Unternehmens. Die Wertschöpfung eines Informationssystems entsteht dabei durch die Durchführung der im Informationssystem enthaltenen *Informationsverarbeitungsprozesse*.

Zur Bestimmung der Wertschöpfung von Informationssystemen sind gemäß der allgemeinen Wertschöpfungsdefinition zwei unterschiedliche Herangehensweisen denkbar:

---

[801] vgl. WKWI (1994), S. 81

5. Vorschlag eines Wertschöpfungsmodells für Informationssysteme

Zum einen wäre es möglich, an der Innenstruktur der dem Informationssystem zugeordneten Informationsverarbeitungsprozesse anzusetzen. Allerdings wurde die Möglichkeit der Analyse der Einkommen der Produktionsfaktoren eines Informationssystems bereits in Abschnitt 4.1 verworfen. Die Betrachtung der durch die Informationsverarbeitungsprozesse erbrachten Outputs würde einer Entstehungsrechnung bezogen auf einzelne Informationsverarbeitungsprozesse entsprechen. Da jedoch, wie bereits ausgeführt, Informationssysteme, und damit Informationsverarbeitungsprozesse, im Regelfall *nicht* unmittelbar an der eigentlichen Leistungserstellung im Unternehmen beteiligt sind, fehlt bei einer solchen Betrachtungsweise die Grundlage eines direkten Ansatzes eines monetären Werts für den geleisteten Output der Informationsverarbeitungsprozesse. Folglich wird eine solche Betrachtungsweise ebenfalls als nicht zielführend zurückgewiesen.

Die zweite Herangehensweise besteht in der Dekomposition der Gesamtwertschöpfung des Unternehmens dahingehend, dass zu untersuchen ist, welche Elemente des Gesamtsystems Unternehmen welchen Anteil an der Entstehung der Gesamtwertschöpfung tragen[802]. Die Gesamtwertschöpfung des Unternehmens kann - zumindest näherungsweise - aus der Bilanz des Unternehmens errechnet werden[803]. Die Schwierigkeit eines solchen Ansatzes besteht in der Ermittlung der Wertschöpfungs*anteile* der einzelnen Elemente des Gesamtsystems Unternehmen an der Gesamtwertschöpfung[804].

Bezogen auf die Ermittlung der Wertschöpfung von Informationssystemen ergibt sich, dieser Herangehensweise folgend, nachstehende Problemstellung:

Auf welche Weise kann die Gesamtwertschöpfung eines Unternehmens den einzelnen Elementen des Gesamtsystems Unternehmen *wertschöpfungsgerecht zugeteilt* werden, so dass daraus die Wertschöpfung eines im Unternehmen eingesetzten Informationssystems abgeleitet werden kann?

Da gemäß der Ausführungen aus Abschnitt 4.1 aus der Kenntnis der Wertschöpfung eines Informationssystems auf dessen Ergebnisseite geschlossen werden kann, ist die Untersuchung und methodische Bearbeitung der oben genannten Problemstellung als zielkongruent zur Be-

---

[802] vgl. hierzu auch die Ausführungen zur Übertragung des Wertschöpfungsbegriffs auf einzelne Prozesse und Teilprozesse aus Abschnitt 4.1
[803] vgl. Weber (2006), S. 71, Kremin-Buch (2007), S. 10f. sowie die Ausführungen zum Wertschöpfungsbegriff aus Abschnitt 4.1
[804] vgl. Schult (2003), S. 96

5. Vorschlag eines Wertschöpfungsmodells für Informationssysteme

antwortung von Forschungsfrage (3) anzusehen[805]. Entsprechend soll im Folgenden ein Modell zur Zuweisung wertschöpfungsgerechter Anteile auf einzelne Elemente eines Unternehmens erarbeitet werden. Zunächst sind jedoch die Begriffe „wertschöpfungsgerecht" und „Zuteilung" zu präzisieren.

Die Zuteilung der Gesamtwertschöpfung eines Unternehmens auf einzelne Elemente ist als eine Form der *Verteilung* aufzufassen. Ziel einer allgemeinen Verteilungsrechnung ist die Zerlegung einer Gesamtsumme in verschieden große Teile unter Anwendung eines Verteilungsschlüssels[806]. In der Betriebswirtschaftslehre existieren mit den *Kostenzurechnungsprinzipien* Ansätze zur Verteilung von *Kosten* auf Zurechnungsobjekte[807]. Ewert und Wagenhofer führen aus, dass sich die Kostenverrechnungsprinzipien in analoger Weise auf *Erlöse* übertragen lassen[808]. Aufgrund der Verflechtung der Größen Wertschöpfung, Erlöse und Kosten, nach der sich die Wertschöpfung aus Unternehmenssicht als die Differenz aus *Erlösen* und dem Wert der Vorleistungen, d.h. den *Kosten* der Vorleistungen[809], ergibt[810], erscheint die Übertragbarkeit der Prinzipien auch auf den Wertschöpfungsbegriff möglich, wodurch sich folgende Ansatzpunkte zur Definition einer *wertschöpfungsgerechten Wertschöpfungsverteilung* ergeben:

- Das *Verursachungsprinzip* ist eine Grundregel der Kostenverrechnung[811] und beruht auf der Vorstellung, dass Gemeinkosten nur denjenigen Bezugsobjekten zugerechnet werden dürfen, die diese Kosten verursacht haben[812]. Allerdings können so viele fixe Kosten nicht verrechnet werden, da sie nicht durch die Leistungserstellung, sondern durch die Betriebsbereitschaft verursacht werden[813]. Übertragen auf die Bestimmung von Wertschöpfungsanteilen besagt das Verursachungsprinzip, dass nur solchen Elementen des Gesamtsystems Unternehmen ein Anteil an der Gesamtwertschöpfung zugerechnet werden darf, die an der Wertschöpfung des Unternehmens *unmittelbar* be-

---

[805] In Forschungsfrage (3) wurde gefragt, wie ein begründetes, intersubjektiv nachvollziehbares Modell zur wertmäßigen Beschreibung der Ergebnisseite von Informationssystemen aussehen kann, welches den bislang als ungelöst einzustufenden Teilaufgabenbereich der Bestimmung und Bewertung von Wirkungen der Ergebnisseite von Informationssystemen aufgreift (vgl. Abschnitt 1.2).
[806] vgl. Barth (2004), S. 216
[807] vgl. Steger (2006), S. 79, Scherrer (1999), S. 188
[808] vgl. Ewert und Wagenhofer (2008), S. 695
[809] vgl. Winkler und Kaluza (2008), S. 12
[810] vgl. Welfens (2005), S. 47
[811] vgl. Steger (2006), S. 80
[812] vgl. Ewert und Wagenhofer (2008), S. 694, Steger (2006), S. 80
[813] vgl. Steger (2006), S. 80

teiligt sind. Informationssystemen könnte in diesem Sinne nur dann eine Wertschöpfung zugerechnet werden, wenn sie unmittelbar an den Leistungserstellungsprozessen des Unternehmens beteiligt sind. Da dies aber nur im Ausnahmefall gegeben ist, kann dieses Prinzip kaum Anwendung bei der Herleitung einer wertschöpfungsgerechten Wertschöpfungsverteilung finden.

- Das *Kosteneinwirkungsprinzip* sagt aus, dass einem Bezugsobjekt jene Kosten zugerechnet werden, die mit dem Bezugsobjekt in einem Mittel-Zweck-Zusammenhang stehen[814]. Einem Bezugsobjekt werden alle Kosten zugerechnet, die anfielen, um das Bezugsobjekt entstehen zu lassen[815], wodurch auch Gemeinkosten verrechnet werden können[816]. Übertragen auf den Wertschöpfungsbegriff sagt dieses Prinzip aus, dass allen Elementen des Gesamtsystems Unternehmen eine Wertschöpfung zugerechnet wird, die an der Wertschöpfung des Unternehmens mittelbar oder unmittelbar beteiligt sind. Dies umschließt dann auch Informationssysteme in den indirekten Leistungsbereichen, d.h. solche, die nicht unmittelbar an den Leistungserstellungsprozessen im Unternehmen beteiligt sind, ein. Dementsprechend soll dieses Prinzip bei der Herleitung der wertschöpfungsgerechten Wertschöpfungsverteilung Anwendung finden.

- Nach dem *Identitätsprinzip* sind Bezugsobjekten nur diejenigen Kosten zuzurechnen, die durch dieselbe unternehmerische Entscheidung verursacht wurden wie das Bezugsobjekt selbst[817], mit ihm also in einem Ursache-Wirkungs-Zusammenhang stehen[818]. Ist ein Produktionsfaktorverbrauch an der Entstehung *mehrerer* Produkteinheiten einer oder mehrerer Produktarten beteiligt, kann er nach dem Identitätsprinzip nur der *Gesamtheit* der entstandenen Produkte zugeordnet werden[819]. Eine Schlüsselung wesensmäßiger Gemeinkosten ist nach dem Identitätsprinzip unzulässig[820]. Da die Ermittlung von Wertschöpfungsanteilen aber im Kern eine Verteilung unter Anwendung einer begründeten Schlüsselung darstellt, kann dieses Prinzip nicht bei der Herleitung der wertschöpfungsgerechten Wertschöpfungsverteilung angewendet werden.

---

[814] vgl. Ewert und Wagenhofer (2008), S. 694
[815] vgl. Ewert und Wagenhofer (2008), S. 694
[816] vgl. Ewert und Wagenhofer (2008), S. 694
[817] vgl. Steger (2006), S. 80f.
[818] vgl. Ewert und Wagenhofer (2008), S. 694
[819] vgl. Scherrer (1999), S. 190
[820] vgl. Scherrer (1999), S. 190; ausgenommen sind dabei sog. unechte Gemeinkosten, d.h. Kosten, die ihrem Wesen nach einem Bezugsobjekt zugeordnet werden können, für das Bezugsobjekt aber nicht unmittelbar erfassbar sind (vgl. Scherrer (1999), S. 190f.).

5. Vorschlag eines Wertschöpfungsmodells für Informationssysteme

- Das *Proportionalitätsprinzip* sagt aus, dass für Kosten, die von mehreren Bezugsobjekten verursacht wurden, die den einzelnen Bezugsobjekten aber nicht direkt zurechenbar sind, Schlüsselgrößen zu finden sind, zu denen diese Kosten einigermaßen proportional verlaufen[821]. Es geht von einer annähernd proportionalen Beziehung zwischen den Kosten und der Bezugsgröße aus[822]. Die Kosten können dann unter Anwendung eines Zuschlagssatzes auf die Bezugsobjekte verrechnet werden[823]. Übertragen auf den Wertschöpfungsbegriff vermutet dieses Prinzip einen proportionalen Zusammenhang zwischen dem Anteil der Wertschöpfung eines unmittelbar oder mittelbar an der Leistungserstellung beteiligten Elements des Gesamtsystems Unternehmen und einer *Bezugsgröße*, die das Element charakterisiert. Es kann bei der Herleitung der wertschöpfungsgerechten Wertschöpfungsverteilung Anwendung finden, falls sich derartige, proportionale Bezugsgrößen ermitteln lassen.

- Das *Durchschnittsprinzip* wird angewendet, wenn gemäß dem Proportionalitätsprinzip keine Bezugsgröße vorhanden ist, die sich annähernd proportional zu den Kosten des Bezugsobjekts verhält[824]. Die Kosten werden dann über Durchschnittssätze auf die Bezugsobjekte verteilt[825]. Im Sinne dieses Prinzips wird die Wertschöpfung unter den nicht unmittelbar an der Leistungserstellung beteiligten Elementen des Gesamtsystems Unternehmen per Durchschnittsbildung verteilt, wenn sich keine Bezugsgrößen finden lassen, die eine proportionale Beziehung zur Wertschöpfung der betreffenden Elemente vermuten lassen. Dieses Prinzip kann möglicherweise ebenfalls bei der Herleitung der wertschöpfungsgerechten Wertschöpfungsverteilung Anwendung finden.

- Das *Tragfähigkeitsprinzip* weist keinen unmittelbaren Bezug zur Kostenverursachung auf[826]. Die Verteilung von Kosten richtet sich nach der Tragfähigkeit der jeweiligen Bezugsobjekte[827]. In seinem Zusammenhang wird in der Literatur auch von einer „fast willkürlich zu nennenden Kostenverrechnung"[828] gesprochen. Die Verteilung von Wertschöpfungsanteilen würde demnach unter ähnlich willkürlichen Gesichtspunkten

---

[821] vgl. Steger (2006), S. 81
[822] vgl. Steger (2006), S. 81
[823] vgl. Steger (2006), S. 81
[824] vgl. Steger (2006), S. 81
[825] vgl. Steger (2006), S. 81
[826] vgl. Steger (2006), S. 81
[827] vgl. Steger (2006), S. 81
[828] Ewert und Wagenhofer (2008), S. 694

erfolgen. Das Tragfähigkeitsprinzip soll daher nicht bei der Herleitung der wertschöpfungsgerechten Wertschöpfungsverteilung herangezogen werden.

Zusammenfassend ergeben sich aus den Kostenverrechnungsprinzipien folgende Ansatzpunkte zur Herleitung einer wertschöpfungsgerechten Wertschöpfungsverteilung:

(1) Allen Elementen des Gesamtsystems Unternehmen, die an der Wertschöpfung des Unternehmens mittelbar oder unmittelbar beteiligt sind, wird ein Anteil an der Gesamtwertschöpfung des Unternehmens zugerechnet (*Einwirkungsprinzip*).

(2) Falls sich für Elemente des Gesamtsystems Unternehmen Bezugsgrößen finden lassen, die einen proportionalen Zusammenhang zwischen dem Anteil der Wertschöpfung des Elements an der Gesamtwertschöpfung des Unternehmen und der Bezugsgröße vermuten lassen, wird die Wertschöpfung proportional zu dieser Bezugsgröße auf diese Elemente verteilt (*Proportionalitätsprinzip*).

(3) Falls sich für Elemente des Gesamtsystems Unternehmen keine solchen Bezugsgrößen finden lassen, ist die Wertschöpfung ggf. per Durchschnittsbildung auf diese Elemente zu verteilen *(Durchschnittsprinzip)*.

Diese Prinzipien sind als theoretischer Rahmen für die zu konzipierende Wertschöpfungsverteilung anzusehen. Im Folgenden ist zu analysieren, wie darauf basierend eine konkrete Wertschöpfungsverteilung für Informationssysteme erfolgen kann.

5.1.2 Organisationstheoretischer Bezugsrahmen für die Wertschöpfungsverteilung

Bezugsobjekte der zu konzipierenden Wertschöpfungsverteilung sollen gemäß der Zielsetzung des Kapitels einzelne *Informationssysteme* sein. Wie bereits in Abschnitt 4.1 ausgeführt wurde, entsteht die Wertschöpfung eines Informationssystems in seinen Informationsverarbeitungsprozessen durch Durchführung der dem Informationssystem zugeordneten Informationsverarbeitungsaufgaben. Entsprechend muss eine Wertschöpfungsverteilung für Informationssysteme auf der Ebene einzelner Informationsverarbeitungsprozesse ansetzen. Den weiteren Ausführungen dieses Kapitels liegt dabei nachstehende Begriffsauffassung zugrunde:

5. Vorschlag eines Wertschöpfungsmodells für Informationssysteme

Ein Informationsverarbeitungsprozess ist eine Abfolge zusammengehöriger Arbeitsabläufe innerhalb eines Unternehmens, die zur Erfüllung einer Informationsverarbeitungsaufgabe notwendig und durch einen Informationsaustausch miteinander verknüpft sind.

Informationsverarbeitungsprozesse sind in Form von Teilprozessen Bestandteil allgemeiner Geschäftsprozesse innerhalb eines Unternehmens[829].

Nach dem Verständnis der klassischen Organisationslehre kann ein Unternehmen als durchgängiger, fortwährender *Prozess*, im folgenden als *Unternehmensprozess* bezeichnet, zur Durchführung der *Unternehmensaufgabe*[830] gesehen werden[831]. Die vom Unternehmensprozess erbrachte Wertschöpfung entspricht dann definitionsgemäß der Gesamtwertschöpfung des Unternehmens.

Setzt man die Wertschöpfung eines Prozesses als gegeben voraus, könnte die Verteilung seiner Wertschöpfung auf seine Teilprozesse gemäß dem Proportionalitätsprinzip durch Einführung geeigneter Bezugsgrößen erfolgen. Intuitiv würden diesen Bezugsgrößen analog zur Aufstellung der Kostentreiber der Prozesskostenrechnung bzw. des Activity-Based Costing (vgl. Abschnitt 4.2.5) auf Teilprozesse bezogene „Wertschöpfungstreiber" entsprechen, die die durch einen Teilprozess erbrachten Leistungen in Form von Maßzahlen ausdrücken. Die Verwendung solcher Wertschöpfungstreiber zur Verteilung der Wertschöpfung eines Geschäftsprozesses auf einzelne Teilprozesse scheitert jedoch daran, dass die Teilprozessübergreifende Vergleichbarkeit derartiger Wertschöpfungstreiber nicht zwangsläufig gegeben sein muss, wenn diesen unterschiedliche Bezugsobjekte zugrunde liegen. Beispielsweise kann sich die Leistung eines Teilprozesses auf die Anzahl an abgearbeiteten Aufträgen, die Leistung eines anderen Teilprozesses auf die Menge betreuter Produktvarianten erstrecken. Beide „Treiber" (Anzahl abgearbeiteter Aufträge, Menge betreuter Produktvarianten) sind jedoch *nicht* miteinander vergleichbar, sie sagen nichts zum relativen Wert der Leistungen des einen Teilprozesses in Bezug auf die Leistungen des anderen Teilprozesses aus und können

---

[829] vgl. die Ausführungen aus Abschnitt 4.1
[830] Nordsieck spricht vom Betriebsgeschehen als „Erledigung von Aufgaben im Sinne einer bestimmten Oberaufgabe" (Nordsieck (1962), S. 10). Die Oberaufgabe bezeichnet er als „diejenige Aufgabe, die von ihren Trägern nicht mehr als Glied einer bestimmten höheren Aufgabe erkannt bzw. behandelt wird" (Nordsieck (1955), S. 35). Beispiele für eine solche allgemeine Unternehmensaufgabe sind etwa die Bereitstellung von Sachgütern und Dienstleistungen für die Volkswirtschaft und/oder in der Bereitstellung von Arbeitsplätzen für die Wirtschaftssubjekte (vgl. Witte (2007), S. 23).
[831] vgl. Nordsieck (1972), S. 9

dementsprechend keine Hilfestellung bei der Verteilung der Wertschöpfung auf mehrere Teilprozesse geben. Zur Verteilung der Wertschöpfung eines Geschäftsprozesses auf seine Teilprozesse sind folglich Bezugsgrößen zu finden, die die Leistungen der Teilprozesse *universell* miteinander vergleichbar machen.

Wie bereits in Abschnitt 4.1 ausgeführt wurde, ist eine Aufgabe eine an einen Aufgabenträger gerichtete Zielsetzung für zweckbezogenes Handeln. Ein Unternehmen kann als durchgängiger Unternehmensprozess zur Durchführung der *Unternehmensaufgabe* angesehen werden[832]. *Teilaufgaben* entstehen durch schrittweise Dekomposition der Unternehmensaufgabe[833]. Sie leisten einen *Beitrag* zur Erfüllung der Unternehmensaufgabe und dienen somit der Verwirklichung *unternehmerischer Zielsetzungen*[834].

Für die Begriffe der unternehmerischen Zielsetzungen bzw. synonym der *Unternehmensziele* existiert in der Literatur eine Vielzahl uneinheitlicher Definitionen[835]. Den weiteren Ausführungen liegt das Zielverständnis von Töpfer zugrunde, wonach Ziele „erwünschte, zu erreichende Zustände und damit Handlungsergebnisse zukünftiger Aktivitäten"[836] kennzeichnen. Ein *Zielsystem* wird als Menge von einzelnen Zielen aufgefasst, welche untereinander in bestimmten Beziehungen stehen[837]. Während Ziele ergebnisorientiert sind, weisen Aufgaben eine Tätigkeitsorientierung auf[838]. Unternehmensziele und Aufgaben bilden in diesem Sinne eine *Ziel-Mittel-Relation*[839].

Die durch ein Unternehmen erbrachte Wertschöpfung entspricht der Wertschöpfung des Unternehmensprozesses, welcher die Unternehmensaufgabe durchführt. Die Unternehmensaufgabe wiederum kann gemäß der vorstehenden Ausführungen als Mittel zur Erreichung der gesetzten Unternehmensziele angesehen werden. Durch das Erreichen der Unternehmensziele entsteht somit Wertschöpfung im Unternehmen[840].

---

[832] vgl. Nordsieck (1972), S. 9
[833] vgl. Kosiol (1976), S. 42, Kosiol (1976), S. 49ff.
[834] vgl. Kosiol (1976), S. 42ff.
[835] vgl. Macharzina und Wolf (2008), S. 201
[836] Töpfer (2004), S. 432
[837] vgl. Ulrich (1970), S. 190
[838] vgl. Scherm und Pietsch (2007), S. 151
[839] vgl. Wegner (1993), S. 9
[840] Die Ziele eines Unternehmens drücken auch dessen Rolle in seiner Systemumwelt aus (vgl. Saravathy (2002), S. 106), welcher das Schöpfen von Werten zugrunde liegt (vgl. Hammer (1997), S. 121). Im Rahmen eines wertorientierten Managementansatzes wird die Wertschöpfung unmittelbar als Oberziel eines Unternehmens angesehen, aus welchem sich die Strategie eines Unternehmens ableitet (vgl. Lukas (2004), S. 197f.). Ein ähnliches Modell, das die Wertschöpfung eines Prozesses über dessen Beitrag an der Erreichung der Unternehmensziele definiert, findet sich auch bei Finkeissen (1999), S. 76ff.

5. Vorschlag eines Wertschöpfungsmodells für Informationssysteme

Prozesse dienen der *Durchführung* von Aufgaben[841]. Die Dekomposition der Unternehmensaufgabe in Teilaufgaben führt zur Dekomposition des Unternehmensprozesses in entsprechende Teilprozesse (vgl. Abbildung 50). Die Wertschöpfung eines Teilprozesses ist gemäß den Ausführungen aus Abschnitt 4.1 als dessen Wertbeitrag zum Betriebsergebnis definiert[842]. Der Wertbeitrag eines Teilprozesses an der Wertschöpfung des Unternehmensprozesses, d.h. an der Gesamtwertschöpfung des Unternehmens, ergibt sich dann einerseits aus dem Beitrag der zugehörigen Teilaufgabe im Hinblick auf die Erfüllung der Unternehmensaufgabe (Aufgabenebene, *Aufgabenbeitrag*), andererseits aus dem Grad der Umsetzung der Zielsetzungen, die dem Teilprozess durch seine Teilaufgabe gesetzt werden (Prozessebene, *Aufgabenerfüllung*) (vgl. Abbildung 50). Bezugsgrößen zur Verteilung der Wertschöpfung eines Prozesses auf seine Teilprozesse im Sinne des Proportionalitätsprinzips müssen demnach die genannten Aspekte des *Aufgabenbeitrags* und der *Aufgabenerfüllung* widerspiegeln.

Informationssysteme sind aus Aufgabensicht (vgl. Abschnitt 1.1.3, Abbildung 2) als Menge von Informationsverarbeitungsaufgaben charakterisiert. Informationsverarbeitungsaufgaben sind Bestandteile der Aufgabenmenge eines Unternehmens, sie werden abgeleitet durch Dekomposition der Unternehmensaufgabe in Teilaufgaben. Informationsverarbeitungsprozesse sind Bestandteile der Prozessmenge Unternehmens, sie dienen der Erfüllung der Informationsverarbeitungsaufgaben. Der Anteil eines Informationsverarbeitungsprozesses an der Wertschöpfung des Unternehmensprozesses ergibt sich folglich unter Berücksichtigung des *Aufgabenbeitrags* der zugehörigen Informationsverarbeitungsaufgabe und der *Aufgabenerfüllung*, d.h. der Erfüllung der Zielvorgaben der zugehörigen Informationsverarbeitungsaufgabe, durch den Informationsverarbeitungsprozess.

Das Zusammenspiel von Prozessen, Aufgaben, Unternehmenszielen und Wertschöpfung ist in Abbildung 50 in grafischer Form wiedergegeben. Es soll die organisationstheoretische Grundlage bei der Konzeption des Modells zur Verteilung der Wertschöpfung eines Unternehmens auf seine Teilprozesse bilden und wird im Folgenden auch als *organisationstheoretischer Bezugsrahmen des Wertschöpfungsmodells* bezeichnet.

---

[841] vgl. Staud (1999), S. 6, Becker und Kahn (2005), S. 6, Zollondz (2006), S. 231
[842] vgl. Wunderer (2003), S. 71

194 5. Vorschlag eines Wertschöpfungsmodells für Informationssysteme

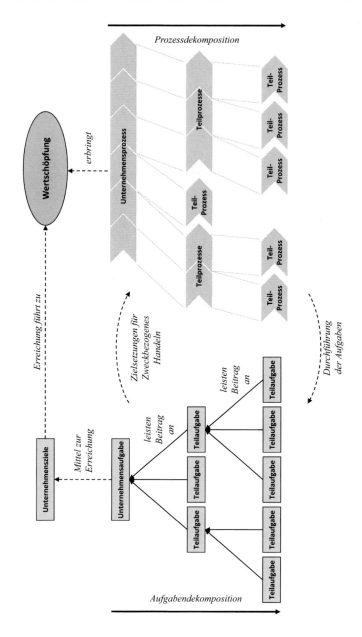

Abbildung 50: Organisationstheoretischer Bezugsrahmen des Wertschöpfungsmodells: Zusammenhang zwischen Unternehmenszielen, Unternehmensaufgabe, Teilaufgaben, Teilprozessen und der Wertschöpfung

5. Vorschlag eines Wertschöpfungsmodells für Informationssysteme

Basierend auf diesen Vorüberlegungen soll in den folgenden Abschnitten ein *Modell*, welches eine wertschöpfungsgerechte Verteilung der Gesamtwertschöpfung eines Unternehmens auf seine Informationsverarbeitungsprozesse und Informationssysteme beinhaltet, erarbeitet werden. Zunächst ist hierzu jedoch die Präzisierung des Modellsbegriffs erforderlich.

5.1.3 Systemtheoretische Fundierung des Wertschöpfungsmodells für Informationssysteme

Wie bereits in Abschnitt 2.1 ausgeführt wurde, handelt es sich bei Unternehmen um komplexe, offene, dynamische, sozio-technische *Systeme*[843], deren Systemelemente untereinander in einer Vielzahl von *Wirkungsbeziehungen* stehen[844]. Um mit der Komplexität des Untersuchungsgegenstands Unternehmen umgehen zu können, werden in den Wirtschaftswissenschaften Ausschnitte des Systems Unternehmen in Form vereinfachender *Modelle* abgebildet[845].

Der Modellbegriff bezeichnet eine idealisierende oder abstrahierende *Abbildung* der *Realität* im Hinblick auf ein bestimmtes *Ziel*[846]. Dieses besteht hier in der wertschöpfungsgerechten Verteilung der Wertschöpfung eines Unternehmens auf seine Prozesse, Teilprozesse und Informationsverarbeitungsprozesse. Durch das zu erarbeitende Wertschöpfungsmodell soll die Realität eines Unternehmens in Bezug auf die innerhalb des Unternehmens *ablaufenden Prozesse* abgebildet werden. Im Wertschöpfungsmodell abzubildende Elemente sind gemäß den Überlegungen zum organisationstheoretischen Bezugsrahmen des vorangegangenen Abschnitts die *Ziele*, *Aufgaben* und *Teilaufgaben*, *Prozesse* und *Teilprozesse* sowie die *Wertschöpfung* des Unternehmens. Um die Wirkungsbeziehungen zwischen diesen Elementen zu erfassen, fließen in das Modell ferner die im organisationstheoretischen Bezugsrahmen dargestellten Beziehungen zwischen den aufgeführten Systemelementen ein:

- Teilaufgaben entstehen durch Dekomposition von Aufgaben;
- Teilprozesse entstehen durch Dekomposition von Prozessen;
- Aufgaben geben Prozessen Zielsetzungen für zweckbezogenes Handeln vor;
- Prozesse dienen der Erfüllung von Aufgaben;

---

[843] vgl. Trier, Bobrik, Neumann und Wyssussek (2007), S. 59
[844] vgl. Macharzina und Wolf (2008), S. 70
[845] vgl. Trier, Bobrik, Neumann und Wyssussek (2007), S. 59
[846] vgl. Lehner, Hildebrand und Maier (1995), S. 53f.

- Aufgaben bilden Mittel zur Erreichung der Unternehmensziele;
- durch Durchführung des Unternehmensprozesses erfolgt Wertschöpfung im Unternehmen;
- durch das Erreichen der Unternehmensziele erfolgt Wertschöpfung im Unternehmen.

Somit sind die theoretischen Grundlagen für die Ableitung des Wertschöpfungsmodells gelegt. Zur Konzeption des Wertschöpfungsmodells schlägt der Verfasser eine *zweistufige* Vorgehensweise vor:

(1) Qualitative *Wirkungs*analyse: Modellierung der Beziehungen innerhalb der und zwischen den Ziele(n), Aufgaben und Prozesse(n) des Unternehmens (vgl. Abschnitt 5.2) im Hinblick auf dessen Wertschöpfung. Ergebnis der qualitativen Wirkungsanalyse ist ein *qualitatives Wirkungsmodell* der Ziele, Aufgaben, Prozesse und der Wertschöpfung eines Unternehmens.

(2) *Quantifizierung* der Beziehungen des Modells und *Verteilung* der Wertschöpfung des Unternehmens (vgl. Abschnitt 5.3). Ergebnis dieses Schritts ist ein *quantitatives Wertschöpfungsmodell*, das die durch einzelne Prozesse erbrachten Anteile an der Gesamtwertschöpfung eines Unternehmens in quantitativer Form ausweist.

Das qualitative Wirkungsmodell und das quantitative Wertschöpfungsmodell bilden dann zusammen das zu erarbeitende *Wertschöpfungsmodell für Informationssysteme*.

5.2 Qualitative Wirkungsanalyse des Ziel-, Aufgaben- und Prozesssystems

5.2.1 Die Ableitung des qualitativen Wirkungsmodells

Ziel der qualitativen Wirkungsanalyse der Ziele, Aufgaben und Prozessse des betrachteten Unternehmens ist die Erstellung eines Modells, welches die Beziehungen zwischen Wertschöpfung, Unternehmenszielen und Prozessen in qualitativer Form beschreibt. Aus Gründen der Übersichtlichkeit erfolgt seine Darstellung in grafischer Form. Die qualitative Wirkungsanalyse macht dabei noch *keine* Aussagen hinsichtlich der Gewichte der einzelnen Beziehungen.

Die Aufstellung des qualitativen Wirkungsmodells erfolgt in drei Schritten:

(1) Darstellung des relevanten Ausschnitts der Prozessmenge des Unternehmens, bezogen das betrachtete Informationssystem, in Form eines *qualitativen Prozessmodells*;

5. Vorschlag eines Wertschöpfungsmodells für Informationssysteme

(2) Aufnahme der Unternehmensziele und Darstellung in Form eines *qualitativen Zielmodells*;

(3) Verbindung des qualitativen Zielmodells und Prozessmodells zum *qualitativen Wirkungsmodell*.

Ausgangspunkt der folgenden Untersuchung sei ein beliebiges, innerbetriebliches Informationssystem I eines Unternehmens. Das Informationssystem I = (A, P, R) sei beschrieben über

- die Menge $A = \{A_1, A_2, ..., A_n\}$ der ihm zugeordneten Informationsverarbeitungsaufgaben A_i,
- die Menge $P = \{P_1, P_2, ..., P_n\}$ der Informationsverarbeitungsprozesse, welche die Informationsverarbeitungsaufgaben A_i durchführen,
- sowie die Menge $R = \{R_1, R_2, ..., R_n\}$ der ihm zugeordneten Aufgabenträger R_i, die für Ausführung der Informationsverarbeitungsaufgaben A_i zuständig sind.

Aufgabenträger können sowohl Menschen, Rechner als auch Mensch-Rechner-Systeme sein. Die Durchführung der Informationsverarbeitungsaufgaben A_i soll ausschließlich durch Aufgabenträger R_i innerhalb des Informationssystems I erfolgen[847]. Ferner wird davon ausgegangen, dass die Zuordnung von Informationsverarbeitungsaufgaben A_i zum Informationssystem I innerhalb des Unternehmens eindeutig ist, d.h. jede Informationsverarbeitungsaufgabe A_i des Informationssystems I ist nur I zugeordnet, und keinem anderen Informationssystem innerhalb des Unternehmens.

Schritt (1): Erstellung des qualitativen Prozessmodells

Um die Informationsverarbeitungsprozesse P_i des Informationssystems I mit der Gesamtwertschöpfung des Unternehmens in Verbindung bringen zu können, ist es erforderlich, auf ein Modell der im Unternehmen vorhandenen Prozesse zurückgreifen zu können.

Die Prozesse eines Unternehmens werden oft in Form der sogenannten *Prozesslandkarte* visualisiert, welche die Prozesse des Unternehmens und deren Beziehungen zueinander darstellt.[848] Die Prozesslandkarte erfüllt damit die Funktion eines Inhaltsverzeichnisses[849]. Sie

---

[847] Ansonsten sind die entsprechenden Aufgabenträger der Menge R der Aufgabenträger des Informationssystems zuzufügen.
[848] vgl. Wagner und Käfer (2008), S. 49, Wilhelm (2007), S. 34; teilweise wird der Begriff der Prozesslandkarte in der Literatur auch so aufgefasst, dass diese sich auf die Visualisierung der *Hauptprozesse* des Unternehmens beschränkt (vgl. Specker (2004), S. 61).

teilt die Prozesse in verschiedene Kategorien ein, welche als Ausgangsbasis bei der Prozessdefinition dienen können[850]. Wagner und Käfer unterscheiden die Kategorien *Managementprozesse*, *Leistungsprozesse*, *unterstützende* Prozesse sowie *Mess-*, *Analyse-* und *Verbesserungsprozesse*[851]. Specker unterscheidet die Kategorien *Kundenprozesse*, *Logistikprozesse*, *Entwicklungsprozesse* und *Management- & Supportprozesse*[852]. Eine andere Möglichkeit zur Strukturierung der Prozesse liegt in der Anlehnung an die Portersche Wertschöpfungskette[853]. Prozesse werden demnach in *Kernprozesse*, welchen einen direkten Bezug zum Produkt eines Unternehmens besitzen, und *Supportprozesse*, die zur Ausführung der Kernprozesse notwendig sind, unterteilt[854].

Die Vorgehensweise zur Identifikation und Systemabgrenzung der Prozesse des betrachteten Unternehmens wird *nicht* als Gegenstand der weiteren Ausführungen angesehen; in diesem Zusammenhang wird auf die einschlägige Literatur verwiesen[855].

Da ein Prozessmodell, welches die vollständige Erfassung *aller* Tätigkeiten eines Unternehmens und ihre vollständige Komposition zu Teilprozessen und Prozessen beinhaltet, in der Praxis äußerst umfangreich und komplex werden würde[856], so dass dies kaum praktikabel erscheint, schlägt der Verfasser die Verwendung eines partiellen, *hierarchischen* Prozessmodells[857] vor, welches Prozesse nur dort detaillierter betrachtet, wo dies erforderlich ist. In diesem hierarchischen Prozessmodell wird der Gesamtprozess des Unternehmens schrittweise in Teilprozesse detailliert, um darstellen zu können, Bestandteil welcher Prozesse des Unternehmens die Informationsverarbeitungsprozesse des betrachteten Informationssystems sind.

Die hierarchische Dekomposition von Prozessen in Teilprozesse erfolgt auf Grundlage einer „*ist Bestandteil von*"-Relation[858], welche die logische Zugehörigkeit eines Teilprozesses zu

---

[849] vgl. Wagner und Käfer (2008), S. 8
[850] vgl. Specker (2004), S. 61
[851] vgl. Wagner und Käfer (2008), S. 7
[852] vgl. Specker (2004), S. 61
[853] vgl. Becker und Kahn (2005), S. 7
[854] vgl. Becker und Kahn (2005), S. 7
[855] Aus der in umfangreichem Maße vorhandenen Literatur vgl. zur Vorgehensweise bei der Prozessdefinition und -abgrenzung etwa Specker (2004), S. 62ff., Wagner und Käfer (2008), S. 57ff., Becker und Meise (2005), S. 105ff.
[856] vgl. Aier und Haarländer (2007), S. 243
[857] Hierarchische Prozessmodelle stellen die hierarchischen Strukturen und Beziehungen der Prozesse eines Systems dar (vgl. Specker (2004), S. 58, Wilhelm (2007), S. 42).
[858] In der Wissenschaftstheorie werden die Begriffe „Relation", „Beziehung" und „Verhältnis" üblicherweise synonym verwendet (vgl. Seiffert (1997), S. 153). Im Sinne der Logik ist die Relation ein Analogiebegriff zur Eigenschaft, sie lässt sich aus dem Begriff des Prädikators ableiten, welcher zwei oder mehr Objekte miteinander verknüpft (vgl. Seiffert (1997), S. 153). Im Verständnis formaler Sprachen ist eine Relation auf gegebenen

5. Vorschlag eines Wertschöpfungsmodells für Informationssysteme 199

einem übergeordneten Prozess im Sinne der Zugehörigkeit der durch den Teilprozess ausgeführten *Teilaufgabe* zur *Aufgabe* des übergeordneten Prozesses ausdrückt. Prozesse auf einer niedrigeren Hierarchie-Ebene im Prozessmodell beschreiben also die Prozesse der höheren Hierarchie-Ebenen auf einem höheren Detaillierungsgrad.

Die „ist Bestandteil von"-Relation macht *keinerlei* Aussagen hinsichtlich der *Reihenfolge* oder *Häufigkeit*, in bzw. mit der die Teilprozesse eines Prozessen durchlaufen werden. Die Teilprozesse eines Prozesses können also auch parallel, wiederholt und/oder alternativ ausgeführt werden.

Das vorgeschlagene hierarchische Prozessmodell basiert auf dem Grundgedanken, dass ausgehend von einer hierarchischen Dekomposition des Unternehmensprozesses zur Verteilung der Wertschöpfung eines Prozesses auf seine Teilprozesse genau und nur dessen Teilprozesse bekannt sein müssen, nicht aber die Teilprozesse anderer Prozesse. Abbildung 51 zeigt schematisch eine beispielhafte hierarchische Dekomposition des Unternehmensprozesses mit vier Hierarchie-Ebenen. Danach ergibt sich der Anteil von Teilprozess 1 an der Gesamtwertschöpfung im Verhältnis zu den Anteilen der Teilprozesse 2 und 3. Der Anteil des Teilprozesses (TP) 1.1 an der Gesamtwertschöpfung ergibt sich im Verhältnis zu den Anteilen der Teilprozesse 1.2 und 1.3 an der Wertschöpfung von Teilprozess 1, d.h. er ist ohne die Dekomposition der Teilprozesse 2 und 3 bestimmbar.

Als Folge der beschriebenen hierarchischen Dekomposition des Unternehmensprozesses mit der „ist Bestandteil von"-Relation ergibt sich das qualitative *Prozessmodell* (vgl. Abbildung 51). Man beachte dabei, dass es grundsätzlich erlaubt ist, einen Teilprozess an dieser Stelle als Bestandteil mehrerer übergeordneter Prozesse auszuweisen. Der Begriff der Prozess-Hierarchien im qualitativen Prozessmodell ist daher nicht im strengen Sinn zu interpretieren. Die Hierarchie-Ebene ergibt sich aus der Anzahl der bei der Ableitung des Teilprozesses zugrunde liegenden Dekompositionen übergeordneter Prozesse. Aufgrund der erlaubten Ausweisung von Teilprozessen als Bestandteil mehrerer übergeordneter Prozesse kann ein Teilprozess so ggf. auf mehreren Hierarchie-Ebenen gleichzeitig angesiedelt sein. *Zyklische* bzw.

Mengen $M_1, \ldots M_n$ definiert als Teilmenge des n-fachen kartesischen Produkts der Mengen M_1 bis M_n (vgl. etwa Klenk (1993), S. 1577, Scheer (1998), S. 69). Im vorliegenden Fall sei PR die Menge aller Prozesse und Teilprozesse des betrachteten Unternehmens. Die „ist Bestandteil von"-Relation entspricht dann einer Teilmenge des kartesischen Produkts von PR und PR.

rekursive Beziehungen, nach welchen Prozesse Bestandteile von sich selbst sein könnten, seien allerdings ausgeschlossen.

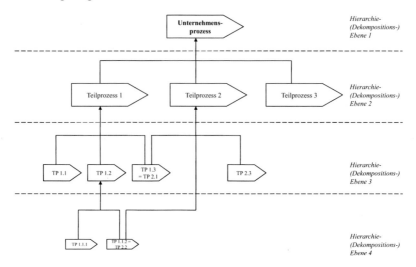

Abbildung 51: Qualitatives Prozessmodell (beispielhafte Struktur)

Wie bereits ausgeführt, bezieht sich die Wertschöpfung nur auf die durch das betrachtete Unternehmen *selbst* geschaffenen Werte. *Vorleistungen*, d.h. durch *andere* Unternehmen erbrachte Leistungen, dürfen *nicht* zur Wertschöpfung des betrachteten Unternehmens gezählt werden. Entsprechend dürfen nur solche Prozesse ins hierarchische Prozessmodell aufgenommen werden, die innerhalb des betrachteten Unternehmens ausgeführt werden. Prozesse bzw. Teilprozesse, die außerhalb des betrachteten Unternehmens ausgeführt werden, sind entsprechend aus dem hierarchischen Prozessmodell zu entfernen[859]. Alternativ ist es möglich, Prozesse bzw. Teilprozesse, die vollständig außerhalb des Unternehmens durchgeführt werden, zunächst im hierarchischen Prozessmodell zu belassen, um so die einzelnen Wirkungen von Prozessen genauer modellieren zu können, und ihnen später bei der Quantifizierung des qualitativen Wirkungsmodells eine Wertschöpfung von Null zuzuweisen.

---

[859] Diejenigen Teilprozesse eines Prozesses, die außerhalb des betrachteten Unternehmens durchgeführt werden und somit Vorleistungen erbringen, sind ersatzlos aus dem hierarchischen Prozessmodell zu streichen. Falls ein vollständiger Prozess außerhalb des betrachteten Unternehmens ausgeführt wird, ist dieser analog vollständig zu entfernen.

5. Vorschlag eines Wertschöpfungsmodells für Informationssysteme

Die Informationsverarbeitungsaufgaben A_i des Informationssystems I werden von Informationsverarbeitungsprozessen P_i durchgeführt, welche die untersten[860] Elemente des aufzustellenden Prozessmodells bilden sollen[861]. Die Informationsverarbeitungsprozesse P_i müssen sich dabei *nicht* zwangsläufig alle auf derselben Hierarchie-Ebene im Prozessmodell befinden, falls sie auf einem unterschiedlich hohen Detaillierungsgrad beschrieben wurden.

Informationsverarbeitungsprozesse P_i können Abfolgen mehrerer Teilinformationsverarbeitungsprozesse oder Tätigkeiten[862] darstellen oder aus einzelnen Tätigkeiten bestehen. Eine Detaillierung der Informationsverarbeitungsprozesse P_i des Informationssystems I zur Bestimmung der Wertschöpfung von I ist *nicht* notwendig, kann aber ggf. für weitere Analysen hinsichtlich der Entstehung der Wertschöpfung *innerhalb* des Informationssystems herangezogen werden[863].

Die oberste Hierarchie-Ebene unterhalb des Unternehmensprozesses im Prozessmodell stellen die *Hauptprozesse*[864] des Unternehmens dar[865]. Sie müssen zur weiteren Verteilung der Wertschöpfung des Unternehmensprozesses vollständig[866] erfasst werden. Die Definition der Hauptprozesse erfolgt üblicherweise durch Ableitung aus der Unternehmensstrategie[867]. Diese gibt vor, welche Produkte und Dienstleitungen das Unternehmen welchen Kunden anbieten soll[868]. Die Festlegung der Hauptprozesse geschieht dann auf Grundlage der Fragestellung, welche Prozesse das Unternehmen grundsätzlich benötigt, um die gemäß der Unternehmens-

---

[860] im Verständnis der Prozessdekomposition in Teilprozesse
[861] Da Informationsverarbeitungsprozesse, wie oben gefordert, nur genau *einem* Informationssystem zugeordnet sein sollen, ist ihre Dekomposition nicht erforderlich, d.h. sie befinden sich auf der untersten Ebene des hierarchischen Prozessmodells.
[862] Tätigkeiten sind definiert als nicht weiter zerlegbare Handlungen zur Durchführung einer Aufgabe im Sinne des elementaren Teilgeschäftsprozessbegriffs (vgl. hierzu die Ausführungen aus Abschnitt 4.1).
[863] Die weitere Analyse der Wertschöpfungsentstehung *innerhalb* eines Informationssystems wird *nicht* im Rahmen der vorliegenden Ausführungen betrachtet.
[864] In der Literatur werden die Prozesse auf der ersten Hierarchie-Ebene unterhalb des Unternehmensprozesses auch als „Geschäftsprozesse" bezeichnet (vgl. etwa Becker und Kahn (2005), S. 6). Da der Geschäftsprozessbegriff aber auch verbreitet synonym zum allgemeinen Prozessbegriff (vgl. Hansmann (2006), S. 204) bzw. synonym für die Leistungsprozesse eines Unternehmens (vgl. Wagner und Käfer (2008), S. 51) gebraucht wird, verwenden die weiteren Ausführungen den Hauptprozessbegriff für Prozesse auf der ersten Hierarchie-Ebene unterhalb des Unternehmensprozesses. Der Hauptprozessbegriff ist in diesem Zusammenhang auch vom Verständnis des Hauptprozesses im Sinne der Prozesskostenrechnung abzugrenzen: Dort ist ein Hauptprozess definiert als „Kette homogener Aktivitäten, die demselben Kosteneinflußfaktor unterliegt" (Horváth und Mayer (1993), S. 16). Das Vorhandensein eines derartigen Kosteneinflussfaktors wird im Verständnis der vorliegenden Ausführungen aber ausdrücklich *nicht* als konstituierendes Merkmal für den Hauptprozessbegriff vorausgesetzt.
[865] vgl. Specker (2004), S. 58
[866] im Verständnis des *Vorliegens* aller Hauptprozesse des Unternehmens; ihre vollständige Dekomposition in Teilprozesse ist hier nicht gemeint.
[867] vgl. Wilhelm (2007), S. 22
[868] vgl. Wilhelm (2007), S. 22

strategie definierten Produkte und Dienstleistungen den Kunden anbieten zu können[869]. In der einschlägigen Literatur geht man von bis zwanzig Hauptprozessen aus[870].

Die weitere Anzahl der im Prozessmodell zu modellierenden Prozesshierarchie-Ebenen zwischen den Hauptprozessen und den Informationsverarbeitungsprozessen sollte nach logischen Gesichtspunkten entsprechend der Komplexität und des Umfangs der zugrunde liegenden Prozessaufgaben gewählt werden. In der einschlägigen Literatur finden sich unterschiedlichste Vorschläge zur hierarchischen Gliederung des Prozesssystems eines Unternehmens[871]. Neumann, Probst und Wernsmann schlagen etwa die Verwendung von insgesamt fünf Hierarchie-Ebenen im Rahmen eines kontinuierlichen Prozessmanagements vor[872]. Nach Allweyer liegt die Anzahl der Hierarchie-Ebenen „meist zwischen drei und fünf"[873]. Teilweise wird eine Modellierung mit bis zu sieben Hierarchie-Ebenen für sinnvoll gehalten[874]. Die Anzahl der einzubeziehenden Hierarchie-Ebenen wird auch im Rahmen der Prozesskostenrechnung uneinheitlich diskutiert[875]. Die Sinnhaftigkeit eines Generalvorschlags bezüglich der im Prozessmodell zu verwendenden Anzahl von Hierarchie-Ebenen ist daher zu bezweifeln. Die Anzahl der Hierarchie-Ebenen hängt vielmehr von der Granularität der Informationsverarbeitungsaufgaben A_i im Verhältnis zur Granularität der Aufgaben der Hauptprozesse ab. Nach Möglichkeit sollten die Teilprozesse bzw. Teilaufgaben einer bestimmten Hierarchie-Ebene aber die ihnen übergeordneten Prozesse bzw. Aufgaben höherer Hierarchie-Ebenen auf zumindest ähnlich hohem Detaillierungsgrad beschreiben.

Für jeden im Prozessmodell enthaltenen Prozess wird abschließend seine allgemeine Aufgabendefinition aufgenommen und dokumentiert. Diese ist wichtig, um die Wertschöpfungsanteile *Aufgabenbeitrag* (einer Teilaufgabe an einer übergeordneten Aufgabe) und *Aufgabenerfüllung* (eines Prozesses hinsichtlich der ihm übertragenen Aufgabenstellung) gemäß Abschnitt 5.1.2 ausweisen zu können.

---

[869] vgl. Wilhelm (2007), S. 22
[870] vgl. Specker (2004), S. 61; bei Schober (2002) findet sich eine Übersicht zu den unterschiedlichen Auffassungen über Gegenstand und Zahl der Hauptprozesse in der deutsch- und englischsprachigen Literatur (vgl. Schober (2002), S. 18).
[871] für eine Übersicht vgl. Fischermanns (2006), S. 95
[872] vgl. Neumann, Probst und Wernsmann (2005), S. 308
[873] Allweyer (2005), S. 57
[874] vgl. Feldmayer und Seidenschwarz (2005), S. 30
[875] vgl. Reckenfelderbäumer (1994), S. 33

5. Vorschlag eines Wertschöpfungsmodells für Informationssysteme

Schritt (2): Erstellung des qualitativen Zielmodells

Wie bereits im vorigen Abschnitt ausgeführt wurde, wird durch das *Erreichen* der Unternehmensziele Wertschöpfung im Unternehmen geschaffen: Die Unternehmensaufgabe bildet das Mittel zur Erreichung der Unternehmensziele, der Unternehmensprozess führt die Unternehmensaufgabe durch und führt so zur Wertschöpfung.

Die Menge der Unternehmensziele[876] des betrachteten Unternehmens wird im Folgenden als gegeben angesehen[877], etwa in Form einer Balanced Scorecard[878] oder eines Kennzahlensystems wie dem DuPont-Kennzahlensystem[879]. Die Unternehmensziele sind hinsichtlich der Dimensionen[880] *Zielinhalt* (sachliche Festlegung dessen, was angestrebt wird), *Zielausmaß* (verfolgtes Anspruchsniveau im Hinblick auf den Zielinhalt) und *zeitlicher Bezug* (Zeitpunkt, zu welchem das Ziel erreicht werden soll) zu präzisieren.

Zur späteren Verknüpfung mit dem Prozessmodell müssen die Inhalte der Unternehmensziele so ausformuliert sein, dass aus ihnen die einzelnen Aufgaben der Hauptprozesse abgeleitet werden können. Geht man von einem hierarchischen Prozess der Zielableitung[881] (vgl. Abbildung 52) bzw. von einem hierarchisch aufgebauten Zielsystemen, innerhalb dessen sich ein oder mehrere Unterziele im Sinne einer Mittel-Zweck-Beziehung[882] unter hierarchisch höher stehende Unternehmensziele unterordnen lassen (vgl. Abbildung 53), aus, so ergeben sich aus den Zielen auf tieferen Zielableitungsebenen möglicherweise bereits sinngemäß Aufgaben für Prozesse, die innerhalb des Prozessmodells hierarchisch *unterhalb* der Hauptprozesse anzusiedeln sind, d.h. die Teilprozesse von Hauptprozessen darstellen. In diesem Fall ist die Sicherstellung von Konvergenz zwischen der niedersten Ziel- und der höchsten Prozessebene im qualitativen Wirkungsmodell zu beachten, d.h. die sich aus den Zielen der untersten Ziel-Hierarchieebene ergebenden Handlungsanweisungen (Aufgaben) müssen den Aufgaben der höchsten Prozess-Hierarchieebene entsprechen. Bei einer sehr detaillierten Zieldefinition stel-

---

[876] Der Begriff des *Unternehmensziels* ist dabei vom Begriff des *Unternehmerziels* abzugrenzen: Während Unternehmerziele die Interessen Eigentümern, Managern oder sonstigen am Zielbildungsprozess beteiligten Gruppen widerspiegeln, beschreiben die Unternehmensziele die *tatsächlichen* Ziele der Unternehmung (vgl. Heinen (1992), S. 97).
[877] Zum Prozess der Bildung des Zielsystems vgl. aus der umfangreich vorhandenen Literatur etwa Macharzina und Wolf (2008), S. 208ff., Töpfer (2004), S. 426ff., Wagner und Käfer (2008), S. 25
[878] vgl. zu Aufbau, Konzept und Herleitung Kaplan und Norton (1996), S. 7ff.
[879] vgl. hierzu etwa Reichmann (2001), S. 24ff.
[880] vgl. zu den einzelnen Zieldimensionen etwa Heinen (1992), S. 99ff., Macharzina und Wolf (2008), S. 204
[881] vgl. zum Begriff und zur Vorgehensweise Töpfer (2004), S. 426ff.
[882] vgl. dazu Heinen (1992), S. 104

len also ggf. nicht die Hauptprozesse des Unternehmens die höchste Prozessebene des Modells dar, sondern diejenigen (Teil-)Prozesse, deren Umsetzung sich unmittelbar auf die Erfüllung einer aus einem Ziel der untersten Ziel-Hierarchieebene abgeleiteten Aufgabe beziehen.

Abbildung 52: Hierarchischer Prozess der Zielableitung (Beispiel)[883]

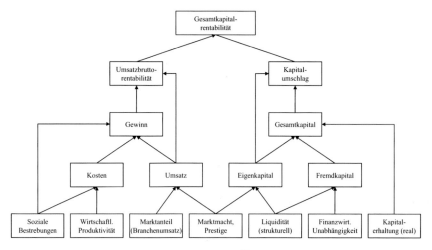

Abbildung 53: Beispiel für ein hierarchisch orientiertes Zielsystem[884]

---

[883] in Anlehnung an Töpfer (2004), S. 427
[884] in Anlehnung an Macharzina und Wolf (2008), S. 212

5. Vorschlag eines Wertschöpfungsmodells für Informationssysteme

Hierbei ist allerdings zu beachten, dass die Prozesse der obersten Prozess-Hierarchieebene vollständig erhoben sein müssen (d.h. *alle* Prozesse der entsprechenden Hierarchie-Ebene müssen bekannt und dokumentiert sein), d.h. die Anzahl der möglichen Einfluss-Relationen zwischen Prozessen und Zielen steigt bei einer großen Prozesszahl stark an, was das Modell ggf. komplex und unübersichtlich macht. Da über die Aufgabendekomposition der Einfluss eines Prozesses einer tieferen Prozess-Hierarchieebene auf die hierarchisch über ihm stehenden Prozesse ausgedrückt werden kann, sei daher von einer zu detaillierten Zieldefinition ab- und zu einer detaillierteren Prozessdefinition zugeraten. Als Herangehensweise wird in diesem Fall empfohlen, die Aufgabenmenge der Hauptprozesse als gegeben anzusehen und im Folgenden nur diejenigen Ziele ins zu modellierende Zielsystem miteinzubeziehen, die abstrakt genug formuliert sind, als dass aus ihnen Aufgaben für Hauptprozesse, nicht aber für Teilprozesse von Hauptprozessen, abgeleitet werden können.

Sind die Unternehmensziele in der vorliegenden Form im Umkehrschluss *nicht* ausreichend detailliert formuliert, als dass sie die Ableitung von Aufgaben für die Hauptprozesse des Unternehems zulassen, müssen aus ihnen durch deduktive Ableitung konkretere Unterziele gebildet werden[885].

Um die Wertschöpfung des betrachteten Unternehmens mit der Erreichung der (Menge der) Unternehmensziele verknüpfen zu können, ist die Einführung eines unternehmensweit[886] gültigen *Oberziels* erforderlich, zu welchem sich alle anderen Unternehmensziele *vollständig komplementär*[887] verhalten und im Sinne der Mittel-Zweck-Beziehung unterordnen lassen[888]. Aufgrund der geforderten vollständigen Komplementarität lässt sich dann über die Erreichung des Oberziels die Erreichung der ihm untergeordneten Unterziele, d.h. der Menge der Unternehmensziele, ausdrücken[889]. Zwischen den einzelnen Unternehmenszielen (untereinander) können aber natürlich alle denkbaren Arten von Zielbeziehungen vorliegen, d.h. sie können

---

[885] zur deduktiven Ableitung von Zielen vgl. Ulrich (1970), S. 193f. oder Macharzina und Wolf (2008), S. 210ff.
[886] d.h. bezogen auf das im konkreten Fall betrachtete Unternehmen
[887] Beim Vorliegen von *Zielkomplementarität* zwischen zwei Zielen wird mit der Verfolgung des einen Ziels auch das andere erreicht (vgl. Heinen (1992), S. 102). Die geforderte *Vollständigkeit* drückt aus, dass sich die Ziele unabhängig von einer konkreten Entscheidungssituation komplementär zueinander verhalten (vgl. Heinen (1992), S. 102).
[888] Ein ähnlicher Ansatz findet sich bei Schweitzer (2006), dort werden zur Auflösung des Konflikts von technischen und wirtschaftlichen Einzelzielen die Ziele in eine übergeordnete Nutzenfunktion überführt (vgl. Schweitzer (2006), S. 15).
[889] Da beim Vorliegen von Zielkomplementarität mit der Verfolgung des einen Ziels auch das andere erreicht wird (vgl. Heinen (1992), S. 102), führt die Verfolgung des Oberziels auch zur Erreichung der untergeordneten Ziele, und umgekehrt.

sich vollständig und teilweise komplementär, konkurrierend oder indifferent zueinander verhalten[890]. Ausgangspunkt bei der Definition des Oberziels kann etwa die Unternehmensphilosophie bzw. das Unternehmensleitbild[891] sein, welche in allgemeiner und grundsätzlicher Art das Wertesystem der Kerngruppen des Unternehmens umfassen und woraus sich der Grundzweck bzw. die Grundziele eines Unternehmens ableiten[892].

Man beachte, dass bei hierarchisch-aufgebauten Zielsystemen das an der Spitze der Zielhierarchie stehende Ziel *nicht zwangsläufig* mit dem Oberziel gemäß der obigen Ausführungen gleichgesetzt werden darf: Die konstituierende Eigenschaft des Oberziels ist die vollständige Zielkomplementarität zu *allen* anderen, im Rahmen der folgenden Untersuchungen betrachteten Unternehmenszielen. Ob das an der Spitze einer Zielhierarchie stehende Ziel diese Eigenschaft erfüllt, ist daher immer zu überprüfen und ggf. ein neues Oberziel gemäß den obigen Ausführungen zu definieren.

Für den Fall, dass nur genau ein Unternehmensziel vorliegt, kann dieses als Oberziel verwendet werden, da die vollständige Komplementarität hier zwangsläufig gegeben ist. Falls überhaupt kein Unternehmensziel gegeben ist, kann ggf. das Erbringen von Wertschöpfung als Oberziel definiert werden, wie es auch im Rahmen von wertorientierten Managementansätzen geschieht[893].

Die Darstellung der Unternehmensziele und des Oberziels erfolgt in Form des *Zielmodells* (vgl. Abbildung 54): Es verdeutlicht die Mittel-Zweck-Beziehungen von Zielen untereinander. Dazu ist für alle zu betrachtenden Unternehmensziele zu untersuchen, ob zwischen jeweils zwei Unternehmenszielen eine Mittel-Zweck-Beziehung besteht, d.h. ob sich das eine Unternehmensziel dem anderen in diesem Sinne unterordnen lässt. An der Spitze des Zielmodells steht das Oberziel, unter welches sich definitionsgemäß alle anderen Ziele unterordnen lassen. *Zyklische* Zielbeziehungen seien dabei verboten, d.h. ein Ziel ist in Bezug auf ein anderes immer entweder Mittel oder Zweck, nicht aber beides.

Zur besseren Übersichtlichkeit sind in Abbildung 54 die Mittel-Zweck-Beziehungen zwischen den einzelnen Unternehmenszielen und dem Oberziel schraffiert dargestellt, den schraffierten Linien liegt ansonsten keine weitere Semantik zugrunde.

---

[890] zu den verschiedenen Zielbeziehungstypen vgl. Heinen (1992), S. 101f.
[891] zu den Begriffen der Unternehmensphilosophie bzw. des Unternehmensleitbilds vgl. Töpfer (2004), S. 429
[892] vgl. Töpfer (2004), S. 428
[893] vgl. Lukas (2004), S. 197f.

5. Vorschlag eines Wertschöpfungsmodells für Informationssysteme

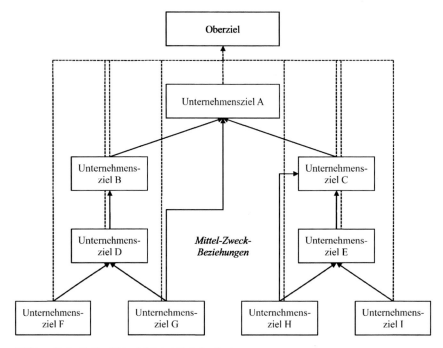

Abbildung 54: Qualitatives Zielmodell (beispielhafte Struktur)

Schritt (3): Erstellung des qualitativen Wirkungsmodells

Das qualitative Wirkungsmodell entsteht durch Verknüpfung des Zielmodells mit dem Prozessmodell über die Unternehmensaufgabe bzw. den Unternehmensprozess (vgl. die Argumentation aus Abschnitt 5.1):

- Das Zielmodell umfasst die Ziele des Unternehmens;
- die Unternehmensaufgabe stellt das Mittel zur Erreichung der Unternehmensziele dar, trägt also zur Erreichung der Unternehmensziele bei.
- Die Unternehmensaufgabe wird ihrerseits durch den Unternehmensprozess ausgeführt;
- der Unternehmensprozess wiederum besteht aus den einzelnen Teilprozessen des Prozessmodells.

Ausgehend vom Unternehmensprozess lassen sich analog zur Vorgehensweise bei der Erstellung des Prozessmodells *Einfluss-Relationen* zwischen dem Unternehmensprozess und einzelnen den Unternehmenszielen ableiten, welche einerseits den Beitrag der Aufgabe des Unternehmensprozesses, d.h. den Beitrag der Unternehmensaufgabe, an der Erfüllung der entsprechenden Unternehmensziele charakterisieren, andererseits auch den Zielerreichungsgrad des Unternehmensprozesses an der Erfüllung der Unternehmensaufgabe widerspiegeln würden. Somit wären Zielmodell und Prozessmodell zu einem einzigen Graphen zusammengefügt, wobei sich so allerdings keine direkten Bezüge zwischen einzelnen Prozessen und Zielen modellieren lassen (vgl. Abbildung 55). Für die genauere Analyse der Bedeutung einzelner Prozesse ist die Modellierung des Einflusses einzelner Hauptprozesse auf einzelne Unternehmensziele jedoch wünschenswert. Aus diesem Grund erfolgt der Zusammenschluss von Ziel- und Prozessmodell auf der Ebene der *Hauptprozesse*:

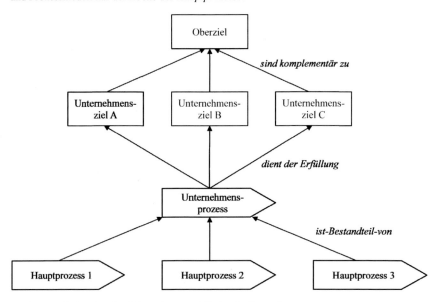

Abbildung 55: Verknüpfung des Ziel- und Prozessmodells über den Unternehmensprozess

Für jede Kombination eines Hauptprozess und eines Unternehmensziels ist zu untersuchen, ob die Durchführung der dem Hauptprozess zugrunde liegende Aufgabe einen Beitrag an der Erfüllung des entsprechenden Unternehmensziels leistet. Jede so gefundene Abhängigkeit stellt im Folgenden eine *Verbindung* zwischen dem Ziel- und Prozessmodell her. Nach Entfernen des Unternehmensprozesses im ursprünglichen Prozessmodell und aller von ihm ausgehenden Kanten erhält man als Ergebnis das *qualitative Wirkungsmodell*, welches einen Bezug zwischen dem Oberziel des Unternehmens und dem betrachteten Informationssystem (über dessen Informationsverarbeitungsprozesse P_i) herstellt (vgl. Abbildung 56).

5. Vorschlag eines Wertschöpfungsmodells für Informationssysteme

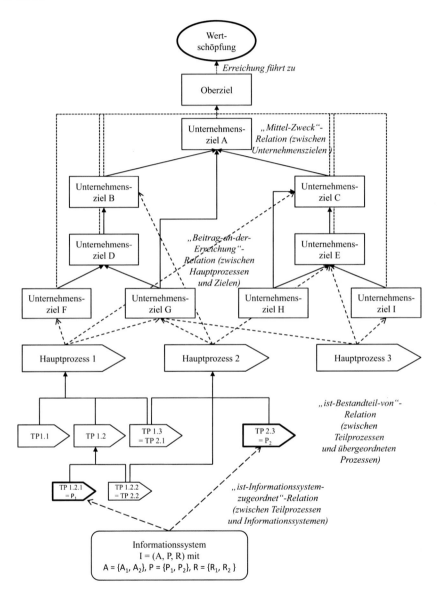

Abbildung 56: Qualitatives Wirkungsmodell (beispielhafte Struktur)

Das qualitative Wirkungsmodell verdeutlicht grafisch, über welche Beziehungen die Informationsverarbeitungsprozessen P_i des betrachteten Informationssystems I das Erbringen von Wertschöpfung im Unternehmen beeinflussen.

5.2.2 Fallstudie: Das qualitative Wirkungsmodell zum Informationssystem „Software-Lizenz-Verwaltung"

Wie bereits ausgeführt wurde, soll die in der Wirtschaftsinformatik geforderte ökonomische und soziale Einsetzbarkeit[894] des Wertschöpfungsmodells anhand einer konkreten *Fallstudie* belegt werden. Die Fallstudie ist eine in vielen Realwissenschaften - darunter auch Betriebs- und Volkswirtschaftslehre sowie Wirtschaftsinformatik - angewandte empirische Forschungsmethode[895]. Yin definiert den Begriff der Fallstudie (engl. *case study*) wie folgt:

„A case study is an empirical inquiry that investigates a contemporary phenomenon within its real-life context, especially when the boundaries between phenomenon and context are not clearly evident."[896]

Die Fallstudie verfolgt *keine* großzahlige Datenerhebung über viele Stichprobenteilnehmer hinweg, um so Rückschlüsse auf eine Grundgesamtheit zu ziehen, sondern untersucht einzelne (als *Einzelfallstudie*) oder weniger Merkmalsträger intensiv[897] mit dem Ziel des Tests oder der (Weiter-)Entwicklung von Theorien[898].

Im Rahmen der vorliegenden Untersuchung wurde eine Einzelfallstudie bei einer Tochtergesellschaft - im Folgenden als *Fallstudienpartner* bezeichnet - eines großen, deutschen Automobilkonzerns durchgeführt, welche deutschlandweit operativ und weltweit strategisch für den *IT-Einkauf* innerhalb des Konzerns Verantwortung trägt. Der IT-Einkauf umfasst im vorliegenden Fall den Bezug von Hardware (PCs, Server, Peripherie etc.), Netzwerk- und Kommunikationstechnologie (einschließlich Telefonen), Software (Einzelplatzsoftware, Datenbanken etc.) sowie von IT-Services (Consulting, Programmierung).

Das betrachtete Informationssystem *SLV* („*Software-Lizenz-Verwaltung*") dient der Unterstützung der Beschaffung und der anschließenden Weitervermietung bzw. -lizenzierung von

---

[894] Der *sozio-technische* Erkenntnisgegenstand der Wirtschaftsinformatik fordert bei der Anwendung von Methoden, Verfahren oder Modellen nicht nur den Nachweis ihrer *technische* Effizienz, sondern auch ihrer *ökonomischen* und *sozialen* Einsetzbarkeit (vgl. WKWI (1994), S. 81).
[895] vgl. Riedl und Roithmayr (2008), S. 128
[896] Yin (2003), S. 13
[897] vgl. Borchardt und Göthlich (2007), S. 36, Wilde und Hess (2006), S. 8f.
[898] vgl. Eisenhardt (1989), S. 535

5. Vorschlag eines Wertschöpfungsmodells für Informationssysteme

Softwarelizenzen an die Gesellschaften innerhalb des Konzerns. Hinsichtlich des Werts des Informationssystems SLV lagen beim Fallstudienpartner bislang *keine* verlässlichen Einschätzungen vor. Das *Ziel* der Durchführung der Fallstudie bestand somit in der Bestimmung der durch das SLV-Informationssystem erwirtschafteten Wertschöpfung, bezogen auf den Fallstudienpartner.

Zur Bestimmung der Wertschöpfung des Informationssystems SLV wurde zunächst das *qualitative Wirkungsmodell* in Workshops mit den beteiligten Mitarbeitern des Fallstudienpartners erarbeitet (vgl. Abbildung 57, Abbildung 58 und Abbildung 59). Aus Gründen der Übersichtlichkeit erfolgt die Darstellung des qualitativen Wirkungsmodells in drei separaten Graphen, welche gedanklich zu einem einzigen Graphen zu vereinen sind.

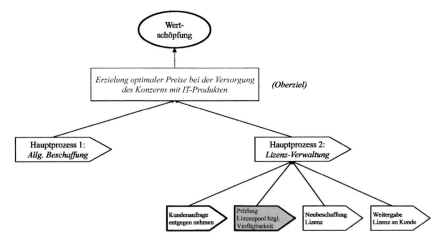

Abbildung 57: Fallstudie: Qualitatives Wirkungsmodell (Unternehmensziel und Hauptprozesse)

Das *Zielsystem* des Fallstudienpartners umfasst genau *ein* Ziel, welches in der Erzielung optimaler Preise bei der Versorgung des Konzerns mit IT-Produkten besteht. IT-Produkte können, wie oben ausgeführt, Hardware, Software, Netzwerk- und Kommunikationstechnologie sowie IT-Services umfassen. Entsprechend den Ausführungen aus Abschnitt 5.2.1 fließt dieses Ziel als *Oberziel* ins qualitative Wirkungsmodell ein.

Unterhalb des Zielsystems wurden *zwei* Hauptprozesse identifiziert: Zum einen der Hauptprozess „*Lizenz-Verwaltung*", dessen Aufgabe in der Beschaffung, Verwaltung und Vergabe von Software-Lizenzen liegt, zum anderen der Hauptprozess „*Allgemeine Beschaffung*", dessen

Aufgabe in der Beschaffung der übrigen IT-Produkte besteht. Da innerhalb des Hauptprozesses „Allgemeine Beschaffung" *keine* Teilprozesse des Informationssystems SLV liegen, konnte gemäß den Ausführungen aus Abschnitt 5.2.1 auf eine weitere Detaillierung des Hauptprozesses „Allgemeine Beschaffung" verzichtet werden.

Innerhalb des Hauptprozesses *„Lizenz-Verwaltung"* wurden vier Teilprozesse identifiziert: Die Entgegennahme einer Anfrage eines Kunden aus dem Konzern hinsichtlich des Kaufs bzw. der Miete einer Lizenz, die Prüfung des vorhandenen Lizenzpools dahingehend, ob die gewünschte Lizenz bereits vorhanden ist, die Neubeschaffung der Lizenz (im Falle dass die gewünschte Lizenz nicht vorhanden ist) sowie die Weitergabe der Lizenz an den Kunden.

Bei der Entgegennahme der Kundenanfrage sowie der Prüfung des Lizenzpools bezüglich der Verfügbarkeit der angeforderten Lizenz handelt es sich um *atomare*, d.h. nicht weiter zerlegbare Teilprozesse. Atomare Teilprozesse sind in Abbildung 57, Abbildung 58 und Abbildung 59 jeweils schwarz umrandet dargestellt. Die Prüfung der Verfügbarkeit des vorhandenen Lizenzpools ist ein dem betrachteten Informationssystem SLV zugeordneter Teilprozess, d.h. ein *Informationsverarbeitungsprozess* des Informationssystems SLV. Die Informationsverarbeitungsprozesse des Informationssystems SLV sind in Abbildung 57, Abbildung 58 und Abbildung 59 jeweils grau markiert.

Der Teilprozess der Neubeschaffung einer Lizenz gliedert sich seinerseits in Teilprozesse zur Zusammentragung des Konzernbedarfs an Lizenzen, zur Verhandlungsführung mit Lieferanten des Konzerns sowie zur Lizenzbeschaffung. Da nur letzterer Teilprozesse des Informationssystems SLV enthält, wird nur dieser Prozess hierarchisch weiter untergliedert. Auf die weitere Untergliederung der Prozesse soll an dieser Stelle nicht explizit eingegangen werden, die einzelnen Teilprozesse können Abbildung 58 entnommen werden.

5. Vorschlag eines Wertschöpfungsmodells für Informationssysteme

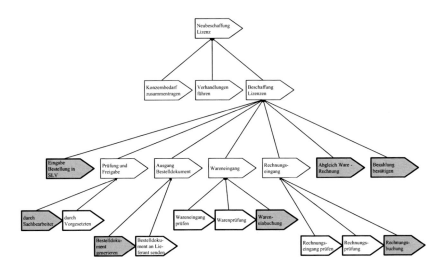

Abbildung 58: Fallstudie: Qualitatives Wirkungsmodell (Teilprozesse zum Prozess „Neubeschaffung Lizenz")

Auch der Teilprozess der Weitergabe einer Lizenz an einen Kunden innerhalb des Konzerns wird entsprechend hierarchisch in weitere Teilprozesse gegliedert (vgl. Abbildung 59).

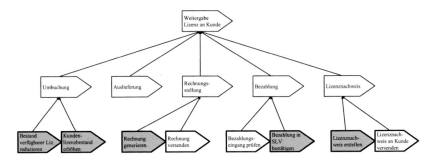

Abbildung 59: Fallstudie: Qualitatives Wirkungsmodell (Teilprozesse zum Prozess „Weitergabe Lizenz an Kunde")

Die sich so ergebenden, insgesamt dreizehn atomaren Prozesse des Informationssystems SLV (vgl. Abbildung 60) beschreiben dieses aus Aufgabensicht vollständig.

214 5. Vorschlag eines Wertschöpfungsmodells für Informationssysteme

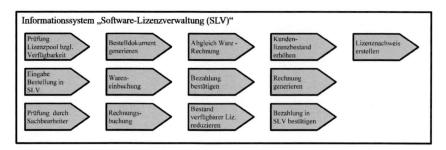

Abbildung 60: Fallstudie: Informationssystem "Software-Lizenz-Verwaltung" und zugehörige Informationsverarbeitungsprozesse

Gemäß den Ausführungen aus Abschnitt 5.2.1 werden auf diese Weise die Wirkungen des Informationssystems SLV in grafischer Form als qualitativer Einfluss der ihm zugeordneten Informationsverarbeitungsprozesse auf die Wertschöpfung des Fallstudienpartners beschrieben.

5.3 Quantitative Analyse des Ziel-, Aufgaben- und Prozesssystems

5.3.1 Zur Problematik einer Quantifizierung des qualitativen Wirkungsmodells

Während aus dem qualitativen Wirkungsmodell aus Abschnitt 5.2.1 entnommen werden kann, welche Einflussgrößen (Unternehmensziele, Aufgaben, Prozesse, Informationsverarbeitungsprozesse, Informationssysteme) innerhalb des betrachteten Unternehmens zur Wertschöpfung beitragen, erlaubt es keine Aussagen über das jeweilige *Ausmaß* des Beitrags zur Wertschöpfung. Die Ableitung derartiger Aussagen ist aber für eine wertschöpfungsgerechte Wertschöpfungsverteilung (vgl. Abschnitt 5.1) zwingend erforderlich.

Im qualitativen Wirkungsmodell finden sich folgende Arten von Beziehungen, welche im Zusammenhang mit der Beschreibung des Ausmaßes des Beitrags einer Einflussgröße (Unternehmensziele, Aufgaben, Prozesse, Informationssysteme) an der Gesamtwertschöpfung des Unternehmens relevant sind:

- *Mittel-Zweck-Relationen*: Ein Unternehmensziel (beeinflussende Größe, Mittel) steht dann mit einem anderen Unternehmensziel bzw. dem Oberziel (beeinflusste Größe, Zweck) in Beziehung, wenn die Erreichung des beeinflussenden Unternehmensziels direkt die Erreichung des beeinflussten Unternehmensziels bzw. des Oberziels im Verständnis der vollständigen Zielkomplementarität, d.h. in positivem Sinn, beeinflusst;

5. Vorschlag eines Wertschöpfungsmodells für Informationssysteme 215

- *Beitrag-an-der-Erreichung-Relationen*: Ein Hauptprozess (beeinflussende Größe) steht dann mit einem Unternehmensziel (beeinflusste Größe) in Beziehung, wenn die Durchführung der dem Hauptprozess zugeordneten Aufgabe direkt zur Erreichung des beeinflussten Unternehmensziels beiträgt, d.h. der Hauptprozess mit dem Unternehmensziel in einer Mittel-Ziel-Beziehung steht;
- *Ist-Bestandteil-von-Relationen*: Ein Teilprozess (beeinflussende Größe) steht dann mit einem übergeordneten Prozess (beeinflusste Größe) in Beziehung, wenn die Durchführung des Teilprozesses eine Teilaufgabe des übergeordneten Prozesses erledigt.

Die *beeinflussten* Größen der obigen drei Beziehungstypen des qualitativen Wirkungsmodells können jeweils als *Zielgrößen* angesehen werden, auf welche die beeinflussenden Größen *hinwirken*, wobei das *Ausmaß* der Wirkung nun zu *bewerten*[899] ist:

- Innerhalb der Mittel-Zweck-Relationen zwischen zwei Unternehmenszielen bzw. einem Unternehmensziel und dem Oberziel ist zu bewerten, in welchem die Erreichung des beeinflussenden Unternehmensziels zur Erreichung des beeinflussten Unternehmensziels bzw. des Oberziels beiträgt; das beeinflussende Unternehmensziel wird hierbei als *Zweck* zur Erreichung des beeinflussten Unternehmensziels bzw. des Oberziels (*Mittel*) angesehen.
- Für jede Beitrag-an-der-Erreichung-Relation zwischen einem Hauptprozess und einem Unternehmensziel ist einerseits zu bewerten, wie sehr die mit dem Hauptprozess verbundene Aufgabe (unabhängig von der Ausführung des Hauptprozesses) auf die Erreichung des Unternehmensziels einwirkt, zum anderen, in welchem Ausmaß der Hauptprozess die ihm durch seine Aufgabe gesetzten Zielvorgaben umsetzt.
- Für jede Ist-Bestandteil-von-Relation zwischen einem übergeordneten Prozess und einem Teilprozess, der Bestandteil des übergeordneten Prozesses ist, ist zu bewerten, in welchem Ausmaß der Teilprozess zur Durchführung der dem übergeordneten Prozess übertragenen Aufgabe beiträgt. Analog zu Hauptprozessen ist dabei einerseits zu bewerten, wie sehr die mit dem Teilprozess verbundene Aufgabe (unabhängig von der Ausführung des Teilprozesses) auf die Erfüllung der Aufgabe des übergeordneten Prozesses hinwirkt, zum anderen, in welchem Ausmaß der Teilprozess die ihm durch seine Aufgabe gesetzten Zielvorgaben umsetzt.

---

[899] zum Wirkungs-, Wert- und Bewertungsbegriff vgl. die Ausführungen aus Abschnitt 1.2

Die *Quantifizierung* des qualitativen Wirkungsmodells erfolgt somit durch Bewertung der Elemente des qualitativen Wirkungsmodells nach dem obigen Verständnis.

Nach der allgemeinen Auffassung der Wirtschaftstheorie lässt sich der Wert eines Gegenstands oder Rechts an einem Gegenstand verlässlich über die Geldsumme abschätzen, die jemand bereit ist, für den Besitz des Gegenstands oder Rechts einzutauschen[900]. Allerdings können den Elementen bzw. den Beziehungen zwischen den Elementen des qualitativen Wirkungsmodells per se nicht direkt verlässliche Werte in Form einer Geldsumme zugewiesen werden.

Grundsätzlich setzt die Bewertung von Dingen oder Eigenschaften in *Zahlen* das Vorhandensein von Skalen voraus[901]. Die Bewertung soll zumindest der Möglichkeit nach einen intersubjektiven Vergleich der bewerteten Objekte ermöglichen[902]. Unter einer Skala ist zunächst eine mehr oder weniger willkürliche Zusammenstellung der Ausprägungen einer Eigenschaft zu verstehen[903].

In den Sozialwissenschaften werden üblicherweise vier Typen von Skalen unterschieden, die auf die Überlegungen von Stevens (1946) zurückgehen und danach klassifiziert werden, welche Transformationen für sie zulässig sind[904]: Nominal-, Ordinal-, Intervall- und Ratioskalen. Die Skalen bilden dabei eine Hierarchie in dem Sinn, dass jede höhere Skala die tieferen einschließt. *Nominalskalen* zerlegen die Objektmenge in vollständig disjunkte Klassen. Jedes Objekt gehört zu genau einer Klasse. Sie erlauben lediglich die Möglichkeit, die Objekte auf Gleichheit in bezug auf die interessierende Eigenschaft zu unterscheiden. *Ordinalskalen* ermöglichen zusätzlich eine *Rangordnung* der Objekte in Bezug auf die interessierende Eigenschaft, erlauben aber keine Angaben zu den Abständen zwischen den Rängen. Dies ist erst in *Intervallskalen* gegeben. Sie erlauben die exakte Angabe der Abstände zwischen zwei Punkten innerhalb der Skala. *Ratioskalen (Verhältnisskalen)* weisen zusätzlich noch einen natürlichen Nullpunkt auf, der einen empirischen Sinn ergibt. Ratio- und Intervallskalen werden auch unter dem Überbegriff der *Kardinalskalen* zusammengefasst.

---

[900] vgl. Meyer (2002), S. 168
[901] vgl. Schwarz (2002), S. 107
[902] vgl. Schwarz (2002), S. 107
[903] vgl. Schwarz (2002), S. 118
[904] vgl. im Folgenden aus der in umfangreichem Maß vorhandenen Literatur etwa Atteslander und Cromm (2006), S. 215ff., Stier (1999), S. 42ff., Schnell, Hill und Esser (2008), S. 142ff., Pflaumer, Heine und Hartung (2005), S. 15f.

5. Vorschlag eines Wertschöpfungsmodells für Informationssysteme 217

Da die Bewertung der Beziehungen der Elemente des qualitativen Modells der wertschöpfungsgerechten Verteilung der Wertschöpfung auf die im Modell nachgelagerten Größen dienen soll, ist eine Ableitung der *Rangordnung* der zu bewertenden Elemente, welche ebenfalls Angaben zu den *Abständen* innerhalb der Ränge ermöglicht, erforderlich. Zur Bewertung der Elemente des qualitativen Wirkungsmodells wird daher mindestens eine *Intervallskala* benötigt.

Die Schwierigkeit der Bewertung der Elemente des qualitativen Modells liegt zum einen im Finden einer geeigneten Intervallskala, anhand derer die jeweiligen Beziehungs-*Werte* ausgedrückt werden können, zum anderen im eigentlichen Bewertungsakt, d.h. dem Ansetzen von Werten aus der Bewertungsskala für alle Beziehungen, so dass sich ein möglichst konsistentes, widerspruchsfreies Beziehungssystem ergibt, innerhalb dessen die angesetzten Werte die (subjektiven) Einschätzungen des oder der Bewertenden widerspiegeln.

In der einschlägigen Literatur werden neben den in Abschnitt 3.3 erörterten Verfahren zur Bewertung speziell der Wirkungen von Informationssystemen zahlreiche weitere Bewertungsverfahren vorgeschlagen und diskutiert[905]. Die gängigsten, *allgemeinen* Bewertungsverfahren sind in Abbildung 61 aufgelistet.

Grundsätzlich kann die Quantifizierung des qualitativen Wirkungsmodells auf Grundlage jedes Bewertungsverfahrens erfolgen, welches die Überlegungen der oben stehenden Ausführungen in die Bewertung einbezieht und daraus *Werte* auf einer Intervallskala für die einzelnen Beziehungen des qualitativen Wirkungsmodells ableitet. Allerdings sind die Ergebnisse *aller* Bewertungsverfahren zunächst als *subjektiv* einzuschätzen [906]. Voraussetzung für eine breite *Akzeptanz* der abgeleiteten Ergebnisse ist daher neben der intersubjektiven Nachvollziehbarkeit des Bewertungsverfahrens[907], welche für die in Abbildung 61 aufgelisteten Verfahren als gegeben anzusehen ist, die *Glaubwürdigkeit* der abgeleiteten Ergebnisse[908] sowie die *Einfachheit* und *Klarheit* des Bewertungsvorgangs, d.h. die Möglichkeit, die Bewertung auch durch Nicht-Experten erfolgen lassen zu können[909].

---

[905] vgl. Domsch und Reinecke (1989), S. 143ff., Breiing und Knosala (1997), S. 227ff.
[906] Grochla führt in diesem Zusammenhang an, dass bei der Anwendung formaler Bewertungsverfahren der Zwang zu einer bewussteren und rationaleren Bewertung der Alternativen im Vordergrund steht; der Bewertungsvorgang wird dann zwar *intersubjektiv nachvollziehbar*, aber *nicht* objektiv (vgl. Grochla (1995), S. 408).
[907] vgl. Grochla (1995), S. 408
[908] vgl. Schoemaker und Waid (1982), S. 182ff.
[909] vgl. Stewart (1992), S. 569

Benennung	Autor	Kurzbeschreibung der Wesensmerkmale
Argumentenbilanz	-	Einfache Gegenüberstellung von Vor- und Nachteilen
Technisch-wirtschaftliche Bewertung	F. Kesselring	Getrennte, ungewichtete oder gewichtete Bewertung nach technischer und wirtschaftlicher Wertigkeit, Ergebnisse als *Stärke* in Diagrammform
Nutzwertanalyse	C. Zangemeister	Gewichtete Gegenüberstellung von Zielerfüllungsgraden
Rangfolgeverfahren	R. Wenzel J. Müller R. Gutsch	Ermittlung der Wertigkeit durch aufgrund von Pauschalurteilen gefundenen Wichtigkeiten der aufgestellten Bewertungskriterien
Bewertung mittels Präferenzmatrix	Siemens AG	Vergleichende Gegenüberstellung der Lösungsalternativen entsprechend ihrer Präferenzen bezüglich der aufgestellten Bewertungskriterien
Analytic Hierarchy Process (AHP)	T. L. Saaty	Ermittlung von Präferenzen je Kriterium durch paarweisen Vergleich der Varianten oder durch absolute Bewertung
Anforderungsorientierte gewichtete Bewertung	A. Breiing	Vergleichende gewichtete Bewertung auf der Basis impliziter und expliziter Anforderungen mittels absolut konsistenter Bewertungsgrößen
Objektivierte gewichtete Bewertung	R. Knosala	Bewertung unter Berücksichtigung scharfer, unscharfer und prohabilistischer, frei abgeschätzter, also meist inkonsistenter, Bewertungsgrößen
Kosten-Wirksamkeits-Analyse	-	Bewertung unter vorrangig wirtschaftlichen Gesichtspunkten
Kosten-Nutzen-Analyse	-	Bewertung zur Beurteilung gesamtwirtschaftlicher Auswirkungen einzelwirtschaftlicher Vorhaben
Bewertung durch Bedeutungsprofile	H. Seeger	Bewertung auf Basis geschätzter Erkennungsinhalte

Abbildung 61: Die bekanntesten, in der Literatur behandelten Bewertungsverfahren[910]

Die genannten Kriterien sind zur Auswahl des Bewertungsverfahrens, unter Anwendung dessen die Quantifizierung des qualitativen Wirkungsmodells erfolgen soll, heranzuziehen (vgl. Abbildung 62).

---

[910] in Anlehnung an Breiing und Knosala (1997), S. 228

5. Vorschlag eines Wertschöpfungsmodells für Informationssysteme

Kriterium	Beschreibung
Intervallskala	Die durch das Bewertungsverfahren ermittelten Werte sollen Werte auf einer *Intervallskala* darstellen.
Glaubwürdigkeit	Die durch das Bewertungsverfahren ermittelten Werte sollen *glaubwürdige* Werte darstellen.
Einfachheit und Klarheit	Der Bewertungsvorgang soll auch von *Nicht-Experten* durchführbar sein.

Abbildung 62: Kriterien zur Auswahl eines Bewertungsverfahrens zur Quantifizierung des qualitativen Wirkungsmodells

Argumentenbilanzen, die *technisch-wirtschaftliche Bewertung*, das *Rangfolge-Verfahren*, die *Präferenzmatrix* sowie die *Bewertung durch Bedeutungsprofile* erfüllen das Kriterium der Ableitung von Werten auf einer *Intervallskala* nicht[911]. Ihre Anwendung zur Quantifizierung des qualitativen Wirkungsmodells scheidet daher an dieser Stelle bereits aus. *Kosten-Nutzen-* und *Kosten-Wirksamkeits-Analysen* drücken den Wert der Bewertungsobjekte in *Geldgrößen* aus[912], fokussieren dabei allerdings auf Kostenaspekte, welche im vorliegenden qualitativen Wirkungsmodell nicht vorkommen, was die Sinnhaftigkeit der Anwendung der beiden Verfahren auf das qualitative Wirkungsmodell in Frage stellt.

Bei der *Nutzwertanalyse* und der *Präferenzmatrix* erfolgt die Bewertung auf Grundlage von *Pauschalurteilen*[913]. Demgegenüber wird dem *Analytic Hierarchy Process (AHP)* bei der Anwendung der *relativen* Bewertung über *Verhältnisse*, wie sie bei der Bewertung *qualitativer* Kriterien empfohlen wird[914], in der einschlägigen Literatur verbreitet eine deutlich größere Glaubwürdigkeit im Vergleich zu Verfahren wie dem *SMART-Verfahren*[915], die eine *absolute* Bewertung der Bewertungsobjekte vornehmen[916], zuerkannt[917].

---

[911] vgl. Breiing und Knosala (1997), S. 229, Breiing und Knosala (1997), S. 234, Breiing und Knosala (1997), S. 238, Breiing und Knosala (1997), S. 238, Breiing und Knosala (1997), S. 250
[912] vgl. Breiing und Knosala (1997), S. 250
[913] vgl. Breiing und Knosala (1997), S. 241f.
[914] vgl. Peters (2008), S. 533
[915] vgl. zum SMART-Verfahren die Ausführungen aus Abschnitt 3.3.1.3
[916] vgl. Lootsma (1999), S. 28ff.
[917] vgl. Schoemaker und Waid (1982), S. 191, Olson, Mechitov und Helen (1999), S. 117, Peniwati (2006), S. 265

Bewertungsverfahren	Ableitung von Werten einer Intervallskala	Glaubwürdigkeit der Ergebnisse	Einfachheit und Klarheit
Argumentenbilanz	Nein	(irrelevant)	(irrelevant)
Technisch-wirtschaftliche Bewertung	Nein	(irrelevant)	(irrelevant)
Nutzwertanalyse	Möglich	Niedrig (Pauschalurteile)	Mittel (Semantiken der jeweiligen Nutzengewichte sind zu klären)
Rangfolgeverfahren	Nein	(irrelevant)	(irrelevant)
SMART-Verfahren	Ja	Mittel (absolute Bewertung)	Hoch (einfaches und nachvollziehbares Verfahren)
Bewertung mittels Präferenzmatrix	Nein	(irrelevant)	(irrelevant)
Vorrangmethode / AHP mit paarweisem Vergleich	ja	Hoch (relative Bewertung)	Hoch (relative Bewertung anhand einer fest definierten Skala)
Anforderungsorientierte gewichtete Bewertung	ja	Mittel (absolute Bewertung)	Niedrig (Konsistenz der Bewertungen zwingend vorausgesetzt)
Objektivierte gewichtete Bewertung	ja	Mittel (absolute Bewertung)	Mittel (absolute Bewertung)
Kosten-Wirksamkeits-Analyse	Monetär, aber unter Kostengesichtspunkten	(irrelevant)	(irrelevant)
Kosten-Nutzen-Analyse	Monetär, aber unter Kostengesichtspunkten	(irrelevant)	(irrelevant)
Bewertung durch Bedeutungsprofile	Nein	(irrelevant)	(irrelevant)

Abbildung 63: Vergleich der gängigsten Bewertungsverfahren auf ihre Eignung zur Quantifizierung des qualitativen Wirkungsmodells

Ferner wird dem AHP, ebenso wie dem SMART-Verfahren[918], aufgrund der Bewertung der Objektverhältnisse mittels einer fest definierten Skala große Einfachheit und Klarheit der Anwendung bestätigt[919], was zur hohen Verbreitung speziell des AHP in der Praxis beiträgt[920].

Abbildung 63 charakterisiert zusammenfassend die Bewertungsverfahren hinsichtlich ihrer Eignung zur Quantifizierung des qualitativen Wirkungsmodells[921].

Aufgrund der dargestellten Vorteile des AHP[922] gegenüber anderen Bewertungsmethoden schlägt der Verfasser daher die Anwendung des AHP zur Quantifizierung des qualitativen Wirkungsmodells vor. Dies wird in den folgenden Abschnitten konstruktiv dargestellt.

5.3.2 Der Analytic Hierarchy Process (AHP) im Detail

Wie bereits in Abschnitt 3.3.1.2 ausgeführt wurde, entwickelte der Mathematiker Thomas L. Saaty den Analytic Hierarchy Process (AHP) im Kontext von *Entscheidungsproblemen*[923]. Der AHP ist eine seit Jahren etablierte und speziell im englisch-sprachigen Raum weit verbreitete Methode[924], die es ermöglicht, die Einflussgrößen, welche auf ein *Ergebnis* wirken, zu verstehen, abzuschätzen und zu gewichten[925].

Der AHP basiert in der vorgeschlagenen Form[926] auf dem Grundgedanken des *relativen Vergleichs* von Objekten[927]. Anstatt den Eigenschaften der Bewertungsobjekte *absolute* Werte aus einer Bewertungsskala zuzuweisen, werden je zwei Bewertungsobjekte hinsichtlich der interessierenden Eigenschaft paarweise miteinander *verglichen* und ihr relatives *Verhältnis* zueinander anhand einer fest definierten Skala bewertet. Die Bewertung des *Verhältnisses* von Objekten zueinander im Hinblick auf eine interessierende Eigenschaft basiert auf psychologi-

---

[918] vgl. Olson (1996), S. 169
[919] vgl. Bui (1987), S. 80ff., Schoemaker und Waid (1982), S. 191, Hübner und Günther (2007), S. 8, Peniwati (2006), S. 264
[920] vgl. Tung (1998), S. 144, Dyer und Forman (1992), S. 100; für eine Übersicht zu Anwendungen des AHP vgl. Hügens (2008), S. 221
[921] vgl. dazu die obigen Ausführungen bzw. Breiing und Knosala (1997), S. 227ff.
[922] Im Folgenden wird unter dem AHP-Begriff stets der Analytic Hierarchy Process unter Verwendung der *relativen* Gewichtung der Kriterien durch paarweisen Vergleich untereinander subsumiert.
[923] vgl. Saaty (2000), S. 9; zur theoretischen Begründung, Vorgehensweise und Methodik des AHP vgl. detailliert Saaty (2000), S. 45ff.; für eine anschauliche Einführung und Anwendungsbeispiele vgl. Saaty (2005), S. 1ff.
[924] vgl. Hübner und Günther (2007), S. 11, Saaty (2005), S. 2f.
[925] vgl. Saaty (2000), S. 6
[926] zur Diskussion der beiden innerhalb des AHP grundsätzlich möglichen Bewertungsformen der absoluten und relativen Gewichtung vgl. die Ausführungen aus Abschnitt 3.3.1.2
[927] vgl. im Folgenden Saaty (2000), S. 9ff., Saaty (2005), S. 1ff.

schen Überlegungen und Erfahrungen, wonach es eher der menschlichen Natur entspricht, zwei Objekte *relativ* zueinander im Hinblick auf eine interessierende Eigenschaft (z. B. ihre Größe) zu charakterisieren. Die Bewertung von Objekten *relativ zueinander* über *Verhältnisse* ist grundlegend dafür verantwortlich, dass die Ergebnisse eines AHP oft als deutlich fundierter und genauer angesehen werden können als die Ergebnisse von Methoden, welche den zu bewertenden Objekten *absolute* Werte im Hinblick auf die interessierende Eigenschaften zuweisen.

Nach Durchführung einer bestimmten Anzahl paarweiser Vergleiche, innerhalb derer die Verhältnisse der Objekte zueinander im Hinblick auf die interessierende Eigenschaft bewertet wurden, ist es zum einen möglich, für die Bewertungsobjekte eine *Rangfolge* abzuleiten, die die Prioritäten der Bewertungsobjekte im Hinblick auf die interessierende Eigenschaft angibt, zum anderen ist die Errechnung von *Näherungswerten* für die implizit durch die Verhältnisbewertungen ausgedrückten Eigenschaftswerte der Bewertungsobjekte möglich. Anhand von Experimenten, welche die so errechneten Näherungswerte mit tatsächlich erhobenen, statistisch belegbaren Werten verglichen hatten, konnte nachgewiesen werden, dass die errechneten Näherungswerte oftmals eine sehr genaue Abschätzung der tatsächlichen Werte darstellen.

Abbildung 64 zeigt eine Demonstrationsanwendung des AHP, innerhalb dessen die relativen Anteile bestimmter Getränkesorten bezogen auf den Gesamtgetränkeverbrauch in den USA bestimmt werden sollten[928]. Dazu wurde eine Gruppe von dreißig Leuten aufgefordert, per *Konsens* über einen paarweisen Vergleich der Getränkesorten die *Dominanz* der einen Getränkesorte über die andere, d.h. wie sich das Verhältnis der konsumierten Menge der einen Getränkesorte zur konsumierten Menge der anderen Getränkesorte verhält, abzuschätzen. Das Ergebnis der ermittelten relativen Anteile (derived scale) wurde mit den tatsächlichen, realen Daten (actual consumption) verglichen - die maximale absolute Abweichung betrug dabei lediglich 1,1%.

---

[928] vgl. im Folgenden Saaty (2005), S. 6f.

5. Vorschlag eines Wertschöpfungsmodells für Informationssysteme

Drink Consumption in the U.S.	Coffee	Wine	Tea	Beer	Sodas	Milk	Water
Coffee	1	9	5	2	1	1	1/2
Wine	1/9	1	1/3	1/9	1/9	1/9	1/9
Tea	1/5	2	1	1/3	1/4	1/3	1/9
Beer	½	9	3	1	1/2	1	1/3
Sodas	1	9	4	2	1	2	1/2
Milk	1	9	3	1	1/2	1	1/3
Water	2	9	9	3	2	3	1
Derived scale	17,7%	1,9%	4,2%	11,6%	19,0%	12,9%	32,7%
Actual consumption	18,0%	1,0%	4,0%	12,0%	18,0%	14,0%	33,0%

Abbildung 64: Beispiel zur Ableitung einer Rangfolge unter Anwendung des AHP[929]

Wie bereits ausgeführt wurde, lag der ursprüngliche Einsatzzweck des AHP in der Unterstützung der *Entscheidungsfindung*[930]. Die Anwendung ist aber allgemein auf Problemstellungen möglich, innerhalb derer eine Rangfolge bzw. eine Menge von Prioritäten für eine bestimmte Anzahl von Vergleichsobjekten hinsichtlich einer oder mehrerer interessierender Eigenschaften, im Folgenden *Kriterien* genannt, bestimmt werden soll[931]: Der AHP priorisiert eine Menge von n Objekten A_i (i = 1..n) hinsichtlich eines *Kriteriums* oder mehrerer *Kriterien*, und leitet eine Rangfolge der Objekte in Form von Prioritäten w_i für die einzelnen Objekte A_i ab[932]. Anstatt die einzelnen Prioritäten w_i direkt in absoluter Form abzuschätzen, werden die Objekte A_i in Form einer n × n Matrix A einander gegenübergestellt und für jeweils zwei Objekte A_i, A_j, ihr *Verhältnis* zueinander im Hinblick auf das Kriterium, d.h. die Werte $a_{ij} = w_i/w_j$ für i, j=1..n, geschätzt[933]. Die Schätzung erfolgt auf Grundlage einer fest definierten Skala, bei Saaty als Fundamental Scale of absolute numbers bezeichnet (vgl. Abbildung 65).

---

[929] in Anlehnung an Saaty (2005), S. 8
[930] vgl. Saaty (2000), S. 9
[931] vgl. Saaty (2000), S. 5
[932] vgl. Saaty (2000), S. 47
[933] vgl. Saaty (2005), S. 10, formaler S. 12ff.

Intensity of Importance	Definition	Explanation
1	Equal importance	Two activities contribute equally to the objective
2	Weak or slight importance	
3	Moderate importance	Experience and judgment slightly favor one activity over another
4	Moderate plus	
5	Strong importance	Experience and judgment strongly favor one activity over another
6	Strong plus	
7	Very strong or demonstrated importance	An activity is favored very strongly over another; its dominance demonstrated in practice
8	Very, very strong	
9	Extreme importance	The evidence favoring one activity over another is of the highest possible order of affirmation
Reciprocals of above	If activity *i* has one of the above nonzero numbers assigned to it when compared with activity *j*, then *j* has the reciprocal value when compared with *i*	A reasonable assumption
Rationals	Ratios arising from the scale	If consistency were to be forced by obtaining *n* numerical values to span the matrix

Abbildung 65: The Fundamental Scale of absolute numbers[934]

Die Anwendbarkeit des AHP auf eine gegebene Problemstellung ist an die Erfüllung mehrerer *Voraussetzungen* durch die Problemstellung gebunden. Saaty formulierte zum AHP vier *Axiome*, welche die Grundannahmen, die einer Anwendung des AHP zugrunde liegen, ausdrücken und daher vor der Anwendung des AHP auf eine Problemstellung auf ihre Erfüllung hin überprüft werden müssen[935]:

- Axiom 1 (*Reziproke*): Das Verhältnis $a_{ij} = w_i/w_j$ der Prioritäten w_i und w_j zweier Objekte A_i und A_j zueinander kann durch *paarweisen Vergleich* anhand eines Werts aus der Skala aus Abbildung 65 ausgedrückt werden; es entspricht der *Dominanz* des einen Bewertungsobjekts über das andere und drückt die Wichtigkeit des einen Bewer-

---

[934] vgl. Saaty (2000), S. 73
[935] vgl. im Folgenden Saaty (1986), S. 841ff.

tungsobjekts gegenüber dem anderen im Hinblick auf ein Kriterium aus[936]. Die Bewertung ist *reziprok*, d.h. es gilt: $a_{ij} = 1 / a_{ji}$ für alle i, j = 1..n.

- Axiom 2 (*Homogenität*): Die Bewertungsobjekte verhalten sich *homogen* zueinander, d.h. die Dominanz eines Objekts A_i über ein anderes Objekt A_j liegt innerhalb einer *Größenordnung*. Falls dies nicht erfüllt ist, müssen die Bewertungsobjekte in homogene Untergruppen eingeteilt werden. Dies ist allerdings nur möglich, wenn gilt: Ein Objekt A_i wird gegenüber einem anderen Objekt A_j bezüglich eines Kriteriums niemals *unendlich* höher bewertet, d.h. $a_{ij} \neq \infty$ für alle i, j = 1..n.

- Axiom 3 (*Hierarchie*): Das Entscheidungsproblem kann als *Hierarchie* dargestellt werden (vgl. Abbildung 66), an deren Spitze ein bestimmtes Kriterium steht, welches ggf. auf Zwischen-Hierarchie-Ebenen durch Unterkriterien konkretisiert wird. Auf der untersten Hierarchie-Ebene stehen die zu bewertenden Objekte. Innerhalb der Hierarchie dürfen keine *irrelevanten* Elemente enthalten sein. Die Kriterien und ggf. Unterkriterien sowie alle Bewertungsobjekte müssen sich eindeutig voneinander abgrenzen lassen. Die Bewertung des Verhältnisses zweier Objekte A_i und A_j bezüglich eines Kriteriums muss ferner *unabhängig* von Bewertungen auf höheren oder niedrigeren Hierarchie-Ebenen sein.

- Axiom 4 (*Vollständigkeit*): Alle relevanten Kriterien und Alternativen sind in der Hierarchie enthalten.

Innerhalb einer Matrix $A = a_{ij} = w_i/w_j$; i, j=1..n gilt dabei ferner, dass das Verhältnis der Priorität eines Bewertungsobjekts zu sich selbst im Hinblick auf ein Kriterium gleich eins ist ($w_i = w_j$; i=1..n, folglich $w_i/w_i = 1$; i=1..n) [937]. Entsprechend sind zum Aufstellen einer n × n Matrix A mindestens *n(n-1)/2* paarweise Vergleiche notwendig[938], wobei eine höhere Anzahl paarweiser Vergleiche ggf. die Qualität der abgeleiteten Ergebnisse positiv beeinflussen kann, indem die zu bewertenden Sachverhalte redundant betrachtet werden[939].

---

[936] vgl. Saaty (2005), S. 5
[937] vgl. Saaty (2005), S. 10ff.
[938] vgl. Saaty (2005), S. 3
[939] vgl. Saaty (2005), S. 3

226　　5. Vorschlag eines Wertschöpfungsmodells für Informationssysteme

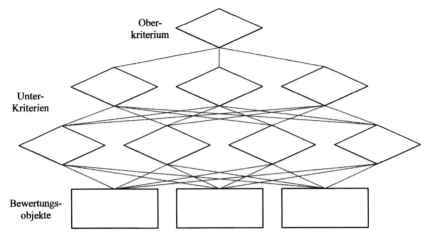

Abbildung 66: Hierarchiestruktur im AHP, beispielhafte Struktur[940]

Saaty zeigte, dass die Prioritäten w_i durch das Lösen des homogenen, linearen Gleichungssystems $Aw = nw$ (mit dem Vektor $w = (w_1, ..., w_n)$ und n als Anzahl der zu bewertenden Objekte) hergeleitet werden können[941], falls die Matrix A konsistent ist, d.h. innerhalb der Matrix A für alle i, j, k = 1..n gilt[942]:

$$w_i/w_j \cdot w_j/w_k = w_i/w_k$$

bzw.

$$a_{ij} \cdot a_{jk} = a_{ik}.$$

Saaty war sich bewusst, dass die Konsistenzbedingung nur in Ausnahmefällen erfüllt sein würde, und erlaubt daher ausdrücklich inkonsistente Matrizen A, wobei die Berechnung der Prioritäten w_i dann nicht mehr durch Lösung des oben aufgeführten homogenen, linearen Gleichungssystems geschehen kann, sondern durch iterative Anwendung eines von Saaty als *Eigenvektor-Methode* betitelten Verfahrens erfolgt[943]. Dieses soll an dieser Stelle nur kurz skizziert werden. Zur ausführlichen Darstellung und mathematischen Begründung wird auf die Arbeiten von Saaty verwiesen[944].

---

[940] in Anlehnung an Saaty (2000), S. 95
[941] vgl. Saaty (2005), S. 12
[942] vgl. Saaty (2000), S. 48
[943] vgl. Saaty (2005), S. 12ff.
[944] Siehe dazu etwa Saaty (2000), S. 77ff.

5. Vorschlag eines Wertschöpfungsmodells für Informationssysteme 227

Im Fall der vollständigen Konsistenz der Matrix A können die Prioritäten w_i durch Lösen des homogenen linearen Gleichungssystems $Aw = nw$ berechnet werden. Im inkonsistenten Fall erfolgt die Berechnung des gesuchten Prioritätenvektors $w = (w_1, ..., w_n)$ als *Eigenvektor* der Matrix A zum größten Eigenwert λ_{max} von A, wobei zusätzlich gelten muss[945]:

$$\sum_{i=1}^{n} w_i = 1.$$

Die Berechnung des Eigenvektors erfolgt dann in folgenden Schritten (**R** bezeichne dabei die Menge der *reellen* Zahlen[946]):

1. Berechnung von λ_{max} von A als das größte λ aus **R**, das die Bedingung

$$\det (A - \lambda \cdot I) = 0$$

mit I als Einheitsmatrix[947] der Dimension n erfüllt.

2. Bestimmung einer Lösung $\widetilde{w}$ aus $\mathbf{R}^n$ mit $\widetilde{w} \neq 0$ aus $\mathbf{R}^n$ des linearen Gleichungssystems

$$(A - \lambda \cdot I) \cdot \widetilde{w} = 0$$

mit $\widetilde{w}_i \geq 0$ für alle $1 \leq i \leq n$.

3. Berechnung der Komponenten w_i von w aus

$$w_i = \frac{\widetilde{w}_i}{\sum_{j=1}^{n} \widetilde{w}_j}$$

für alle $1 \leq i \leq n$.

Ferner führt Saaty ein Konsistenzkriterium ein, mit Hilfe dessen der Grad der Konsistenz innerhalb der Matrix A ausgedrückt werden kann[948]:

Im Fall konsistenter Matrizen A gilt[949]: $\lambda_{max} = n$, und alle übrigen Eigenwerte λ von A sind gleich null. Für inkonsistente Matrizen A gilt hingegen: $\lambda_{max} > n$. Zur Beschreibung der Konsistenz von A wird der Konsistenzindex KI eingeführt mit:

$$KI = \frac{\lambda_{max} - n}{n-1}$$

---

[945] vgl. im Folgenden Zimmermann und Gutsche (1991), S. 58f.
[946] zum Begriff der reellen Zahlen vgl. etwa Riedel und Wichardt (2007), S. 15ff.
[947] Innerhalb der Einheitsmatrix sind alle Diagonaleinträge gleich 1, ansonsten besteht sie nur aus Nullen (vgl. Bosch (2008), S. 90).
[948] vgl. Saaty (2005), S. 11
[949] vgl. im Folgenden Zimmermann und Gutsche (1991), S. 59

Dieser wird ins Verhältnis gesetzt mit dem durchschnittlichen Konsistenzindex RI (n) einer n × n - Matrix, wie er sich aus der folgenden Tabelle ergibt:

n	1	2	3	4	5	6	7	8	9	10	11	12	13	14	15
RI(n)	0,00	0,00	0,58	0,90	1,12	1,24	1,32	1,41	1,45	1,49	1,51	1,48	1,56	1,57	1,59

Abbildung 67: Tabelle der RI-Werte[950]

Der Konsistenzwert KW (A):

$$KW (A) = \frac{KI (A)}{RI (n)}$$

drückt dann das Verhältnis der Inkonsistenz von A im Verhältnis zur durchschnittlichen Konsistenz einer n × n - Matrix aus[951]. Im Falle dessen, dass der Konsistenzwert KW (A) größer als 0,1 wird, schlägt Saaty eine Überprüfung der vorgenommenen Schätzungen $a_{ij} = w_i/w_j$ vor[952].

Die durch Anwendung der Eigenvektor-Methode ermittelten Prioritäten werden durch *Normierung* in *Prozentwerte* umgerechnet[953]. Die normierten Prozentwerte werden im Folgenden als *Relevanzen* der Bewertungsobjekte im Hinblick auf ein Bewertungskriterium (d.h. die interessierende Eigenschaft der Bewertungsobjekte) bezeichnet.

Da die Berechnung des Eigenvektors und des Konsistenzwerts eine Reihe teils komplexer mathematischer Berechnungen erfordert, erfolgt sie üblicherweise unter Anwendung einer AHP Software[954]. Am Markt existiert eine Reihe von teils kommerziellen, teils frei verfügbaren AHP Softwarepaketen zur Umsetzung des AHP; Übersichten finden sich bei Lütters (2004)[955] und Ossadnik (1998)[956].

Der grundsätzliche Ablauf des AHP auf eine Problemstellung gestaltet sich folgendermaßen (vgl. Abbildung 68):

---

[950] vgl. Zimmermann und Gutsche (1991), S. 59
[951] vgl. Zimmermann und Gutsche (1991), S. 60
[952] vgl. Saaty (2005), S. 11
[953] vgl. Saaty (2005), S. 13
[954] vgl. Ossadnik (1998), S. 130
[955] vgl. Lütters (2004), S. 231ff.
[956] vgl. Ossadnik (1998), S. 131ff.

5. Vorschlag eines Wertschöpfungsmodells für Informationssysteme 229

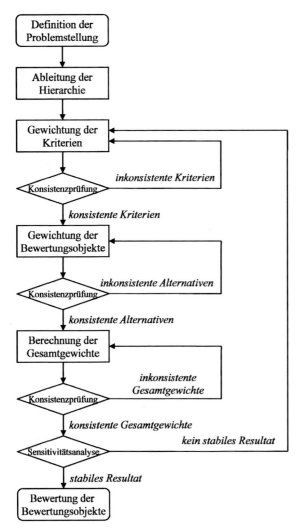

Abbildung 68: Ablaufschema des AHP[957]

Ausgehend von der Problemstellung wird eine Hierarchie zur Strukturierung des Problems abgeleitet. Die Hierarchie muss dabei die grundsätzlichen Eigenschaften des Problems widerspiegeln. Wie bereits ausgeführt wurde, steht an der Spitze der Hierarchie die der

---

[957] in Anlehnung an Meixner und Haas (2002), S. 134

Priorisierung der Bewertungsobjekte zugrundeliegende generelle Zielsetzung. Sie wird in Form von Unterkriterien weiter detailliert. Die untersten Elemente der Hierarchie bilden die eigentlichen Bewertungsobjekte (vgl. auch nochmals Abbildung 66).

Innerhalb der Hierarchie sind zunächst die einzelnen Kriterienebenen im Hinblick auf die jeweils übergeordnete Kriterienebene zu gewichten. Dies erfolgt durch paarweisen Vergleich der Kriterien einer Hierarchie-Ebene im Hinblick auf die Zielsetzung je eines Kriteriums der übergeordneten Hierarchie-Ebene. Die Berechnung der sich ergebenden relativen Kriteriengewichte (Kriterienprioritäten) erfolgt unter Anwendung von Saatys Eigenvektor-Methode.

Die Prüfung der aufgestellten Matrizen hinsichtlich der Konsistenzbedingung $a_{ij} \cdot a_{jk} = a_{ik}$ für alle i, j, k = 1..n erfolgt über die Berechnung des Konsistenzverhältnisses CR (vgl. oben). Im Fall eines Konsistenzverhältnisses unter 10% ist, wie bereits ausgeführt, eine Überprüfung der Werte a_{ij} der betreffenden Matrix sinnvoll[958].

Durch Multiplikation der relativen Kriteriengewichte einer Hierarchie-Ebene mit den Kriteriengewichten der hierarchisch übergeordneten Kriterienebene können die globalen Kriteriengewichte errechnet werden.

Die Gewichtung der Bewertungsobjekte erfolgt zunächst durch paarweisen Vergleich im Hinblick auf die hierarchisch übergeordneten Kriterien und anschließender Konsistenzprüfung.

Analog zur Berechnung der relativen Kriteriengewichte ist auch hier eine Bewertungsmatrix zu überprüfen, wenn das zugehörige Konsistenzverhältnis unter 10% liegt. Die ermittelten Prioritäten der Bewertungsobjekte im Hinblick auf die ihnen übergeordneten Kriterien sind anschließend mit den globalen Gewichtungen der Kriterien ins Verhältnis zu setzen, um so die endgültigen Prioritäten der Bewertungsobjekte in bezug auf die generelle Zielsetzung zu erhalten.

Durch Durchführung einer *Sensitivitätsanalyse*, bei der die Auswirkungen von Veränderungen der angesetzten Werte a_{ij} innerhalb der Matrizen auf Veränderungen der abgeleiteten *Rangfolge* der Bewertungsobjekte hin untersucht werden, kann überprüft werden, ob es sich bei den berechneten Prioritäten der Bewertungsobjekte und Kriterien um ein *stabiles Resultat* handelt. Dieses ist gegeben, falls marginale Änderungen an den einzelnen Werten a_{ij} zu keiner Änderung der Rangfolge der Bewertungsobjekte führen. Im Fall von instabilen Resul-

---

[958] vgl. Saaty (2005), S. 11

5. Vorschlag eines Wertschöpfungsmodells für Informationssysteme

taten sind die einzelnen Bewertungsmatrizen analog zum Fall von Inkonsistenz zu überprüfen und ggf. neu anzusetzen.

Im Folgenden ist zu untersuchen, ob sich der AHP auf das qualitative Wirkungsmodell des vorherigen Abschnitts anwenden lässt und so eine *Quantifizierung* des qualitativen Wirkungsmodells der Wertschöpfung erfolgen kann.

5.3.3 Zur Frage der Anwendbarkeit des Analytic Hierarchy Process zur Quantifizierung des qualitativen Wirkungsmodells

Zur Anwendung des AHP auf eine Problemstellung müssen, wie bereits ausgeführt wurde, einige Voraussetzungen gegeben sein. Im vorliegenden Fall ist daher zu prüfen, ob das qualitative Wirkungsmodell die vier Axiome des AHP erfüllt.

Die Frage nach der Möglichkeit, ob sich das Verhältnis $a_{ij} = w_i/w_j$ der Prioritäten w_i und w_j der zu gewichtenden Bewertungsobjekten A_i und A_j zueinander durch paarweisen Vergleich ausdrücken lässt, erfordert zunächst eine Klärung dessen, welche Bewertungsobjekte innerhalb des qualitativen Wirkungsmodells vorhanden und auf welche Kriterien hin sie zu gewichten sind.

Gemäß der Zielsetzung des vorliegenden Abschnitts sind die Bewertungsobjekte im qualitativen Wirkungsmodell die informationsverarbeitenden Prozesse des betrachteten Informationssystems, genauer: Gesucht wird die Gewichtung der informationsverarbeitenden Prozesse eines Informationssystems im Vergleich zu den anderen Teilprozessen des Unternehmens auf der betreffenden Teilprozess-Hierarchie-Ebene. Das oberste Gewichtungskriterium entspricht dem Oberziel des Unternehmens, dessen Erreichung mit dem Schaffen von Wertschöpfung gleichgesetzt ist. Die Gewichtung eines Teilprozesses im Hinblick auf das Oberziel gibt dann seinen Anteil an der Erreichung des Oberziels, also seinen Anteil an der Gesamtwertschöpfung des Unternehmens, und damit seine Wertschöpfung, an. Unterkriterien sind einerseits die Unternehmensziele, andererseits diejenigen Prozesse und Teilprozesse, die innerhalb des qualitativen Wirkungsmodells auf Hierarchie-Ebenen oberhalb der zu gewichtenden Teilprozessen angesiedelt sind.

Gemäß den Ausführungen aus Abschnitt 5.2 existieren im qualitativen Wirkungsmodell folgende Beziehungstypen:

- Beziehungen zwischen Unternehmenszielen und dem Oberziel. Für die Menge der Unternehmensziele ist demnach zu entscheiden, welche Gewichtung ein Unternehmensziel im Hinblick auf die Erreichung des Oberziels einnimmt.
- Beziehungen zwischen Hauptprozessen und Unternehmenszielen. Für die Menge der Hauptprozesse ist dann zu entscheiden, welche Gewichtung ein Hauptprozess im Hinblick auf die Erreichung der dem Oberziel untergeordneten Unternehmensziele einnimmt.
- Beziehungen zwischen Teilprozessen und übergeordneten Prozessen, Bestandteil derer sie sind. Für die Menge der Teilprozesse ist dann zu entscheiden, welche Gewichtungen sie innerhalb der ihnen übergeordneten Prozesse einnehmen.

Verhältnisse von Gewichtungen von Unternehmenszielen im Hinblick auf das Oberziel, von Hauptprozessen im Hinblick auf Unternehmensziele sowie von Teilprozessen im Hinblick auf übergeordnete Prozesse können grundsätzlich anhand von Werten aus der Skala des AHP (vgl. Abbildung 65) ausgedrückt und durch paarweisen Vergleich ermittelt werden; die Bewertung ist dann auch reziprok. Das Axiom der *Reziproke* kann somit als gegeben angesehen werden.

Gemäß den Ausführungen zum qualitativen Prozessmodell soll allerdings aus Praktikabilitätsgründen auf eine *vollständige* Modellierung des Prozesssystems des betrachteten Unternehmens, d.h. die vollständige Dekomposition aller Prozesse in Teilprozesse, verzichtet werden. Dies steht im Widerspruch zum Axiom der Vollständigkeit des AHP, wonach die Hierarchie *alle* entscheidungsrelevanten Kriterien und Bewertungsobjekte enthalten muss.

Ein möglicher Ausweg ist die Zerlegung des qualitativen Wirkungsmodells in mehrere, separat voneinander betrachtete Teilgraphen, auf welche der AHP jeweils - getrennt von den anderen - angewendet wird[959]. Im Falle des qualitativen Wirkungsmodells sind daher die folgenden Umformungen notwendig:

- Für jeden in Teilprozesse zerlegten übergeordneten Prozess sind die relativen Gewichtungen der einzelnen Teilprozesse in Bezug auf den übergeordneten Prozess zu bestimmen. Um diese auch in dem Fall separat ermitteln zu können, in dem ein Teilprozess als Bestandteil *mehrerer* übergeordneter Prozesse ausgewiesen ist, ist eine entsprechende Mehrfachausweisung des betroffenen Teilprozesses erforderlich, um die

---

[959] Saaty spricht in diesem Zusammenhang von *lokal abgeleiteten Skalen* bzw. der Bestimmung *lokaler Gewichtungen* (vgl. Saaty (2000), S. 342f.)

5. Vorschlag eines Wertschöpfungsmodells für Informationssysteme

Teilgraphen des qualitativen Wirkungsmodells voneinander separieren zu können. Als Folge erhält man einzelne Prozess-Teilprozess-Bäume (vgl. Abbildung 69). Durch Anwendung des AHP auf die einzelnen Prozess-Teilprozess-Bäume ist dann die *Relevanz* jedes Teilprozesses in Bezug auf den übergeordneten Prozess zu bestimmen.

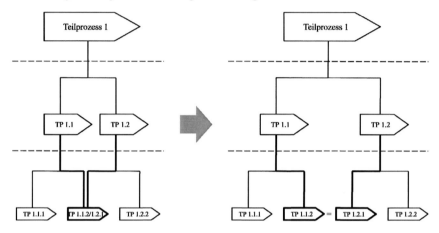

Abbildung 69: Auflösung mehrfacher Teilprozesse

- Für jedes Unternehmensziel, welches durch die Ausführung von Hauptprozessen erreicht wird, ist die Gewichtung der beteiligten Hauptprozesse in Bezug auf die Erreichung des betreffenden Unternehmensziels zu bestimmen. Da Hauptprozesse potentiell zur Erreichung *mehrerer* Unternehmensziele beitragen, ist analog zur Vorgehensweise auf Prozess-Teilprozess-Ebene für jedes Unternehmensziel separat ein Unternehmensziel-Hauptprozess-Baum aufzustellen (vgl. Abbildung 70). Durch Anwendung des AHP auf jeden Unternehmensziel-Hauptprozess-Baum ist dann die Relevanz jedes Hauptprozesses in Bezug auf das jeweilige Unternehmensziel zu bestimmen.

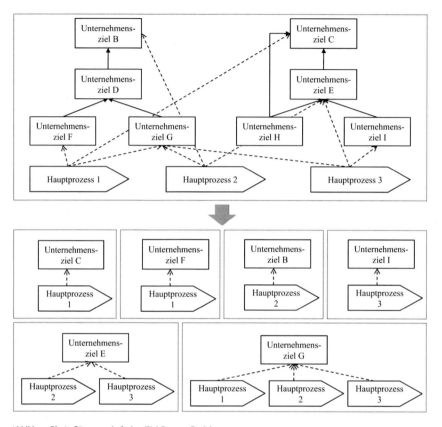

Abbildung 70: Auflösung mehrfacher Ziel-Prozess-Beziehungen

- Schließlich ist der Erfüllungsbeitrag der dem Oberziel untergeordneten Unternehmensziele in Bezug auf die Erfüllung des Oberziels zu bestimmen. Zur Ableitung der Beiträge der Hauptprozesse an der Erfüllung des Oberziels ist es lediglich erforderlich, im Weiteren solche Unternehmensziele zu betrachten, für die ihm vorherigen Schritt ein Unternehmensziel-Hauptprozess-Baum erstellt wurde. Sie werden im Folgenden als *wertschöpfungsrelevante Unternehmensziele* bezeichnet, da sich nur aus ihnen konkrete Aufgaben für die Prozesse des Unternehmens ableiten, d.h. nur über sie Wertschöpfung stattfindet. Die im Gegenzug nicht-wertschöpfungsrelevanten Unternehmensziele sowie alle Kanten zwischen einem nicht-wertschöpfungsrelevanten Unternehmensziel und dem Oberziel werden aus dem qualitativen Wirkungsmodell entfernt. Die Kanten zwischen je zwei wertschöpfungsrelevanten Unternehmenszielen

5. Vorschlag eines Wertschöpfungsmodells für Informationssysteme

sind ebenfalls aus dem qualitativen Wirkungsmodell zu entfernen, da die zwischen ihnen bestehenden Beziehungen nach Anwendung des AHP bereits über ihre gegenseitige Relevanz ausgedrückt sind. Als Folge erhält man einen hierarchischen Oberziel-Unternehmensziel-Baum (vgl. Abbildung 71). Durch Anwendung des AHP auf den Oberziel-Unternehmensziel-Baum ist dann die Relevanz der wertschöpfungsrelevanten Unternehmensziele in Bezug auf das Oberziel zu bestimmen.

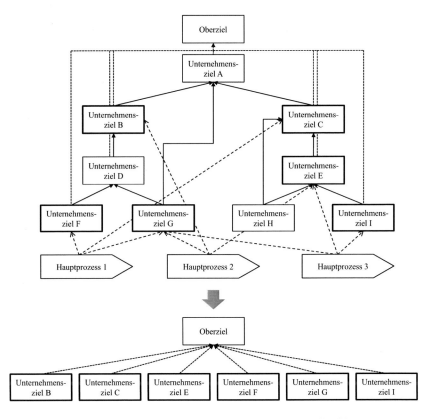

Abbildung 71: Verknüpfung der wertschöpfungsrelevanten Unternehmensziele mit dem Oberziel

Als Ergebnis der beschriebenen Umformungen des ursprünglichen qualitativen Wirkungsmodells entsteht ein neues qualitatives Wirkungsmodell, im Folgenden *streng hierarchisches qualitatives Wirkungsmodell* genannt (vgl. Abbildung 72).

5. Vorschlag eines Wertschöpfungsmodells für Informationssysteme

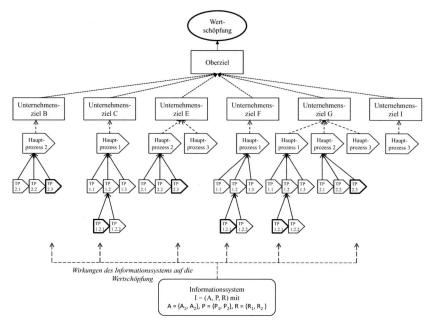

Abbildung 72: Streng hierarchisches qualitatives Wirkungsmodell (beispielhafte Struktur)

Da innerhalb der Matrizen des AHP gilt, dass die Bewertung eines Objekts A_1 in bezug auf ein anderes Objekt A_2 dem Kehrwert der Bewertung des Objekts A_2 in bezug das Objekt A_1 entspricht[960], ist das Ansetzen von Null-Werten innerhalb der Matrizen nicht möglich. Ein Null-Wert innerhalb der Matrix bei der Bewertung eines Objekts A_1 in bezug auf ein anderes Objekt A_2 würde implizieren, dass die Relevanz des Objekts A_1 im Hinblick auf das Vergleichskriterium gleich Null ist[961]. Eine Null-Gewichtung eines Bewertungsobjekts würde ferner dem zweiten Axiom des AHP widersprechen, wonach ein Bewertungsobjekt niemals unendlich höher bewertet werden darf als ein anderes. Es ist daher zu prüfen, ob innerhalb des streng hierarchischen qualitativen Wirkungsmodells derartige Null-Gewichtungen von Bewertungsobjekten potentiell vorliegen können[962]:

---

[960] vgl. Saaty (2005), S. 3
[961] Innerhalb der n x n Bewertungsmatrix geben die Felder für Zeile i und Spalte j; i, j = 1..n definitionsgemäß das Verhältnis w_i/w_j der Prioritäten w_i und w_j der Bewertungsobjekte A_i und A_j im Hinblick auf die interessierende Eigenschaft an. Aus $w_i/w_j = 0$ folgt unmittelbar $w_i = 0$, d.h. die Priorität w_i von Objekt A_i im Hinblick auf die interessierende Eigenschaft ist gleich Null. Vgl. die obigen Ausführungen zum AHP aus Abschnitt 5.3.2 bzw. Saaty (2005), S. 3ff.
[962] vgl. zum Ausschluss von irrelevanten Bewertungsobjekten Saaty (2000), S. 342f.

- Auf der Oberziel-Unternehmensziel-Ebene stellen die Unternehmensziele die Bewertungsobjekte und das Oberziel das zugrunde liegende Bewertungskriterium dar. Innerhalb des Oberziel-Unternehmensziel-Teilgraphen sollte definitionsgemäß zwischen allen wertschöpfungsrelevanten Unternehmenszielen und dem Oberziel eine Mittel-Ziel-Beziehung vorliegen, d.h. Null-Relevanzen von wertschöpfungsrelevanten Unternehmenszielen in bezug auf das Oberziel können ausgeschlossen werden. Treten innerhalb des Ausfüllens der Bewertungsmatrix dennoch derartige Null-Relevanzen auf, ist das Oberziel fehlerhaft angesetzt worden und entsprechend inhaltlich zu korrigieren.

- Auf Unternehmensziel-Hauptprozess-Ebene stellen die Unternehmensziele die Bewertungskriterien und die Hauptprozesse die Bewertungsobjekte dar. Im Gegensatz zur Gewichtung der Unternehmensziele im Hinblick auf das Oberziel ist innerhalb eines Unternehmensziel-Hauptprozess-Teilgraphen der Fall denkbar, dass einerseits die *Aufgabe* eines Hauptprozesses *keinen* Beitrag zur Erfüllung des zugrunde liegenden Unternehmensziels leistet, andererseits ist es möglich, dass die einem Hauptprozess übertragene Aufgabe vom Hauptprozess überhaupt nicht umgesetzt wird. Hauptprozesse *ohne* Aufgabenbeitrag oder Aufgabenerfüllung leisten demnach *keinen* Beitrag zur Erreichung des betrachteten Unternehmensziels, sie leisten entsprechend auch keinen Beitrag zur Erreichung des Oberziels und schaffen *keine* Wertschöpfung. Vor der Anwendung des AHP auf einen Unternehmensziel-Hauptprozess-Teilgraphen des streng hierarchischen qualitativen Wirkungsmodells ist es daher erforderlich, alle im Teilgraphen enthaltenen Hauptprozesse in einem ersten Bewertungsschritt einzeln dahingehend zu überprüfen, ob ihnen ein Aufgabenbeitrag oder eine Aufgabenerfüllung von Null zugrunde liegt. Derartige Hauptprozesse sind dann als *nicht-wertschöpfend* identifiziert, die von ihnen erbrachte Wertschöpfung wird mit Null angesetzt. Sie stellen *eliminierbare* Prozesse eines Unternehmens dar. Ist ein nicht-wertschöpfender Hauptprozess dennoch für den geregelten Betriebsablauf erforderlich, ist dies ein Hinweis auf Unvollständigkeiten im Zielsystem des Unternehmens. Das Zielsystem ist in diesem Fall nochmals zu analysieren und ggf. zu ergänzen. *Echte* nicht-wertschöpfende Prozesse sind aus dem streng hierarchischen qualitativen Wirkungsmodell zu entfernen. Die ihnen nachgelagerten Prozess-Teilprozess-Bäume sind ebenfalls aus dem streng hierarchischen qualitativen Wirkungsmodell zu entfernen, da es bei nicht-wertschöpfenden Hauptprozessen nicht weiter von Interesse ist, inwiefern die Teilprozesse des Hauptprozesses zur nicht vorhandenen Wertschöpfung des Hauptprozesses beitragen.

- Auch im Fall der Prozess-Teilprozess-Teilgraphen des streng hierarchischen qualitativen Wirkungsmodells ist eine Null-Relevanz eines Teilprozesses ihm Hinblick auf den übergeordneten Prozess, Bestandteil dessen er ist, denkbar, falls der Aufgabenbeitrag oder die Aufgabenerfüllung des Teilprozesses mit Null anzusetzen ist. Die Teilprozesse bilden hier die Bewertungsobjekte, der übergeordnete Prozess, Bestandteil dessen die Teilprozesse sind, ist das Bewertungskriterium. Analog zur Vorgehensweise auf Ebene der Unternehmensziel-Hauptprozess-Teilbäume sind derartige Teilprozesse als nicht-wertschöpfend auszuweisen, d.h. ihre Wertschöpfung ist gleich Null zu setzen. Nicht-wertschöpfende Teilprozesse sind ebenfalls *eliminierbare* Prozesse. Falls sie dennoch zur Aufrechthaltung des geregelten Betriebsablaufs erforderlich sind, ist die Modellierung des Aufgabensystems des Unternehmens zu überdenken, d.h. die Einschätzung, ob der Aufgabenbeitrag des betreffenden Teilprozesses tatsächlich als Null angenommen werden darf. Echte nicht-wertschöpfende Teilprozesse sowie alle Prozess-Teilprozess-Bäume unterhalb des nicht-wertschöpfenden Teilprozesses sind entsprechend der obigen Argumentation aus dem streng hierarchischen qualitativen Wirkungsmodell zu entfernen.

Das sich ergebende streng hierarchische Wirkungsmodell, aus dem alle nicht-wertschöpfenden Prozesse entfernt wurden, wird im Folgenden als *streng hierarchisches qualitatives Wertschöpfungs-Wirkungsmodell* bezeichnet.

Das Axiom der Hierarchie (Axiom 3) verlangt die *Unabhängigkeit* der Bewertung von Elementen einer Hierarchie-Ebene von Bewertungen auf höheren oder niedrigeren Hierarchie-Ebenen. Im Fall der Oberziel-Unternehmensziel-Teilgraphen ist dies offensichtlich erfüllt, da hier lediglich eine einstufige Gewichtung (Unternehmensziele im Hinblick auf das Oberziel) erfolgt. Im Fall der Unternehmensziel-Hauptprozess- und Prozess-Teilprozess-Teilgraphen liegt eine zweistufige Hierarchie vor. Das oberste Bewertungskriterium besteht im Oberziel (Unternehmensziel-Hauptprozess-Teilgraphen) bzw. im übergeordneten Prozess (Prozess-Teilprozess-Teilgraphen). Bewertungsobjekte sind Hauptprozesse oder Teilprozesse. Die Unterkriterien bestehen aus den beiden Größen der Aufgabenerfüllung und des Aufgabenbeitrags. Die Bewertung der Unterkriterien Aufgabenerfüllung und Aufgabenbeitrag im Hinblick auf ein Unternehmensziel bzw. einen übergeordneten Prozess kann unabhängig von der Be-

5. Vorschlag eines Wertschöpfungsmodells für Informationssysteme

wertung der Haupt- bzw. Teilprozesse im Hinblick auf ihren Aufgabenbeitrag bzw. ihre Aufgabenerfüllung erfolgen, d.h. die Unabhängigkeit der Bewertung ist auch innerhalb der Unternehmensziel-Hauptprozess- und Prozess-Teilprozess-Teilgraphen gegeben.

Für alle Oberziel-Unternehmensziel-, Unternehmensziel-Hauptprozess- sowie Prozess-Teilprozess-Teilgraphen des streng hierarchischen qualitativen Wertschöpfungs-Wirkungsmodells gilt dann zusammenfassend:

- Das Verhältnis $a_{ij} = w_i/w_j$ der Gewichtungen w_i und w_j zweier Bewertungsobjekte A_i und A_j in den Teilgraphen im Hinblick auf das jeweilige Bewertungskriterium kann anhand der Bewertungsskala des AHP (vgl. Abbildung 65) ausgedrückt werden; die Verhältnisse der Gewichtungen sind reziprok zueinander und entsprechen der Dominanz des einen Bewertungsobjekts über das andere (Axiom 1).

- Aufgrund des Ausschlusses von nicht-wertschöpfenden Prozessen und Teilprozessen und unter Anwendung der Bewertungsskala des AHP kann ausgeschlossen werden, dass ein Bewertungsobjekt A_i gegenüber einem anderen Bewertungsobjekt A_j bezüglich des Bewertungskriteriums unendlich höher bewertet wird, d.h. $a_{ij} \neq \infty$ für alle i, j = 1..n (Axiom 2). Auf den speziellen Aspekt der Homogenität der Bewertungsobjekte und der Gruppierung über Untergruppen zum Herstellen von Homogenität wird in Abschnitt 5.3.5 eingegangen.

- Die Teilgraphen bilden jeweils eine Hierarchie, an deren Spitze ein Bewertungskriterium steht, und auf deren unterster Ebene sich die Bewertungsobjekte finden. Innerhalb der Teilgraphen können sich aufgrund des Ausschlusses der nicht-wertschöpfungsrelevanten Prozesse keine irrelevanten Elemente finden lassen. Die Bewertungsobjekte und -kriterien lassen sich entsprechend des streng hierarchischen qualitativen Wertschöpfungs-Wirkungsmodells eindeutig voneinander abgrenzen. Ferner ist die Bewertung der Elemente eines Teilgraphen unabhängig von Bewertungen auf höheren oder niedrigeren Hierarchie-Ebenen des Teilgraphen (Axiom 3).

- Aufgrund des Ausschlusses aller nicht-wertschöpfenden Prozesse und Teilprozesse ist ferner sichergestellt, dass alle relevanten Kriterien und Alternativen in den einzelnen Teilgraphen enthalten sind (Axiom 4).

Die Anwendbarkeit des AHP auf die Teilgraphen des streng hierarchischen qualitativen Wertschöpfungs-Wirkungsmodells ist daher als gegeben anzusehen. Die Anwendung auf die einzelnen Teilgraphen und die sich daraus ergebende Ableitung der Wertschöpfung eines Informationssystems soll im folgenden Abschnitt dargestellt werden.

5.3.4 Die Anwendung des Analytic Hierarchy Process zur Quantifizierung des qualitativen Wirkungsmodells

Ausgangspunkt der weiteren Ausführungen ist das gemäß dem vorigen Abschnitt abgeleitete streng hierarchische qualitative Wertschöpfungs-Wirkungsmodell, innerhalb dessen drei Unterproblemklassen abgeleitet wurden, auf die der AHP jeweils anzuwenden ist:

- Durch Anwendung des AHP auf den Oberziel-Unternehmensziel-Teilgraph des streng hierarchischen qualitativen Wertschöpfungs-Wirkungsmodell kann die Gewichtung jedes Unternehmensziels im Hinblick auf seinen Beitrag an der Erfüllung des Oberziels des Unternehmens abgeleitet werden. Diese Gewichtung wird als *Relevanz* eines Unternehmensziels bezeichnet. Als Folge der Anwendung des AHP ist die *Summe* der Gewichtungen der Unternehmensziele bezogen auf das Oberziel immer 100%.

- Durch Anwendung des AHP auf einen Unternehmensziel-Hauptprozess-Teilgraph können die Gewichtungen der Hauptprozesse bezüglich der Erfüllung des Unternehmensziels bestimmt werden. Die Summe der Gewichtungen aller Hauptprozesse *eines* Unternehmensziel-Hauptprozess-Teilgraphs im Hinblick auf die Erreichung eines Unternehmensziels liegt dann ebenfalls bei 100%. Durch Multiplikation der Gewichtung eines Hauptprozesses, bezogen auf ein Unternehmensziel, mit der Relevanz des Unternehmensziels kann die Gewichtung des Hauptprozesses bezogen auf die Erfüllung des Oberziels, welche sich durch die Erfüllung des Unternehmensziels ergibt, berechnet werden. Da ein Hauptprozess aber potentiell über *mehrere* Unternehmensziele auf das Oberziel einwirkt, ergibt sich seine Gesamtgewichtung durch Aufsummierung aller so ermittelten einzelnen Gewichtungen über einzelne Unternehmensziele. Die Gesamtgewichtung eines Hauptprozesses, bezogen auf die Erreichung des Oberziels, wird dann als *Relevanz* des Hauptprozesses bezeichnet. Die Summe der Relevanzen aller Hauptprozesse ergibt sich dann ebenfalls immer zu 100%.

- Durch Anwendung des AHP auf einen Prozess-Teilprozess-Teilgraph schließlich kann die Gewichtung aller Teilprozesse bezogen auf den übergeordneten Prozess bestimmt werden. Falls die Relevanz des übergeordneten Prozesses bekannt ist, kann durch

5. Vorschlag eines Wertschöpfungsmodells für Informationssysteme

Multiplikation der Gewichtung des Teilprozesses, bezogen auf den übergeordneten Prozess, mit der Relevanz des übergeordneten Prozesses auch die Gewichtung des Teilprozesses bezogen auf das Oberziel, und damit die Relevanz des Teilprozesses, errechnet werden.

Die Relevanz eines Haupt- oder Teilprozesses entspricht dem Anteil in Prozent, den ein Haupt- oder Teilprozess an der Erfüllung des Oberziels leistet. Die Relevanz gibt dann gemäß den Überlegungen aus Abschnitt 5.1 den prozentualen Anteil eines Haupt- oder Teilprozesses an der Gesamtwertschöpfung des Unternehmens an. Sie wird als *relative Wertschöpfung* eines Haupt- oder Teilprozesses bezeichnet.

Für ein gegebenes Informationssystem I = (A, P, R) mit A = $\{A_1, A_2, ..., A_n\}$ als Menge der I zugeordneten Informationsverarbeitungsaufgaben A_i, P = $\{P_1, P_2, ..., P_n\}$ als Menge der Informationsverarbeitungsprozesse, welche die Informationsverarbeitungsaufgaben A_i durchführen, und R = $\{R_1, R_2, ..., R_m\}$ als Menge der I zugeordneten Aufgabenträger R_i, die für Ausführung der Informationsverarbeitungsaufgaben A_i zuständig sind, ergibt sich die *relative Wertschöpfung* von I, d.h. der prozentualer Anteil von I an der Gesamtwertschöpfung des Unternehmens, aus der *Summe* der *Relevanzen* der I zugeordneten Prozesse. Sie ist in folgenden Schritten zu bestimmen:

(1) Berechnung der Relevanz jedes wertschöpfungsrelevanten Unternehmensziels in bezug auf das Oberziel;

(2) für jedes wertschöpfungsrelevante Unternehmensziel im streng hierarchischen qualitativen Wertschöpfungs-Wirkungsmodell: Ableitung der Gewichtung jedes Hauptprozesses in bezug auf das wertschöpfungsrelevante Unternehmensziel, und daraus Berechnung der Relevanz jedes Hauptprozesses;

(3) für jeden Prozess im streng hierarchischen qualitativen Wertschöpfungs-Wirkungsmodell, der hierarchisch in mehrere Teilprozesse gegliedert ist: Ableitung der Gewichtungen der Teilprozesse in bezug auf den hierarchisch übergeordneten Prozess, und daraus Berechnung der Relevanz jedes Teilprozesses

(4) Aufsummierung der Relevanzen der dem betrachteten Informationssystem zugeordneten Prozesse P_i zur Relevanz des Informationssystems.

5. Vorschlag eines Wertschöpfungsmodells für Informationssysteme

(1) Bestimmung der Relevanz der wertschöpfungsrelevanten Unternehmensziele

Durch Anwendung des AHP auf den Oberziel-Unternehmensziel-Teilgraph des streng hierarchischen qualitativen Wertschöpfungs-Wirkungsmodells wird die Relevanz jedes wertschöpfungsrelevanten Unternehmensziels in Bezug auf das Oberziel errechnet. Dazu ist eine Matrix aufzustellen, in welcher die wertschöpfungsrelevanten Unternehmensziele unter dem Aspekt ihrer Bedeutung im Hinblick auf die Erreichung des Oberziels einander gegenübergestellt und entsprechend der Vorgehensweise des AHP relativ zueinander gewichtet werden (vgl. Abbildung 73).

Bedeutung hinsichtlich Erreichung des Oberziels	Unternehmensziel *1*	Unternehmensziel *2*	Unternehmensziel *n*
Unternehmensziel *1*	1	$a_{1,2} := w_1/w_2$	$a_{1,3} := w_1/w_3$
Unternehmensziel *2*	$a_{2,1} := w_2/w_1$	1	$a_{2,3} := w_2/w_3$
Unternehmensziel *n*	$a_{3,1} := w_3/w_1$	$a_{3,2} := w_3/w_2$	1

Abbildung 73: Bestimmung der Relevanz der wertschöpfungsrelevanten Unternehmensziele unter Anwendung des AHP

Die Bewertung der relativen Bedeutungen $a_{i,j} := w_i/w_j$ der wertschöpfungsrelevanten Unternehmensziele erfolgt anhand der innerhalb des AHP fix definierten Bewertungsskala (vgl. Abbildung 65). Ausgangspunkt im Bewertungsprozess können etwa diejenigen Ziele sein, welche sich konfliktionär[963] zueinander verhalten. Über die Entscheidung, die Erreichung welchen Ziels gegenüber der Erreichung eines anderen Ziels in einer Konkurrenzsituation Vorzug zu geben ist, können dann höhere und niedrigere Zielgewichtungen und damit Bewertungen abgeleitet werden[964]. Im Fall von indifferenten oder komplementären Zielen muss die Bewertung der Ziele im Hinblick auf die Erreichung des Oberziels aufgrund von Plausibilitätsüberlegungen erfolgen, wobei bei zwei zu bewertenden Zielen Z_1 und Z_2 etwa der Frage-

---

[963] Ein Ziel Z_1 verhält sich zu einem anderen Ziel Z_2 konfliktionär, wenn die Erfüllung von Z_1 mit einer Minderung des Erfüllungsgrads von Z_2 verbunden ist (vgl. Heinen (1992), S. 101).
[964] vgl. Heinen (1992), S. 102f.

5. Vorschlag eines Wertschöpfungsmodells für Informationssysteme

stellung nachzugehen ist, ob eine Erhöhung der Zielerreichung von Z_1 zu einer höheren Erreichung des Oberziels führen würde als eine Erhöhung der Zielerreichung von Z_2 um den selben Betrag.

Bei der Bewertung der wertschöpfungsrelevanten Ziele ist die Semantik der Bewertungsskala zu beachten: Das Ansetzen eines Wertes x aus der Bewertungsskala bei der Bewertung eines Objekts A_1 in bezug auf ein anderes Objekt A_2 drückt demnach aus, dass das Objekt A_1 x-mal so stark gewichtet sein soll wie das Objekt A_2[965].

Wie bereits ausgeführt, sind zum vollständigen Ausfüllen der Matrix mindestens $n(n-1)/2$ paarweise Vergleiche zwischen je zwei wertschöpfungsrelevanten Unternehmenszielen erforderlich[966]. Eine größere Anzahl paarweiser Vergleiche führt zu einer redundanten Bewertung der Sachverhalte und kann möglicherweise die Qualität der abgeleiteten Ergebnisse positiv beeinflussen[967], ist aber nicht zwingend notwendig.

Durch Auswertung der ausgefüllten Matrix und anschließende Normierung kann dann die Relevanz jedes wertschöpfungsrelevanten Unternehmensziels in Form einer Prozentzahl, welche den Rang des betreffenden wertschöpfungsrelevanten Unternehmensziels im Hinblick auf die Erreichung des Oberziels angibt, bestimmt werden (vgl. Abbildung 74).

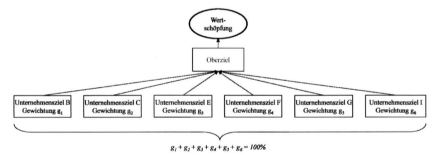

Abbildung 74: Gewichtungen der Unternehmensziele (beispielhafte Struktur)

(2) Bestimmung der Relevanz der Hauptprozesse

Durch Anwendung des AHP auf jeden Unternehmensziel-Hauptprozess-Teilgraph werden die Gewichtungen der Hauptprozesse in Bezug auf ein wertschöpfungsrelevantes Unternehmens-

---
[965] vgl. Hübner und Günther (2007), S. 9
[966] vgl. Saaty (2005), S. 3
[967] vgl. Saaty (2005), S. 3

ziel bestimmt. Aufgrund der hierbei involvierten unterschiedlichen Dimensionen (Beitrag der Aufgabe des Prozesses an der Erfüllung des Unternehmensziels, unabhängig vom Prozess, und Erfüllung der Aufgabe durch den Prozess) muss hierbei eine mehrstufige Anwendung des AHP erfolgen (vgl. Abbildung 75).

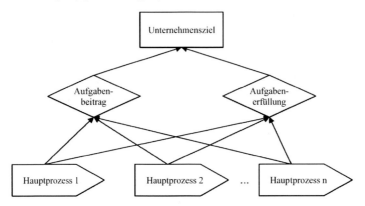

Abbildung 75: Verknüpfung von Unternehmenszielen und Hauptprozessen über Aufgabenbeitrag und Aufgabenerfüllung

In einem ersten Bewertungsschritt ist die Gewichtung von Aufgabenbeitrag und Aufgabenerfüllung im Hinblick auf die Erreichung des Unternehmensziels abzuleiten. Dies entspricht der Aufstellung einer Bewertungsmatrix mit n=2 Bewertungsobjekten (vgl. Abbildung 76).

Relevanz hinsichtlich der Erfüllung des Unternehmensziels	Aufgabenbeitrag	Aufgabenerfüllung
Aufgabenbeitrag	1	$a_{1,2} := w_1/w_2$
Aufgabenerfüllung	$a_{2,1} := w_2/w_1$	1

Abbildung 76: Ableitung der Gewichtung von Aufgabenbeitrag und Aufgabenerfüllung

Entsprechend sind dabei $n(n-1)/2 = 1$ Bewertungsschritte notwendig, d.h. das Verhältnis der Gewichtung von Aufgabenbeitrag zu Aufgabenerfüllung, bezogen auf die Erreichung eines bestimmten Unternehmensziels, ist direkt abzuschätzen. Da es sich um eine 2×2 - Matrix handelt, können an dieser Stelle keine Inkonsistenzen der Bewertung auftreten. Durch Nor-

5. Vorschlag eines Wertschöpfungsmodells für Informationssysteme

mierung werden die Gewichtungen von Aufgabenbeitrag und Aufgabenerfüllung anschließend in Prozentwerte umgerechnet. Es ist denkbar, im weiteren Verlauf der Quantifizierung des Modells für alle Unternehmensziel-Hauptprozess-Teilgraphen ein festes Verhältnis von Aufgabenbeitrag und Aufgabenerfüllung zu verwenden, was die weitere Analyse beschleunigen kann. Die Sinnhaftigkeit eines solchen Vorgehens hängt aber davon ab, wie die Unternehmensziele im Einzelfall hinsichtlich ihres Zielinhalts definiert wurden, eine entsprechende Überprüfung ist daher zwingende Voraussetzung für ein solches Vorgehen.

Die Ableitung der Gewichtungen der n Hauptprozesse im streng hierarchischen qualitativen Wertschöpfungs-Wirkungsmodell hinsichtlich ihres Aufgabenbeitrags zur Erfüllung des Unternehmensziels erfolgt durch Aufstellen einer n×n - Matrix, welche die n Hauptprozesse einander gegenüber stellt und innerhalb welcher die Verhältnisses der jeweiligen Aufgabenbeiträge der Prozesse zu bewerten sind (vgl. Abbildung 77).

Aufgabenbeitrag hinsichtlich Unternehmensziel	Hauptprozess 1	Hauptprozess 2	…Hauptprozess n
Hauptprozess 1	1	$a_{1,2} := w_1/w_2$	$a_{1,n} := w_1/w_n$
Hauptprozess 2	$a_{2,1} := w_2/w_1$	1	$a_{2,n} := w_2/w_n$
… Hauptprozess n	$a_{n,1} := w_n/w_1$	$a_{n,2} := w_n/w_2$	1

Abbildung 77: Bestimmung des Prozess-Aufgabenbeitrags unter Anwendung des AHP

Die Bewertung der relativen Bedeutungen w_i/w_j für je zwei Hauptprozesse erfolgt wiederum anhand der fest definierten Bewertungsskala des AHP. Durch Normierung werden die ermittelten Gewichtungen in Prozentwerte umgerechnet. Die Gewichtung der n Hauptprozesse hinsichtlich ihrer Aufgabenerfüllung erfolgt analog durch Aufstellen einer n×n - Matrix und anschließender Gegenüberstellung der Hauptprozesse (vgl. Abbildung 78). Auch hier werden die abgeleiteten Ergebnisse durch Normierung in Prozentwerte umgerechnet.

Aufgaben-Erfüllung	Hauptprozess 1	Hauptprozess 2	...Hauptprozess n
Hauptprozess 1	1	$a_{1,2} := w_1/w_2$	$a_{1,n} := w_1/w_n$
Hauptprozess 2	$a_{2,1} := w_2/w_1$	1	$a_{2,n} := w_2/w_n$
...Hauptprozess n	$a_{n,1} := w_n/w_1$	$a_{n,2} := w_n/w_2$	1

Abbildung 78: Bestimmung der Prozess-Aufgabenerfüllung unter Anwendung des AHP

Die Bestimmung der Gewichtung eines Hauptprozesses, bezogen auf die Erfüllung eines Unternehmensziels, erfolgt durch Multiplikation seiner abgeleiteten Gewichtungen bezogen auf Aufgabenbeitrag bzw. Aufgabenerfüllung mit der Gewichtung von Aufgabenbeitrag bzw. Aufgabenerfüllung, bezogen auf die Erfüllung des Unternehmensziels. Falls nur genau *ein* Hauptprozess an der Erfüllung eines Unternehmensziels beteiligt ist, kann seine Gewichtung direkt und ohne Bewertung auf 100% gesetzt werden, da nur genau der betreffende Hauptprozess zur Erfüllung des betreffenden Unternehmensziels beiträgt.

Durch Multiplikation mit der Relevanz des Unternehmensziels kann im Anschluss die Gewichtung eines Hauptprozesses, bezogen auf das *Oberziel* und unter Erfüllung *eines* bestimmten Unternehmensziels, berechnet werden (vgl. Abbildung 79). Durch Aufsummierung aller derartigen Gewichtungen, welche jeweils den Beitrag des Hauptprozesses an der Erfüllung des Oberziels über die Erfüllung *eines* bestimmten Unternehmensziels ausdrücken, über alle Unternehmensziele, an deren Erfüllung der betreffende Hauptprozess mitwirkt, wird die *gesamte* Relevanz (= relative Wertschöpfung) des Hauptprozesses errechnet (vgl. Abbildung 80).

5. Vorschlag eines Wertschöpfungsmodells für Informationssysteme 247

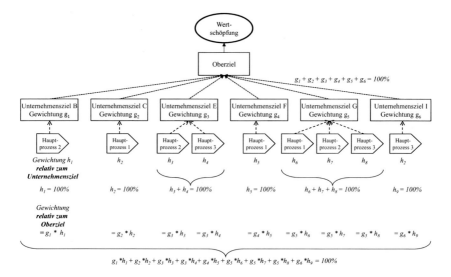

Abbildung 79: Multiplikation der Gewichtungen von Unternehmenszielen und Hauptprozessen (beispielhafte Struktur)

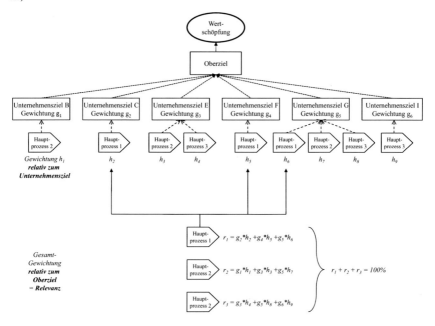

Abbildung 80: Berechnung der Relevanz der Hauptprozesse (beispielhafte Struktur)

248 5. Vorschlag eines Wertschöpfungsmodells für Informationssysteme

(3) Bestimmung der Relevanz der Teilprozesse

Durch Anwendung des AHP auf die Prozess-Teilprozess-Teilgraphen des streng hierarchischen qualitativen Wertschöpfungs-Wirkungsmodells wird die Gewichtung der betreffenden Teilprozesse in Bezug auf ihren übergeordneten Prozess, Bestandteil dessen sie sind, bestimmt. Analog zur Vorgehensweise aus Schritt (2) ist auch hier die Verwendung einer zweistufigen Bewertungshierarchie erforderlich: Das oberste Bewertungskriterium liegt hier in der Durchführung des übergeordneten Prozesses. Die zu bewertenden Objekte sind die Teilprozesse des übergeordneten Prozesses. Unter-Kriterien sind analog zu (2) der Aufgabenbeitrag und die Aufgabenerfüllung (vgl. Abbildung 81).

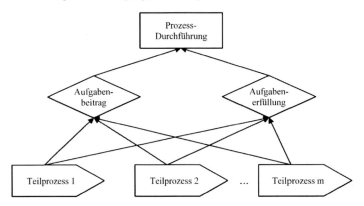

Abbildung 81: Verknüpfung von Prozesses und Teilprozessen

Auch an dieser Stelle ist es möglich, quer über *alle* Prozesse des qualitativen Wirkungsmodells oder über alle Prozesse *einer* Prozess-Hierarchie-Ebene oder auch über alle Prozesse eines übergeordneten Prozesses dasselbe Verhältnis von Aufgabenerfüllung und Aufgabenbeitrag zu verwenden. Es ist im Einzelfall auf Grundlage der gegebenen Prozessstruktur und der Aufgabenzielsetzungen der Prozesse zu entscheiden, inwiefern es als sinnvoll erscheint, hier mit unterschiedlichen oder identischen Verhältnissen zu rechnen. Falls das Verhältnis von Aufgabenbeitrag und Aufgabenerfüllung individuell angesetzt werden soll, geschieht dies analog zur Vorgehensweise aus Schritt (2). Auf diese Weise werden die Gewichtungen der Einflussgrößen Aufgabenbeitrag und Aufgabenerfüllung im Hinblick auf die Durchführung eines Prozesses bestimmt.

Zur Bestimmung der Gewichtungen der Teilprozesse hinsichtlich ihres Aufgabenbeitrags und ihrer Aufgabenerfüllung, bezogen auf die Durchführung des übergeordneten Prozesses,

5. Vorschlag eines Wertschöpfungsmodells für Informationssysteme

werden entsprechende Matrizen erstellt und die Verhältnisse der Teilprozesse untereinander, bezogen auf Aufgabenerfüllung und Aufgabenbeitrag, bewertet (vgl. Abbildung 82 und Abbildung 83).

Aufgabenbeitrag zur Prozessdurchführung	Teilprozess 1	Teilprozess 2	... Teilprozess m
Teilprozess 1	1	$a_{1,2} := w_1/w_2$	$a_{1,m} := w_1/w_m$
Teilprozess 2	$a_{2,1} := w_2/w_1$	1	$a_{2,m} := w_2/w_m$
... Teilprozess m	$a_{m,1} := w_m/w_1$	$a_{m,2} := w_m/w_2$	1

Abbildung 82: Bestimmung des Teilprozess-Aufgabenbeitrags unter Anwendung des AHP

Aufgaben-Erfüllung	Teilprozess 1	Teilprozess 2	... Teilprozess m
Teilprozess 1	1	$a_{1,2} := w_1/w_2$	$a_{1,m} := w_1/w_m$
Teilprozess 2	$a_{2,1} := w_2/w_1$	1	$a_{2,m} := w_2/w_m$
... Teilprozess m	$a_{m,1} := w_m/w_1$	$a_{m,2} := w_m/w_2$	1

Abbildung 83: Bestimmung der Teilprozess-Aufgabenerfüllung unter Anwendung des AHP

Zum Zweck der Bewertung des Aufgabenbeitrags eines Teilprozesses an der Durchführung des hierarchisch höher angesiedelten Prozesses kann die Anzahl und Häufigkeit, mit welcher der Teilprozess innerhalb des hierarchisch höher angesiedelten Prozesses durchlaufen wird, sowie die Fragestellung, ob es sich um einen Pflicht- oder Alternativbestandteil handelt, in die

Betrachtung einfließen. Pflichtbestandteile sind gegenüber Alternativbestandteilen ebenso wie Teilprozesse, welche mehrfach durchlaufen werden, gegenüber Teilprozessen, welche seltener durchlaufen werden, entsprechend höher zu bewerten.

Durch Auswertung der Matrizen und anschließende Normierung können die Gewichtungen der Teilprozesse, bezogen auf die Einflussgrößen Aufgabenerfüllung und Aufgabenbeitrag, bestimmt werden. Durch Multiplikation mit den Gewichtungen der Einflussgrößen Aufgabenbeitrag und Aufgabenerfüllung erhält man die Gewichtungen der Teilprozesse, bezogen auf die Durchführung des übergeordneten Prozesses. Durch Multiplikation mit der Relevanz des übergeordneten Prozesses, d.h. mit seiner relativen Gewichtung im Hinblick auf die Erreichung des Oberziels, wird die Relevanz jedes Teilprozesses berechnet. Sie gibt dann den Anteil an, den jeder Teilprozess an der Erreichung des Oberziels leistet, d.h. seine *relative Wertschöpfung*.

Die Durchführung des AHP zur Ermittlung der *relativen* Gewichtungen der Teilprozesse, bezogen auf einen übergeordneten Prozess, ist dabei für *identische* Prozess-Teilprozess-Teilgraphen nur jeweils einmal erforderlich. Zur Bestimmung der endgültigen Gewichtungen der Teilprozesse, bezogen auf das Oberziel, durch Multiplikation ihrer Gewichtung, bezogen auf den übergeordneten Teilprozess, mit der Gewichtung des übergeordneten Teilprozesses, bezogen auf das Oberziel, muss das streng hierarchischen qualitativen Wertschöpfungs-Wirkungsmodells allerdings ggf. mehrfach durchlaufen werden, um so die einzelnen Gewichtungen von Teilprozessen, die Bestandteil mehrerer übergeordneter Prozesse sind, durch entsprechende Aufsummierung erfassen zu können (vgl. Abbildung 84).

Da die Summe der relativen Wertschöpfungsanteile der Hauptprozesse 100% ist und für jede Prozess-Teilprozess-Dekomposition gilt, dass die Summe der relativen Gewichtungen der Teilprozesse, bezogen auf den übergeordneten Prozess, ebenfalls 100% ausmacht, kann unmittelbar gefolgert werden, dass die Summe aller relativen Wertschöpfungsanteile von nicht weiter zerlegten Prozessen wieder 100% ergibt (vgl. Abbildung 84).

5. Vorschlag eines Wertschöpfungsmodells für Informationssysteme 251

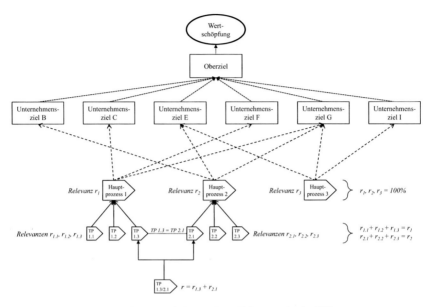

Abbildung 84: Bestimmung der Relevanz mehrfach zugeordneter Teilprozesse durch Addition

(4) Aufsummierung der Relevanzen der dem betrachteten Informationssystem zugeordneten Prozesse zur Relevanz des Informationssystems

Die Relevanz eines Informationssystems I = (A, P, R) mit A = {A_1, A_2, ..., A_n} als Menge der I zugeordneten Informationsverarbeitungsaufgaben A_i, P = {P_1, P_2, ..., P_n } als Menge der Informationsverarbeitungsprozesse, welche die Informationsverarbeitungsaufgaben A_i durchführen, und R = {R_1, R_2, ..., R_m} als Menge der I zugeordneten Aufgabenträger R_i, die für Ausführung der Informationsverarbeitungsaufgaben A_i zuständig sind, entspricht dann der Summe der einzelnen Teilprozess-Relevanzen der dem Informationssystem zugeordneten Informationsverarbeitungsprozesse, bezogen auf das Oberziel. Die Relevanz eines Informationssystems drückt dann den *relativen Anteil* des Informationssystems an der Erreichung des Oberziels, und damit an der Gesamtwertschöpfung des Unternehmens, aus. Sie gibt also die *relative Wertschöpfung* des Informationssystems an. Die *absolute Wertschöpfung* des Informationssystems schließlich ergibt sich durch Multiplikation der relativen Wertschöpfung des Informationssystems mit der Gesamtwertschöpfung des Unternehmens. Analog kann auch die absolute Wertschöpfung jedes Prozesses ermittelt werden.

5.3.5 Zu beachtende Rahmenbedingungen bei der Anwendung des Analytic Hierarchy Process zur Quantifizierung des qualitativen Wirkungsmodells

Bei der Anwendung des AHP zur Quantifizierung des qualitativen Wirkungsmodells sind neben den in Abschnitt 5.3.3 aufgeführten Axiomen einige weitere Rahmenbedingungen zu beachten. Diese sind im Einzelnen: Die Forderung nach der *Homogenität* der Bewertungsobjekte, die *Beschränkung der Anzahl* der maximal paarweise miteinander zu vergleichenden Bewertungsobjekte, sowie die Behandlung *negativer Abhängigkeiten*. Auf die genannten Punkte soll im Folgenden eingegangen werden.

Die Forderung nach der *Homogenität* der Bewertungsobjekte im Hinblick auf ein Bewertungskriterium wurde bereits bei den Axiomen zum AHP (vgl. Abschnitt 5.3.2) eingeführt. Sie sagt aus, dass die Dominanz eines Bewertungsobjekts A_i über ein anderes Bewertungsobjekt A_j innerhalb einer *Größenordnung* liegen muss[968], da ansonsten eine Abschätzung der Verhältnisse der Bewertungsobjekte zueinander im Hinblick auf das Bewertungskriterium nicht zuverlässig erfolgen kann[969]. Die Behandlung eines solchen Falls von *Inhomogenität* ist auf zwei Arten möglich[970]:

- Falls die Bewertungsobjekte bzgl. des Bewertungskriteriums relativ *gleichverteilt* vorliegen, ist eine sukzessive Bildung von *homogenen Untergruppen* sinnvoll, welche nur Bewertungselemente enthalten, deren Dominanz eine Größenordnung nicht überschreitet. Bewertungsobjekte mit einer höheren Dominanz werden in höheren Untergruppen platziert, wobei gilt, dass das „größte" Bewertungsobjekt einer Untergruppe, d.h. das Bewertungsobjekt mit der *höchsten* Dominanz über die anderen Bewertungsobjekte der Untergruppe, auch das „kleinste" Bewertungsobjekt innerhalb der folgenden Untergruppe, d.h. das Bewertungsobjekt mit der *niedrigsten* Dominanz bzgl. der anderen Bewertungsobjekte der Untergruppe, darstellt, um so die Untergruppen untereinander vergleichbar zu machen. Der Bewertungsvorgang im Hinblick auf das Bewertungskriterium erfolgt dann für jede Untergruppe separat. Durch Normierung auf die Gewichtungen derjenigen Bewertungselemente, die in je zwei Untergruppen ent-

---

[968] vgl. Saaty (2000), S. 58f.
[969] vgl. Saaty (2000), S. 72, Saaty (2000), S. 97
[970] vgl. im Folgenden Saaty (2000), S. 97f.

halten sind, kann so eine Ableitung von Gewichtungen erfolgen, welche quer über alle Untergruppen gültig sind.

- Falls die Bewertungsobjekte *nicht gleichverteilt* vorliegen, kann die Verknüpfung der Untergruppen über Bewertungsobjekte, die in je zwei homogenen Untergruppen enthalten sind, nicht erfolgen, d.h. die Ableitung von Gewichtungen, welche quer über alle Untergruppen gültig sind, kann so nicht erfolgen. Saaty schlägt in diesem Fall vor, die Gewichtungen nur innerhalb der höchsten, noch miteinander verbundenen Untergruppen zu verteilen, d.h. Bewertungsobjekten innerhalb niedrigen, nicht verbundenen Untergruppen wird eine Relevanz von null zugewiesen.

Vor der Anwendung des AHP auf die Teilgraphen des streng hierarchischen qualitativen Wertschöpfungs-Wirkungsmodells (vgl. Abschnitt 5.3.4) ist daher im Rahmen einer *Dominanzanalyse* zu prüfen, ob sich innerhalb der Teilgraphen (Prozess-Teilprozess-Bäume, Unternehmensziel-Hauptprozess-Bäume, Oberziel-Unternehmensziel-Baum) Bewertungsobjekte finden, deren Dominanz über die anderen Bewertungsobjekte des jeweiligen Teilgraphen höher als eine Größenordnung anzusehen ist, d.h. ob sich die jeweiligen Bewertungsobjekte (Teilprozesse, Hauptprozesse, Unternehmensziele) homogen zueinander im Hinblick auf das jeweilige Bewertungskriterium (Durchführung der Aufgabe des übergeordneten Prozesses im Fall von Teilprozessen, Erreichung des Unternehmensziels im Fall von Hauptprozessen, Erreichung des Oberziels im Fall von Unternehmenszielen) verhalten. Die Behandlung inhomogener Gruppen von Bewertungsobjekten erfolgt dann anhand der oben beschriebenen Verfahrensweise der Bildung homogener Untergruppen, separater Bewertung der homogenen Untergruppen mit Hilfe des paarweisen Vergleichs und anschließender Normierung, so dass sich Gewichtungen, die quer über alle homogenen Untergruppen gültig sind, ergeben.

Die *Beschränkung der Anzahl* der maximal paarweise miteinander zu vergleichenden Bewertungsobjekte ergibt sich nach Saaty zum einen als Ergebnis psychologischer Tests, wonach das menschliche Gehirn gängigerweise um *sieben* Elemente wirksam miteinander vergleichen kann[971], zum anderen aus Überlegungen zum Einfluss von Inkonsistenzen auf die abgeleiteten Gewichtungen, da bei einer höheren Anzahl von Bewertungsobjekten ihre relativen Gewichtungen zueinander kleiner und damit anfälliger gegenüber Störungen, welche aus Inkonsisten-

---

[971] vgl. Saaty (2000), S. 86

zen innerhalb der Bewertungsmatrix A resultieren, werden[972]. Aus diesem Grund schlägt Saaty die Begrenzung der Anzahl der innerhalb einer Matrix paarweise zu vergleichenden Bewertungselemente auf maximal 7+/-2 vor[973].

Die Begrenzung der Anzahl der maximal paarweise miteinander zu vergleichenden Bewertungsobjekte wird im Rahmen der Quantifizierung des qualitativen Wirkungsmodells unter Anwendung des AHP potentiell in folgenden Bewertungsstufen relevant:

- Bei einer Anzahl an wertschöpfungsrelevanten Unternehmenszielen größer als 7+/-2;
- im Fall dessen, dass mehr als 7+/-2 Hauptprozesse direkt auf die Erreichung eines bestimmten Unternehmensziels einwirken;
- im Fall einer Dekomposition eines Prozesses in mehr als 7+/-2 Teilprozesse.

Die Reduktion der innerhalb einer Matrix zu bewertenden Bewertungsobjekte ergibt sich ggf. schon nach Durchführung der Dominanzanalyse und der damit verbundenen Bildung homogener, umfangsmäßig reduzierter Untergruppen. Treten auch nach der Dominanzanalyse noch Bewertungsgruppen mit mehr als 7+/-2 zu bewertenden Bewertungsobjekten auf, müssen im qualitativen Wirkungsmodell Anpassungen vorgenommen werden, um die jeweilige Anzahl der Bewertungsobjekte zu reduzieren:

- Im Fall einer zu hohen Anzahl wertschöpfungsrelevanter Unternehmensziele, die auf das Oberziel Einfluss nehmen, ist zu untersuchen, ob wertschöpfungsrelevante Unternehmensziele ggf. zusammengelegt werden können, d.h. ob durch Komposition je zweier wertschöpfungsrelevanter Unternehmensziele, die durch ähnlichen oder eng verwandten Zielinhalt beschrieben sind, zu einem neuen wertschöpfungsrelevanten Unternehmensziel, welches im Folgenden die beiden ursprünglichen Ziele ersetzt, die Anzahl der wertschöpfungsrelevanten Unternehmensziele reduziert werden kann. Im Fall eines hierarchischen Zielsystems entspricht dies der Verwendung von Unternehmenszielen auf höheren Hierarchie-Ebenen. Zu beachten ist dabei, dass ursprünglich im qualitativen Wirkungsmodell aufgezeigte Beziehungen zwischen ersetzten Unternehmenszielen und den Hauptprozessen, deren Durchführung zur Erreichung des jeweiligen Unternehmensziels beiträgt, auch in Bezug auf die ersetzenden Unternehmensziele im neu aufgestellten Modell enthalten sind.

---

[972] vgl. Saaty (2000), S. 85f.
[973] vgl. Saaty (2000), S. 14, Saaty (2000), S. 85f.

5. Vorschlag eines Wertschöpfungsmodells für Informationssysteme 255

- Im Fall einer zu hohen Anzahl von Hauptprozessen, die zur Erreichung eines wertschöpfungsrelevanten Unternehmensziels beitragen, ist analog zu überlegen, ob die Zusammenlegung zweier oder mehrerer Hauptprozesse zu einem neuen, übergeordneten Hauptprozess sinnvoll erscheint und so die Anzahl der auf ein wertschöpfungsrelevantes Unternehmensziel einwirkenden Hauptprozesse reduziert werden kann.

- Entsprechendes gilt im Fall einer zu hohen Anzahl von Teilprozessen, die als Bestandteil eines übergeordneten Prozesses ausgewiesen sind. Auch hier ist im Einzelfall zu überprüfen, ob durch eine gröbere Unterteilung der Teilprozesse bzw. durch Einführung zusätzlicher Teilprozess-Ebenen die Anzahl der einem übergeordneten Prozess zugeordneten Teilprozesse reduziert werden kann.

Negative Abhängigkeiten, d.h. negative Werte beim Bewerten des Verhältnisses von Bewertungsobjekten im Hinblick auf ein Bewertungskriterium, sind bei der Anwendung des AHP nicht vorgesehen[974]. Im streng hierarchischen qualitativen Wertschöpfungs-Wirkungsmodell würden derartige negative Abhängigkeiten implizieren, dass die Durchführung eines Hauptprozesses der Erfüllung eines Unternehmensziels *zuwider handelt*, oder dass ein Teilprozess nicht zur Durchführung der Aufgabe des übergeordneten Prozesses beiträgt, sondern diese *behindert*. Derartige Prozesse wären dann nicht nur als nicht-wertschöpfend, sondern als *wertvernichtend* identifiziert.

Nach den Überlegungen im Zusammenhang mit der Erstellung des qualitativen Wirkungsmodells ist die Wertschöpfung eines Prozesses durch zwei Aspekte gekennzeichnet: Sein *Aufgabenbeitrag* sowie seine *Aufgabenerfüllung*.

Ein negativer Aufgabenbeitrag würde darauf schließen lassen, dass die mit einem Prozess verbundene Aufgabe die Erreichung eines Unternehmensziels bzw. die Durchführung der Aufgabe des übergeordneten Prozesses *behindert*. Als Beispiel eines derartigen negativen Einflusses einer Prozessaufgabe auf ein Unternehmensziel werden oftmals *opportunistische Prozesse* aufgeführt, die mit dem Schaffen eines Werts für den Kunden des Unternehmens verbunden sind, sich aber auf den Unternehmenserfolg negativ auswirken sollen[975]. Dieser Auffassung widerspricht der Verfasser ausdrücklich unter dem Hinweis auf die Tatsache, dass grundsätzlich *alle* Prozesse eines Unternehmens Inputs verarbeiten, d.h. Kosten verursachen

---

[974] vgl. Bedford und Cooke (2001), S. 283, Fiala (2002), S. 44
[975] etwa bei Daniel (2008), S. 54

und sich damit negativ hinsichtlich des Unternehmenserfolgs verhalten würden[976]. Der Hinweis auf einen negativen Einfluss eines Prozesses auf den Unternehmenserfolg der obigen Argumentation folgend ist daher aus Sicht des Verfassers als unsinnig zurückzuweisen. Vielmehr ist der Verfasser der Auffassung, dass negative Beziehungen zwischen Prozessen und Unternehmenszielen bzw. auch zwischen Aufgaben von übergeordneten Prozessen und Aufgaben von Teilprozessen auf *Inkonsistenzen* innerhalb des Ziel- bzw. Aufgabensystems des Unternehmens zurückzuführen sind. Beim Auftreten negativer Aufgabenbeiträge ist also in erster Linie das zugrundeliegende qualitative Wirkungsmodell hinsichtlich seiner Plausibilität zu überprüfen.

Eine negative Aufgabenerfüllung würde implizieren, dass ein Prozess die ihm durch seine Aufgabe übertragenen Zielvorgaben nicht nur nicht erfüllt, sondern *gegen diese handelt*, d.h. nach Ausführung des Teilprozesses wäre der Erfüllungsgrad der betroffenen Teilaufgabe *geringer* als vor seiner Ausführung. Inwiefern in einem solchen Fall überhaupt noch von einem geregelten Betriebsablauf gesprochen werden kann, sei an dieser Stelle in Frage gestellt.

Der Verfasser schlägt daher vor, beim Auftreten negativer Abhängigkeiten auf Haupt- oder Teilprozess-Ebene den betreffenden Prozess und ggf. alle ihm untergeordneten Teilprozesse zunächst aus dem qualitativen Wirkungsmodell zu entfernen und ihm eine Null-Wertschöpfung zuzuweisen. Die Identifikation eines derartigen Prozesses sollte denn auch Ausgangspunkt für entsprechende Prozessoptimierungs-Maßnahmen[977] im Rahmen des operativen Prozessmanagements[978] oder für ein vollständiges Prozess-Redesign[979] darstellen, in welchem die negative Abhängigkeit nach Möglichkeit behoben wird.

Zwischen dem Oberziel und den wertschöpfungsrelevanten Unternehmenszielen können per Definition keine negativen Abhängigkeiten bestehen, da das Oberziel so zu definieren ist,

---

[976] Die aus Sicht des Verfassers zutreffendere Definition des opportunistischen Prozessbegriffs findet sich etwa bei Lehmann und Reiner (2001): Diese definieren opportunistische Prozesse als „Prozesse, die aus Kundensicht wichtig sind, jedoch für den Unternehmenserfolg keinen wesentlichen direkten Beitrag liefern" (Lehmann und Reiner (2001), S. 64).
[977] Unter der Prozess-Optimierung ist die Verbesserung *vorhandener* Prozesse zu verstehen (vgl. Kremin-Buch (2007), S. 87)
[978] vgl. zum operativen Prozessmanagement etwa Bleicher (2004), S. 461ff.
[979] Im Rahmen des Prozess-Redesigns erfolgt die komplette *Neugestaltung* von Prozessen. Je nach Reichweite und inhaltlicher Konzeption wird in diesem Zusammenhang auch vom Unternehmens-Redesign gesprochen: Im Gegensatz zum Prozess-Redesign, innerhalb dessen strukturelle Maßnahmen seltener eingeschlossen sind, steht das Unternehmens-Redesign für die konsequente Neugestaltung der Aufbau- und Ablauforganisation (vgl. Picot und Böhme (1995), S. 232f.).

5. Vorschlag eines Wertschöpfungsmodells für Informationssysteme

dass sich alle Unternehmensziele vollständig komplementär zu ihm verhalten (vgl. Abschnitt 5.2).

5.3.6 Zum Bewertungsprozess / Gruppenkonsensfindung

Die Einbeziehung der tangierten Personen in einen Bewertungsprozess steigert im Allgemeinen die Akzeptanz der abgeleiteten Ergebnisse[980]. Bei der Anwendung des AHP zur Quantifizierung des qualitativen Wirkungsmodells ist daher denjenigen Fach- und Führungskräften im Unternehmen die Möglichkeit zur Partizipation am Bewertungsvorgang zu geben, die über das zur Bewertung der jeweiligen Beziehungen notwendige Fachwissen verfügen. Der Bewertungsvorgang wird dann nicht von Einzelpersonen durchgeführt, sondern durch eine *Gruppe von Personen*.

Innerhalb einer Gruppe wird nicht immer notwendigerweise Konsens bezüglich einer Bewertung bestehen. Bei der Anwendung des AHP zur Ableitung der Gewichtungen von Prozessen ist es sinnvoll, diejenigen Personen in die Bewertung mit einzubeziehen, die die jeweiligen Prozesse im Unternehmen verantworten. Da unter den Prozess-Verantwortlichen allerdings konkurrierende Interessen bestehen können, kann es notwendig sein, die individuellen Einschätzungen bei der Anwendung des AHP zu *kombinieren*, um so die endgültigen Gewichtungen ableiten zu können[981]. Dazu sind folgende Ansätze denkbar[982]:

- Die endgültigen Gewichte werden durch Anwendung eines *Mittels* gebildet, wobei die Mittelung auf Ebene der abgegebenen Bewertungen oder auf Ebene der ermittelten Gewichtungen erfolgen kann[983]. Saaty schlägt die Anwendung des *geometrischen Mittels* zur Mittelung vor, wobei sein Ansatz es zusätzlich erlaubt, der einen oder anderen Gruppe von Bewertenden bzw. dem einen oder anderen Bewertenden ein höheres Gewicht im Hinblick auf die Mittelung – etwa aufgrund eines als größer anzunehmenden Verständnisses des Sachverhalts oder aufgrund von Machtverhältnissen im Unternehmen – einzuräumen. Die Gewichtung erfolgt dann durch Anwendung eines *gewichteten geometrischen Mittels*.

---

[980] vgl. Reichwald, Möslein, Sachenbacher und Englberger (2000), S. 291, Bruhn (2006), S. 241
[981] vgl. Saaty (2000), S. 197
[982] vgl. Saaty (2000), S. 201
[983] vgl. im Folgenden Saaty (2000), S. 202ff.

Nach Saaty bietet sich dieses Verfahren besonders an, wenn die Anzahl der Bewertungspersonen bzw. -gruppen überschaubar ist und diese im Dialog die Bewertung vornehmen können[984]. Dazu ist allerdings anzumerken, dass auf diese Weise keineswegs sichergestellt ist, dass die abgeleiteten Ergebnisse von den am Bewertungsvorgang Beteiligten so akzeptiert werden. Dies sei an folgendem fiktiven Beispiel kurz näher ausgeführt: Zu bewerten sei das Verhältnis zweier Teilprozesse P_1 und P_2 im Hinblick auf ihre Aufgabenerfüllung. Derjenige Prozessverantwortliche, der P_1 verantwortet, weist dem Verhältnis einen Wert von 9 (extreme Dominanz von P_1 über P_2) zu. Umgekehrt sieht der Prozessverantwortliche von P_2 eine extreme Dominanz von P_2 über P_1. Durch Anwenden des geometrischen Mittels würde den Prozessen dasselbe Gewicht zugeordnet[985]. Mit der so abgeleiteten Gewichtung von P_1 und P_2 würde allerdings *keiner* der am Bewertungsprozess Beteiligten einverstanden sein, was die Akzeptanz des abgeleiteten Gewichtungsergebnisses in Frage stellen würde.

- Bei einer hohen Anzahl bewertender Personen und bei räumlicher Entfernung der Bewertenden zueinander schlägt Saaty die Anwendung eines *statistischen* Verfahrens vor, bei dem nicht die Inkonsistenz der Bewertung einer einzelnen Person bzw. Gruppe im Vordergrund der Betrachtung steht, sondern die Inkonsistenzen *zwischen* den Bewertungen der einzelnen Personen bzw. Gruppen[986]. Die Bewertenden (Einzelpersonen oder Gruppen) werden dabei basierend auf den durch sie abgegebenen Bewertungen zu homogenen Gruppen zusammengefasst, deren jeweilige Bewertungen als beobachtete Werte einer unbekannten statistischen Verteilung angesehen werden, deren Parameter abzuschätzen sind[987]. Durch Anwendung der Maximum-Likelihood-Schätzung können einzelne Bewertungen *einer* homogenen Gruppe abgeschätzt werden. Falls die Bewertungen aller homogenen Gruppen nicht übereinstimmen, wird entweder diejenige Bewertung verwendet, die in der Mehrzahl aller homogenen Gruppen enthalten ist, oder die homogenen Gruppen werden untereinander gewichtet und die endgültige Bewertung wird unter Anwendung einer Mittelung analog zu den oben

---

[984] vgl. Saaty (2000), S. 201
[985] Der Prozessverantwortliche von P_1 bewertet das Verhältnis von P_1 zu P_2 mit 9; der Prozessverantwortliche von bewertet das Verhältnis von P_2 zu P_1 mit 9, daraus ergibt sich: Bewertungsverhältnis von P_1 zu P_2 (gewichtet) $= \sqrt{9 \times \frac{1}{9}} = \sqrt{1} = 1$, d.h. beide Prozesse werden gleich gewichtet.
[986] vgl. Saaty (2000), S. 201
[987] vgl. im Folgenden Saaty (2000), S. 205ff.

5. Vorschlag eines Wertschöpfungsmodells für Informationssysteme

beschriebenen Ausführungen ermittelt. Allerdings stellt auch das statistische Verfahren die Akzeptanz der abgeleiteten Ergebnisse nicht sicher.

Zur Erhöhung der Akzeptanz der durch den Bewertungsvorgang abgeleiteten Ergebnisse ist es notwendig, bei ungleichen Einschätzungen eine Lösung bezüglich der aufzustellenden Bewertungen herbeizuführen[988]. Dazu sind folgende Vorgehensweisen denkbar (vgl. Abbildung 85):

Vorgehensweise	Vorteile	Nachteile
Konflikt ignorieren	• Keine	• Scheinlösung • Nur Aufschieben des Konflikts • Frustration
Beschluss von oben	• Schnelle Lösung • Arbeit läuft in verbesserter Form (suboptimal) weiter	• Gefühl des Übergangenwerdens • Bei Wiederholungsfällen Frustration
Kompromissfindung	• Interessen der Beteiligten werden berücksichtigt • Gemeinsame Lösung • Motivatorische Wirkung	• Zeitaufwand • Anspruch an die Beteiligten
Konsensfindung	• Interessen der Beteiligten werden berücksichtigt • Gemeinsame Lösung • Beständigkeit der Lösung • Motivatorische Wirkung	• Hoher Zeitaufwand • Hoher Anspruch an die Beteiligten
Delegation an eine neutrale Person	• Interessen der Beteiligten werden berücksichtigt • Neutrale Lösung • Beständigkeit der Lösung	• Zeitaufwand • Ggf. finanzieller Aufwand • Information an Externe

Abbildung 85: Vorgehensweisen zur Konfliktlösung und deren Vor- und Nachteile[989]

---

[988] vgl. Saaty (2000), S. 198f.
[989] in Anlehnung an Dörrenberg und Möller (2003), S. 152

Das Ignorieren der unterschiedlichen Bewertungen ist offensichtlich kein sinnvoller Ansatz zur Bestimmung der endgültig verwendeten Bewertungen[990]. Bei der *Konsensfindung* wird versucht, einen Konsens herbeizuführen, mit dem alle Beteiligten einverstanden sind. Dies ist im Allgemeinen mit der höchsten Akzeptanz der Bewertenden verbunden. Bei der *Kompromissfindung* sind Zugeständnisse durch die Bewertenden zu machen[991]. Im oben beschriebenen Beispiel der extrem unterschiedlich bewerteten Dominanz zweier Prozesse P_1 und P_2 könnte dies auf die Gleichgewichtung beider Prozesse hinaus laufen, sofern dies im gegenseitigen Einverständnis *beider* Prozessverantwortlicher geschieht.

In Fällen, in denen *keine* einvernehmliche Lösung gefunden werden kann, ist durch eine *hierarchisch höher stehende Person* festzulegen, welcher Bewertungswert in die Ableitung der endgültigen Gewichtungen einzufließen hat, wobei dies unter Anwendung der beschriebenen Mittelung und/oder Gewichtung von Bewertenden geschehen kann. Allerdings ist hier die Akzeptanz der Bewertenden als deutlich geringer einzustufen als im Konsens- oder Kompromissfall. Alternativ bietet sich die *Delegation* der Konfliktlösung an eine *neutrale Person* an, welche den endgültig zu verwendenden Bewertungswert nach Anhörung der Argumente aller Parteien festsetzt.

Zur Konsens- und Kompromissfindung werden in der in umfangreichem Maß vorhandenen, einschlägigen Literatur zahlreiche Ansätze diskutiert, auf die in diesem Zusammenhang nur verwiesen werden soll[992].

5.3.7 Fallstudie: Das quantitative Wertschöpfungsmodell zum Informationssystem „Software-Lizenz-Verwaltung"

Die quantitative Bewertung des in Abschnitt 5.2.2 erarbeiteten, qualitativen Wirkungsmodells des Informationssystems „Software-Lizenz-Verwaltung" (SLV) erfolgte gemäß den Ausführungen der Abschnitte 5.3.3 bis 5.3.6 unter Anwendung des Analytic Hierarchy Processes mit paarweisem Vergleich der zu bewertenden Elemente.

Zunächst wurde überprüft, inwiefern das qualitative Wirkungsmodell des Informationssystems SLV die in Abschnitt 5.3.3 erläuterten Voraussetzungen der Anwendung des AHP

---

[990] vgl. im Folgenden Dörrenberg und Möller (2003), S. 150ff.
[991] vgl. Saaty (2000), S. 209f.
[992] siehe dazu etwa von Hertel (2003) (gesamtes Werk), Schwarz (2005) (gesamtes Werk), Altmann, Fiebiger und Müller (2005) (gesamtes Werk), Pink (2002), S. 85ff., Geipel (2003), S. 92ff., Bohinc (2006), S. 181ff.

5. Vorschlag eines Wertschöpfungsmodells für Informationssysteme

erfüllt. Dabei ergab sich, dass sowohl die Bedingungen der strengen Hierarchie[993] als auch der Wertschöpfungsrelevanz[994] gegeben sind, d.h. das qualitative Wirkungsmodell des Informationssystems SLV aus Abschnitt 5.2.2 bildet bereits ein *streng hierarchisches qualitatives Wertschöpfungs-Wirkungsmodell*. Die Bewertung des streng hierarchischen qualitativen Wertschöpfungs-Wirkungsmodells des Informationssystems SLV erfolgte in Workshops durch die Mitarbeiter des Fallstudienpartners. Die innerhalb des Bewertungsprozesses erhobenen Matrizen finden im Anhang der vorliegenden Ausführungen. Ihre Auswertung erfolgte unter Anwendung der AHP-Software „ExpertChoice®" in der Version 11.5 im „Distributive Mode"[995]. Bei den Bewertungsmatrizen wurde darauf geachtet, dass das errechnete Konsistenzverhältnis beim geforderten Wert von 0,1 oder darunter lag[996].

Aus Gründen der Übersichtlichkeit soll die Darstellung der quantitativ abgeleiteten Ergebnisse wiederum in grafischer Form in mehreren Teilgraphen erfolgen, die gedanklich zu einem einzigen Wertschöpfungsmodell zu vereinen sind. Atomare Teilprozesse sind wiederum mit schwarzer Umrandung versehen. Die Informationsverarbeitungsprozesse des Informationssystems SLV sind grau markiert. Die ermittelten Wertschöpfungsanteile finden sich in den schwarzen Kästen unter den einzelnen Prozessen. Der Eintrag der *relativen Wertschöpfung* (WS) bezeichnet die relative Gewichtung eines Teilprozesses, bezogen auf die anderen Teilprozesse desselben übergeordneten Prozesses. Der auf die *Gesamtwertschöpfung* bezogene *Wertschöpfungsanteil* (WSA) eines Prozesses errechnet sich gemäß der Ausführungen aus Abschnitt 5.3.4 durch Multiplikation der *relativen* Gewichtung eines Teilprozesses mit dem Wertschöpfungsanteil des im hierarchischen Wirkungsmodell übergeordneten Prozesses. Die so berechneten Wertschöpfungsanteile der in der Fallstudie analysierten Prozesse sind in Abbildung 86, Abbildung 87 und Abbildung 88 dargestellt.

---

[993] Jeder Teilprozess des qualitativen Wirkungsmodells des Informationssystems SLV ist genau *einem* übergeordneten Prozess zugeordnet (vgl. Abbildung 69). Da nur genau ein Unternehmensziel definiert wurde, sind alle Hauptprozesse genau einem Unternehmensziel zugeordnet (vgl. Abbildung 70). Das Zielsystem des Unternehmens, welches nur aus einem einzigen Unternehmensziel besteht, bildet bereits den geforderten Zielbaum (vgl. Abbildung 71).
[994] Innerhalb des qualitativen Wirkungsmodells des Informationssystems SLV existieren keine *nicht-wertschöpfenden* Teil- oder Hauptprozesse sowie keine *nicht-wertschöpfungsrelevanten* Unternehmensziele.
[995] Zum Distributive Mode vgl. die Ausführungen aus Abschnitt 5.4 bzw. Saaty (2000), S. 139ff.
[996] zur Inkonsistenz vgl. die Ausführungen aus Abschnitt 5.3.2

262   5. Vorschlag eines Wertschöpfungsmodells für Informationssysteme

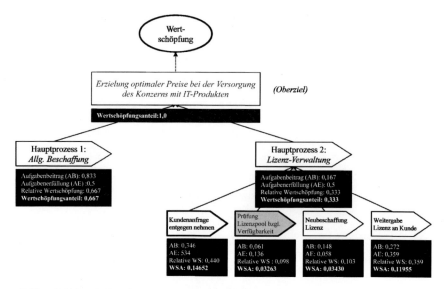

Abbildung 86: Fallstudie: Quantitatives Wertschöpfungsmodell (Ziele und Hauptprozesse)

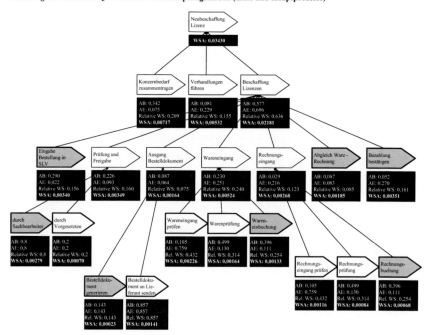

Abbildung 87: Fallstudie: Quantitatives Wertschöpfungsmodell (Teilprozesse zum Prozess „Neubeschaffung Lizenz")

5. Vorschlag eines Wertschöpfungsmodells für Informationssysteme   263

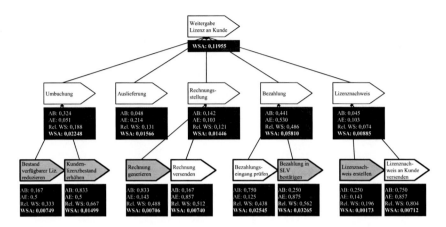

Abbildung 88: Fallstudie: Quantitatives Wertschöpfungsmodell (Teilprozesse zum Prozess „Weitergabe Lizenz an Kunde")

Aus Gründen der Übersichtlichkeit wurde jeweils auf drei (bei Angabe der relativen Gewichtungen je Teilprozess) bzw. fünf (bei Angabe der Wertschöpfungsanteile) Nachkommastellen gerundet. Ferner sind in den Abbildungen der Aufgabenbeitrag (AB) sowie die Aufgabenerfüllung (AE) jedes Teilprozesses, relativ zu den anderen Teilprozessen desselben übergeordneten Prozesses, ausgewiesen.

Durch Aufsummieren der Wertschöpfungsanteile der dem Informationssystem SLV zugeordneten Informationsverarbeitungsprozesse konnte im Anschluss dessen Wertschöpfungsanteil errechnet werden (vgl. Abbildung 89).

Die relative Wertschöpfung des in der Fallstudie betrachteten Informationssystems SLV ergab sich danach zu **11,034%**. Bei einer angenommenen absoluten Wertschöpfung des Fallstudienpartners von 20.000.000 €[997] im zugrunde gelegten Betrachtungszeitraum entfällt somit auf das Informationssystem SLV eine absolute Wertschöpfung von 11,034% * 20.000.000 € = **2.206.800 €**. Die Stabilität dieses Ergebnisses wurde im Rahmen einer Sensitivitätsanalyse bestätigt.

---

[997] die Wertschöpfung von 20.000.000 € ist eine rein fiktive Größe zur Verdeutlichung der Vorgehensweise

264   5. Vorschlag eines Wertschöpfungsmodells für Informationssysteme

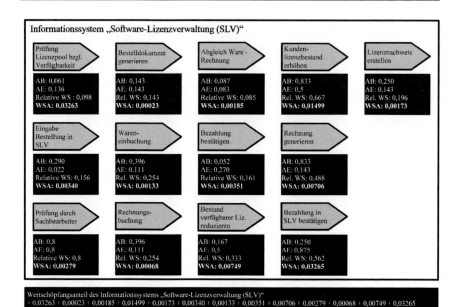

Abbildung 89: Fallstudie: Wertschöpfungsanteile des Informationssystems "Software-Lizenz-Verwaltung" und der zugehörigen Informationsverarbeitungsprozesse

Im Anschluss an die Berechnung der Wertschöpfungsanteile wurden die Mitarbeiter des Fallstudienpartners im Rahmen von Einzelinterviews hinsichtlich ihrer Einschätzung zur Vorgehensweise und zu den durch die Anwendung der Modelle abgeleiteten Erkenntnissen befragt. Dabei wurde dem qualitativen Wirkungs- und dem quantitativen Wertschöpfungsmodell bescheinigt, die Prozessabläufe innerhalb des Unternehmens sowie die Beteiligung des betrachteten Informationssystems SLV an den Abläufen im Unternehmen in *nachvollziehbarer* Weise darzustellen. Die durch das quantitative Wertschöpfungsmodell erarbeiteten Ergebnisse wurden als *plausibel* eingestuft und leisten *erstmals* eine monetäre Beschreibung des Werts, den das betrachtete Informationssystem SLV für den Fallstudienpartner aufweist.

Wichtig war den Mitarbeitern des Fallstudienpartners die *separate* Ausweisung von Aufgabenbeitrag und Aufgabenerfüllung auf Ebene einzelner Prozesse, um hieraus konkrete Handlungsempfehlungen im Rahmen eines Prozessmanagements ableiten zu können (vgl. Abschnitt 5.3.8). Nach Einschätzung der Mitarbeiter des Fallstudienpartners stellt das Wertschöpfungsmodell für Informationssysteme auch einen sinnvollen Ansatz zur *Priorisierung* mehrerer Informationssysteme untereinander über die von ihnen geleistete Wertschöpfung dar.

5.3.8 Zur Interpretation der Ergebnisse

Die Anwendung des AHP zur Quantifizierung des qualitativen Wirkungsmodells liefert Anteile an der Gesamtwertschöpfung des Unternehmens, die durch die jeweils betrachteten Prozesse erbracht werden. Durch Aufsummierung der Wertschöpfungsanteile, die durch die Informationsverarbeitungsprozesse eines Informationssystems erbracht werden, kann so der Anteil des Informationssystems an der erbrachten Gesamtwertschöpfung bestimmt werden.

Die ermittelten Wertschöpfungsanteile sind, gemäß der obigen Ausführungen, als Ergebnisse eines *subjektiven* Analyse- und Bewertungsvorgangs zu verstehen. Subjektive Einschätzungen des oder der Bewertenden fließen zum einen direkt in die Erstellung des qualitativen Wirkungsmodells ein, etwa bei der Fragestellung, ob ein bestimmtes Unternehmensziel in die Menge der betrachteten Unternehmensziele aufzunehmen ist oder nicht[998]. Zum anderen ist, wie bereits ausgeführt, das Ergebnis *jedes* Bewertungsvorgangs - auch bei der Anwendung einer empirisch belegbar bewährten Bewertungsmethode wie dem AHP - als hochgradig subjektiv einzuschätzen[999]. Die abgeleiteten Ergebnisse spiegeln daher die Einschätzungen des oder der Bewertenden wider, dürfen aber *nicht* als objektiv ermittelte, allgemein gültige Werte aufgefasst werden.

Die Interpretation der Wertschöpfung eines Informationssystems ist auf mehrere Arten möglich. Zum einen kann die Wertschöpfung *im relativen Vergleich* zu anderen Prozessen bzw. Informationssystemen des Unternehmens gesehen werden, sofern deren Wertschöpfung ebenfalls gemäß den obigen Ausführungen bestimmt wurde. Auf diese Weise ist die Ableitung einer *Rangfolge* der Informationssysteme eines Unternehmens möglich, die die Bedeutung der innerhalb des Unternehmens eingesetzten Informationssysteme zueinander widerspiegelt. Ferner können die Wertschöpfungsanteile mehrerer Prozesse bzw. Informationssysteme zu ihren Kosten ins Verhältnis gesetzt werden, sofern diese bekannt sind, um so ihre Produktivität auszudrücken. Als Ergebnis erhält man dann die Produktivitätsrangfolge der Prozesse bzw. Informationssysteme des Unternehmens.

---

[998] vgl. Schierenbeck (2003), S. 170
[999] vgl. Grochla (1995), S. 408

Prozesse sind *effektiv*, wenn ihre Ergebnisse die Erwartungen der externen Kunden des Unternehmens erfüllen und sie dazu beitragen, die Unternehmensziele zu erreichen[1000]. Sie sind *effizient*, wenn sie ihre Leistungen wirtschaftlich erzeugen[1001]. Prozesseffektivität und Prozesseffizienz können einander in Form eines *Portfolios* gegenübergestellt und auf diese Weise visualisiert werden[1002]. Durch Interpretation von Aufgabenbeitrag und Aufgabenerfüllung als Prozesseffektivität bzw. Prozesseffizienz und separate Betrachtung von Aufgabenbeitrag und Aufgabenerfüllung der Teilprozesse eines Prozesses lässt sich deren Effektivität und Effizienz im relativen Vergleich zueinander ermitteln. Die betrachteten Teilprozesse können dann in einem *Prozessportfolio* einander gegenübergestellt werden, welches ihre Prozesseffektivität und Prozesseffizienz visualisiert (vgl. Abbildung 90).

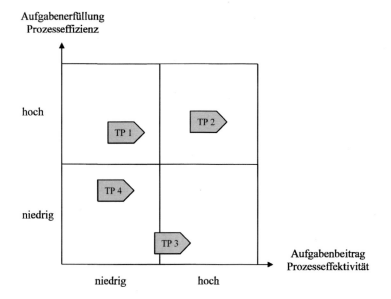

Abbildung 90: Prozessportfolio der Teilprozesse eines Prozesses

Auf diese Weise lässt sich eine *Optimierungsrangfolge* einzelner Teilprozesse ableiten: Teilprozesse mit hoher Prozesseffektivität (in Abbildung 90 die Teilprozesse 2 und 3) sind im Hinblick auf die Erbringung der Leistung des Gesamtprozesses als wichtiger einzustufen als

---

[1000] vgl. Schmelzer und Sesselmann (2007), S. 66
[1001] vgl. Schmelzer und Sesselmann (2007), S. 66
[1002] vgl. Schuh, Friedli und Kurr (2006), S. 51

5. Vorschlag eines Wertschöpfungsmodells für Informationssysteme

solche mit niedriger Prozesseffektivität (in Abbildung 90 die Teilprozesse 1 und 4). Teilprozesse mit hoher Prozesseffektivität, aber niedriger Prozesseffizienz weisen ein hohes *Optimierungspotential* auf. Bei der Einleitung effizienzsteigernder Maßnahmen sollten sie daher Vorrang genießen.

Eine andere Art der Interpretation der abgeleiteten Ergebnisse stellt die *absolute* Betrachtung der errechneten Wertschöpfungsanteile dar. Durch Multiplikation mit der gemäß der Bilanz des Unternehmens realisierten Wertschöpfung kann die Wertschöpfung des Informationssystems in Form einer monetären Zahl ausgedrückt werden. Sie entspricht dann einer *Näherung* des Werts, der durch das Informationssystem innerhalb des betrachteten Unternehmens geschaffen wird. Durch Aufsummierung der Wertschöpfungsanteile *aller* Informationssysteme eines Unternehmens lässt sich der Anteil an der Wertschöpfung bestimmen, der durch die IT des Unternehmens erbracht wird. Über diesen Anteil lässt sich die *Bedeutung* des Einsatzes von IT bezogen auf das Unternehmen abschätzen.

Die ermittelten Wertschöpfungsanteile dürfen *nicht* als *Marktwerte* aufgefasst werden, wie sie sich aus Sicht der *Kunden* des Unternehmens darstellen, da Kunden nur für die Produkte eines Unternehmens als ganze, und *nicht* für einzelne Teilleistungen (Vorgänge an den Produkten) oder für die *indirekten* Leistungsbereiche des Unternehmens (Verwaltung, Management etc.) bezahlen[1003]. Die ermittelten Wertschöpfungsanteile entsprechen der *Bedeutung* der zugehörigen Objekte (Informationssysteme, Prozesse) aus Sicht des oder Bewertenden im Hinblick auf die Erfüllung des Oberziels des Unternehmens.

Der Verfasser weist in diesem Zusammenhang nochmals ausdrücklich darauf hin, dass es sich bei allen abgeleiteten Werten um *Näherungswerte* handelt. Den durch Anwendung des AHP ermittelten Gewichtungen wird in der Literatur größte Glaubwürdigkeit bescheinigt, den berechneten Ergebnissen sollte dennoch nicht blind vertraut werden. Vielmehr sieht der Verfasser gerade im Anstoß einer kritischen Reflexion, innerhalb welcher die *Plausibilität* der abgeleiteten Ergebnisse diskutiert und analysiert wird, den größten Nutzen des Einsatzes des dargestellten Modells.

Die Quantifizierung des qualitativen Wirkungsmodells unter Anwendung des AHP kann auch nur auf Teilbereiche beschränkt bleiben, etwa wenn die Wertschöpfung von Teilprozessen bezo-

---

[1003] vgl. Finkeissen (1999), S. 173

gen auf einen übergeordneten Prozess bestimmt werden soll. Die Wertschöpfung der Teilprozesse entspricht dann dem relativen Anteil, den die sie im Hinblick auf die durch den gesamten, übergeordneten Prozess erbrachte Wertschöpfung leisten. Falls alle Informationsverarbeitungsprozesse eines Informationssystems innerhalb des Prozess-Teilprozess-Baums *eines* übergeordneten Prozesses liegen, kann durch Aufsummierung der relativen Wertschöpfungsanteile der Informationsverarbeitungsprozesse des Informationssystems auch dessen relativer Wertschöpfungsanteil, bezogen auf den übergeordneten Prozess, errechnet werden. Die Angabe einer absoluten Wertschöpfung für das Informationssystem in monetärer Form ist so allerdings nur möglich, wenn auch die Wertschöpfung des übergeordneten Prozesses als monetäre Zahl bekannt ist.

Durch separate Betrachtung der Informationsverarbeitungsprozesse innerhalb eines Informationssystems lässt sich ferner untersuchen, welche Aufgaben des Informationssystems in welchem Umfang zu dessen Wertschöpfung bzw. zur Gesamtwertschöpfung beitragen. Die Analyse kann dabei bis auf die Ebene atomarer Teilprozesse, die innerhalb eines einzigen Arbeitsschritts abgearbeitet werden, verfeinert werden.

Falls die Gesamtwertschöpfung des Unternehmens, wie sie sich etwa aus dessen Bilanz ergibt, negativ ist, ist von der Zurechnung der Gesamtwertschöpfung auf einzelne Informationssysteme bzw. Prozesse abzuraten, da diese dann entsprechend ebenfalls negativ ausfallen würden, wobei ein Informationssystem bzw. Prozess mit hohem Aufgabenbeitrag und hoher Aufgabenerfüllung ein entsprechend hoher Anteil an der (negativen) Gesamtwertschöpfung zugewiesen werden würde. Dies ist allerdings *nicht* als sinnvoll einzustufen. Vielmehr ist davon auszugehen, dass durch einen hohen Aufgabenbeitrag bzw. eine hohe Aufgabenerfüllung die negativ ausgewiesene Gesamtwertschöpfung nicht noch negativer ausgefallen ist. Bei einer negativen Gesamtwertschöpfung empfiehlt der Verfasser daher, lediglich die *relativ* errechneten Wertschöpfungsanteile als Grundlage für weitere Analysen zu verwenden.

5.4 Kritische Reflexion des Wertschöpfungsmodells

Mit der dargestellten Methodik liegt ein Instrument vor, welches sich zur Ermittlung der *relativen Bedeutung* der Informationssysteme und Prozesse innerhalb eines Unternehmens untereinander eignet. Über die Zurechnung der Gesamtwertschöpfung des Unternehmens, wie sie etwa aus der Bilanz abgeleitet werden kann, auf einzelne Informationssysteme bzw. Prozesse kann deren Wertschöpfungsanteil in monetärer Form *näherungsweise* angegeben werden.

5. Vorschlag eines Wertschöpfungsmodells für Informationssysteme 269

Eine weitere Analyse hinsichtlich der Entstehung der Wertschöpfung innerhalb des Informationssystems erfolgt gemäß der Zielsetzung der vorliegenden Ausführungen *nicht*. Vor der Erstellung des Wertschöpfungsmodells müssen die Ziele des betrachteten Unternehmens, das Prozessmodell sowie die Beschreibung der jeweiligen Aufgaben der Prozesse bekannt bzw. gegeben sein.

Der ermittelte Wertschöpfungsanteil von Informationssystemen bzw. Prozessen hängt *unmittelbar* von den Einschätzungen und Bewertungen der an der Durchführung der Analysen beteiligten Personen ab, auch wenn in der Literatur zum Teil angeführt wird, dass durch die Anwendung des AHP die Subjektivität und der Manipulationsspielraum bei der Ermittlung der endgültigen Ergebnisse reduziert, aber nicht vollständig ausgeräumt werden[1004]. Dies ist bei der Interpretation der Ergebnisse zu beachten. Die Verwendung der ermittelten anteiligen Wertschöpfungsanteile auf Punkt und Komma genau ist folglich als unsinnig zurückzuweisen. Vielmehr sollte vor allem die *relative* Bedeutung von Informationssystemen, Informationsverarbeitungsprozessen und anderen Prozessen zueinander die Grundlage für weitergehende Untersuchungen und Entscheidungen sein.

Die Beschreibung eines Informationssystems über die ihm zugeordneten Informationsverarbeitungsaufgaben bzw. Informationsverarbeitungsprozesse entspricht einer *prozessorientierten* bzw. *funktionalen* Sichtweise auf Informationssysteme. Entsprechend können durch das dargestellte Modell nur prozessorientierte bzw. funktionale Wirkungen von Informationssystemen erfasst werden. In der einschlägigen Literatur werden weitere Abstraktionssichten auf das Betrachtungsobjekt Informationssystem beschrieben[1005]. In diesen anderen Sichten auf Informationssysteme lassen sich möglicherweise weitere Wirkungseffekte finden, die durch das dargestellte Modell nicht erfasst werden können. Das Wertschöpfungsmodell ist daher als *partielle* Beschreibung der Ergebnisseite eines Informationssystems einzustufen, das die Ergebnisseite des Informationssystems unter dem Aspekt des Beitrags an der Gesamtwert-

---

[1004] vgl. Hemmert (2003), S. 307
[1005] Nach Scheer werden die *Datensicht* (Beschreibung der Daten, welche Zustände und Ereignisse des Informationssystems repräsentieren), die *Funktionssicht* (Beschreibung der (Teil-)Funktionen des Informationssystems sowie die zwischen den Funktionen bestehenden Anordnungsbeziehungen), die *Organisationssicht* (Strukturen und Beziehungen von Aufgabenträgern und Organisationseinheiten, welche dem Informationssystem zugeordnet sind) und die *Steuerungssicht* (Beziehungen, die zwischen den obigen Sichten auf das Informationssystem existieren) unterschieden (vgl. Scheer (1988), S. 12ff.). Specker differenziert zwischen den Aspekten der *Prozesse* (sachlogische und zeitliche Abfolge der Operationen), *Funktionen* (Verwandtschaft und Ähnlichkeit der Elementarfunktionen), *Objekte* (bearbeitete Elemente) und *Aufgaben* (stellen- bzw. personenbezogene Zuordnung von Aufgaben), welche ein Informationssystem beschreiben (vgl. Specker (2004), S. 35).

schöpfung eines Unternehmens bzw. an der Wertschöpfung der übergeordneten Prozesse charakterisiert.

Das dargestellte quantitative Wertschöpfungsmodell beinhaltet die Hypothese, dass sich die Wertschöpfung eines Prozesses annähernd *proportional* zur Relevanz des Prozesses, d.h. der gewichteten Verknüpfung seines Aufgabenbeitrags und seiner Aufgabeerfüllung, verhält. Diese Hypothese wurde aus theoretischen Überlegungen zum Wertschöpfungs-, Prozessleistungs- und Aufgabenbegriff abgeleitet. Ihre *Validität* ist damit allerdings noch nicht begründet; sie muss in einer über einzelne Fallstudien hinausgehende, breiter angelegte, empirische Untersuchungen bestätigt werden.

Die abgeleiteten Ergebnisse der quantitativen Analyse des qualitativen Wirkungsmodells hängen unmittelbar von der verwendeten Bewertungsmethodik - hier also dem AHP - ab. Auch wenn den durch den Einsatz des AHP abgeleiteten Ergebnissen, wie bereits ausgeführt, größte Glaubwürdigkeit und Plausibilität bescheinigt werden, finden sich in der Literatur auch kritische Diskussionen zum AHP[1006]. Die wichtigsten Kritikpunkte sind dabei[1007]: Die Möglichkeit des Auftretens von *Rangreversionen*, die Verwendung der *Bewertungsskala* für die paarweisen Vergleiche sowie die *Anzahl* der notwendigen paarweisen Vergleiche[1008].

Die *Rangreversion* beschreibt ein Phänomen, bei welchem sich durch *Aufnahme* einer *neuen* Alternative oder durch *Entfernen* einer Alternative die Reihenfolge der Gewichtung der bisherigen Alternativen ändert[1009]. Gegeben seien etwa zwei Alternativen X_1 und X_2 mit Gewichtungen x_1 und x_2, wobei gilt: $x_1 > x_2$. Durch Aufnahme einer neuen Alternative X_3 mit Gewichtung x_3 ergebe sich die neue Reihenfolge der Gewichtungen zu $x_3 > x_2 > x_1$, d.h. die Reihenfolge der Gewichtungen x_1 und x_2 der Alternativen X_1 und X_2 hat sich in diesem Beispiel durch Hinzufügen der Alternative X_3 umgekehrt[1010].

Forschungsarbeiten haben experimentell gezeigt, dass das Phänomen der Rangreversionen in der Praxis tatsächlich auftreten kann[1011]. Allerdings verstößt die Aufnahme einer zusätzlichen

---

[1006] vgl. Watson und Freeling (1982), Belton und Gear (1983), Watson und Freeling (1983), Saaty, Vargas und Wendell (1983), Saaty und Vargas (1984), Belton und Gear (1985), Vargas (1985), Dyer (1990), Saaty (1990), Harker und Vargas (1990), Pérez, Jimeno und Mokotoff (2006)
[1007] vgl. Ahlert (2003), S. 60
[1008] für eine umfassende kritische Betrachtung des AHP vgl. Harker und Vargas (1987)
[1009] vgl. hierzu ausführlich Dyer (1990), S. 249ff., Saaty (2000), S. 129ff., Saaty (2005), S. 215ff., Ossadnik (1998), S. 120ff.
[1010] vgl. Ahlert (2003), S. 61
[1011] vgl. Grether und Plott (1979), Hershey und Shoemaker (1980), Pommerehne, Schneider und Zweifel (1982), Tversky, Slovic und Kahneman (1990)

5. Vorschlag eines Wertschöpfungsmodells für Informationssysteme 271

Alternative gegen das Vollständigkeits-Axiom (Axiom Nummer 4) des AHP, wonach die zu bewertende Problemhierarchie bereits *vor* Anwendung des AHP *vollständig* bekannt sein muss. Zum Phänomen der Rangreversionen kann es bei der Quantifizierung des qualitativen Wirkungsmodells unter Anwendung des AHP also nur kommen, wenn *nach* der Durchführung der Quantifizierung neue Prozesse oder Unternehmensziele ins qualitative Wirkungsmodell aufgenommen oder bereits im Modell enthaltene Prozesse oder Unternehmensziele entfernt werden. In diesem Sinne ist es daher wichtig, nochmals darauf hinzuweisen, dass die Ermittlung nicht-wertschöpfungsrelevanter Unternehmensziele und Prozesse, und damit verbunden ihre *Elimination* aus dem qualitativen Wirkungsmodell, *vor* der eigentlichen Durchführung des AHP erfolgen muss.

Die Ursache der Entstehung einer Rangreversion liegt in der *Normierung* der Gewichtungen der Alternativen[1012]. Saaty schlägt daher je nach Anwendungsfall zwei unterschiedliche Verfahren zur Berechnung der Gewichtungen vor:

Im „Distributive Mode" wird die Gewichtung eines Kriteriums *proportional* zu den Gewichtungen der Alternativen auf die Alternativen verteilt und anschließend normalisiert. Die Gewichtung w_i der i-ten Alternative errechnet sich dann aus

$$w_i = \sum_{j=1}^{m} w_{ij} \left(\frac{x_j}{\sum_{i=1}^{n} w_{ij}} \right),$$

wobei x_j (j=1..m) die Gewichtung des j-ten Kriteriums darstellt und w_{ij} die die Gewichtung der i-ten Alternative (i=1..n) in Bezug auf das j-te Kriterium ist.

Durch die Aufnahme oder das Entfernen von Alternativen ändern sich die Gewichtungen der Alternativen, und es können potentiell Rangreversionen auftreten. Der „Distributive Mode" ist im Fall der gegenseitigen Abhängigkeit der Bewertungsalternativen anzuwenden, etwa bei der *Verteilung* einer Größe auf mehrere Untergrößen, so dass die Summe der den Untergrößen zugeordneten Gewichtungen wieder die Gewichtung der übergeordneten Größe ergibt. Folglich ist der „Distributive Mode" bei der Quantifizierung des qualitativen Wirkungsmodells einzusetzen.

[1012] vgl. im Folgenden Saaty (2000), S. 139ff.

Im „*Ideal Mode*" wird die Gewichtung eines Kriteriums *vollständig* auf diejenige Alternative zugerechnet, die die höchste Gewichtung in Bezug auf das Kriterium aufweist. Die Gewichtung w$_i$ der i-ten Alternative errechnet sich hier aus

$$w_i = \sum_{j=1}^{m} w_{ij} \left(\frac{x_j}{max_i\, w_{ij}} \right).$$

Der „Ideal Mode" ist dann anzuwenden, wenn aus einer Menge von Alternativen genau eine auszuwählen ist und die Gewichtungen der anderen Alternativen nicht von Interesse sind. Bei Verwendung des „Ideal Mode" hat die Aufnahme oder das Entfernen einer Alternative *keine* Auswirkungen auf die Gewichtungen der anderen Alternativen, d.h. Rangreversionen sind hier ausgeschlossen. Da bei der Quantifizierung des qualitativen Wirkungsmodells aber die Gewichtungen aller Teilprozesse bzw. Hauptprozesse bzw. Unternehmensziele im Hinblick auf das jeweilige Bewertungskriterium von Interesse sind, darf der „Ideal Mode" *nicht* zur Berechnung der Gewichtungen herangezogen werden.

Das Auftreten von Rangreversionen bei der Quantifizierung des qualitativen Wirkungsmodells ist also möglich, falls innerhalb des qualitativen Wirkungsmodells Prozesse und/oder Unternehmensziele eingefügt oder aus diesem entfernt werden. Allerdings führt Saaty aus, dass das Auftreten von Rangreversionen kein unerwünschter Nebeneffekt, sondern logische Folge eines Bewertungsvorgangs ist, bei dem die Bewertungsalternativen voneinander abhängen: „The conclusion is that introducing alternatives or deleting others often can and should have an effect on the ranks of the other alternatives because they cannot be regarded as independant without eventual peril to producing false ranks"[1013]. Falls die Bewertungsalternativen voneinander abhängen, wie es im vorliegenden Anwendungsfall des AHP gegeben ist, ist der „Distributive Mode" zur Normalisierung der Gewichtungen anzuwenden[1014]. Die Möglichkeit des Auftretens von Rangreversionen bei der Quantifizierung des qualitativen Wirkungsmodells wird ausdrücklich zugelassen, da sich durch Hinzufügen oder Entfernen von Bewertungsalternativen deren Gewichtungen und potentiell ihre Rangfolge zueinander bei gegenseitiger Abhängigkeit ändern *soll*. Der Kritikpunkt des möglichen Auftretens von Rangreversionen ist daher im gegebenen Anwendungsfall *nicht* als valide einzustufen.

[1013] Saaty (2005), S. 216
[1014] vgl. Saaty (2005), S. 216

5. Vorschlag eines Wertschöpfungsmodells für Informationssysteme

Ein weiterer, vielfach angeführter Kritikpunkt am AHP ist die Verwendung der *Bewertungsskala* mit Werten von eins bis neun (bzw. Kehrwerten dazu)[1015]. Die Verwendung anderer Bewertungsskalen kann zu anderen Gewichtungen bzw. sogar Rangfolgen der Bewertungsalternativen führen[1016]. Dem ist zu entgegnen, dass die Eignung der von Saaty vorgeschlagenen Skala in zahlreichen empirischen Tests gegenüber anderen Bewertungsskalen nachgewiesen wurde[1017]. Grundsätzlich stellt die Verwendung von Saatys Skala einen angreifbaren Punkt bei der Quantifizierung des qualitativen Wirkungsmodells dar, allerdings ist die Tauglichkeit von Saatys Bewertungsskala in der Praxis sowie die Glaubwürdigkeit der durch sie ermittelten Ergebnisse empirisch bestätigt[1018].

Generell kann die dargestellte Methodik auch unter Einbeziehung eines anderen Bewertungsverfahrens Ergebnisse liefern. Auch in diesem Zusammenhang ist aber darauf hinzuweisen, dass die Glaubwürdigkeit und Plausibilität der durch den Einsatz des AHP abgeleiteten Ergebnisse empirisch bestätigt wurden. Der AHP wird im Hinblick auf die Zielsetzung der vorgestellten Methodik als das geeignetste Bewertungsverfahren eingestuft, auch wenn letztendlich die *Korrektheit* der abgeleiteten Ergebnisse *nicht* bewiesen werden kann. Die ermittelten Wertschöpfungsanteile sind daher nicht zuletzt auch aus diesem Grund als *Orientierungsgrößen* für weitergehende Analysen oder Entscheidungen zu verstehen; sie dürfen aber *nicht* als objektiv ermittelte, 100%ig korrekte Werte aufgefasst werden.

Ein letzter Kritikpunkt betrifft die Berechnungsmethode zur Ableitung der Eigenvektoren und die hierfür erforderliche *Anzahl paarweiser* Vergleiche, welche hohe Anforderungen an das Abstraktionsvermögen der Bewertenden stellen, da die Bewertungen je zweier Alternativen jeweils isoliert von den restlichen Bewertungen betrachtet werden müssen[1019]. Allerdings bereinigt die hohe Anzahl paarweiser Vergleiche einzelne, abweichende Einschätzungen[1020] und führt so zu einer höheren Qualität der Bewertung und letztendlich der abgeleiteten Ergebnisse[1021].

[1015] vgl. Dyer (1990), S. 251ff., French (1988), S. 80ff.
[1016] vgl. Rommelfanger und Eickemeier (2001), S. 158
[1017] vgl. Weber (1993), S. 85f.
[1018] vgl. die Ausführungen aus Abschnitt 5.3.1
[1019] vgl. Tscheulin (1992), S. 154
[1020] vgl. Stummer (2003), S. 293
[1021] vgl. Saaty (2005), S. 3

Der Aufwand zur Durchführung der Quantifizierung des qualitativen Wirkungsmodells kann aufgrund der separaten Betrachtung von Aufgabenbeitrag und Aufgabenerfüllung durchaus nicht unerheblich sein. Aufgrund der Verwendung des *partiellen* Prozessmodells innerhalb des qualitativen Wirkungsmodells, welches nur die im Hinblick auf die Zielsetzung relevanten Teilprozesse des betrachteten Unternehmens beinhaltet, wird der Aufwand allerdings bereits auf das erforderliche Mindestmaß reduziert. Bei der Erstellung des Wertschöpfungsmodells handelt es sich um eine *komplexe* Vorgehensweise, die *detailliert* die verschiedenen Einflussfaktoren der Wertschöpfung eines Informationssystems bzw. Prozesses auf Prozessebene ableitet. Die Bestimmung der Wertschöpfung eines Informationssystems bzw. Prozesses ist eine *komplexe* Problemstellung. In diesem Sinne muss davon ausgegangen werden, dass die Methodik zur Lösung dieser Problemstellung ebenfalls komplex und zeitaufwendig ist[1022].

[1022] Nach Lehmann Pollheimer und Mey (2001) stellen der Versuch der Lösung eines komplexen Problems unter Anwendung eines Routineverfahrens sowie die Beschränkung der Zeit zur Lösung eines komplexen Problems die typischen Fehler in komplexen Problemsituationen dar (vgl. Lehmann Pollheimer und Mey (2001), S. 21).

6 Ergebnis und Ausblick

Die vorliegenden Ausführungen zeigten, dass bei der Bestimmung und Bewertung der Wirkungen der Ergebnisseite von Informationssystemen nach wie vor Bedarf an Methoden, Verfahren und Modellen besteht. Die bestehenden Methoden, Verfahren und Modelle - und auch das im Rahmen der Arbeit abgeleitete Wertschöpfungsmodell für Informationssysteme - weisen allesamt einen relativ klar definierten Einsatzbereich auf, innerhalb dessen sie Informationen über die Wirkungen von Informationssystemen in Unternehmen generieren. Aufgrund der Komplexität und Vielfältigkeit dieser Wirkungen ist zu bezweifeln, dass jemals ein universelles Verfahren oder Modell bzw. eine universelle Methode zur umfassenden und vollständigen Bestimmung und Bewertung der Wirkungen der Ergebnisseite von Informationssystemen existieren wird. Vielmehr ist aus Sicht des Verfassers die Konzeption und Kombination spezialisierter Verfahren mit klar definierten Einsatzbereichen als zielführender anzusehen.

Die in Abschnitt 2 ermittelten Kriterien zur Beschreibung der Einsatzbereiche von Methoden, Verfahren und Modellen erheben nicht den Anspruch auf Vollständigkeit. Aufgrund der beschriebenen Komplexität der Wirkungen von Informationssystemen in Unternehmen erscheint es möglich, dass sich situativ in den einzelnen Unternehmen weitere Kriterien für eine noch feinere Abgrenzung der einzelnen Einsatzbereiche ergeben können. Dennoch konnten in Abschnitt 3 durch Gegenüberstellung der Kriterien mit den existierenden Methoden, Verfahren und Modellen deren Einsatzbereiche beschrieben und Vermutungen über Defizite innerhalb der Problemstellung der Bestimmung und Bewertung der Wirkungen der Ergebnisseite von Informationssystemen aufgestellt werden. Diese Vermutungen wurden im Rahmen der vorliegenden Ausführungen mit Hilfe von Ergebnissen separat erhobener, empirischer Studien untermauert - ein Beweis für die Gültigkeit der Vermutungen ist hiermit allerdings noch nicht geliefert. Die erarbeiteten Vermutungen sind als Ausgangspunkt weiterer Forschungsarbeiten anzusehen, innerhalb derer ihre Gültigkeit empirisch nachzuweisen ist.

Das in den Abschnitten 4 und 5 erarbeitete Wertschöpfungsmodell für Informationssysteme fasst ein Informationssystem als Menge von Informationsverarbeitungsprozessen auf. Es modelliert und analysiert die Wirkungen des Einsatzes eines Informationssystems auf die Ziele und Prozesse eines Unternehmens und leitet für die Informationsverarbeitungsprozesse eines Informationssystems die durch sie *erbrachten* Anteile an der Gesamtwertschöpfung des Unternehmens ab. Die Wertschöpfung eines Informationssystems kann in relativer, *quantitativer* Form durch Aufsummieren der Wertschöpfungsanteile der ihm zugeordneten Informationsverarbeitungsprozesse berechnet werden. Durch Multiplikation mit der Wertschöpfung des Unternehmens als monetäre Kennzahl kann auch die *absolute Wertschöpfung* eines Informationssystems, ebenfalls in Form einer *monetären Kennzahl*, errechnet werden.

Dem Wertschöpfungsmodell liegt eine *funktional-organisatorische* Sichtweise auf Informationssysteme zugrunde. Entsprechend können von ihm nur funktional-organisatorische Wirkungen des Einsatzes von Informationssystemen erfasst werden. Möglicherweise finden sich jedoch auch in anderen Sichten auf Informationssysteme (Datensicht, Steuerungssicht) weitere Wirkungen, die so nicht bestimmt werden können. Das Wertschöpfungsmodell ist daher zunächst als *partielles* Modell anzusehen, dass die Wirkungen des Einsatzes von Informationssystemen aus einem Blickwinkel beschreibt, ohne einen Anspruch auf *Vollständigkeit* erheben zu können.

Die Sichtweise des Wertschöpfungsmodells ist streng *rückwärtsgerichtet* und basiert auf der Modellierung und Analyse der Ist-Situation eines Unternehmens. Zur Abschätzung *zukünftiger* Wirkungen wurde es in der vorliegenden Form *nicht* konzipiert. Die Bewertung der Prozesse erfolgt im dargestellten Modell im Hinblick auf ihre Relevanz hinsichtlich der Erreichung der *Ziele des Unternehmens* bzw. der daraus abgeleiteten *(Teil-)Aufgaben* und basiert auf einem *qualitativen* Wirkungsmodell, welches die Verflechtungen der Ziele, Aufgaben und Prozesse eines Unternehmens darstellt. Über die hierarchische Dekomposition und Ableitung der Wirkungen von Prozessen, ausgehend von den Zielen und Hauptprozessen eines Unternehmens, liegt dem Modell eine *ganzheitliche* Sichtweise auf das betrachtete Unternehmen zugrunde. Es bezieht sich vornehmlich auf *dauerhafte* Wirkungen des *Einsatzes* von Informationssystemen.

Die folgenden Abbildungen zeigen eine Gegenüberstellung des Einsatzbereichs des Wertschöpfungsmodells für Informationssysteme und der Einsatzbereiche der in Abschnitt 3.4 untersuchten, kombinierten Verfahren.

6. Ergebnis und Ausblick

Anforderungs-klasse	Auswahlkriterium	Ausprägungen				
		Unternehmens-ziele	Geschäfts-prozesse	Kunden	Change Management	
	Ausgangspunkt der Wirkungserhebung	TSTS				
		HWM				
		Kesten et al.				
		FAOR				
		4-Ebenen-Modell				
		WS-Modell für IS				
		Ziele d. Entschei-dungsträgers	Unternehmens-ziele	Kosten	Deckungs-beiträge	
	Bewertungsmaßstab	TSTS				
		HWM				
		Kesten et al.				
		FAOR				
		4-Ebenen-Modell				
		WS-Modell für IS				
		Integrativ		Lokal		
Inhaltlich	Ganzheitlichkeit der Sichtweise	TSTS				
		HWM				
		Kesten et al.				
		FAOR				
		4-Ebenen-Modell				
		WS-Modell für IS				
		Vergangenheitsbezogen		Zukunftsgerichtet		
	Zeitlicher Bezug	TSTS				
		HWM				
		Kesten et al.				
		FAOR				
		4-Ebenen-Modell				
		WS-Modell für IS				
		Ignorieren	Transparenz	Wahrscheinlichkeiten		
	Unterkriterium bei zukunftsgerichtetem Bezug: Einbeziehung der Unsicherheit	TSTS				
		HWM				
		Kesten et al.				
		FAOR				
		4-Ebenen-Modell				

Abbildung 91: Einordnung des Einsatzbereichs des Wertschöpfungsmodells für Informationssysteme (1)

6. Ergebnis und Ausblick

Anforderungs-klasse	Auswahlkriterium	Ausprägungen		
		Einführung	Einsatz	Ablösung
Inhaltlich	Lebenszyklusphase		TSTS	
			HWM	
			Kesten et al.	
			FAOR	
			4-Ebenen-Modell	
			WS-Modell für IS	
		Einmalig	Mehrfach	Dauerhaft
	Zeitliche Haltbarkeit		TSTS	
				HWM
			Kesten et al.	
				FAOR
				4-Ebenen-Modell
				WS-Modell für IS
Formell		Monetär	Quantitativ	Qualitativ
	Quantitative Form der abgeleiteten Ergebnisse	TSTS		
		HWM		
		Kesten et al.		
				FAOR
				4-Ebenen-Modell
		WS-Modell für IS		
		Monetär	Quantitativ	Qualitativ
	Quantitative Form der verarbeiteten Informationen			TSTS
			HWM	
		Kesten et al.		
				FAOR
				4-Ebenen-Modell
				WS-Modell für IS
		Einzeln	Mehrfach	System
	Verdichtungsgrad	TSTS		
		HWM		
			Kesten et al.	
				FAOR
				4-Ebenen-Modell
		WS-Modell für IS		

Abbildung 92: Einordnung des Einsatzbereichs des Wertschöpfungsmodells für Informationssysteme (2)

6. Ergebnis und Ausblick

Anforderungs-klasse	Auswahlkriterium	Ausprägungen		
		Gering	Mittel	Hoch
Zeitlich	Aufwand zur Durchführung	TSTS	HWM	Kesten et al.
				FAOR
				4-Ebenen-Modell
				WS-Modell für IS

Abbildung 93: Einordnung des Einsatzbereichs des Wertschöpfungsmodells für Informationssysteme (3)

Vorteile des dargestellten Modells liegen in der Möglichkeit der engen *Einbindung* der *Entscheidungsträger* in den Bewertungsprozess und damit verbunden einer hohen *Akzeptanz* der abgeleiteten Ergebnisse, in der *klaren* und *intersubjektiv nachvollziehbaren* Ableitung der Wertschöpfungsanteile von Informationssysteme und Prozessen sowie in der empirisch bestätigten *Glaubwürdigkeit* der durch das angewendete Bewertungsverfahren ermittelten Ergebnisse. Das Modell liefert eine Maßgröße für die *Leistungsseite* eines Informationssystems bzw. Prozesses in Form einer *monetären Kennzahl*, wobei die zugrunde liegende Betrachtung *rückwärts* gerichtet ist (ex-post Betrachtung). Es erfüllt somit die Anforderungen aus Abschnitt 3.5 und behebt somit zumindest teilweise die zuvor ermittelten, methodischen Defizite bei der Bestimmung und Bewertung der Wirkungen der Ergebnisseite von Informationssystemen. Die in der Wirtschaftinformatik geforderte ökonomische und soziale *Anwendbarkeit*[1023] des Wertschöpfungsmodells wurde anhand einer Fallstudie belegt. Ebenso konnte seine *Vorteilhaftigkeit* bei der Anwendung innerhalb der Fallstudie demonstriert werden. Die Übertragbarkeit des Wertschöpfungsmodells auf weitere Unternehmen sowie seine Vorteilhaftigkeit bei diesen weiteren Unternehmen ist aufgrund der vorstehenden Ausführungen zu *vermuten*, allerdings *nicht bewiesen*. Hierzu sind weitere Forschungsarbeiten erforderlich, im Rahmen derer eine breiter angelegte, empirische Untersuchung des Wertschöpfungsmodells im praktischen Einsatz durchzuführen ist.

Kritisch anzumerken ist zum einen die *Subjektivität* der durch das Wertschöpfungsmodell für Informationssysteme abgeleiteten Ergebnisse. Diese Problematik ist allerdings kaum zu umgehen, bedingt doch jeder Bewertungsvorgang als solcher - und damit jede Ableitung monetärer Ergebnisse - bereits ein großes Ausmaß an Subjektivität. Zur Verringerung des Aus-

---

[1023] vgl. Kurbel und Strunz (1990), S. 16, Müller-Böling und Klandt (1993), S. 164

maßes der in die Bewertung einfließenden, subjektiven Einschätzungen sind die in Abschnitt 5.3.6 angerissenen Verfahren der Gruppenkonsensfindung zu beachten. Ferner bietet sich der ergänzende Einsatz von Werkzeugen wie der Sensitivitätsanalyse zur weiteren Fundierung der ermittelten Ergebnisse an. In diesem Zusammenhang ist darauf hinzuweisen, dass das dargestellte Modell mit der Einführung der Konsistenzbedingung (vgl. Abschnitt 5.3.2) einen „eingebauten" Schutzmechanismus zur Sicherstellung der Konsistenz der erarbeiteten Ergebnisse - zumindest innerhalb eines gewissen Rahmens - in sich birgt. Dennoch hängt die ermittelte Wertschöpfung eines Informationssystems direkt von den Einschätzungen der am Bewertungsprozess beteiligten Personen ab. Dies ist bei der Interpretation der Ergebnisse zu beachten. Die Verwendung der ermittelten Wertschöpfungsanteile auf Punkt und Komma genau ist folglich als unsinnig zurückzuweisen. Vielmehr sollte die *relative Bedeutung* der Wertschöpfungsanteile von Prozessen, Teilprozessen, Informationsverarbeitungsprozessen und Informationssystemen zueinander als Grundlage für weitergehende Entscheidungen dienen.

Aus Aufgabenbeitrag und Aufgabenerfüllung kann die relative Bedeutung von Prozessen bzw. Teilprozessen auf eine übergeordnete Größe (Wertschöpfung, Unternehmensziele, Prozesse) abgeleitet werden. Das Wertschöpfungsmodell basiert auf der Vermutung, dass sich die durch einzelne Prozesse bzw. Teilprozesse erbrachte Wertschöpfung annähernd proportional zu dieser Bedeutung verhält. Die Validität dieser theoretisch fundierten Vermutung ist im Rahmen weiterer Forschungsarbeiten durch breiter angelegte, empirische Untersuchungen des Wertschöpfungsmodells im praktischen Einsatz zu überprüfen.

Schließlich ist davon auszugehen, dass der Aufwand zur Erstellung des Wertschöpfungsmodells je nach Reichweite der Analyse nicht unerheblich ausfällt. Aufgrund der Verwendung eines *partiellen* Prozessmodells (vgl. Abschnitt 5.2.1) wird der erforderliche Modellierungs- und Bewertungsaufwand zumindest in einem gewissen Ausmaß reduziert. Speziell bei komplexen Informationssystemen, denen eine Vielzahl von Informationsverarbeitungsprozessen in vielen unterschiedlichen Bereichen eines Unternehmens zugeordnet sind, wird der Aufwand zur Erstellung der Wertschöpfungsmodells aber immer noch erheblich bleiben. Hierzu ist allerdings, wie bereits in Abschnitt 5.4 ausgeführt wurde, erneut darauf hinzuweisen, dass die Bestimmung der Wertschöpfung eines Informationssystems bzw. Prozesses eine *komplexe* Problemstellung ist und folglich davon ausgegangen werden muss, dass eine Vorgehensweise zur Lösung dieser Problemstellung ebenfalls komplex und zeitaufwendig ist.

6. Ergebnis und Ausblick

Das dargestellte Wertschöpfungsmodell. ist zunächst nur für den Einsatz innerhalb einzelner Unternehmen konzipiert. Die Übertragbarkeit des Ansatzes auf *überbetriebliche* Informationssysteme bedarf ebenfalls weiterer Überlegungen.

V. Literaturverzeichnis

Abts, D. und Mülder, W. (2008): Grundkurs Wirtschaftsinformatik: Eine kompakte und praxisorientierte Einführung, 6. Auflage, Wiesbaden 2008

Adam, D. (1996): Planung und Entscheidung: Modelle - Ziele - Methoden, Mit Fallstudien und Lösungen, 4. Auflage, Wiesbaden 1996

Ahlert, M. (2003): Einsatz des Analytic Hierarchy Process im Relationship Marketing: Eine Analyse strategischer Optionen bei Dienstleistungsunternehmen, Wiesbaden 2003

Aier, S. und Haarländer, N. (2007): Systemanalyse zur Verbesserung von Geschäftsprozessen, in: Krallmann, H., Schönherr, M. and Trier, M.: Systemanalyse im Unternehmen: Prozessorientierte Methoden der Wirtschaftsinformatik, 5. Auflage, München 2007, S. 229-248

Allweyer, T. (2005): Geschäftsprozessmanagement. Strategie, Entwurf, Implementierung, Controlling, Witten 2005

Alpar, P., Grob, H. L., Weimann, P. und Winter, R. (2008): Anwendungsorientierte Wirtschaftsinformatik: Strategische Planung, Entwicklung und Nutzung von Informations- und Kommunikationssystemen, 5. Auflage, Wiesbanden 2008

Alt, R. und Österle, H. (2004): Real-time Business. Lösungen, Bausteine und Potentiale des Business Networking, Berlin u.a. 2004

Altmann, G., Fiebiger, H. und Müller, R. (2005): Mediation: Konfliktmanagement für moderne Unternehmen, 3. Auflage, Weinheim 2005

Ammenwerth, E. und Haux, R. (2005): IT-Projektmanagement in Krankenhaus und Gesundheitswesen: Einführendes Lehrbuch und Projektleitfaden für das taktische Management von Informationssystemen, Stuttgart 2005

Anselstetter, R. (1984): Betriebswirtschaftliche Nutzeffekte der Datenverarbeitung: Anhaltspunkte für Nutzen-Kosten-Schätzungen, Berlin 1984

Antes, R. (2005): Die Stellung von Natur in der Neuen Institutionenökonomik - Eine kritische Bestandsaufnahme und Perspektive, in: Schauenberg, B., Schreyögg, G. and Sydow, J.: Institutionenökonomik als Managementlehre?: Managementforschung 15, Wiesbaden 2005, S. 49-100

Antweiler, J. (1995): Wirtschaftlichkeitsanalyse von Informations- und Kommunikationssystemen (IKS) - Wirtschaftlichkeitsprofile als Entscheidungsgrundlage, Köln 1995

Arnold, D., Isermann, H., Kuhn, A., Furmans, K. und Tempelmeier, H. (Hrsg., 2008): Handbuch Logistik, 3. Auflage, Berlin u.a. 2008

Atteslander, P. und Cromm, J. (2006): Methoden der empirischen Sozialforschung, 11. Auflage, Berlin 2006

Avgerou, C. (1995): Evaluating Information Systems by Consultation and Negotiation, in: International Journal of Information Management, 15, 1995, 6, S. 427-436

Bannister, F. und Remenyi, D. (2000): Acts of Faith: Instinct, Value and IT Investment Decisions, in: Journal of Information Technology, 15, 2000, 3, S. 231-241

Barth, T. und Barth, D. (2004): Controlling, München 2004

Barth, V. (2004): Kaufmännische Steuerung und Kontrolle, Troisdorf 2004

Baschab, J., Piot, J. und Carr, N. G. (2007): The Executive's Guide to Information Technology, 2. Auflage, Hoboken 2007

Baschin, A. (2001): Die Balanced Scorecard für ihren Informationstechnologie-Bereich.: Ein Leitfaden für Aufbau und Einführung., Frankfurt 2001

Bauer, R. (2005): Entscheidungsorientierte Gemeinkostenzuweisung, Wiesbaden 2005

Bechmann, A. (1982): Nutzwertanalyse, in: Albers, W. u. a.: Handwörterbuch der Wirtschaftswissenschaft (HdWW), Band 9, Stuttgart 1982, S. 799-812

Becker, J. und Kahn, D. (2005): Der Prozess im Fokus, in: Becker, J., Kugeler, M. and Rosemann, M.: Prozessmanagement: Ein Leitfaden zur prozessorientierten Organisationsgestaltung, 5. Auflage, Berlin 2005, S. 3-16

Becker, J. und Meise, V. (2005): Strategie und Ordnungsrahmen, in: Becker, J., Kugeler, M. and Rosemann, M.: Prozessmanagement: Ein Leitfaden zur prozessorientierten Organisationsgestaltung, 5. Auflage, Berlin 2005, S. 105-154

Becker, J. und Pfeiffer, D. (2006): Beziehungen zwischen behavioristischer und konstruktionsorientierter Forschung in der Wirtschaftsinformatik, in: Zelewski, S. and Akca, N.: Fortschritt in den Wirtschaftswissenschaften - Wissenschaftstheoretische Grundlagen und exemplarische Anwendungen, Wiesbaden 2006, S. 39-57

Becker, J. und Winkelmann, A. (2004): IV-Controlling, in: Wirtschaftsinformatik, 46, 2004, 3, S. 213-221

Becker, T. und Ellerkmann, F. (2007): Geschäftsprozesse in Kooperationen optimieren, in: Becker, T., Dammer, I., Howaldt, J., Killich, S. and Loose, A.: Netzwerkmanagement: Mit Kooperation zum Unternehmenserfolg, 2. Auflage, Berlin u.a. 2007, S. 72-89

Bedford, T. und Cooke, R. M. (2001): Probabilistic Risk Analysis: Foundations and Methods, Cambridge 2001

Beinert, C. (2003): Bestandsaufnahme Risikomanagement, in: Reichling, P.: Risikomanagement und Rating: Grundlagen, Konzepte, Fallstudie, Wiesbaden 2003, S. 21-42

Belton, V. und Gear, T. (1983): On a shortcoming of Saaty's method of analytic hierarchies, in: Omega International Journal of Management Science, 11, 1983, 3, S. 228-230

Belton, V. und Gear, T. (1985): The legitimacy of rank reversal - a comment, in: Omega International Journal of Management Science, 13, 1985, 3, S. 143-144

Berensmann, D. (2005): Die Rolle der IT bei der Industrialisierung von Banken, in: Sokolovsky, Z. and Löschenkohl, S.: Handbuch Industrialisierung der Finanzwirtschaft, Wiesbaden 2005, S. 83-94

Bernemann, S. (2001): Modellierungswerkzeuge, in: Wiendahl, H.-P.: Erfolgsfaktor Logistikqualität: Vorgehen, Methoden und Werkzeuge zur Verbesserung der Logistikleistung, 2. Auflage, Berlin u.a. 2001, S. 55-57

Biethahn, J. und Fischer, D. (1994): Controlling-Informationssysteme, in: Biethahn, J. and Huch, B.: Informationssysteme für das Controlling: Konzepte, Methoden und Instrumente zur Gestaltung von Controlling-Informationssystemen, Berlin 1994, S. 25-68

Biethahn, J., Mucksch, H. und Ruf, W. (2004): Ganzheitliches Informationsmanagement. Band 1: Grundlagen, 6. Auflage, München u.a. 2004

Bleicher, K. (2004): Das Konzept Integriertes Management: Visionen - Missionen - Programme, 7. Auflage, Frankfurt 2004

Boehm, B. W. (1988): Software Engineering Economics, New York 1988

Bohinc, T. (2006): Projektmanagement: Soft Skills für Projektleiter, Offenbach 2006

Böhm, R. und Fuchs, E. (2002): System-Entwicklung in der Wirtschaftsinformatik: Systems Engineering, 5. Auflage, Zürich 2002

Bolstorff, P. A., Rosenbaum, R. G. und Poluha, R. G. (2007): Spitzenleistungen im Supply Chain Management: Ein Praxishandbuch zur Optimierung mit SCOR, Berlin 2007

Borchardt, A. und Göthlich, S. E. (2007): Erkenntnisgewinnung durch Fallstudien, in: Albers, S., Klapper, D., Konradt, U., Walter, A. and Wolf, J.: Methodik der empirischen Forschung, 2. Auflage, Wiesbaden 2007, S. 33-48

Bortz, J. und Döring, N. (1995): Forschungsmethoden und Evaluation für Sozialwissenschaftler, 2. Auflage, Berlin 1995

Bosch, S. (2008): Lineare Algebra, 4. Auflage, Berlin 2008

Breidung, M. (2005): Nutzen und Risiken komplexer IT-Projekte. Methoden und Kennzahlen, Köln 2005

Breiing, A. und Knosala, R. (1997): Bewerten technischer Systeme: Theoretische und methodische Grundlagen bewertungstechnischer Entscheidungshilfen, Berlin 1997

Brenner, W. (1994): Grundzüge des Informationsmanagements, Berlin 1994

Brogden, H. E. (1949): When Testing Pays off, in: Personnel Psychology, 2, 1949, S. 171-183

Brogden, H. E. und Taylor, E. K. (1950): The Dollar Criterion: Applying the Cost Accounting Concept to Criterion Construction, in: Personnel Psychology, 3, 1950, S. 133-154

Brühl, R. (2004): Controlling: Grundlagen des Erfolgscontrollings, München 2004

Brümmerhoff, D. (2001): Finanzwissenschaft, 8. Auflage, München 2001

Brugger, R. (2005): Der IT Business Case: Kosten erfassen und analysieren, Nutzen erkennen und quantifizieren, Wirtschaftlichkeit nachweisen und realisieren, Berlin 2005

Bruhn, M. (2006): Markteinführung von Dienstleistungen - Vom Prototyp zum marktfähigen Produkt, in: Bullinger, H.-J. and Scheer, A.-W.: Service Engineering: Entwicklung und Gestaltung innovativer Dienstleistungen, 2. Auflage, 2006, S. 227-248

Buchholtz, K. (2001): Verwaltungssteuerung mit Kosten- und Leistungsrechnung: Internationale Erfahrungen, Anforderungen und Konzepte, Wiesbaden 2001

Buchta, D., Eul, M. und Schulte-Croonenberg, H. (2005): Strategisches IT-Management: Wert steigern, Leistung steuern, Kosten senken, 2. Auflage, Wiesbaden 2005

Bui, T. X. (1987): Co-oP: A Group Decision Support System for Cooperative Multiple Criteria Group Decision Making, Berlin 1987

Burger, A. und Buchhart, A. (2002): Risiko-Controlling, München 2002

Burr, W. (2003): Markt- und Unternehmensstrukturen bei technischen Dienstleistungen, Wiesbaden 2003

Burschel, C., Losen, D. und Wiendl, A. (2004): Betriebswirtschaftslehre der Nachhaltigen Unternehmung, München 2004

Buscher, U. (2008): Durchlaufzeitcontrolling in der industriellen Auftragsfertigung, in: Freidank, C.-C., Müller, S. and Wulf, I.: Controlling und Rechnungslegung: Aktuelle Entwicklungen in Wissenschaft und Praxis, Wiesbaden 2008, S. 115-138

Carr, N. G. (2003): IT Doesn't Matter, in: Harvard Business Review, 81, 2003, 5, S. 41-49

Cezanne, W. (2005): Allgemeine Volkswirtschaftslehre, 6. Auflage, Wiesbaden 2005

Chmielewicz, K. (1994): Forschungskonzeptionen der Wirtschaftswissenschaft, 3. Auflage, Stuttgart 1994

Cooper, R. (1990a): Activity-Based Costing - Einführung von Systemen des Activity-Based Costing (Teil 3), in: Kostenrechnungspraxis, 1990a, 6, S. 345-351

Cooper, R. (1990b): Activity-Based Costing - Was ist ein Activity-Based Cost-System? (Teil 1), in: Kostenrechnungspraxis, 1990b, 4, S. 210-220

Copeland, T. E., Weston, F. J. und Shastri, K. (2005): Financial Theory and Corporate Policy, 4. Auflage, Boston 2005

Cronbach, L. J. und Gleser, G. C. (1965): Psychological Tests and Personnel Decisions, 2. Auflage, Urbana 1965

Daniel, K. (2008): Managementprozesse und Performance: Ein Konzept zur reifegradbezogenen Verbesserung des Managementhandels, Wiesbaden 2008

Davenport, T. H. (1993): Process Innovation: Reengineering Work through Information Technology, Boston 1993

Diefenbach, T. (2004): Zur möglichen Deduktion des Wirtschaftlichkeits- und Gewinnmaximierungsprinzips aus dem Rationalprinzip, in: Frank, U.: Wissenschaftstheorie in Ökonomie und Wirtschaftsinformatik, Theoriebildung und -bewertung, Ontologien, Wissensmanagement, Wiesbaden 2004, S. 109-130

Dinkelbach, W. (1980): Unternehmensforschung, in: Albers, W. u. a.: Handwörterbuch der Wirtschaftswissenschaft (HdWW), Band 8, Stuttgart 1980, S. 123-135

Domsch, M. und Reinecke, P. (1989): Bewertungstechniken, in: Szyperski, N.: Handwörterbuch der Planung, Stuttgart 1989, S. 143-155

Dörrenberg, F. E. und Möller, T. (2003): Projektmanagement, München 2003

Durst, M. (2007): Wertorientiertes Management von IT-Architekturen, Wiesbaden 2007

Dyer, J. S. (1990): Remarks on the Analytic Hierarchy Process, in: Management Science, 36, 1990, 3, S. 249-258

Dyer, R. F. und Forman, E. H. (1992): Group decision support with the Analytic Hierarchy Process, in: Decision Support Systems, 8, 1992, 2, S. 99-124

Edwards, W. (1977): How to Use Multiattribute Utility Measurement for Social Decision Making, in: IEEE Transactions on Systems, Man, and Cybernetics, 7, 1977, 5, S. 326-340

Eisenhardt, K. M. (1989): Building theories from case study research, in: Academy of Management Review, 14, 1989, 4, S. 532-550

Esswein, W. und Körmeier, K. (1995): Geschäftsprozesse und Geschäftsprozessanalysen, in: Zilahi-Szabo, M. G.: Kleines Lexikon der Informatik und Wirtschaftsinformatik, München u.a. 1995, S. 218-220

Eul, M., Hanssen, S. und Herzwurm, G. (2006): Systematische Leistungsbestimmung in der IT: Steuerung durch IT-Performance-Management, in: Controlling, 18, 2006, 1, S. 25-30

Ewert, R. und Wagenhofer, A. (2008): Interne Unternehmensrechnung, 7. Auflage, Berlin 2008

Farbey, B., Land, F. und Targett, D. (1993): How to Assess Your IT Investment: A Study of Methods and Practice, Oxford 1993

Feldmayer, J. und Seidenschwarz, W. (2005): Marktorientiertes Prozessmanagement: Wie Process Mass Customization Kundenorientierung und Prozessstandardisierung integriert, München 2005

Ferstl, O. K. und Sinz, E. J. (2006): Grundlagen der Wirtschaftsinformatik, 5. Auflage, München 2006

Fiala, P. (2002): Data Envelopment Analysis by Multiobjective Linear Programming Methods, in: Trzaskalik, T. and Michnik, J.: Multiple Objective and Goal Programming: Recent Developments, Berlin 2002, S. 39-45

Finkeissen, A. (1999): Prozess-Wertschöpfung, Heidelberg 1999

Fischbach, R., Wollenberg, K. und Dorn, D. (2007): Volkswirtschaftslehre 1: Einführung und Grundlagen, 13. Auflage, München 2007

Fischermanns, G. (2006): Praxishandbuch Prozessmanagement, Gießen 2006

Freidank, C.-C. (2007): Kostenrechnung: Grundlagen des innerbetrieblichen Rechnungswesens und Konzepte des Kostenmanagements, 8. Auflage, München 2007

French, S. (1988): Decision Theory: An Introduction to the Mathematics of Rationality, Chichester 1988

Frey, S., Pirker, F. und Vanden Eynde, K. (2006): Change Management in nationalen und internationalen Shared-Service-Center-Projekten, in: Keuper, F. and Oecking, C.: Corporate Shared Services: Bereitstellung von Dienstleistungen im Konzern, Wiesbaden 2006, S. 279-310

Friedl, B. (2003): Controlling, Stuttgart 2003

Friedl, G., Hilz, C. und Pedell, B. (2005): Controlling mit SAP: Eine praxisorientierte Einführung - umfassende Fallstudie - beispielhafte Anwendungen, 4. Auflage, Wiesbaden 2005

Friesen, M. E. und Johnson, J. A. (1995): The Success Paradigm: Creating Organizational Effectiveness Through Quality and Strategy, Westport 1995

Fritz, M. (2004): Markt- und Wettbewerbsbeobachtung für Unternehmensnetzwerke: Neue Potentiale durch das Internet, Wiesbaden 2004

Gabriel, R., Knittel, F., Taday, H. und Reif-Mosel, A.-K. (2001): Computergestützte Informations- und Kommunikationssysteme in der Unternehmung: Technologien, Anwendungen, Gestaltungskonzepte, 2. Auflage, Berlin 2001

Gadatsch, A. (2007): Grundkurs Geschäftsprozess-Management: Methoden und Werkzeuge für die IT-Praxis: Eine Einführung für Studenten und Praktiker, 5. Auflage, Berlin u.a. 2007

Gadatsch, A. (2008): Grundkurs IT-Projektcontrolling: Grundlagen, Methoden und Werkzeuge für Studierende und Praktiker, Berlin 2008

Gadatsch, A. und Mayer, E. (2006): Masterkurs IT-Controlling: Grundlagen und Praxis, IT-Kosten- und Leistungsrechnung, Deckungsbeitrags- und Prozesskostenrechnung, Target Costing, 3. Auflage, Wiesbaden 2006

Gadenne, V. (1984): Theorie und Erfahrung in der psychologischen Forschung, Tübingen 1984

Gadenne, V. (1996): Wissenschaftstheoretische Grundlagen der Wirtschaftsinformatik, in: Kepler, J.: Proceedings: Fachtagung der Wissenschaftlichen Kommission Wirtschaftsinformatik im Verband der Hochschullehrer für Betriebswirtschaftslehre e.V.: Empirische Forschung in der Wirtschaftsinformatik, Linz 1996, S. 1-17

Gadenne, V. (1997): Wissenschaftstheoretische Grundlagen der Wirtschaftsinformatik, in: Grün, O. and Heinrich, L. J.: Wirtschaftsinformatik: Ergebnisse empirischer Forschung, Berlin 1997, S. 7-20

Gäfgen, G. (1974): Theorie der wirtschaftlichen Entscheidung: Untersuchungen zur Logik und Bedeutung des rationalen Handelns, 3. Auflage, Tübingen 1974

Gaitanides, M. (2006): Prozessorganisation: Entwicklung, Ansätze und Programme des Managements von Geschäftsprozessen, 2. Auflage, München 2006

Gaulke, M. (2004): Risikomanagement in IT-Projekten, 2. Auflage, München 2004

Geipel, P. (2003): Der IT-Projektmanager: Arbeitstechniken, Checklisten und soziale Kompetenz, München 2003

Geißler, K. A. und Hege, M. (2006): Konzepte sozialpädagogischen Handelns: Ein Leitfaden für soziale Berufe, 11. Auflage, Weinheim 2006

Gienke, H. und Kämpf, R. (2007): Handbuch Produktion: Innovatives Produktionsmanagement: Organisation, Konzepte, Controlling, München 2007

Gleich, R. (1997): Performance Measurement, in: Die Betriebswirtschaft (DBW), 57, 1997, 1, S. 114-117

Gleißner, W. und Lienhard, H. (2001): Wertorientierte Kapitalallokation: Ein Schlüssel zum Unternehmenserfolg, in: Gleißner, W. and Meier, G.: Wertorientiertes Risiko-Management für Industrie und Handel, Wiesbaden 2001, S. 269-287

Gleißner, W. und Wolfrum, M. (2001): Risiko: Grundlagen aus Statistik, Entscheidungs- und Kapitalmarkttheorie, in: Gleißner, W. and Meier, G.: Wertorientiertes Risiko-Management für Industrie und Handel: Methoden, Fallbeispiele, Checklisten, Wiesbaden 2001, S. 139-160

Gonschorrek, U. und Pepels, W. (Hrsg., 2007): Ganzheitliches Management: Planungs- und Entscheidungsprozesse, Berlin 2007

Goodman, A. S. und Hastak, M. (2006): Infrastructure Planning Handbook: Planning, Engineering, and Economics, New York 2006

Götze, U. (2008): Investitionsrechnung: Modelle und Analysen zur Beurteilung von Investitionsvorhaben, 6. Auflage, Berlin 2008

Green, S. D. (1992): Resolving Conflict in the Formulation of Building Design Objectives, in: Fenn, P. and Gameson, R.: Construction Conflict Management and Resolution: Proceedings of the First International Construction Management Conference, the University of Manches, London 1992, S. 95-109

Greiffenberg, S. (2003): Methoden als Theorien der Wirtschaftsinformatik, in: Uhr, W., Esswein, W. and Schoop, E.: Wirtschaftsinformatik 2003 / Band II: Medien - Märkte - Mobilität, Heidelberg 2003, S. 947-967

Grether, D. M. und Plott, C. R. (1979): Economic Theory of Choice and the Preference Reversal Phenomenon, in: The American Economic Review, 69, 1979, 4, S. 623-638

Grochla, E. (1975): Betriebliche Planungs- und Informationssysteme, Reinbek 1975

Grochla, E. (1995): Grundlagen der organisatorischen Gestaltung, Stuttgart 1995

Groll, K.-H. (2003): Kennzahlen für das wertorientierte Management: ROI, EVA und CFROI im Vergleich. Ein neues Konzept zur Steigerung des Unternehmenswertes, München 2003

Gruner, K., Jost, C. und Spiegel, F. (2003): Controlling von Softwareprojekten: Erfolgsorientierte Steuerung in allen Phasen des Lifecycles, Wiesbaden 2003

Günther, H.-O. und Tempelmeier, H. (2005): Produktion und Logistik, 6. Auflage, Berlin 2005

Gutenberg, E. (1929): Die Unternehmung als Gegenstand betriebswirtschaftlicher Theorie, Berlin 1929

Gutenberg, E. (1971): Grundlagen der Betriebswirtschaftslehre: Erster Band: Die Produktion, 24. Auflage, Berlin 1971

Hahn, D. (2006): Strategische Unternehmensführung - Grundkonzept, in: Hahn, D. and Taylor, B.: Strategische Unternehmungsplanung - Strategische Unternehmungsführung: Stand und Entwicklungstendenzen, 9. Auflage, Berlin 2006, S. 29-50

Hammer, M. (1997): Das prozesszentrierte Unternehmen, Frankfurt 1997

Hansen, H. R. und Neumann, G. (2005): Wirtschaftsinformatik I, 9. Auflage, Stuttgart 2005

Hansmann, K.-W. (2006): Industrielles Management, 8. Auflage, München 2006

Harbrecht, W. (1993): Bedürfnis, Bedarf, Gut, Nutzen, in: Wittmann, W., Kern, W., Köhler, R., Hans-Ulrich, K. and v. Wysocki, K.: Handwörterbuch der Betriebswirtschaft, Teilband 1, 5. Auflage, Stuttgart 1993, S.

Hardaker, M. und Ward, B. K. (1987): Getting things done: How to make a team work, in: Harvard Business Review, 65, 1987, 6, S. 112-120

Harker, P. T. und Vargas, L. G. (1987): The Theory of Ratio Scale Estimation: Saaty's Analytic Hierarchy Process, in: Management Science, 33, 1987, 11, S. 1383-1403

Harker, P. T. und Vargas, L. G. (1990): Reply to "Remarks on the Analytic Hierarchy Process", in: Management Science, 36, 1990, 3, S. 269-273

Harmon, P. (2003): Business Process Change: A Manager's Guide to Improving, Redesigning, and Automating Processes, San Francisco 2003

Harris, M. D., Herron, D. E. und Iwanicki, S. (2008): The Business Value of IT: Managing Risks, Optimizing Performance, and Measuring Results, Boca Raton 2008

Haufs, P. (1989): DV-Controlling, Heidelberg 1989

Heinen, E. (1992): Einführung in die Betriebswirtschaftslehre, 9. Auflage, Wiesbaden 1992

Heinrich, L. J. und Lehner, F. (2005): Informationsmanagement: Planung, Überwachung und Steuerung der Informationsinfrastruktur, München 2005

Hellmich, K. P. (2003): Kundenorientierte Auftragsabwicklung: Engpassorientierte Planung und Steuerung des Ressourceneinsatzes, Wiesbaden 2003

Hemmert, M. (2003): Produktion, in: Breuer, W. and Gürtler, M.: Internationales Management: Betriebswirtschaftslehre der internationalen Unternehmung, Wiesbaden 2003, S. 289-324

Hermans, A. (1994): Gesamtwirtschaftliche Grundlagen, in: Konegen, N.: Wirtschaftspolitik für Politikwissenschaftler, Berlin u.a. 1994, S. 1-32

Hershey, J. C. und Shoemaker, P. J. (1980): Prospect Theory's Reflection Hypothesis: A Critical Examination, in: Organization of Behavioral Human Performances, 1980, 25, S. 395-418

Herzwurm, G. (2000): Kundenorientierte Softwareproduktentwicklung, Stuttgart 2000

Herzwurm, G., Schockert, S. und Mellis, W. (1997): Qualitätssoftware durch Kundenorientierung, Die Methode Quality Function Deployment (QFD): Grundlagen, Praxis und SAP R/3 Fallbeispiel, Braunschweig 1997

Hildebrandt, L. (2000): Hypothesenbildung und empirische Überprüfung, in: Herrmann, A. and Homburg, C.: Marktforschung, 2. Auflage, Wiesbaden 2000, S. 33-57

Hilgers, D. (2008): Performance Management: Leistungserfassung und Leistungssteuerung in Unternehmen und öffentlichen Verwaltungen, Wiesbaden 2008

Hirschmann, P. (1998): Kooperative Gestaltung unternehmensübergreifender Geschäftsprozesse, Wiesbaden 1998

Hohmann, J., Prischl, P., Quadt, M. und Warner, T. (2004): Wirtschaftlichkeit des EInsatzes von CAFM, in: May, M.: IT im Facility Management erfolgreich einsetzen: Das CAFM-Handbuch, Berlin 2004, S. 81-100

Hoitsch, H.-J. und Lingnau, V. (2004): Kosten- und Erlösrechnung: Eine controllingorientierte Einführung, 5. Auflage, Berlin 2004

Homann, K. (2005): Kommunales Rechnungswesen: Buchführung, Kostenrechnung und Wirtschaftlichkeitsrechnung, 6. Auflage, Wiesbaden 2005

Homburg, C. (2000): Quantitative Betriebswirtschaftslehre: Entscheidungsunterstützung durch Modelle. Mit Beispielen, Übungsaufgaben und Lösungen, 3. Auflage, Wiesbaden 2000

Höring, K., Wolfram, G. und Goßler, H.-W. (1989): Die FAOR-Methode: Praktische Erarbeitung einer Rahmenkonzeption für die Bürokommunikation, in: Angewandte Informatik, 31, 1989, 3, S. 113-125

Höring, K., Wolfram, G. und Pulst, E. (1990): FAOR - Methodische Unterstützung situationsgerechter Planung für einen bedarfsorientierten Einsatz von Bürosystemen, in: Schönecker, H. G. and Nippa, M.: Computergestützte Methoden für das Informationsmanagement, Baden-Baden 1990, S.

Horváth, P. (2006): Controlling, 10. Auflage, München 2006

Horváth, P. und Mayer, R. (1993): Prozesskostenrechnung - Konzeption und Entwcklungen, in: Kostenrechnungspraxis, 1993, Sonderheft 2, S. 15-28

Horváth, P. und Mayer, R. (1995): Konzeption und Entwicklungen der Prozeßkostenrechnung, in: Männel, W.: Prozeßkostenrechnung (Bedeutung - Methoden - Branchenerfahrungen - Softwarelösungen), Wiesbaden 1995, S. 59-86

Huch, B., Behme, W. und Ohlendorf, T. (2004): Rechnungswesen-orientiertes Controlling: Ein Leitfaden für Studium und Praxis, 4. Auflage, Berlin 2004

Huch, B. und Schimmelpfeng, K. (1994): Controlling: Konzepte, Aufgaben und Instrumente, in: Biethahn, J. and Huch, B.: Informationssysteme für das Controlling: Konzepte, Methoden und Instrumente zur Gestaltung von Controlling-Informationssystemen, Berlin 1994, S. 1-24

Hübner, H. und Jahnes, S. (1998): Management-Technologie als strategischer Erfolgsfaktor: Ein Kompendium von Instrumenten für Innovations-, Technologie- und Unternehmensplanung unter Berücksichtigung ökologischer Anforderungen, Berlin 1998

Hübner, R. und Günther, H.-O. (2007): Using AHP for Strategic Production Site Assessment: A Case Study from Specialty Chemicals Industry, in: Günther, H.-O., Mattfeld, D. C. and Suhl, L.: Management logistischer Netzwerke: Entscheidungsunterstützung, Informationssysteme und OR-Tools, Berlin 2007, S.

Hügens, T. (2008): Balanced Scorecard und Ursache-Wirkungsbeziehungen: Kausale Modellierung und Simulation mithilfe von Methoden des Qualitative Reasoning, Wiesbaden 2008

Hungenberg, H. und Wulf, T. (2006): Grundlagen der Unternehmensführung, 2. Auflage, Berlin 2006

Irani, Z. und Love, P. E. D. (2002): Developing a Frame of Reference for exante IT/IS Investment Evaluation, in: European Journal of Information Systems, 11, 2002, 1, S. 74-82

Ives, B. und Learmonth, G. P. (1984): The Information System as Competitive Weapon, in: Communications of the ACM, 27, 1984, 12, S. 1193-1201

Jung, H. (2006): Allgemeine Betriebswirtschaftslehre, 10. Auflage, München 2006

Jung, H. (2007): Controlling, 2. Auflage, München 2007

Jung, H. (2008): Personalwirtschaft, 8. Auflage, München 2008

Justice, T. und Jamieson, D. W. (2006): The Facilitator's Fieldbook: Step-by-step Procedures, Checklists and Guidelines, Samples and Templates, 2. Auflage, New York 2006

Kahle, E. (2001): Betriebliche Entscheidungen: Lehrbuch zur Einführung in die betriebswirtschaftliche Entscheidungstheorie, 6. Auflage, München 2001

Kaib, M. (2002): Enterprise Application Integration. Grundlagen, Integrationsprodukte, Anwendungsbeispiele, Wiesbaden 2002

Kaplan, R. S. und Norton, D. P. (1996): The Balanced Scorecard: Translating Strategy Into Action, Boston 1996

Kargl, H. (1996): Controlling im DV-Bereich, 3. Auflage, München 1996

Kargl, H. und Kütz, M. (2007): IV-Controlling, 5. Auflage, München 2007

Kemper, H.-G., Mehanna, W. und Unger, C. (2006): Business Intelligence - Grundlagen und praktische Anwendungen: Eine Einführung in die IT-basierte Managementunterstützung, 2. Auflage, Wiesbaden 2006

Kesten, R., Müller, A. und Schröder, H. (2007): IT-Controlling: Messung und Steuerung des Wertbeitrages der IT, München 2007

Kesten, R., Schröder, H. und Wozniak, A. (2006): Ergebnisse einer empirischen Untersuchung zur Nutzenermittlung von IT-Investitionen, auf den Seiten der Nordakademie, im Internet unter:
http://bevit.nordakademie.de/fileadmin/Workshop-Dateien/Workshop_3/AP_2006_03.pdf, Zugriff am 1.3.2009

Keyes, J. (2005): Implementing the IT Balanced Scorecard: Aligning IT with Corporate Strategy, Philadelphia 2005

Kiener, S., Maier-Scheubeck, N., Obermaier, R. und Weiß, M. (2006): Produktions-Management: Grundlagen der Produktionsplanung und -steuerung, 8. Auflage, München 2006

Kirchmer, M. und Scheer, A.-W. (2003): Change Management - der Schlüssel zu Business Process Excellence, in: Scheer, A.-W., Abolhassan, F., Jost, W. and Kirchmer, M.: Change Management im Unternehmen: Prozessveränderungen erfolgreich managen, Berlin 2003, S. 1-14

Klenk, U. (1993): Formale Sprachen, in: Jacobs, J.: Syntax: Ein internationales Handbuch zeitgenössischer Forschung, 2. Halbband, Berlin 1993, S. 1576-1606

Kloock, J., Sieben, G., Schildbach, T. und Homburg, C. (2005): Kosten- und Leistungsrechnung, 9. Auflage, Stuttgart 2005

Kohler, U. (2007): Methodik zur kontinuierlichen und kostenorientierten Planung produktionstechnischer Systeme, München 2007

Kolbe, L. M., Österle, H. und Brenner, W. (Hrsg., 2003): Customer Knowledge Management: Kundenwissen erfolgreich einsetzen, Berlin u.a. 2003

Kolbeck, R. (1980): Unternehmen, I: Unternehmen und Betrieb, in: Albers, W. u. a.: Handwörterbuch der Wirtschaftswissenschaft (HdWW), Band 8, Stuttgart 1980, S. 65-71

Kosiol, E. (1976): Organisation der Unternehmung, 2. Auflage, Wiesbaden 1976

Krcmar, H. (2005): Informationsmanagement, 4. Auflage, Berlin u.a. 2005

Krcmar, H. und Son, S. (2004): IV-Controlling, in: Wirtschaftsinformatik, 46, 2004, 3, S. 165-166

Kremin-Buch, B. (2007): Strategisches Kostenmanagement Grundlagen und moderne Instrumente; mit Fallstudien, 4. Auflage, Berlin 2007

Kruschwitz, L. (2007): Investitionsrechnung, 11. Auflage, München 2007

Kubicek, H. (1975): Empirische Organisationsforschung: Konzeption und Methodik, Stuttgart 1975

Küpper, H.-U. (2001): Controlling: Konzepte, Aufgaben und Instrumente, 3. Auflage, Stuttgart 2001

Kütz, M. (2005): IT-Controlling für die Praxis: Konzeption und Methoden, Heidelberg 2005

Kütz, M. (2006): IT-Steuerung mit Kennzahlensystemen, Heidelberg 2006

Kütz, M. (2007): Kennzahlen in der IT: Werkzeuge für Controlling und Management, 2. Auflage, Heidelberg 2007

Kuhn, A. (1983): Planung II: betriebliche, in: Albers, W. u. a.: Handwörterbuch der Wirtschaftswissenschaft (HdWW), Band 6, Stuttgart 1983, S. 122-140

Kuhn, A. und Hellingrath, B. (2002): Supply Chain Management: Optimierte Zusammenarbeit in der Wertschöpfungskette, Berlin u.a. 2002

Kuhn, A. und Kaesler, J. (1996): Geschäftsprozeßmodellierung - Werkzeuge für die ganzheitliche Gestaltung der Logistik, in: Pfohl, H.-C.: Integrative Instrumente der Logistik: Informationsverknüpfung - Prozeßgestaltung - Leistungsmessung - Synchronisation, Berlin 1996, S. 99-134

Kuhn, A. und Wiendahl, H.-P. (2008): Prozessorientierte Sichtweise in Produktion und Logistik, in: Arnold, D., Isermann, H., Kuhn, A., Furmans, K. and Tempelmeier, H.: Handbuch Logistik, 3. Auflage, Berlin u.a. 2008, S. 215-253

Kurbel, K. und Strunz, H. (1990): Wirtschaftsinformatik - eine Einführung, in: Kurbel, K. and Strunz, H.: Handbuch der Wirtschaftsinformatik, Stuttgart 1990, S. 1-25

Kurzrock, R. (Hrsg., 1972): Systemtheorie: Forschung und Information, Band 12, Berlin 1972

Lasch, R. (1998): Marktorientierte Gestaltung von Logistikprozessen, Wiesbaden 1998

Laudon, K. C. und Laudon, J. P. (2004): Management Information Systems: Managing the Digital Firm 8. Auflage, New Jersey 2004

Laux, H. (2005): Entscheidungstheorie, 6. Auflage, Berlin 2005

Laux, H. und Liermann, F. (2005): Grundlagen der Organisation: Die Steuerung von Entscheidungen als Grundproblem der Betriebswirtschaftslehre, 6. Auflage, Berlin 2005

Lehmann Pollheimer, D. und Mey, H. (2001): Erfolgsfaktoren für gutes Entscheiden und der Beitrag der Universität, in: Mey, H. and Lehmann Pollheimer, D.: Absturz im freien Fall - Anlauf zu neuen Höhenflügen: Gutes Entscheiden in Wirtschaft, Politik und Gesellschaft, Zürich 2001, S. 9-38

Lehmann, T. und Reiner, G. (2001): Identifizierung von Schlüsselprozessen, in: Jammernegg, W. and Kischka, P.: Kundenorientierte Prozessverbesserungen: Konzepte und Fallstudien, Berlin 2001, S. 64-96

Lehner, F. (1996): Gedanken zur theoretischen Fundierung der Wirtschaftsinformatik und Versuch einer paradigmatischen Einordnung, in: Heilmann, H., Heinrich, L. J. and Roithmayr, F.: Information Engineering, München 1996, S. 67-85

Lehner, F. (2009): Wissensmanagement: Grundlagen, Methoden und technische Unterstützung, 3. Auflage, München 2009

Lehner, F., Hildebrand, K. und Maier, R. (1995): Wirtschaftsinformatik: Theoretische Grundlagen, München 1995

Lehner, F. und Scholz, M. (2008): Wirtschaftsinformatik: Eine Einführung, 2. Auflage, München 2008

Lingnau, V. (2008): Controlling, in: Corsten, H. and Reiß, M.: Betriebswirtschaftslehre: Planung und Entscheidung, Controlling, Führung, Informationsmanagement, Technologie- und Innovationsmanagement, strategisches Management, internationales Management, 4. Auflage, München 2008, S. 83-138

Lintner, J. (1965): The Valuation of Risk Assets and the Selection of Risky Investments in Stock Portfolios and Capital Budgets, in: Review of Economics and Statistics, 47, 1965, 1, S. 13-37

Litecky, C. R. (1981): Intangibles in cost benefit analysis, in: Journal of Systems Management, 32, 1981, 2, S. 15-17

Litke, H.-D. (2007): Projektmanagement: Methoden, Techniken, Verhaltensweisen. Evolutionäres Projektmanagement, 5. Auflage, München 2007

Lootsma, F. A. (1997): Fuzzy Logic for Planning and Decision Making, Dordrecht 1997

Lootsma, F. A. (1999): Multi-Criteria Decision Analysis Via Ratio and Difference Judgement, Dordrecht 1999

Lück, W. (1998): Lexikon der Betriebswirtschaft, 4. Auflage, Wiesbaden 1998

Lücke, W. (Hrsg., 1991): Investitionslexikon, 2. Auflage, München 1991

Lütters, H. (2004): Online-Marktforschung: Eine Positionsbestimmung im Methodenkanon der Marktforschung unter Einsatz eines webbasierten Analytic Hierarchy Process (webAHP), Wiesbaden 2004

Lukas, A. (2004): Unternehmensbewertung und intellektuelles Kapital. Preisfindung im Mergers & Acquisitions-Prozess, Berlin 2004

Macharzina, K. und Wolf, J. (2008): Unternehmensführung: Das internationale Managementwissen: Konzepte - Methoden - Praxis, 6. Auflage, Wiesbaden 2008

Magnusson, K., Bergman, B. und Kroslid, D. (2004): Six Sigma umsetzen: Die neue Qualitätsstrategie für Unternehmen. Mit neuen Unternehmensbeispielen, 2. Auflage, München 2004

McFarlan, F. W. und McKenney, J. L. (1983): Corporate Information Systems Management: The Issues Facing Senior Executives, Homewood 1983

Meixner, O. und Haas, R. (2002): Computergestützte Entscheidungsfindung. Expert Choice und AHP - innovative Werkzeuge zur Lösung komplexer Probleme, Frankfurt 2002

Mensch, G. (2002): Investition: Investitionsrechnung in der Planung und Beurteilung von Investitionen, München 2002

Mertens, P. (2007): Integrierte Informationsverarbeitung 1: Operative Systeme in der Industrie, 16. Auflage, Wiesbaden 2007

Mertens, P. und Meier, M. C. (2008): Integrierte Informationsverarbeitung 2: Planungs- und Kontrollsysteme in der Industrie, 10. Auflage, Wiesbaden 2008

Meta Group Inc. (2002a): Enterprise Architecture Desk Reference - 2002 Edition, Meta Group 2002a

Meta Group Inc. (2002b): Executive Insights - Enterprise Architecture Desk Reference - 2002 Edition, Meta Group 2002b

Meyer, W. (2002): Grundlagen des ökonomischen Denkens, Tübingen 2002

Miller, J. G. und Vollmann, T. E. (1985): The hidden factory, in: Harvard Business Review, 63, 1985, 5, S. 142-150

Mintzberg, H. (1972): The Myths of MIS, in: California Management Review, 15, 1972, 1, S. 92-97

Mossin, J. (1966): Equilibrium in a Capital Asset Market, in: Econometrica, 34, 1966, 4, S. 768-783

Müller-Böling, D. (1992): Methodik der empirischen Organisationsforschung, in: Frese, E.: Handwörterbuch der Organisation, 3. Auflage, Stuttgart 1992, S. 1491-1505

Müller-Böling, D. und Klandt, H. (1993): Unternehmensgründung, in: Hauschildt, J. and Grün, O.: Ergebnisse empirischer betriebswirtschaftlicher Forschung: Zu einer Realtheorie der Unternehmung, Festschrift für Eberhard Witte, Stuttgart 1993, S. 135-178

Nagel, K. (1990): Nutzen der Informationsverarbeitung, 2. Auflage, München 1990

Neumann, S., Probst, C. und Wernsmann, C. (2005): Kontinuierliches Prozessmanagement, in: Becker, J., Kugeler, M. and Rosemann, M.: Prozessmanagement: Ein Leitfaden zur prozessorientierten Organisationsgestaltung, 5. Auflage, Berlin 2005, S. 299-328

Ney, M. (2006): Wirtschaftlichkeit von Interaktionsplattformen: Effizienz und Effektivität an der Schnittstelle zum Kunden, Wiesbaden 2006

Niedereichholz, C. (2008): Unternehmensberatung. Band 2: Auftragsdurchführung und Qualitätssicherung, 5. Auflage, München 2008

Nordsieck, F. (1955): Rationalisierung der Betriebsorganisation, Stuttgart 1955

Nordsieck, F. (1962): Die schaubildliche Erfassung und Untersuchung der Betriebsorganisation, 6. Auflage, Stuttgart 1962

Nordsieck, F. (1972): Betriebsorganisation, Lehre und Technik, 4. Auflage, Stuttgart 1972

Notger, C. (2003): Planung und Entscheidung, in: Pepels, W.: ABWL: Eine praxisorientierte Einführung in die moderne Betriebswirtschaftslehre, 3. Auflage, Köln 2003, S. 89-120

Oehler, A. und Unser, M. (2002): Finanzwirtschaftliches Risikomanagement, 2. Auflage, Berlin 2002

Olson, D. L. (1996): Decision Aids for Selection Problems, New York 1996

Olson, D. L., Mechitov, A. I. und Helen, M. (1999): Comparison of MCDA Paradigms, in: Roubens, M. and Meskens, N.: Advances in Decision Analysis, Dordrecht 1999, S. 104-119

Ossadnik, W. (1998): Mehrzielorientiertes strategisches Controlling: Methodische Grundlagen und Fallstudien zum führungsunterstützenden Einsatz des Analytischen Hierarchie-Prozesses, Berlin 1998

Ossadnik, W. (2003): Controlling, 3. Auflage, München 2003

Österle, H. (1995): Prozeß- und Systementwicklung, Band I: Entwurfstechniken, 2. Auflage, Berlin u.a. 1995

Österle, H. und Winter, R. (2003): Business Engineering, in: Österle, H. and Winter, R.: Auf dem Weg zum Unternehmen des Informationszeitalters, 2. Auflage, Berlin 2003, S.

Parkin, J. (1996): Management Decisions for Engineers, London 1996

Peniwati, K. (2006): Criteria for evaluating group decision-making methods, in: Saaty, T. L. and Vargas, L. G.: Decision Making with the Analytic Network Process: Economic, Political, Social and Technological Applications with Benefits, Opportunities, Costs and Risks, New York 2006, S.

Pepels, W. (2004): Marketing: Lehr- und Handbuch, 4. Auflage, München 2004

Pérez, J., Jimeno, J. L. und Mokotoff, E. (2006): Another Potential Shortcoming of AHP, in: Top, 14, 2006, 1, S. 99-111

Perridon, L. und Steiner, M. (2003): Finanzwirtschaft der Unternehmung, 12. Auflage, München 2003

Peters, M. L. (2008): Vertrauen in Wertschöpfungspartnerschaften zum Transfer von retentivem Wissen: Eine Analyse auf Basis realwissenschaftlicher Theorien und Operationalisierung Mithilfe des Fuzzy Analytic Network Process und der Data Envelopment Analysis, Wiesbaden 2008

Peters, S., Brühl, R. und Stelling, J. N. (2005): Betriebswirtschaftslehre, 12. Auflage, München 2005

Pflaumer, P., Heine, B. und Hartung, J. (2005): Statistik für Wirtschafts- und Sozialwissenschaften: Deskriptive Statistik, 3. Auflage, München 2005

Picot, A. (1988): Die Planung der Unternehmensressource "Information". Konferenzbeitrag: 2. Internationales Management-Symposium "Erfolgsfaktor Information", Frankfurt, S. 223-250, 1988

Picot, A. und Böhme, M. (1995): Zum Stand der prozeßorientierten Unternehmensgestaltung in Deutschland, in: Nippa, M. and Picot, A.: Prozeßmanagement und Reengineering, 2. Auflage, Frankfurt 1995, S. 227-248

Picot, A. und Reichwald, R. (1987): Bürokommunikation - Leitsätze für den Anwender, 3. Auflage, München 1987

Picot, A., Reichwald, R. und Behrbohm, P. (1985): Menschengerechte Arbeitsplätze sind wirtschaftlich: Vier-Ebenen-Modell der Wirtschaftlichkeitsbetrachtung, Eschborn 1985

Picot, A., Reichwald, R. und Wigand, R. T. (2003): Die grenzenlose Unternehmung: Information, Organisation und Management : Lehrbuch zur Unternehmensführung im Informationszeitalter, 5. Auflage, Wiesbaden 2003

Pietsch, T. (2003): Bewertung von Informations- und Kommunikationssystemen: Ein Vergleich betriebswirtschaftlicher Verfahren, 2. Auflage, Berlin 2003

Pietsch, T. und Klotz, M. (1989): Ersparnisanalyse als Entscheidungsgrundlage zur Einführung von Büroinformations- und Kommunikationssystemen, in: Fuhrmann, S. and Pietsch, T.: Praktische Anwendungen moderner Bürotechnologien, Berlin 1989, S. 175-207

Pink, R. (2002): Souveräne Gesprächsführung und Moderation: Kritikgespräche, Mitarbeiter-Coaching, Konfliktlösungen, Meetings, Präsentationen, Frankfurt 2002

Pommerehne, W. W., Schneider, F. und Zweifel, P. (1982): Economic Theory of Choice and the Preference Reversal Phenomenon: A Reexamination, in: The American Economic Review, 72, 1982, 3, S. 569-574

Porter, M. und Millar, V. (1985): How information gives you competitive advantage, in: Harvard Business Review, 63, 1985, 4, S. 149-160

Porter, M. E. (1981): The Contributions of Industrial Organization to Strategic Management, in: Academy of Management Review, 6, 1981, 4, S. 609-620

Porter, M. E. (1985): Competitive Advantage, New York 1985

Porter, M. E. (1989): Wettbewerbsvorteile: Spitzenleistungen erreichen und behaupten, Frankfurt 1989

Porter, M. E. (1992): Wettbewerbsvorteile: Spitzenleistungen erreichen und behaupten, 3. Auflage, Frankfurt 1992

Porter, M. E. (1997): Wettbewerbsstrategie, Frankfurt 1997

Potthof, I. (1998): Kosten und Nutzen der Informationsverarbeitung: Analyse und Bewertung von Investitionsentscheidungen, Wiesbaden 1998

Potthoff, E. und Trescher, K. (1993): Controlling in der Personalwirtschaft, Berlin 1993

Preißler, P. R. (2000): Controlling: Lehrbuch und Intensivkurs, 12. Auflage, München 2000

Preißler, P. R. (2008): Betriebswirtschaftliche Kennzahlen: Formeln, Aussagekraft, Sollwerte, Ermittlungsintervalle, München 2008

Printz, T. (2008): Performance Measurement: Gestaltung eines Werttreibersystems, Hamburg 2008

Protz, M. (1995): Management-Informationssysteme und strategische Planung, in: Kirchner, W.: Reader zum Thema Controlling in Versicherungsunternehmen, Karlsruhe 1995, S. 564-574

Quaas, R. (2005): Messung der qualitativ-strategischen Nutzeneffekte von IT-Investitionen, im Internet unter http://www.isento.de/documents/professional_article_2005_01_de.pdf, Zugriff am 1.3.2009

Rappe-Giesecke, K. (2003): Supervision für Gruppen und Teams, 3. Auflage, Berlin 2003

Reckenfelderbäumer, M. (1994): Entwicklungsstand und Perspektiven der Prozeßkostenrechnung, Wiesbaden 1994

Reichmann, T. (2001): Controlling mit Kennzahlen und Managementberichten: Grundlagen einer systemgestützten Controlling-Konzeption, 6. Auflage, München 2001

Reichmayr, C. (2003): Collaboration und Webservices: Architekturen, Portale, Techniken und Beispiele, Berlin 2003

Reichwald, R. (1987): Bürokommunikation und Wirtschaftlichkeit - ein pluralistischer Ansatz zur erweiterten Wirtschaftlichkeitsbetrachtung, in: Ingenieure, V. D.: Bürokommunikation '87 - Wege zum Erfolg in der Praxis, VDI-Berichte 663, Düsseldorf 1987, S. 65-89

Reichwald, R., Möslein, K., Sachenbacher, H. und Englberger, H. (2000): Telekooperation: Verteilte Arbeits- und Organisationsformen, 2. Auflage, Berlin 2000

Renkema, T. J. und Berghout, E. (1997): Methodologies for Information System Investment Evaluation at the Proposal Stage: A Comparative Review, in: Information and and Software Technology, 39, 1997, 1, S. 1-13

Retter, G. (1996): Ein Prozessorientiertes Wirtschaftlichkeitsanalyseverfahren zur Bewertung von Informationssystemen anhand strategischer Wirkungen, Aachen 1996

Retter, G. und Bastian, M. (1995): Kombination einer Prozeß- und Wirkungskettenanalyse zur Aufdeckung der Nutzenpotentiale von Informations- und Kommunikationssystemen, in: Wirtschaftsinformatik, 37, 1995, 2, S. 117-128

Riedel, F. und Wichardt, P. (2007): Mathematik für Ökonomen, Berlin 2007

Riedl, R. und Roithmayr, F. (2008): Zur Fallstudienforschung in der Disziplin Information Systems: Eine quantitative Inhaltsanalyse, in: Jung, R. and Myrach, T.: Quo vadis Wirtschaftsinformatik? Festschrift für Prof. Gerhard F. Knolmayer zum 60. Geburtstag, Wiesbaden 2008, S. 125-146

Rockart, J. F. (1979): Chief Executives Define Their Own Data Needs, in: Harvard Business Review, 57, 1979, 2, S. 81-93

Röhrich, M. (2007): Grundlagen der Investitionsrechnung: Eine Darstellung anhand einer Fallstudie, München 2007

Rommelfanger, H. J. und Eickemeier, S. H. (2001): Entscheidungstheorie: Klassische Konzepte und Fuzzy-Erweiterungen, Berlin 2001

Rosenkranz, F. und Missler-Behr, M. (2005): Unternehmensrisiken erkennen und managen: Einführung in die quantitative Planung, Berlin 2005

Rühle, A. (1999): Die Beurteilung strategischer Personalinvestitionen: Kritische Analyse traditioneller Verfahren der Investitionsbeurteilung und Entwurf eines eigenen ganzheitlichen Ansatzes, Berlin 1999

Saatweber, J. (1997): Kundenorientierung durch Quality Function Deployment, München u.a. 1997

Saaty, T. L. (1980): The Analytic Hierarchy Process, Planning, Priority Setting, Resource Allocation, New York 1980

Saaty, T. L. (1986): Axiomatic Foundation of the Analytic Hierarchy Process, in: Management Science, 32, 1986, 7, S. 841-855

Saaty, T. L. (1990): An exposition of the AHP in reply to the paper "Remarks on the Analytic Hierarchy Process", in: Management Science, 36, 1990, 3, S. 259-268

Saaty, T. L. (2000): Fundamentals of Decision Making and Priority Theory with the Analytic Hierarchy Process: Vol. VI of the AHP Series, 2. Auflage, Pittsburgh 2000

Saaty, T. L. (2005): Theory and Applications of the Analytic Network Process: Decision Making with Benefits, Opportunities, Costs, and Risks, Pittsburgh 2005

Saaty, T. L. und Vargas, L. G. (1984): The legitimacy of rank reversal, in: Omega International Journal of Management Science, 12, 1984, 5, S. 513-516

Saaty, T. L., Vargas, L. G. und Wendell, R. E. (1983): Assessing attributive weights by ratios, in: Omega International Journal of Management Science, 11, 1983, 1, S. 9-13

Saliger, E. (2003): Betriebswirtschaftliche Entscheidungstheorie: Einführung in die Logik individueller und kollektiver Entscheidungen, 5. Auflage, München 2003

Saravathy, S. D. (2002): Entrepreneurship as economics with imagination, in: Freeman, R. E. and Venkataraman, S.: Ethics and Entrepreneurship, Charlottesville 2002, S. 95-112

Sassone, P. G. (1987): Cost-Benefit Methodology for Office Systems, in: ACM Transactions on Information Systems, 5, 1987, 3, S. 273-289

Sassone, P. G. und Schwartz, P. A. (1986): Cost-Justifying OA, in: Datamation, 32, 1986, 4, S. 83-88

Sauer, T. (1990): Strategische Informationssystemplanung in Banken, Wien 1990

Schäfer, G. und Wolfram, G. (1986): Die FAOR-Kosten-Nutzen-Analyse in der praktischen Anwendung, in: Krallmann, H.: Planung, Einsatz und Wirtschaftlichkeitsnachweis von Büroinformationssystemen, Berlin 1986, S. 237-253

Schäfer, H. (2005): Unternehmensinvestitionen: Grundzüge in Theorie und Management, 2. Auflage, Heidelberg 2005

Schalock, R. L. (2001): Outcome-Based Evaluation, 2. Auflage, New York 2001

Schantin, D. (2004): Makromodellierung von Geschäftsprozessen: Kundenorientierte Prozessgestaltung durch Kaskadierung und Segmentierung, Wiesbaden 2004

Schäppi, B., Andreasen, M. M., Kirchgeorg, M. und Radermacher, F.-J. (2005): Handbuch Produktentwicklung, München 2005

Schedler, K. und Proeller, I. (2003): New Public Management, 2. Auflage, Bern 2003

Scheer, A.-W. (1988): Wirtschaftsinformatik: Informationssysteme im Industriebetrieb, 2. Auflage, Berlin u.a. 1988

Scheer, A.-W. (1990): EDV-orientierte Betriebswirtschaftslehre: Grundlagen für ein effizientes Informationsmanagement, 4. Auflage, Berlin 1990

Scheer, A.-W. (1998): Wirtschaftsinformatik: Referenzmodelle für industrielle Geschäftsprozesse, 2. Auflage, Berlin 1998

Scheer, A.-W. (2001): ARIS - Modellierungsmethoden, Metamodelle, Anwendungen, 4. Auflage, Berlin u.a. 2001

Schenk, M. und Wirth, S. (2004): Fabrikplanung und Fabrikbetrieb: Methoden für die wandlungsfähige und vernetzte Fabrik, Berlin u.a. 2004

Scherm, E. und Pietsch, G. (2007): Organisation: Theorie, Gestaltung, Wandel, München 2007

Scherrer, G. (1999): Kostenrechnung, 3. Auflage, Stuttgart 1999

Schiemenz, B. und Schönert, O. (2005): Entscheidung und Produktion, 3. Auflage, München 2005

Schierenbeck, H. (2003): Grundzüge der Betriebswirtschaftslehre, 16. Auflage, München 2003

Schmelzer, H. J. und Sesselmann, W. (2007): Geschäftsprozessmanagement in der Praxis: Kunden zufrieden stellen, Produktivität steigern, Wert erhöhen, 6. Auflage, München 2007

Schmidt, A. und Schneider, M. (2008): Lager- und Materialflussprozesse, in: Arnold, D., Isermann, H., Kuhn, A., Furmans, K. and Tempelmeier, H.: Handbuch Logistik, 3. Auflage, Berlin u.a. 2008, S. 371-404

Schneeweiß, C. (1991): Planung: Band 1: Systemanalytische und entscheidungstheoretische Grundlagen, Berlin 1991

Schneider, M. (1982): Die Quantifizierung organisatorischer Sachverhalte. Unter besonderer Berücksichtigung der Abteilungsbildung, Berlin 1982

Schnell, R., Hill, P. B. und Esser, E. (2008): Methoden der empirischen Sozialforschung, 8. Auflage, München 2008

Schniederjans, M. J. und Hamaker, J. L. (2004): Information Technology Investment: Decision-Making Methodology, Singapur 2004

Schober, H. (2002): Prozessorganisation: Theoretische Grundlagen und Gestaltungsoptionen, Wiesbaden 2002

Schoemaker, P. J. H. und Waid, C. C. (1982): An Experimental Comparison of Different Approaches to Determining Weights in Additive Utility Models, in: Management Science, 28, 1982, 2, S. 182-196

Scholl, A. (2001): Robuste Planung und Optimierung: Grundlagen, Konzepte und Methoden, Experimentelle Untersuchungen, Heidelberg 2001

Schroeter, B. (2002): Operatives Controlling: Aufgaben, Objekte, Instrumente, Wiesbaden 2002

Schuh, G., Friedli, T. und Kurr, M. A. (2006): Prozessorientierte Reorganisation: Reengineering-Projekte professionell gestalten und umsetzen, München 2006

Schult, E. (2003): Bilanzanalyse: Möglichkeiten und Grenzen externer Unternehmensbeurteilung, 11. Auflage, Berlin 2003

Schumann, M. (1990): Abschätzung von Nutzeffekten zwischenbetrieblicher Informationsverarbeitung, in: Wirtschaftsinformatik, 32, 1990, 4, S. 307-319

Schumann, M. (1992): Betriebliche Nutzeffekte und Strategiebeiträge der grossintegrierten Informationsverarbeitung, Berlin 1992

Schumann, M. (1993): Wirtschaftlichkeitsbeurteilung für IV-Systeme, in: Wirtschaftsinformatik, 35, 1993, 2, S. 167-178

Schwarz, G. (2005): Konfliktmanagement: Konflikte erkennen, analysieren, lösen, 7. Auflage, Wiesbaden 2005

Schwarz, R. (2002): Controlling-Systeme: Eine Einführung in Grundlagen, Komponenten und Methoden des Controlling, Wiesbaden 2002

Schwarze, J. (1998): Informationsmanagement: Planung, Steuerung, Koordination und Kontrolle der Informationsversorgung im Unternehmen, Herne 1998

Schweitzer, M. (2001): Planung und Steuerung, in: Bea, F. X., Dichtl, E. and Schweitzer, M.: Allgemeine Betriebswirtschaftslehre, Band 2: Führung, 8. Auflage, Stuttgart 2001, S. 16-126

Schweitzer, M. (2006): Innovationsmanagement, in: Bea, F. X., Dichtl, E. and Schweitzer, M.: Allgemeine Betriebswirtschaftslehre: Bd. 3: Leistungsprozess, 9. Auflage, Stuttgart 2006, S. 9-76

Schweitzer, M. und Friedl, B. (1992): Beitrag zu einer umfassenden Controllingkonzeption, in: Spremann, K. and Zur, E.: Controlling: Grundlagen - Informationssysteme - Anwendung, Wiesbaden 1992, S. 141-167

Schweitzer, M. und Küpper, H.-U. (1997): Produktions- und Kostentheorie: Grundlagen und Anwendungen, 2. Auflage, Wiesbaden 1997

Seiffert, H. (1997): Einführung in die Wissenschaftstheorie Bd. 4: Wörterbuch der wissenschaftstheoretischen Terminologie, München 1997

Seiffert, H. (2003): Einführung in die Wissenschaftstheorie Bd. 1: Sprachanalyse, Deduktion, Induktion in Natur- und Sozialwissenschaften, 13. Auflage, München 2003

Sharpe, W. F. (1964): Capital Asset Prices: A Theory of Market Equilibrium under Conditions of Risk, in: Journal of Finance, 19, 1964, 3, S. 425-442

Simmons, P. (1998): Gaining Business Value from IT Investments, in: Zelkowitz, M. V.: The Engineering of Large Systems, Volume 46 (Advances in Computers), San Diego 1998, S. 110-159

Solga, M. (2008): Evaluation der Personalentwicklung, in: Ryschka, J., Solga, M. and Mattenklott, A.: Praxishandbuch Personalentwicklung: Instrumente, Konzepte, Beispiele, 2. Auflage, Berlin 2008, S. 333-364

Specker, A. (2004): Modellierung von Informationssystemen: Ein methodischer Leitfaden zur Projektabwicklung, 2. Auflage, Zürich 2004

Stachowiak, H. (1973): Allgemeine Modelltheorie, Wien 1973

Stahlknecht, P. und Hasenkamp, U. (2005): Einführung in die Wirtschaftsinformatik, 11. Auflage, Berlin u.a. 2005

Staud, J. L. (1999): Geschäftsprozessanalyse mit Ereignisgesteuerten Prozessketten. Grundlagen des Business Reengineering für SAP R/3 und andere Betriebswirtschaftliche Standardsoftware, Berlin u.a. 1999

Steger, J. (2006): Kosten- und Leistungsrechnung, 4. Auflage, München 2006

Steinweg, C. und Fedtke, S. (2005): Management der Software-Entwicklung: Projektkompass für die Erstellung von leistungsfähigen IT-Systemen, 6. Auflage, Wiesbaden 2005

Stelling, J. N. (2005): Kostenmanagement und Controlling, 2. Auflage, München 2005

Stephan, M. (2003): Technologische Diversifikation von Unternehmen: Ressourcentheoretische Untersuchung der Determinanten, Wiesbaden 2003

Steven, M., Schwarz, E. J. und Letmathe, P. (1997): Umweltberichterstattung und Umwelterklärung nach der EG-Öko-Audit-Verordnung: Grundlagen, Methoden, Anwendung, Berlin 1997

Stevens, S. S. (1946): On the Theory of Scales of Measurement, in: Science, 103, 1946, 7, S. 677-680

Stewart, T. J. (1992): A Critical Survey on the Status of Multiple Criteria Decision Making Theory and Practice, in: Omega International Journal of Management Science, 20, 1992, 5-6, S. 569-586

Stickel, E. (2001): Informationsmanagement, München 2001

Stier, W. (1999): Empirische Forschungsmethoden, 2. Auflage, Berlin 1999

Stockmann, R. (2007): Einführung in die Evaluation, in: Stockmann, R.: Handbuch zur Evaluation: Eine praktische Handlungsanleitung, Münster 2007, S. 24-70

Stösslein, M. (2006): Anspruchsgruppenkommunikation: Wertorientierte Gestaltungsmöglichkeiten mit wissensbasierten Stakeholder-Informations-Systemen, Wiesbaden 2006

Strassmann, P. A. (1990): The Business Value of Computers: An Executive's Guide, New Canaan 1990

Strebel, H. (1975): Forschungsplanung mit Scoring-Modellen, Baden-Baden 1975

Stummer, C. (2003): Zur Modellierung mehrfacher Zielsetzungen bei der F&E-Projektauswahl, in: Habenicht, W., Scheubrein, B. and Scheubrein, R.: Multi-Criteria- und Fuzzy-Systeme in Theorie und Praxis: Lösungsansätze für Entscheidungsprobleme mit komplexen Zielsystemen, Wiesbaden 2003, S. 287-310

Szyperski, N. und Winand, U. (1980): Grundbegriffe der Unternehmensplanung, Stuttgart 1980

ten Hompel, M. und Heidenblut, V. (2007): Taschenlexikon Logistik: Abkürzungen, Definitionen und Erläuterungen der wichtigsten Begriffe aus Materialfluss und Logistik, 2. Auflage, Berlin 2007

Töpfer, A. (2004): Betriebswirtschaftslehre: Anwendungs- und prozessorientierte Grundlagen, Berlin 2004

Trier, M., Bobrik, A., Neumann, N. und Wyssussek, B. (2007): Systemtheorie und Modell, in: Krallmann, H., Schönherr, M. and Trier, M.: Systemanalyse im Unternehmen: Prozessorientierte Methoden der Wirtschaftsinformatik, 5. Auflage, München 2007, S. 59-88

Tscheulin, D. K. (1992): Optimale Produktgestaltung: Erfolgsprognose mit Analytic Hierarchy Process und Conjoint-Analyse, Wiesbaden 1992

Tung, Y. A. (1998): Time complexity and consistency issues in using the AHP for making group decisions, in: Journal of Multi-Criteria Analysis, 7, 1998, 3, S. 144-154

Tversky, A., Slovic, P. und Kahneman, D. (1990): The Causes of Preference Reversal, in: The American Economic Review, 80, 1990, 1, S. 204-215

Ulrich, H. (1970): Unternehmung als produktives soziales System: Grundlagen der allgemeinen Unternehmungslehre, 2. Auflage, Bern 1970

Ulrich, H. (1985): Controlling als Managementaufgabe, in: Probst, G. J. B. and Schmitz-Dräger, R.: Controlling und Unternehmensführung, Bern 1985, S. 15-27

van der Zee, H. T. M. (2003): Measuring the Value of Information Technology, Hershey 2003

Van Grembergen, W. (2001): Information Technology Evaluation Methods and Management, Hershey 2001

Vargas, L. G. (1985): A Rejoinder, in: Omega International Journal of Management Science, 13, 1985, 4, S. 249

Vogel-Heuser, B. (2003): Systems Software Engineering: Angewandte Methoden des Systementwurfs für Ingenieure, München 2003

Vogler, P. (2006): Prozess- und Systemintegration. Evolutionäre Weiterentwicklung bestehender Informationssysteme mit Hilfe von Enterprise Application Integration, Berlin u.a. 2006

Vollmuth, H. J. (2003): Controlling-Instrumente von A - Z, 6. Auflage, Freiburg 2003

von Bertalanffy, L. (1950): An outline of General Systems Theory, in: British Journal for the Philosophy of Science, 1, 1950, S. 134-165

von Bertalanffy, L., Hempel, C. G., Bass, R. E. und Jonas, H. (1951): General System Theory: A new approach to unity of science, in: Human Biology, 23, 1951, S. 302-361 von Hertel, A. (2003): Professionelle Konfliktlösung: Führen mit Mediationskompetenz, Frankfurt 2003

Wagner, K. W. und Käfer, R. (2008): PQM - Prozessorientiertes Qualitätsmanagement: Leitfaden zur Umsetzung der ISO 9001, NEU: Rollen im Prozessorientierten Qualitätsmanagement, 4. Auflage, München 2008

Walter, S. G. und Spitta, T. (2004): Approaches to the Ex-ante Evaluation of Investments into Information Systems, in: Wirtschaftsinformatik, 46, 2004, 3, S. 171-180

Wang, C.-H. und Chou, S.-Y. (2007): A Systematical Multi-professional Collaboration Approach via MEC and Morphological Analysis for Product Concept Development, in: Loureiro, G. and Curran, R.: Complex Systems Concurrent Engineering: Collaboration, Technology Innovation and Sustainability, London 2007, S. 275-282

Watson, S. R. und Freeling, A. N. S. (1982): Assessing attributive weights, in: Omega International Journal of Management Science, 10, 1982, 6, S. 582-583

Watson, S. R. und Freeling, A. N. S. (1983): Comments on: Assessing Attribute Weights by Ratio, in: Omega International Journal of Management Science, 11, 1983, 1, S. 13

Weber, H. und Deiters, W. (2001): Workflow Management - Ein Baustein auf dem Weg in die Informationslogistik, in: Herrmann, T., Scheer, A.-W. and Weber, H.: Verbesserung von Geschäftsprozessen mit flexiblen Workflow-Management-Systemen: Workflow Management für lernende Organisationen - Einführung, Evaluierung und zukuenftige Perspektiven, Heidelberg 2001, S. 169-186

Weber, J. (2002): Controlling als akademische Disziplin: Eine Bestandsaufnahme, Wiesbaden 2002

Weber, K. (1993): Mehrkriterielle Entscheidungen, München 1993

Weber, M. (2006): Schnelleinstieg Kennzahlen: Schritt für Schritt zu den wichtigsten Kennzahlen, Freiburg 2006

Wegner, U. (1993): Organisation der Logistik: Prozess- und Strukturgestaltung mit neuer Informations- und Kommunikationstechnik, Berlin 1993

Welfens, P. J. J. (2005): Grundlagen der Wirtschaftspolitik: Institutionen- Makroökonomik- Politikkonzepte, 2. Auflage, Berlin 2005

Welge, M. K. (1988): Unternehmensführung, Bd. 3: Controlling, Stuttgart 1988

Wilde, T. und Hess, T. (2006): Methodenspektrum der Wirtschaftsinformatik: Überblick und Portfoliobildung. Arbeitsbericht Nr. 2, Institut für Wirtschaftsinformatik und Neue Medien, Ludwig-Maximilians-Universität München, München 2006

Wilde, T. und Hess, T. (2007): Forschungsmethoden der Wirtschaftsinformatik: Eine empirische Untersuchung, in: Wirtschaftsinformatik, 49, 2007, 4, S. 280-287

Wildemann, H. (1987): Strategische Investitionsplanung: Methoden zur Bewertung neuer Produktionstechnologien, Wiesbaden 1987

Wilhelm, R. (2007): Prozessorganisation, 2. Auflage, München 2007

Winkler, H. und Kaluza, B. (2008): Einsatz einer Wertschöpfungsrechnung zur Erfassung und Bewertung von Produkt- und Prozessinnovationen in Wertschöpfungsnetzwerken, in: Specht, D.: Produkt- und Prozessinnovationen in Wertschöpfungsketten: Tagungsband der Herbsttagung 2007 der Wissenschaftlichen Kommission Produktionswirtschaft im VHB, Wiesbaden 2008, S. 1-32

Wirtz, B. (2001): Electronic Business, 2. Auflage, Wiesbaden 2001

Witte, H. (2007): Allgemeine Betriebswirtschaftslehre: Lebensphasen des Unternehmens und betriebliche Funktionen, 2. Auflage, München 2007

WKWI (1994): Profil der Wirtschaftsinformatik, Ausführungen der Wissenschaftlichen Kommission der Wirtschaftsinformatik, in: Wirtschaftsinformatik, 36, 1994, 1, S. 80-81

Wöhe, G. und Döring, U. (2008): Einführung in die Allgemeine Betriebswirtschaftslehre, 10. Auflage, München 2008

Woll, A. (Hrsg., 2008): Wirtschaftslexikon, 10. Auflage, München 2008

Wunderer, R. (2003): Evaluation der Wertschöpfung der Personalarbeit, in: Scholz, C. and Gutmann, J.: Webbasierte Personalwertschöpfung. Theorie - Konzeption - Praxis, Wiesbaden 2003, S. 69-80

Yin, R. K. (2003): Case Study Research: Design and Methods, 3. Auflage, Newbury Park 2003

Zangemeister, C. (1976): Nutzwertanalyse in der Systemtechnik - Eine Methodik zur multidimensionalen Bewertung und Auswahl von Projektalternativen, 4. Auflage, München 1976

Zäpfel, G. (2000): Strategisches Produktionsmanagement, 2. Auflage, München 2000

Zenz, A. (1998): Controlling. Bestandsaufnahme und konstruktive Kritik theoretischer Ansätze, in: Dyckhoff, H. and Ahn, H.: Produktentstehung, Controlling und Umweltschutz: Grundlagen eines ökologieorientierten F&E-Controlling, Heidelberg 1998, S. 27-60

Zilahi- Szabó, M. G. (1993): Wirtschaftsinformatik: Anwendungsorientierte Einführung, München 1993

Zimmermann, H.-J. und Gutsche, L. (1991): Multi-Criteria Analyse: Einführung in die Theorie der Entscheidungen bei Mehrfachzielsetzungen, Berlin 1991

Zollondz, H.-D. (2006): Grundlagen Qualitätsmanagement: Einführung in Geschichte, Begriffe, Systeme und Konzepte, 2. Auflage, München u.a. 2006

VI. Anhang

Im Folgenden sind die im Rahmen der Fallstudie erarbeiteten Matrizen zur Bewertung des qualitativen Wertschöpfungs-Wirkungsmodells widergegeben. Die Matrizen sind *zeilenweise* zu lesen, d.h. ein Eintrag in einer bestimmten Zelle bezeichnet die Wichtigkeit des links stehenden Prozesses in Bezug auf den oben stehenden Prozess.

Bewertung der Hauptprozesse „Allgemeine Beschaffung" und „Lizenz-Verwaltung" im Hinblick auf das Ziel „Erzielung optimaler Preise bei der Versorgung des Konzerns mit IT-Produkten"

Aufgaben-beitrag	Allgemeine Beschaffung	Lizenz-Verwaltung
Allgemeine Beschaffung	1	5
Lizenz-Verwaltung	1/5	1

Aufgaben-erfüllung	Allgemeine Beschaffung	Lizenz-Verwaltung
Allgemeine Beschaffung	1	1
Lizenz-Verwaltung	1	1

Relevanz	Aufgaben-erfüllung	Aufgaben-beitrag
Aufgaben-erfüllung	1	1
Aufgaben-beitrag	1	1

Bewertung der Teilprozesse zum Hauptprozess „Lizenz-Verwaltung"

Aufgaben-beitrag	Kundenanfrage entgegen nehmen	Prüfung Lizenzpool bzgl. Verfügbarkeit	Neubeschaffung Lizenz	Weitergabe Lizenz an Kunde
Kundenanfrage entgegen nehmen	1	5	4	1/2
Prüfung Lizenzpool bzgl. Verfügbarkeit	1/5	1	1/4	1/5
Neubeschaffung Lizenz	1/4	4	1	1/3
Weitergabe Lizenz an Kunde	2	5	3	1

Aufgaben-erfüllung	Kundenanfrage entgegen nehmen	Prüfung Lizenzpool bzgl. Verfügbarkeit	Neubeschaffung Lizenz	Weitergabe Lizenz an Kunde
Kundenanfrage entgegen nehmen	1	5	7	2
Prüfung Lizenzpool bzgl. Verfügbarkeit	1/5	1	3	1/2
Neubeschaffung Lizenz	1/7	1/3	1	1/5
Weitergabe Lizenz an Kunde	1/2	2	5	1

Relevanz	Aufgaben-erfüllung	Aufgaben-beitrag
Aufgaben-erfüllung	1	1
Aufgaben-beitrag	1	1

Bewertung der Teilprozesse des Prozesses „Neubeschaffung Lizenz"

Aufgaben-beitrag	Konzernbedarf zusammentragen	Verhandlungen führen	Beschaffung Lizenzen
Konzernbedarf zusammentragen	1	5	1/2
Verhandlungen führen	1/5	1	1/6
Beschaffung Lizenzen	2	6	1

Aufgaben-erfüllung	Konzernbedarf zusammentragen	Verhandlungen führen	Beschaffung Lizenzen
Konzernbedarf zusammentragen	1	1/4	1/7
Verhandlungen führen	4	1	1/4
Beschaffung Lizenzen	7	4	1

Relevanz	Aufgaben-erfüllung	Aufgaben-beitrag
Aufgaben-erfüllung	1	1
Aufgaben-beitrag	1	1

VI. Anhang

Bewertung der Teilprozesse des Prozesses „Beschaffung Lizenz"

Aufgabenbeitrag	Eingabe Bestellung	Prüfung und Freigabe	Ausgang Bestelldokument	Wareneingang	Rechnungseingang	Abgleich Ware - Rechnung	Bezahlung bestätigen
Eingabe Bestellung	1	3	2	1	7	5	5
Prüfung und Freigabe	1/3	1	2	3	4	3	4
Ausgang Bestelldokument	1/2	1/2	1	1/4	3	1	2
Wareneingang	1	1/3	4	1	8	3	7
Rechnungseingang	1/7	1/4	1/3	1/8	1	1/3	1/5
Abgleich Ware - Rechnung	1/5	1/3	1	1/3	3	1	4
Bezahlung bestätigen	1/5	1/4	1/2	1/7	5	1/4	1

Aufgabenerfüllung	Eingabe Bestellung	Prüfung und Freigabe	Ausgang Bestelldokument	Wareneingang	Rechnungseingang	Abgleich Ware - Rechnung	Bezahlung bestätigen
Eingabe Bestellung	1	1/4	1/4	1/8	1/8	1/4	1/8
Prüfung und Freigabe	4	1	4	1/2	1/2	1/3	1/7
Ausgang Bestelldokument	4	1/4	1	1/3	1/3	1	1/3
Wareneingang	8	2	3	1	1	5	2
Rechnungseingang	8	2	3	1	1	5	1
Abgleich Ware - Rechnung	4	3	1	1/5	1/5	1	1/6
Bezahlung bestätigen	8	7	3	1/2	1	6	1

Relevanz	Aufgabenerfüllung	Aufgabenbeitrag
Aufgabenerfüllung	1	1
Aufgabenbeitrag	1	1

Bewertung der Teilprozesse des Prozesses „Prüfung und Freigabe" (Teil des Prozesses „Beschaffung Lizenz")

Aufgabenbeitrag	Prüfung durch Sachbearbeiter	Prüfung durch Vorgesetzten
Prüfung durch Sachbearbeiter	1	4
Prüfung durch Vorgesetzten	1/4	1

Aufgabenerfüllung	Prüfung durch Sachbearbeiter	Prüfung durch Vorgesetzten
Prüfung durch Sachbearbeiter	1	4
Prüfung durch Vorgesetzten	1/4	1

Relevanz	Aufgabenerfüllung	Aufgabenbeitrag
Aufgabenerfüllung	1	1
Aufgabenbeitrag	1	1

Bewertung der Teilprozesse des Prozesses „Ausgang Bestelldokument" (Teil des Prozesses „Beschaffung Lizenz")

Aufgaben-beitrag	Zahlungs-eingang prüfen	Bezahlung bestätigen
Zahlungs-eingang prüfen	1	1/6
Bezahlung bestätigen	6	1

Aufgaben-erfüllung	Zahlungs-eingang prüfen	Bezahlung bestätigen
Zahlungs-eingang prüfen	1	1/6
Bezahlung bestätigen	6	1

Relevanz	Aufgaben-erfüllung	Aufgaben-beitrag
Aufgaben-erfüllung	1	1
Aufgaben-beitrag	1	1

Bewertung der Teilprozesse des Prozesses „Wareneingang" (Teil des Prozesses „Beschaffung Lizenz")

Aufgaben-beitrag	Wareneingang prüfen	Warenprüfung	Waren-einbuchung
Wareneingang prüfen	1	1/6	1/3
Warenprüfung	6	1	1
Waren-einbuchung	3	1	1

Aufgaben-erfüllung	Wareneingang prüfen	Warenprüfung	Waren-einbuchung
Wareneingang prüfen	1	5	8
Warenprüfung	1/5	1	1
Waren-einbuchung	1/8	1	1

Relevanz	Aufgaben-erfüllung	Aufgaben-beitrag
Aufgaben-erfüllung	1	1
Aufgaben-beitrag	1	1

VI. Anhang

Bewertung der Teilprozesse des Prozesses „Rechnungseingang" (Teil des Prozesses „Beschaffung Lizenz")

Aufgaben-beitrag	Rechnungs-eingang prüfen	Rechnungs-prüfung	Rechnungs-buchung
Rechnungs-eingang prüfen	1	1/6	1/3
Rechnungs-prüfung		1	1
Rechnungs-buchung			1

Aufgaben-erfüllung	Rechnungs-eingang prüfen	Rechnungs-prüfung	Rechnungs-buchung
Rechnungs-eingang prüfen	1	5	8
Rechnungs-prüfung		1	1
Rechnungs-buchung			1

Relevanz	Aufgaben-erfüllung	Aufgaben-beitrag
Aufgaben-erfüllung	1	1
Aufgaben-beitrag	1	1

Bewertung der Teilprozesse zum Prozess „Weitergabe Lizenz an Kunde"

Aufgaben-beitrag	Umbuchung	Auslieferung	Rechnungs-stellung	Bezahlung	Lizenznachweis
Umbuchung	1	5	3	1	6
Auslieferung	1/5	1	1/5	1/7	1
Rechnungs-stellung	1/3	5	1	1/6	4
Bezahlung	1	7	6	1	8
Lizenznachweis	1/6	1	1/4	1/8	1

Aufgaben-erfüllung	Umbuchung	Auslieferung	Rechnungs-stellung	Bezahlung	Lizenznachweis
Umbuchung	1	1/3	1/3	1/7	1/3
Auslieferung	3	1	3	1/4	3
Rechnungs-stellung	3	1/3	1	1/5	1
Bezahlung	7	4	5	1	5
Lizenznachweis	3	1/3	1	1/5	1

Relevanz	Aufgaben-erfüllung	Aufgaben-beitrag
Aufgaben-erfüllung	1	1
Aufgaben-beitrag	1	1

Bewertung der Teilprozesse des Prozesses „Umbuchung" (Teil des Prozesses „Weitergabe Lizenz an Kunde")

Aufgaben-beitrag	Bestand verfügbarer Lizenzen reduzieren	Kundenlizenzbestand erhöhen
Bestand verfügbarer Lizenzen reduzieren		1/5
Kundenlizenzbestand erhöhen	5	1

Aufgaben-erfüllung	Bestand verfügbarer Lizenzen reduzieren	Kundenlizenzbestand erhöhen
Bestand verfügbarer Lizenzen reduzieren	1	1
Kundenlizenzbestand erhöhen	5	1

Relevanz	Aufgabenerfüllung	Aufgabenbeitrag
Aufgabenerfüllung	1	1
Aufgabenbeitrag	1	1

Bewertung der Teilprozesse des Prozesses „Rechnungsstellung" (Teil des Prozesses „Weitergabe Lizenz an Kunde")

Aufgaben-beitrag	Rechnung generieren	Rechnung versenden
Rechnung generieren	1	5
Rechnung versenden	1/5	1

Aufgaben-erfüllung	Rechnung generieren	Rechnung versenden
Rechnung generieren	1	1/6
Rechnung versenden	6	1

Relevanz	Aufgabenerfüllung	Aufgabenbeitrag
Aufgabenerfüllung	1	1
Aufgabenbeitrag	1	1

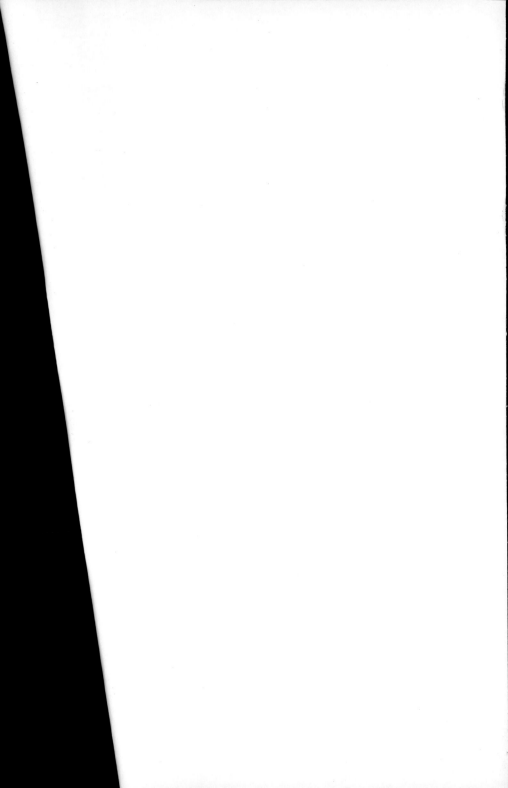

VI. Anhang

Bewertung der Teilprozesse des Prozesses „Bezahlung" (Teil des Prozesses „Weitergabe Lizenz an Kunde")

Aufgaben-beitrag	Zahlungs-eingang prüfen	Bezahlung bestätigen
Zahlungseingang prüfen	1	3
Bezahlung bestätigen	1/3	1

Aufgaben-erfüllung	Zahlungs-eingang prüfen	Bezahlung bestätigen
Zahlungseingang prüfen	1	1/7
Bezahlung bestätigen	7	1

Relevanz	Aufgaben-erfüllung	Aufgaben-beitrag
Aufgabenerfüllung	1	1
Aufgabenbeitrag	1	1

Bewertung der Teilprozesse des Prozesses „Lizenznachweis" (Teil des Prozesses „Weitergabe...")

Aufgaben-beitrag	Lizenznachweis erstellen	Lizenznachweis an Kunde versenden
Lizenznachweis erstellen	1	1/3
Lizenznachweis an Kunde versenden	3	1

Aufgaben-erfüllung	Lizenznachweis erstellen	Lizenznachweis an Kunde versenden
Lizenznachweis erstellen	1	1/6
Lizenznachweis an Kunde versenden	6	1

Relevanz	Aufgaben-erfüllung	Aufgaben-beitrag
Aufgabenerfüllung	1	1
Aufgabenbeitrag	1	1